100 ALPENPÄSSE MIT DEM MOTORRAD

Die schönsten Kurven in den Ost- und Westalpen

Heinz E. Studt

BRUCKMANN

INHALT

Pflicht und Kür in gleichem Maße: Die Alpen sind das beliebteste Tourenterrain europäischer Motorradfahrer. Und dieses Buch zeigt, warum das so ist.

Prächtig und mächtig: Die Alpen bescheren uns geradezu überirdisches Blau (linke Seite), ebenso, wie urplötzliche Wetterumschwünge (Bild oben).

VORWORT

Die Alpen sind das unbestrittene Paradies jedes europäischen Motorradfahrers, sie sind fester, ja obligatorischer Bestandteil unzähliger Roadbooks und gehören im Grunde zum Pflichtprogramm eines jeden Bikerlebens. Und das vollkommen zu Recht. Denn keine andere Region Europas bietet gerade uns Motorradfahrern eine derartige Vielfalt an Sinneseindrücken, Fahrerlebnissen, Abenteuern und Herausforderungen. Auf den Serpentinen und Spitzkehren können wir die schönste Art der Fortbewegung ausgiebig trainieren, können unseren anfänglich vielleicht noch zögerlichen Kurvenschwung so lange perfektionieren, bis die Ideallinie zur Selbstverständlichkeit wird. Und wahrlich atemberaubende Rechts-Links-Kombinationen bis hinauf auf das Dach Europas schweißen Mensch und Motorrad bereits nach kurzer Zeit zu einer Einheit zusammen, die fortan bestens gerüstet ist für die Gefahren des Alltagsverkehrs. Doch die Alpen sind nicht nur Training und Pflicht, sie sind zugleich auch Kür: In unzähligen Applauskurven können wir unseren Bikerkollegen die hohe Schule des Passfahrens in ganz persönlicher Vollendung zeigen, können echte Anerkennung, Sympathie, aber auch wertvolle Kritik ernten. Und als aufmerksamer Zuschauer ganz nebenbei auch noch den ein oder anderen Trick der Kollegen kopieren.

Die herrlich kurvenreiche Kaunertaler Gletscherstraße gönnen wir uns auf Seite 90.

Mit diesem Buch darf ich Ihnen in einer einzigartigen Auswahl sowohl die Pflicht, als auch die Kür eines jeden Bikerlebens präsentieren: die 100 schönsten Pässe der Alpen in Wort und Bild für Sie zusammengestellt. Umfassend, übersichtlich und informativ gegliedert führt uns das Buch in einem weiten Bogen von Ost nach West, von den wenigen, dafür aber bereits echten, Highlights Süddeutschlands über die prächtigen Pässe Österreichs mitten hinein ins Herz der Dolomiten und von den höchsten Gipfeln der wunderschönen Schweiz zu den Königen der

Alpenpässe im Herzen der französischen Seealpen. Und allzu eng wollen wir in diesem Buch den Begriff „Pässe“ nicht fassen: Die schönsten Panorama- und Gletscherstraßen – wenngleich so manches Mal kein expliziter Pass – werden natürlich ebenfalls gewürdigt.

Alle Informationen sind aktuell recherchiert und machen Ihnen eine objektive Einschätzung der Schwierigkeitsgrade und Anforderungen ebenso einfach, wie die ganz individuelle Kombination der Pässe zu abwechslungsreichen Motorradtouren.

Damit aber nicht nur leidenschaftliche Statistiker voll und ganz auf ihre Kosten kommen, runden die schönsten Bilder meiner inzwischen unzähligen Touren über alle Pässe der Alpen dieses Buch ab. Und gleichwohl ich nach den Arbeiten zu diesem Werk beinahe jede Kurve am Klang der über den Asphalt schrammenden Fußrasten wieder erkenne, wird es mich auch morgen garantiert erneut in die Berge ziehen. Denn diese Pässe machen echt süchtig. Wir sehen uns dort. Versprochen!

Heinz E. Studt

Der Berg ruft – ganz besonders uns Biker.

PS: Gestatten Sie mir noch eine Bemerkung: Dieses Buch möchte ich von ganzem Herzen meiner Sozia widmen. Danke, Kirsten – ohne Deine Unermüdlichkeit, Deine Kraft, Ausdauer und Beharrlichkeit wären viele Fotostrecken auch dieses Buches nicht möglich gewesen!

Geschafft: Autor und Sozia Kirsten am Stilfser Joch (Nr. 59), einem der anspruchsvollsten Pässe dieses Buches.

Im Überblick – eine kurze Begriffserklärung

Höchster Punkt	Scheitelpunkt der Strecke – gemäß offiziellen Angaben oder mittels GPS-Messdaten
Basisorte	Die zentralen Orte jeweils am Fuß des Passes
Anzahl der Kehren	Gezählt von Basisort zu Basisort, als Kehre gilt jede Kurve mit mehr als 150° Richtungswechsel
Streckenlänge	Berechnet jeweils von Basisort zu Basisort
Schwierigkeitsgrad	leicht = für Fahranfänger problemlos geeignet mittel = verlangt Erfahrung zumindest im Umgang mit dem Motorrad anspruchsvoll = verlangt sichere Beherrschung des Motorrads sowie Erfahrung im Passfahren sehr anspruchsvoll = verlangt sichere Beherrschung des Motorrads in allen Situationen sowie viel Erfahrung im Passfahren
Mautpflicht	ja/nein (Beträge wurden aufgrund der zum Teil erheblichen Schwankungen selbst innerhalb einer Saison nicht aufgenommen)
Wintersperre	Offizielle Angaben seitens der Straßenverwaltung bzw. internationaler Automobilclubs
Kombinierbar mit	Kombinationsvorschläge mit umliegenden und durch Fahrstraßen verbundenen Pässen
Höhenprofile	Ihre Berechnung bezieht sich stets auf die im Text beschriebene Fahrtrichtung

Als Kehre bezeichnet man Kurven mit mehr als 150° Richtungswechsel.

Oben: Winter auf der Zillertaler Höhenstraße (Pass-Nummer 24): Es lohnt sich auch hier, auf den Frühling zu warten.

Verkehrshinweise im Ausland

Italien

Deviazione = Umleitung

Tenere la destra = rechts fahren

Rallentare = langsam fahren

Senso unico = Einbahnstraße

Sbarrato = gesperrt

Curva pericolosa = gefährliche Kurve

Strada stretta = unbefestigte Straße

Caduta sassi = Steinschlag

Frankreich

Rappel = Erinnerung (meist an Tempolimits)

Ralentir = langsam fahren

Déviation = Umleitung

Passage interdit = gesperrt

ZUR GESCHICHTE DER ALPEN

DIE ETWAS ANDERE ENTSTEHUNGSGESCHICHTE

Eiger, Mönch und Jungfrau sind das berühmteste alpine Dreigestirn der Schweiz und zählen zweifellos zu den wohl bekanntesten Gipfeln der Alpen. Ihre allerdings gänzlich andere Entstehungsgeschichte erzählt eine Sage aus dem Berner Oberland:

Auf einer Alp im Berner Oberland lebte einst eine Familie von Riesen: Vater, zwei Söhne und eine Tochter. Als der Vater noch jung und die Kinder noch klein waren, vertrugen sie sich allesamt mit den Menschen unten im Dorf, ja, sie pflegten sogar so manche Freundschaft mit ihnen. Doch mit zunehmendem Alter wurde der Vater immer wunderlicher, ungehobelter, wollte mit niemandem mehr in Freundschaft verkehren, sondern war streitlustig und gewalttätig. Auch seine Kinder schlugen in die gleiche Kerbe, wurden gemein, hinterhältig und übellaunig. Und jeder Wanderer, der über ihre Alp musste, wurde von ihnen geplagt und gequält.

Eines Tages kam ein armes, altes Hutzelmännchen in schäbigen Hosen über die Scheidegg und bat – erschöpft von seinem langen Weg – die reichen, aber bösen Riesen auf der Wengernalp um einen Becher Milch und ein Nachtlager. Doch sie schnauzten ihn grob an und schimpften, sie hätten hier oben keine überflüssige Milch, schon gar nicht für solch einen wie ihn. Er solle Wasser saufen, wenn ihn der Durst quäle. Das Männchen aber zeigte keinerlei Angst und rief ihnen zu, lieber würde er unter einem Baum neben einem gefährlichen Wespennest leben, als mit dieser bösartigen Riesenfamilie unter einem Dach. Da wurden alle Riesen ziemlich sauer und wollten ihm an den Kragen. Aber siehe da, sie gerieten an den Falschen, denn das alte, klapprige Männchen war in Wahrheit ein Berggeist und stärker als alle Riesen dieser Welt. Eh sich die Riesen der Wengernalp versahen, tat das Männchen einen fürchterlichen Schwur mit Donnerstimme: „Hart seid ihr, und ihr sollt noch härter werden für immer und ewig!" Und siehe da, plötzlich begann die ganze böse Sippschaft der Riesen mit einem Mal zu wachsen, hoch und immer höher! Sie wurden zu Fels und Eis – der Vater zum Eiger, die Söhne zum weißen und schwarzen Mönch und die Tochter zur Jungfrau. Und bis heute hat sie niemand von ihrem Fluch erlöst...

Worüber reden wir hier eigentlich?

Die Alpen sind das höchste Gebirge Europas mit einer West-Ost-Ausdehnung von über 750 Kilometern, einer Nord-Süd-Breite von bis zu 300 Kilometern sowie einer Fläche von knapp 200.000 Quadratkilometern. Das „Dach Europas" erstreckt sich von Osten aus über Slowenien und Österreich, Deutschland, die Schweiz und Italien bis nach Frankreich und das Fürstentum Monaco. Der höchste Gipfel der Alpen ist der 4.808 Meter hohe Mont Blanc an der Grenze zwischen Italien und Frankreich.

So weit, so gut und wohl hinlänglich bekannt. Aber wussten Sie, dass es sich hierbei eigentlich um afrikanisches Territorium handelt? Kein Witz! Auch ich habe – nach Tausenden von Motorradkilometern über dieses mehr als prächtige Fleckchen Erde – erst bei der Recherche für dieses Buch gelernt, dass ich mich auf den schräglagenreichsten Touren meines Bikerlebens im Grunde stets auf afrikanischem Boden befand. Die Entstehung der Alpen ist die wohl spannendste Geschichte des Planeten, die Geschichte einer Jahrmillionen dauernden geheimen Unterwanderung.

Ein weiter Blick zurück

Vor mehr als 200 Millionen Jahren bildete das Gestein der heutigen europäischen Alpen noch den Nordrand des afrikanischen Kontinents. Beide Kontinentalplatten, die afrikanische und die eurasische, lagen etwa auf der Höhe des Äquators beieinander, allerdings ohne sich zu berühren. Gigantische 100 Kilometer dick und träge dümpelnd auf dem heißen, flüssigen Magmakern der Erde bildeten sie und vier weitere große Kontinentalplatten die sogenannten Urkontinente unseres Planeten. Zwischen Afrika und Eurasien schwappte damals der Vorgänger des Mittelmeeres, das tropische „Tethysmeer". Vor etwas mehr als 30 Millionen Jahren begann die afrikanische Kontinentalplatte ganz allmählich nach Norden zu driften und kollidierte auf ihrem Weg irgendwann zwangsläufig mit der eurasischen Platte. Diese gigantische Kollision schob – übrigens in zumindest erdgeschichtlich atemberaubendem Tempo von mehreren Millionen Jah-

ren – die eurasische unter die afrikanische Platte und faltete letztere dadurch mit unvorstellbarem Druck zu einem gewaltigen Hochgebirgskörper auf, dessen Aussehen damals allerdings noch nicht viel mit den heutigen Alpen gemein hatte. Ihre heutige Gebirgsform erhielten die Alpen vor allem durch jahrtausendelange Erosion und durch die Gesteinsschicht um Gesteinsschicht abtragenden und zermahlenden Gletscher während der europäischen Eiszeiten.

Da aber die Kontinentaldrift bis heute anhält, wachsen die Alpen – und damit letztendlich all die hier versammelten prächtigen Tourengebiete – unverändert jedes Jahr um ein bis zwei Millimeter. Eine mehr als spannende Tatsache, die wir natürlich bei jeder Neuauflage dieses Buches berücksichtigen werden. Versprochen!

Doch Spaß beiseite: Gleichwohl wir hier über Jahrmillionen reden, sind die Alpen erdgeschichtlich dennoch eine eher jugendliche Erscheinung, deren Entstehungsgeschichte sich vor allem nach dem Zurückweichen der Gletscher nach der letzten Eiszeit an den zutage tretenden schroffen Felswänden, an den tiefen und steilen Tälern, am immerwährenden Wechselspiel von Gipfeln und Senken auch heutzutage hervorragend erkunden lässt. Und als das ewige Eis endlich wich, bildeten sich auch die unzähligen, oftmals herrlich gelegenen Seen der Alpen.

Harte Fakten

Topografisch gliedern sich die Alpen in die Region des sogenannten „Alpenvorlandes“ bis zur Baumgrenze bei circa 1.500 Höhenmetern, in die Mittelalpen bis zur Schneegrenze in gut 3.000 Metern sowie die Hochalpen mit ihren zum Teil bereits lebensfeindlichen Regionen. Die Alpen fungieren als Klima- und Wasserscheide zwischen Mitteleuropa und dem Mittelmeerraum. Sie umfassen die italienische Poebene in weitem Bogen durch den Osten Frankreichs, verzweigen sich in den Französischen und den Schweizer Jura und laufen ganz im Osten fächerförmig im Hügelland der Donau nahe Wien aus. Im Norden fallen die Alpen vergleichsweise sanft zum Alpenvorland ab, im Süden ist der Höhenverlust Richtung Poebene um einiges steiler. Die Gipfel der Westalpen liegen in der Regel zwischen 3.000 und 4.800 Metern, in den Ostalpen sind die Gipfel niedriger.

Die Regionen

Als Ostalpen bezeichnet man den Abschnitt östlich der fiktiven Linie Bodensee – Lago di Como, ihr höchster Berg ist der Piz Bernina, mit 4.052 Metern auch der einzige Viertausender der Ostalpen. Diese besitzen insgesamt sanftere Landschaftsformen, auch ihre Pässe sind deutlich niedriger als die der Westalpen. Der gesamte Gebirgsbogen ist weniger gekrümmt, zerfasert sich in einzelne Gipfelketten.

Das heutige Bild der Nordalpen prägen ausgedehnte Mischwälder, vor allem auch Fichtenwälder, wie sie in den Regionen des Bregenzerwaldes, des Schweizer Rätikon oder auch der Allgäuer, Lechtaler und Ammergauer Alpen zu finden sind.

Die Zentralalpen bestehen hauptsächlich aus hartem, wasserundurchlässigem Granitgestein und sind nicht nur deshalb reich an Quellen, Bächen und Seen sowie einigen Gletschern. Hier finden sich auch ausgedehnte Almlandschaften sowie Lärchen- und Fichtenwälder. Die zentralen Gebirgsgruppen sind unter anderem die Rhätischen Alpen in der Schweiz, die Ötztaler und Zillertaler Alpen sowie Hohe und Niedere Tauern in Österreich.

In den Südalpen ist das „Dolomit“ die überwiegende Basis aller Zinnen, Felstürme und Gipfel, eine Gesteinsform benannt nach ihrem Entdecker, dem französischen Forscher Dolomieu. Die Südalpen bilden den oftmals steil abfallenden Übergang zur italienischen Poebene, ihre bekanntesten Regionen sind die Dolomiten, die Karnischen Alpen und die Karawanken.

Die Westalpen sind der Teil der Alpen, der westlich der bereits erwähnten fiktiven Linie Bodensee – Comer See liegt. Enge Täler strukturieren und zerteilen das Zentralmassiv, hier finden sich auch die höchsten Berge der gesamten Alpen, der Mont Blanc sowie die Gipfel der Monte Rosa-Gruppe in den Walliser Alpen.

Oftmals unsichtbar, aber immer gegenwärtig: Die Alpen sind auch die Heimat unzähliger Berggeister.

Nachfolgende Doppelseite: Der berühmteste Koloss der Dolomiten: Der gewaltige Felsblock der Sella-Gruppe.

Von Flora und Fauna

Rund 4.500 Blütenpflanzen und eine wohl einzigartig reiche Tierwelt prägen neben den rein geologischen Highlights den gesamten Alpenraum. Die Alpenflora enthält auch heutzutage noch viele Relikte aus längst vergangenen Eiszeiten, als in ganz Mitteleuropa die Tundra, eine weite, baumlose Steppenlandschaft mit oftmals Permafrost-Boden vorherrschte. Neben diesen – Pflanzenforscher mögen mir diesen Satz verzeihen – eher unscheinbaren Flechten und Farnen, diesen leicht zu übersehenden Grüßen aus längst vergangenen Tagen, prägen vor allem Pflanzen mit auffälligen Blüten das Bild der Alpen. Neben den vor allem im Frühling vor Blumenmeeren überquellenden Almwiesen haben sich in den alpinen Regionen das Edelweiß und die blauen Enzian-Arten ausgebreitet, verzieren nahezu jeden Wanderweg und so manchen Wanderhut.

Viele der typischen Alpentiere leben oberhalb der Baumgrenze. Bei so mancher Art mag dies auch als eine Fluchtreaktion auf den im Lauf der Jahrhunderte immer stärker einfallenden Menschen zu werten sein. Typisch und prägend sind unter anderem Gämse, Steinbock und Murmeltier, unter den Vögeln die hochintelligenten Alpendohlen und der Kolkrabe. Leider viel seltener, aber noch nicht ausgestorben sind der majestätische Steinadler sowie in den slowenischen und italienischen Alpen der auch jüngst von Menschenhand wieder dezimierte Braunbär. Letzterer konnte erst vor wenigen Jahren durch gezielte Auswilderung wieder in den Alpen angesiedelt werden – wie übrigens auch der lange Zeit als ausgerottet geltende Luchs. In den französischen Seealpen sollen sogar noch einige Wölfe überlebt und sich den heutigen klimatischen Verhältnissen angepasst haben.

Murmeltiersalbe: Hilft gegen beinahe alles – auch gegen typische Biker-Wehwehchen, wie verspannten Rücken.

Das Klima

In den Alpen existiert im Grunde kein generelles Klimageschehen. Durch die starke Strukturierung, die großen Höhenunterschiede und die hoch aufragenden Gipfel findet man eine Vielzahl sehr kleinräumiger Klimata, sehr eng begrenzter Wettergeschehen, die allesamt recht schwer vorhersehbar sind. Die wichtigsten klimatischen Einflüsse sind atlantische Westwindlagen mit feuchten Luftmassen, kalte Nordpolarluft und warme, mediterrane Strömungen aus dem Süden Europas. Während die Nordalpen klimatisch eher dem angrenzenden Voralpenland ähneln, prägen die Südalpen bereits deutlich mediterrane Einflüsse. Neben milden Wintern und heißen Sommern liegen hier die Niederschlagsmaxima eher im Frühling und Sommer, während sie in den Nordalpen statistisch vermehrt im Sommer vorkommen. Die Täler und Becken innerhalb der Alpenregion liegen oftmals im sogenannten Regenschatten der sie umgebenden Gipfel und besitzen ein deutlich trockeneres Klima mit den im Winter typischen Inversionswetterlagen,

Alle Herrlichkeit auf Erden: Das Bergell (Seite 176).

das heißt, kalte Luftmassen am Boden und wärmere in der Höhe.

Ein ganz spezielles Wetterphänomen der gesamten Alpen ist der Föhn, ein warmer Fallwind, der vor allem im nördlichen Voralpenland anzutreffen ist und mit Stürmen bis zu Spitzengeschwindigkeiten von 140 km/h einhergehen kann. Hier ist der Föhn aufgrund sehr geringer Luftfeuchtigkeit oftmals auch mit legendärer Fernsicht verbunden – vor allem im Winter und im Frühling. Dann kann die Quecksilbersäule im Inntal oder entlang der bayerischen Seen selbst an einem Januartag plötzlich auf über 20°C klettern. Ein Vergnügen für Biker ohne Saisonkennzeichen, eine Qual für alle wetterfühligen Mitmenschen, eine wahre Tragödie für wetterfühlige Motorradfahrer.

Leider geht der allgemeine Klimawandel auch an den Alpen nicht spurlos vorüber. Vor allem die wenigen noch verbliebenen Gletscher schmelzen im Sommer dramatisch ab und können diesen Volumenverlust in den Wintermonaten kaum noch kompensieren. Dies umso mehr, als viele von ihnen inzwischen intensiv touristisch erschlossen sind. Laut internationalen Messungen verloren die Alpengletscher seit Beginn der Industrialisierung Mitte des 18. bis Ende des 20. Jahrhunderts weit über ein Drittel ihrer Fläche sowie – noch dramatischer – weit mehr als die Hälfte ihrer Masse. Und dieser Vorgang hält nicht nur unvermindert an, er hat sich in den letzten Jahrzehnten deutlich beschleunigt und ist aus heutiger Sicht wohl kaum mehr zu stoppen, geschweige denn umzukehren.

Brauchtum

Aber der Tourismus hatte auch seine guten Seiten, sorgte er mit seinem starken Interesse an tief verwurzelten Bräuchen doch auch dafür, dass sich viele von ihnen über all die Jahrhunderte halten konnten, ja ganz bewusst auch bewahrt und heute noch zelebriert werden. Religion, Dichtungen, Sagen und Erzählungen bildeten vielerorts die Basis, der Wunsch die Urgewalten der Natur zu besänftigen den Antrieb für das lebendige Brauchtum der Alpen. Heutzutage sind nicht nur die berühmten Steinmännchen auf den Gipfeln der Berge ein erlebenswertes Relikt längst vergangener Tage, auch die Feste, wie Almsegen und Almabtrieb, sind untrennbar mit dieser Region verbunden.

GLETSCHERSCHMELZE ALS KLIMAINDIKATOR

Die Mehrheit aller Gletscher weltweit hat in den zurückliegenden Jahrzehnten zum Teil stark an Masse und Fläche verloren. Betroffen sind davon alle Regionen des Planeten, von den Tropen über die mittleren Breiten bis zu den Polen. Ebenso zu beobachten ist ein Rückgang des Eises in den polaren Gebieten, wo es immer öfters zum Abbrechen riesiger Treibeisfelder kommt. Dabei folgen die Gletscher nur den weltweiten Klima- und Temperaturschwankungen, doch dieses Phänomen birgt erhebliche Risiken für uns und unsere Kinder. Das Risiko von Überschwemmungen durch steigende Flusspegel und vermehrt auftretende Ausbrüche von Gletscherseen sind hierbei nur die vergleichsweise harmlose, regional eng begrenzten Folgen der Gletscherschmelze. Der zunehmende Abfluss des Gletscherwassers führt aber auch zum globalen Anstieg des Meeresspiegels und bedroht damit letztendlich auch Millionen nicht unmittelbar im Einflussbereich von Gletschern lebende Menschen.

Entscheidend für das Fortbestehen eines Gletschers ist seine sogenannte Massenbilanz, also die Differenz von Neuschneefall und Schnee-/Eisschmelze. Jeder Gletscher besteht dabei aus einem sogenannten Nähr- und einem Zehrgebiet. Im Nährgebiet bleibt ein Großteil des Schnees auch während des Sommers erhalten und formt neues Gletschereis. Im Zehrgebiet verliert der Gletscher an Masse durch die Schneeschmelze. Irgendwo zwischen Nähr- und Zehrgebiet befindet sich ein Gletscher im Massengleichgewicht, hier liegt seine sogenannte Gleichgewichtslinie. Beim derzeitigen Klimawandel verschiebt sich nun diese Gleichgewichtslinie mehr und mehr in Richtung der Nährgebiete, das heißt, der Gletscher verliert mehr Masse, als in seinen Gipfelregionen „nachwachsen" kann.

Die Ausdehnungs- und Schrumpfungstendenzen der Gletscher spielen in der Klimaforschung eine bedeutende Rolle. Kleinere Gletscher reagieren dabei oftmals empfindlicher und umgehender als ihre großen Brüder. Eine weitere wichtige Besonderheit besteht in dem durchweg hohen Alter der Gletscher. Mittels Eisbohrungen können Wissenschaftler so in klimatische Regionen vorstoßen, die unter Umständen mehrere tausend Jahre zurückliegen. Die berühmten Gletscher des afrikanischen Kilimandscharo existieren durchgehend seit über 12.000 Jahren, sind heutzutage jedoch massiv gefährdete Zeitzeugen.

Der World-Glacier-Monitoring-Service (www.geo.unizh.ch/wgms) berichtet in regelmäßigen Intervallen über die Veränderungen aller Gletscher unserer Erde, doch ganz besonders die Zustände der Gletscher in den Alpen klingen durchaus alarmierend. 5.150 registrierte Alpengletscher haben seit 1850 bis zum Jahr 2000 annähernd 50 Prozent ihrer ehemaligen Fläche – und damit nicht nur Pracht, sondern auch regulierenden Wirkung auf das Weltklima – verloren. Und Szenarien für das 21. Jahrhundert zeigen, dass diese Tendenz wohl nicht mehr aufzuhalten sein wird.

Dabei sind die Gletscher unseres Planeten viel mehr als nur hochwillkommener, weil stets spektakulärer Bestandteil millionenfach geknipster Andenkenfotos. Auch die in unseren Alpen verbliebenen Gletscher sind überlebenswichtige Trinkwasserreservoirs, in ihren Regionen entspringen viele der bedeutenden europäischen Flüsse, wie der Rhein und die Rhône. Und während nun die dramatische Gletscherschmelze einerseits einen deutlichen Anstieg der Flusspegel verursacht, der Hochwasser und Überschwemmungen vor allem nördlich und südlich der Alpen zur Folge hat, steigt parallel dazu in den Gebirgsregionen die Gefahr von akutem Wassermangel und damit einhergehend sukzessive auch die Gefahr der Bodenaustrocknung und Erosion.

Historisch wertvoll: Altes Hotel am Radstädter Tauernpass.

Alpentourismus

Ständig in den Alpen leben gut 13 Millionen Menschen, verteilt auf sieben Staaten und 6.500 Gemeinden. Hinzu kommen gut 5,5 Millionen Gästebetten mit über 500 Millionen Übernachtungen pro Jahr und weit über 100 Millionen Feriengäste. Damit sind die europäischen Alpen eine der größten Tourismusregionen der Welt, ja es gibt Statistiken, die belegen, dass sich hier gut ein Viertel des gesamten Welttourismus abspielen soll.

Das war in den Anfangszeiten anders gedacht und gänzlich anders geplant. Als zu Beginn des 19. Jahrhunderts allmählich die Bergsteiger und Alpinisten die reinen Naturforscher in den Bergen abzulösen begannen, da waren die Übernachtungszahlen verschwindend gering. Nur wenige Touristen stiegen aus einfachsten Quartieren im ersten Tageslicht mit ihren persönlichen Führern auf die Gipfel und entdeckten die Alpen als ihr kleines Paradies.

Erst nach Ende des Ersten Weltkrieges begannen die Menschen die Alpen in Gruppen, ja in Massen zu entdecken. Zahlreiche Hotels, Gasthöfe, Pensionen und Schutzhütten entstanden ab 1914 auf den Bergen. Mit fortschreitender Technik fing man an, die hochalpinen Regionen mit Zahnradbahnen zu erschließen, sogar der Skitourismus erlebte in den 20er-Jahren des letzten Jahrhunderts einen ersten Aufschwung, die ersten Liftanlagen wurden gebaut.

Der Sommertourismus begann ab 1950 die Berge in Massen zu entdecken, zweistellige Wachstumsraten bei den Übernachtungen ließen so manchen Hotelneubau innerhalb kurzer Zeit zu einem rentablen Projekt avancieren. Hotels, Gasthöfe und Pensionen schossen wie die berühmten Pilze aus dem Almboden, auch in den Ausbau des Wanderwegnetzes wurde massiv investiert. Seit 1990 wandelt sich vor allem der Sommertourismus immer mehr von der traditionellen Erholungssuche zu einer Erlebnis- und Eventsuche, eine Entwicklung, die mancherorts durchaus denkwürdige Züge annimmt.

Doch Halt – müssen wir uns also heute Sorgen machen um das Paradies, in dem dieses Buch spielt? Ja, müssen wir als Motorradfahrer etwa auf unseren Touren ein schlechtes Gewissen haben? Nein, keinesfalls!

Mögen diese nackten statistischen Fakten auch wenig einladende Individualität vermuten lassen, die Alpen bieten auch in unseren Tagen noch mächtig viel Raum für Natürlichkeit, Tradition und Kultur. Denn im Grunde konzentriert sich der Massentourismus auf überschaubar wenige Gebiete, nur 15 Prozent aller Alpengemeinden besitzen eine bedeutende touristische Infrastruktur. Bei über 70 Prozent aller Gemeinden spielt der Tourismus nach wie vor eine eher untergeordnete Rolle, hat Traditionen und Lebensweisen der Menschen gar nicht oder nur unwesentlich beeinflusst. Auch in unseren Tagen bieten die Alpen immer noch mannigfaltige Möglichkeiten, nahezu unberührte Natur pur oder in Kombination mit Jahrhunderte alten Traditionen und Lebensweisen zu genießen. Und ein verantwortungsvolles Reisen, das Beachten von Schutzräumen für Fauna und Flora, wird dieses 200.000 Quadratkilometer große Schatzkästlein unseres Planeten auch für die Nachwelt erhalten.

Die Siedlungsgeschichte

Jäger und Sammler der Altsteinzeit vor gut 5.000 Jahren waren wohl die Ersten, die den Alpenraum auf der Suche nach Nahrung und Auskommen durchstreiften. Der inzwischen weltberühmte „Ötzi" hat hiervon ja weit über seinen Tod hinaus mithilfe modernster Untersuchungsmethoden eine auch heute noch bewegende Geschichte erzählt. Doch ausgedehnte Bergwälder und lebensfeindliche Hochgebirgsregionen begrenzten den Vorwärtsdrang der mutigen Männer und Familien, reduzierten den Radius ihrer Aktivitäten und Wanderungen auf die Täler, in denen eine ganzjährige Besiedlung sowie Ackerbau und Viehzucht klimatisch überhaupt erst möglich war.

Die Germanen im Norden waren generell eher Viehzüchter, die Völker der Südalpen hingegen mehrheitlich Ackerbauern, eine Tatsache, die zu ganz unterschiedlichen Familien- und Siedlungsstrukturen, ja sogar zu gänzlich unterschiedlichem Ernährungsverhalten führte. Ab dem 17. Jahrhundert entstand besonders in den Nordalpen eine eigenständige Bergbauernkultur, die sich in manchem Tal bis heute mit ihren sehenswerten Traditionen bewahren konnte.

Ende des 19. Jahrhunderts erreichte die europäische Industrialisierung auch den Alpenraum, in vielen Regionen wurde der Bergbau sowie die Suche nach Gold und anderen Edelmetallen zu einem überlebenswichtigen Wirtschaftszweig. Dass hierbei unter zum Teil menschenunwürdigen Bedin- gungen gearbeitet und gelebt wurde, ist längst nur noch hoch spannende Geschichte. Im 20. Jahrhundert löste der einsetzende Tourismus nicht nur den Bergbau ab, er brachte Auskommen und Wohlstand in die Alpentäler, vernichtete dadurch allerdings auch viel kulturelles Gut und trieb Hunderttausende nun überflüssig gewordene Arbeitskräfte in die oftmals ferne Fremde.

Besuchstipp

Das sehenswerte Alpine Museum in München wurde 1907 vom damaligen Deutschen und Österreichischen Alpenverein gegründet. Die Stadt München stellte dazu ein Gebäude auf der Praterinsel unentgeltlich zur Verfügung, in dem bis heute zahlreiche Ausstellungen von der Flora, Fauna sowie von Brauchtum und Kultur der Alpen erzählen. Eine Dauerausstellung informiert über die Geschichte des Alpinismus und die zahlreichen Aktivitäten und Projekte des Deutschen Alpenvereins gerade auch zum Schutz der Alpen. Adresse, Öffnungszeiten und Infos unter www.alpenverein.de.

Für noch unerfüllte Bikerträume: Diese Wunschglocke hängt an der Nockalmstraße (Nr. 10).

DIE HÖCHSTEN GIPFEL DER ALPEN

Name	Land	Höhe (m)	Gebirge
Mont Blanc	Frankreich, Italien	4.808	Mont-Blanc-Gruppe
Mont Blanc de Courmayeur	Italien	4.748	Mont-Blanc-Gruppe
Rochers de la Tournette	Frankreich	4.677	Mont-Blanc-Gruppe
Dufourspitze	Schweiz	4.663	Monte-Rosa-Gruppe
Ostspitze	Schweiz	4.634	Monte-Rosa-Gruppe
Grenzgipfel	Schweiz, Italien	4.618	Monte-Rosa-Gruppe
Nordend	Schweiz, Italien	4.609	Monte-Rosa-Gruppe
Zumsteinspitze	Schweiz, Italien	4.563	Monte-Rosa-Gruppe
Signalkuppe	Schweiz, Italien	4.554	Monte-Rosa-Gruppe
Les Bosses	Frankreich, Italien	4.547	Mont-Blanc-Gruppe
Dom	Schweiz	4.545	Walliser Alpen
Liskamm	Schweiz	4.527	Walliser Alpen
La Grande Bosse	Frankreich	4.513	Mont-Blanc-Gruppe
Weißhorn	Schweiz	4.505	Walliser Alpen
Täschhorn	Schweiz	4.490	Walliser Alpen
Matterhorn	Schweiz, Italien	4.477	Walliser Alpen
Monte Cervino Vetta Italiana	Italien	4.476	Walliser Alpen
Mont Maudit	Frankreich, Italien	4.465	Mont-Blanc-Gruppe
Picco Luigi Amedeo	Italien	4.460	Mont-Blanc-Gruppe

Alpenpässe in
Deutschland

1 Alpenpässe in Deutschland
RIEDBERGPASS

IM ÜBERBLICK

Name	Riedbergpass
Land	Deutschland
Region	Allgäu
Höchster Punkt	1.420 m
Basisorte	Hittisau und Fischen
Anzahl der Kehren	1
Streckenlänge	30 km
Schwierigkeitsgrad	leicht
Straßenverhältnisse	gut asphaltiert, wenig Frostschäden, kaum Verschmutzung
Mautpflicht	keine
Wintersperre	keine
Kombinierbar mit	Nr. 32, 33, 34

Beginnen wir unsere in ihrem Umfang zweifelsohne atemberaubende Sammlung mit einem der wenigen echten Pässe Deutschlands, dem Riedbergpass im wunderschönen Ostallgäu nordwestlich von Oberstdorf. Statistiker streiten sich seit jeher darüber, ob nun wohl dies der höchste Pass Deutschlands sei oder diese Ehre vielmehr der Rossfeld-Höhenringstraße (unserer Nr. 5) gebühre. Letztere ist mit 1.540 Höhenmetern zwar um 120 Meter höher, dafür aber genau genommen und per definitionem kein hundertprozentiger Pass. Doch allein ihre prächtige Aussichtslage rechtfertigt die Aufnahme in dieses Buch – und genauso ist es zweifelsohne auch beim Riedbergpass. Bereits die Anreise durch das liebliche Allgäu ist ein Genuss zu jeder Jahreszeit.

Vom östlichen Ausgangspunkt Fischen im Allgäu aus folgt man dem Wegweiser Richtung Balderschwang und biegt von der verkehrsreichen B19 ab auf die anfänglich recht kurvenarme Straße hinauf zum Pass. Entlang der Schönberger Ache windet sich die Straße gen Westen und bietet auf weiter Strecke herrliche Ausblicke auf die umliegenden Ausläufer der Allgäuer Alpen. Durch Obermaiselstein hindurch führt der Weg allmählich

SEHENSWERTES AM WEGESRAND

„Seid Ihr bereit, Euch in ein Gefilde zu wagen, das lange vor Menschengedenken schon das Reich der Wilden Fräulein war? Ihr sollt uns willkommen sein, wenn Ihr mehr über uns, Stuzze Muzz, Tschudre Mudre, Maringga und Ringgede Bingge erfahren wollt. Dann tretet vollen Mutes und neugierig ein."

So beginnen die Geschichten der **Sturmannshöhle** südlich von Obermaiselstein, der einzigen begehbaren Schauhöhle im Allgäu und damit zweifelsohne Pflichttermin für alle „Unterweltler". Sie liegt 980 Meter hoch, am Fuß des Ochsenbergs in einer von Bergwassern ausgewaschenen Felsenkluft. Folgen Sie den mystischen Geschichten und Erzählungen auf fast 200 Stufen gut 300 Meter tief in die faszinierende Welt der Urzeit. 120 Millionen Jahre alte Gesteinsformationen begleiten Sie auf dem Weg zum „Drachentor". Doch keine Angst, die Sturmannshöhle ist leicht und gefahrlos mit festem Schuhwerk zu begehen. Alle Infos und die Termine für geführte Besichtigungen gibt es im Obermaiselsteiner „Haus des Gastes" oder auch im Internet unter www.obermaiselstein.de.

Perfektes Trainingsgelände für unsere Kurventechnik: der Riedbergpass bei Grasgehren.

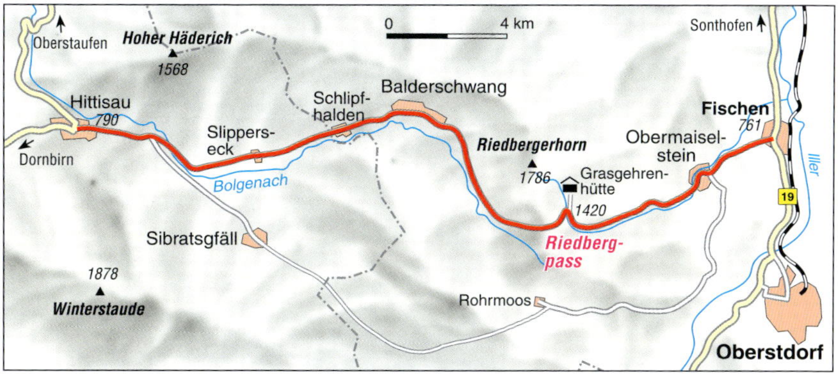

bergan, wobei Hinweisschilder mit 16 Prozent Steigung wohl eher satt aufgerundet erscheinen, wie unser errechnetes Höhenprofil zeigt. Die einzige echte Kehre des Riedbergpasses befindet sich direkt am Scheitelpunkt der Strecke bei den wenigen Häusern von Grasgehren und der auch bei Bikern beliebten Einkehr auf der Grasgehren-Hütte (www.grasgehren.de). Der Riedbergpass ist aufgrund seiner mühelosen Befahrbarkeit und landschaftlichen Schönheit für Motorradfahrer sehr attraktiv. Da es aber durch Unbedachtheit und Unvernunft immer wieder zu schweren Unfällen auf der an sich harmlosen Strecke kommt, kontrolliert auch hier die Polizei vermehrt an den Wochenenden. Halten wir uns einfach an die Beschränkungen und genießen die Fahrt weiter hinunter ins Balderschwanger Tal. Kurz hinter

Schlipfhalden überqueren wir die Grenze nach Österreich und pendeln auf der herrlichen Strecke Richtung Hittisau, einem sehenswerten und über 1.000 Jahre alten Städtchen in den Ausläufern des Bregenzer Waldes. Dessen gipfelstürmenden Highlights widmen wir uns übrigens ab Pass Nr. 32.

Als Skigebiet ganzjährig offen, für Biker spätestens ab April.

Vorangegangene Doppelseite: Beginnen wir gemütlich: Der Riedbergpass im schönen Allgäu.

HÖHENPROFIL

Höhenmeter bergauf	681 m
Höhenmeter bergab	701 m
Maximale Steigung	9,4%
Durchschnittliche Steigung	4,1%
Maximales Gefälle	10,8%
Durchschnittliches Gefälle	5,4%

(berechnet mit Motorrad Tourenplaner 2008)

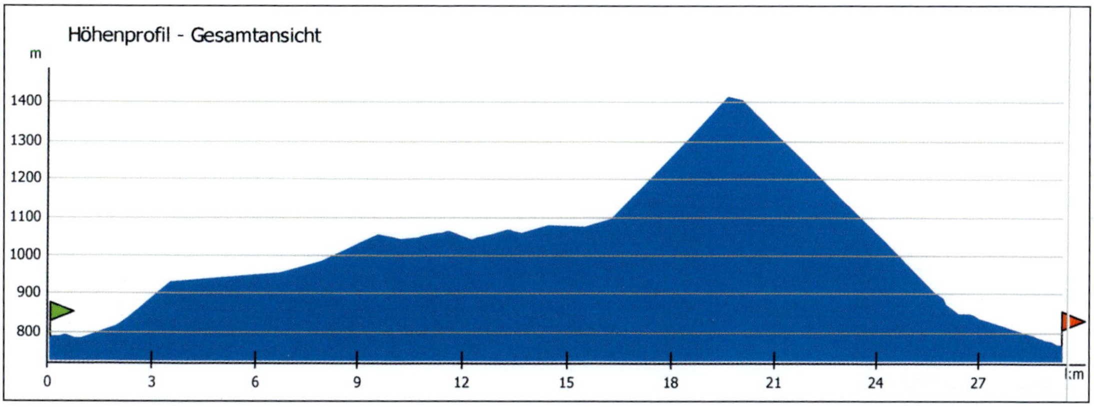

2 Alpenpässe in Deutschland
OBERJOCHPASS

IM ÜBERBLICK

Name	Oberjochpass
Land	Deutschland
Region	Allgäu
Höchster Punkt	1.150 m
Basisorte	Bad Hindelang und Wertach bzw. Tannheim
Anzahl der Kehren	9 nach Wertach bzw. 10 nach Tannheim
Streckenlänge	20 km nach Wertach bzw. 17 km nach Tannheim
Schwierigkeitsgrad	mittel
Straßenverhältnisse	gut asphaltiert, wenig Bitumen, viel Verkehr
Mautpflicht	keine
Wintersperre	keine
Kombinierbar mit	Nr. 29, 32

SEHENSWERTES AM WEGESRAND

Man mag es dem kleinen Örtchen **Oberjoch** auf den ersten Blick ja ganz und gar nicht ansehen, aber hier ist das Leben sehr gesund. Denn auf immerhin 1.200 Metern ist die Luftqualität nachgewiesenermaßen besonders gut, es existieren kaum Pollen und Hausstaubmilben. Daher wird das Klima als weitgehend allergiefrei eingestuft. Das ist einer der Gründe, warum sich namhafte Kliniken zur Allergie-Behandlung gerade hier angesiedelt haben. Auch das einmalige und dazu auch noch kostenlose Hochmoorschwimmbad verwöhnt Körper und Geist, ebenso wie die herrlichen Wanderwege weit hinein ins Tannheimer Tal.

Kulturelle Höhepunkte in Oberjoch sind die sogenannte „Viehscheidsaison", der Almabtrieb ab 11. September, und das Oldtimer Memorial, ein spannendes Gleichmäßigkeitsrennen auf dem kurvenreichen Jochpass mit anschließendem Oldtimer Fest. Weitere Infos unter www.oberjoch.info.

Gleich mit Pass-Straße Nr. 2 finden wir bereits echtes Schräglagenvergnügen sozusagen direkt vor unserer deutschen Haustüre. Vor allem die Südwestrampe von Bad Hindelang hinauf nach Oberjoch darf in Teilbereichen durchaus als fahrerisch anspruchsvoll bezeichnet werden, führt sie doch über neun enge und teilweise unübersichtliche Spitzkehren durch lichten Mischwald hinauf auf Bergeshöhen. Deshalb sind auch die zu bewältigenden, an sich eher unspektakulären 300 Höhenmeter in diesem Fall nicht zu unterschätzen. Gleich hinter der Ortsgrenze von Bad Hindelang geht es direkt in eine erlebenswerte, fünf Kilometer weit andauernde Schräglage.

Aber bitte aufgepasst: Da die Straße als B308 nicht nur dem Ausflugs-, sondern auch dem Lieferverkehr hinein ins österreichische Tannheimer Tal dient, herrscht hier nahezu jeden Tag im Jahr reger Verkehr. Doch vor allem in der Sommersaison sind wir Motorradfahrer von Freitagnachmittag bis Sonntagabend auf dieser Strecke trotz alledem in der Überzahl und können am großen Parkplatz unterhalb des Luftkurortes Oberjoch mit Blick auf die letzten Applauskurven nahezu pausenlos den Kurvenstil der Kollegen benoten, neueste Technik und Design bewundern und auch grenzüberschreitende Benzingespräche führen. Denn das Oberjoch ist nicht nur bei Allgäuer Bikern Pflicht, auch Österreicher und Schweizer schätzen die Strecke.

Und falls einmal gerade kein Auspuffdröhnen Ihre Aufmerksamkeit erregt, genießen Sie doch einfach den Ausblick auf die herrlichen Allgäuer Alpen, die sich gleich im Süden vor unserem Windshield erheben.

In Oberjoch selbst versuchen zahlreiche Gaststätten und Restaurants den Biker vom rechten Weg abzubringen. Und da die weitere Strecke Richtung Wertach im Vergleich zur Südwestrampe eher unspektakulär ist, empfehle ich einen Boxenstopp in Oberjoch vor allem in Kombination mit einem herrlichen Sundowner. Ist der Tag hingegen noch recht jung, dann sollten Sie unbedingt weiterfahren, denn das eigentliche Joch liegt ja noch unbezwungen vor uns. Zweigen Sie dazu im Ort Richtung Tannheimer Tal ab und folgen Sie der B308 in Richtung Südosten. Kurz vor der österreichischen Grenze passieren wir dann den ungekennzeichneten Oberjochpass mit seinen 1.150 Höhenmetern. Anschließend geht es über Schattwald hinunter nach Tannheim, wo wir nicht nur unser Benzinfass allzeit günstig randvoll füllen dürfen, sondern auch die herrliche Bergwelt des gleichnamigen Tals genießen können. Sowohl mit Wanderschuhen als auch per Tandem-Gleitschirmflug , einer völlig anderen Art, die Welt zu erkunden. Infos hierzu findet man unter www.tannheimertal.at.

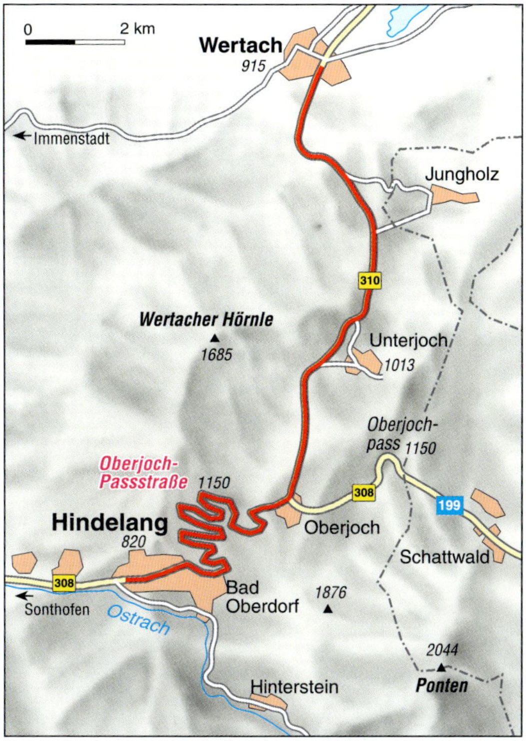

HÖHENPROFIL

Höhenmeter bergauf	366 m
Höhenmeter bergab	277 m
Maximale Steigung	8,3 %
Durchschnittliche Steigung	4,4 %
Maximales Gefälle	6,2 %
Durchschnittliches Gefälle	2,5 %

(berechnet mit Motorrad Tourenplaner 2008)

Welch prächtiges Allgäu: Der Oberjoch Pass führt uns von einem Highlight zum nächsten (linke Seite).

Perfekt für einen höchst gesunden Boxenstopp: der Ort Oberjoch auf 1.200 Höhenmetern (rechts).

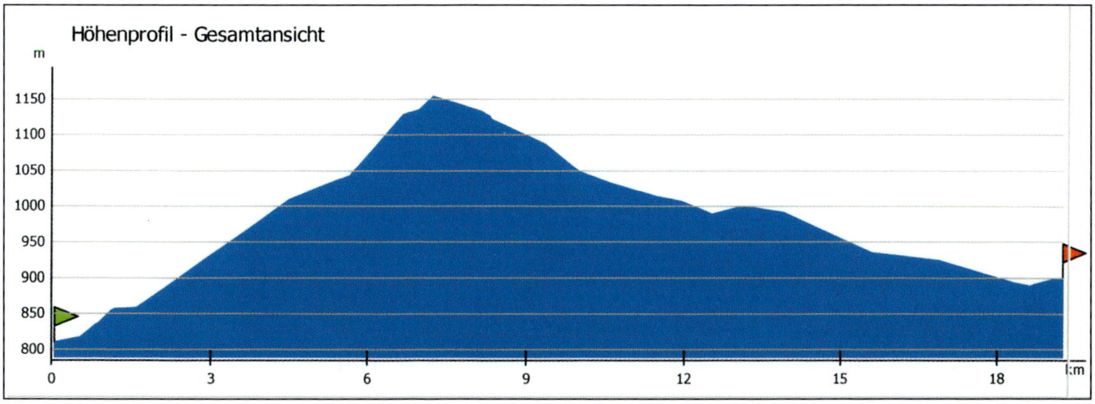

Typisch Voralpen: Die Allgäuer Täler rund um das Oberjoch machen Lust auf mehr.

3 Alpenpässe in Deutschland
ACHENPASS

IM ÜBERBLICK

Name	Achenpass
Land	Deutschland
Region	Oberbayern
Höchster Punkt	941 m
Basisorte	Lenggries und Rottach-Egern bzw. Achenkirch
Anzahl der Kehren	1
Streckenlänge	42 km nach Rottach-Egern bzw. 30 nach Achenkirch
Schwierigkeitsgrad	leicht
Straßenverhältnisse	gut ausgebaut, häufige Kontrollen, Tempo 70 einhalten!
Mautpflicht	keine
Wintersperre	keine
Kombinierbar mit	Nr. 4, 24

Zugegeben: er ist nicht besonders hoch, er ist auch nicht besonders kurvenreich und schon gar nicht fahrerisch anspruchsvoll. Aber drei treffliche Gründe existieren, die ihm zweifelsohne die Berechtigung für einen Auftritt in diesem Buch geben:

- nach Westen führt seine Rampe über den Sylvenstein-Stausee ins prächtige Tölzer Land,
- sein nordöstlicher Ausläufer führt uns direkt ins herrliche Tegernseer-Tal,
- seine Südflanke bringt uns auf Wunsch schnell wie der Wind zum Bikerparadies rund um den Achensee.

Deshalb Ihr Einverständnis einfach einmal voraussetzend habe ich den Achenpass in diese topaktuelle Sammlung fahrerischer Alpenhighlights aufgenommen. Und Sie werden bereits beim ersten Queren des Passes dieser Entscheidung zustimmen. Ganz gleich, ob Sie nun von Westen aus dem wunderschönen Tölzer Land genüsslich entlang des Sylvenstein-Speichers – mit einem der beliebtesten Bikertreffs der Region an dessen imposanter Staumauer – hinauf zum Achenpass pendeln, oder von den bereits Ludwig Thoma begeisternden Gestaden des Tegernsees Richtung Süden schwingen. Und als kleines Zuckerl liegt gleich im Süden anschließend der Achensee, einer der schönsten Bergseen Tirols, direkt vor unserem Windshield.

An Sommerwochenenden steppt auf der gesamten Strecke der Bär, dann geht vor allem am Bikertreff auf der Sylvenstein-Staumauer die berühmte „Post" ab. Am Achensee bietet sich nicht nur die Chance, das Ben-

Gehört uns wohl niemals ganz allein: der Achenpass zwischen Tölzer und Tegernseer Land.

SEHENSWERTES AM WEGESRAND

Von Lenggries aus kommend liegt westlich des Sylvenstein-Stausees eine der schönsten alpenländischen Sackgassen und Bikerstrecken. Die **Mautstrecke durch das Engtal** hinauf zum Großen Ahornboden ist ein Pflichtprogramm für jeden Motorradfahrer: 25 Kilometer lang, von Frühling bis in den Herbst hinein ein fahrerischer Leckerbissen. Kurvenreich geht es entlang des Rissbachs, einem der zahlreichen Zuflüsse der hier noch jungen Isar, mitten hinein ins Herz des Karwendelgebirges. 500 Jahre alte Ahornbäume entfalten auf dem sich weitenden Talschluss vor allem im Herbst eine einzigartige Farbenpracht, garniert mit den bis zu 2.700 Metern aufragenden Felswänden von Birkar-, Ödkar- und Grubenkarspitze. Das Ganze übrigens für zweieinhalb Euro Maut – wohl selten bekommt man so viel landschaftlichen und fahrerischen Gegenwert für sein Geld. Und ganz am Ende der Strecke erwartet uns der Gasthof in der Eng, ein beliebter Bikertreff und eine Einkehrmöglichkeit mit unvergleichlichem Panorama. Übrigens – falls Sie nicht nur den Sonnenuntergang im Karwendel, sondern auch den anderen Tag dort genießen möchten – der Gasthof besitzt auch einige hübsche Fremdenzimmer. Infos unter www.eng.at.

HÖHENPROFIL

Höhenmeter bergauf	377 m
Höhenmeter bergab	326 m
Maximale Steigung	8,7 %
Durchschnittliche Steigung	2,1 %
Maximales Gefälle	7,3 %
Durchschnittliches Gefälle	1,4 %

(berechnet mit Motorrad Tourenplaner 2008)

zinfass supergünstig und randvoll mit Sprit zu füllen, entlang des Seeufers in Achenkirch bieten auch einige Biergärten und Gasthöfe die Möglichkeit zu einem herrlich entspannten Einkehrschwung zum „Sehen und Gesehen werden". Abgehärtete Biker können derweil in dem von Schmelzwasser gespeisten See ein mehr als erfrischendes Bad nehmen oder auf dem angrenzenden Steinberger Plateau inmitten der Gipfel von Mangfall- und Karwendelgebirge ausgiebig Kurvenräubern. Am Ende des Tourentages rund um den Achenpass genießen wir einen glutroten Sundowner zum Beispiel am Ostufer des Tegernsees.

Klein aber fein: Vor allem die umliegenden Ziele sind der Reiz des Passes.

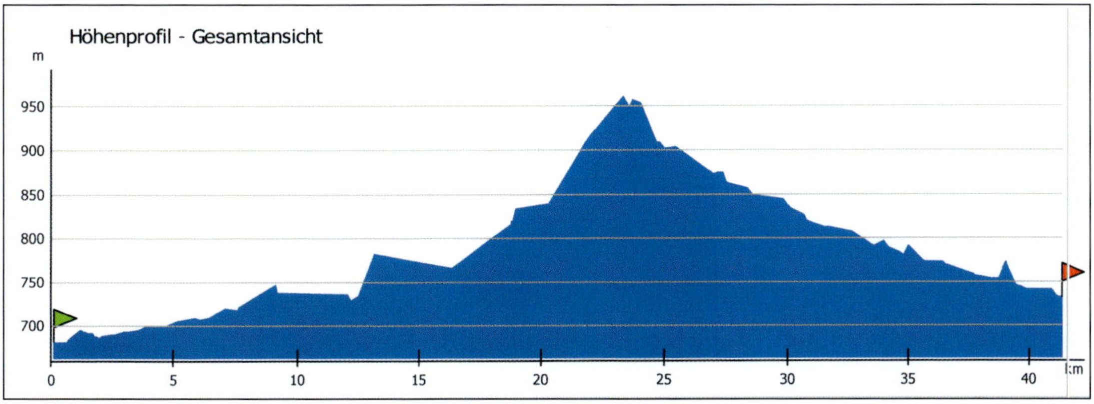

4 Alpenpässe in Deutschland
SUDELFELD MIT TATZELWURM

IM ÜBERBLICK

Name	Sudelfeld mit Tatzelwurm
Land	Deutschland
Region	Oberbayern
Höchster Punkt	1.097 m
Basisorte	Bayrischzell und Brannenburg bzw. Niederaudorf
Anzahl der Kehren	9
Streckenlänge	32 km nach Brannenburg bzw. 34 km nach Niederaudorf
Schwierigkeitsgrad	leicht bis mittel
Straßenverhältnisse	oben viel Bitumen, häufige Tempokontrollen
Mautpflicht	keine
Wintersperre	keine
Kombinierbar mit	Nr. 3, 5

Fragen Sie einen österreichischen oder auch Schweizer Motorradfahrer nach dem berühmtesten Bikertreff in Bayern, lautet die Antwort unter Garantie „Sudelfeld". Und das ist korrekt. Das Sudelfeld ist ein ausgedehntes, in weiten Teilen baumloses Hochalm-Gebiet östlich des Wendelsteins, in dem vor Urzeiten einmal ein gar grausiger Drache gelebt haben soll, eben jener Tatzelwurm. Nachdem sich dieser offensichtlich schon mehrere Jahrzehnte nicht mehr daheim gezeigt hat, ist das Sudelfeld rasch zu einer der bekanntesten und beliebtesten Hausstrecken der oberbayerischen Biker avanciert, die allerdings in der Vergangenheit auch immer wieder mit schweren Motorradunfällen aufgrund unverständlicher Raserei Schlagzeilen gemacht hat. Nachdem eine Vollsperrung nur für Motorradfahrer in letzter Minute abgewendet werden konnte, wurde die gesamte Strecke vor einigen Jahren mit einer Geschwindigkeitsbegrenzung auf 60 km/h ausgeschildert, was dem fahrerischen Genuss meiner Meinung nach aber keinerlei Abbruch tut. Dies zumal die Ausblicke über die weiten Hochalmen der Schlierseer Berge einfach grandios sind und sich nicht nur Fotofreunde sozusagen knipsend von Parkplatz zu Parkplatz hangeln.

Aufgepasst: Im östlichen Bereich des Sudelfeldes ist die Straße mit Bitumen stark verunstaltet und verlangt vor allem an heißen Tagen ein wachsames Auge und eine ruhige Gashand. Deshalb ist die Strecke auch weniger aufgrund ihrer Steigung oder Kurven als mittelschwer bewertet,

SEHENSWERTES AM WEGESRAND

Nahezu ganzjährig einen kurzen Boxenstopp, zumindest ein kurzes „Hallo" lohnen sowohl das legendäre Café Kotz in der lang gezogenen Applauskurve am sogenannten **„Unteren Sudelfeld"** kurz vor dem Abstieg nach Bayrischzell, als auch der Wellness-Gasthof „Zum feurigen Tatzelwurm" (www.tatzelwurm.de) auf der Strecke Richtung Niederaudorf und Inntal. Einen ganz besonderen und landschaftlich gänzlich anderen Genuss bietet aber auch der sogar unter Motorradfahrern noch weitgehend unbekannte Abstecher auf das **„Obere Sudelfeld"**, einer kurvenreichen Sackgassen-Strecke mit zum Teil ausgesetzter Piste, an deren Ende zwei herrlich gelegene, bewirtschaftete Almgasthöfe auf uns warten. Die „Speck-Alm" und die „Waller-Alm" sind zwar Geheimtipps unter Wanderern, doch beide begrüßen und beherbergen Motorradfahrer ebenso gerne und vor allem herzlich. Achtung: Die Abzweigung zum „Oberen Sudelfeld" ist leicht zu übersehen, sie befindet sich vom Café Kotz kommend nach der vierten Kehre scharf rechts beziehungsweise vom Tatzelwurm kommend vor der ersten Kehre (www.speck-alm.de und www.walleralm.de).

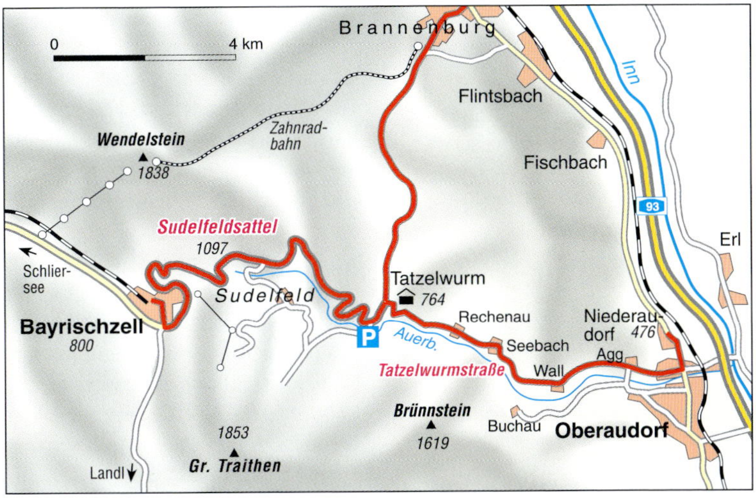

sondern hauptsächlich aufgrund ihres Straßenzustands. Vermehrt Geschwindigkeitskontrollen finden vor allem im unmittelbaren Umfeld von Bayrischzell sowie an den Wochenenden statt.

Im weiteren Verlauf Richtung Osten stehen am Sudelfeld zwei fahrerisch zweifellos lohnende Alternativen zur freien Auswahl: Eine schmale Bergstrecke führt uns entlang einsamer Almgehöfte schwungvoll hinunter ins Inntal, eine geringfügig mautpflichtige Straße oberhalb des „Feuri- gen Tatzelwurms" hingegen durch die bewaldete Ostflanke des Mangfallgebirges gen Norden hinab nach Brannenburg. Dort schließt sich das nicht minder prächtige Chiemgau sozusagen nahtlos an.

Ideal kombinieren lässt sich das Sudelfeld auch mit dem Achenpass sowie der Richtung Osten folgenden Rossfeld-Höhenringstraße (Nr. 5).

Verlangt eine ruhige Gashand: Das Kurvenparadies am Sudelfeld hat Bikern viel zu bieten.

HÖHENPROFIL

Höhenmeter bergauf	713 m
Höhenmeter bergab	1.026 m
Maximale Steigung	12,6 %
Durchschnittliche Steigung	7,3 %
Maximales Gefälle	13,1 %
Durchschnittliches Gefälle	4,7 %

(berechnet mit Motorrad Tourenplaner 2008)

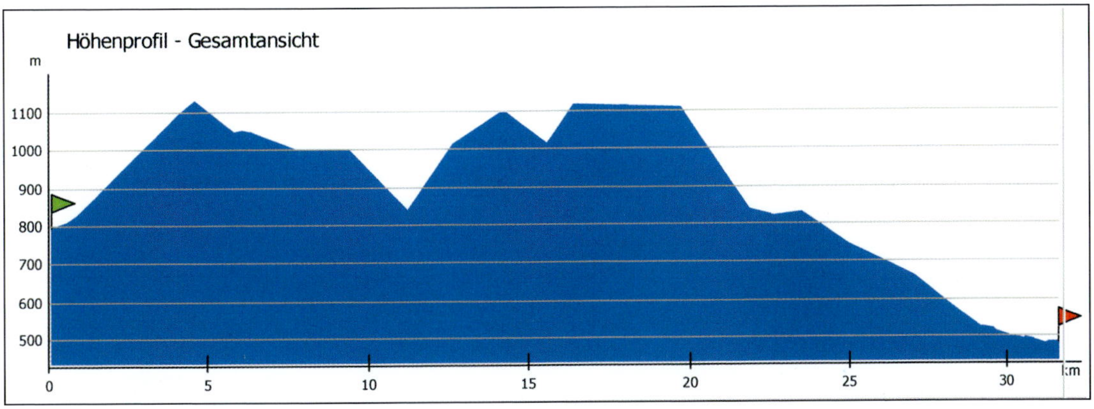

5 Alpenpässe in Deutschland
ROSSFELD-HÖHENRINGSTRASSE

IM ÜBERBLICK

Name	Rossfeld-Höhenring-straße
Land	Deutschland
Region	Berchtesgadener Land
Höchster Punkt	1.540 m
Basisorte	Berchtesgaden und Unterau bzw. Hallein
Anzahl der Kehren	14
Streckenlänge	24 km nach Unterau bzw. 26 km nach Hallein
Schwierigkeitsgrad	leicht bis mittel
Straßenverhältnisse	Gut ausgebaut, wenige Frostschäden, herrliche Aussicht
Mautpflicht	ja
Wintersperre	keine – von Dezember bis März ist mit Schnee und Eis zu rechnen
Kombinierbar mit	Nr. 4, 22

„Und da Herrgott hat g'lacht, wia Berchtesgad'n hat g'macht." Das sagen die Einheimischen und wahrlich, es ist etwas dran. Gönnen Sie sich unbedingt ein Frühstück oder eine Kaffeepause beim Tortenmacher Grassl in der Maximilianstraße mitten im Herzen der Altstadt, bevor Sie sich dem Highlight dieser Tour zuwenden, der Rossfeldringstraße, Deutschlands höchster Panoramastraße.

Ausgehend vom hübschen, weil historisch authentischen Berchtesgaden sollten Sie sich vor der Fahrt auf das Rossfeld ganz frühmorgens aber noch einen Abstecher zum berühmten Königssee gönnen. Aber bitte wirklich früh am Tag, wenn die Touristenbusse noch nicht angekommen sind. Dann haben Sie den bis heute unergründlichen und deshalb so geheimnisvollen See vielleicht für ein paar Augenblicke ganz für sich allein. Und in der Ferne lockt der berühmte Watzmann, der schon so manches Bergsteigerleben forderte.

Doch genug des Grusels – jetzt beginnt das perfekte Kontrastprogramm dieses Tourentages: Gleich hinter Berchtesgaden folgen Sie der Beschilderung Richtung Marktschellenberg und fahren dann rechts ab zum Obersalzberg. Das „Informationszentrum Obersalzberg" lädt zu einer Führung tief in die Geschichte krankhaften politischen Größenwahns. 1923 ließ sich Hitler hier ein Wochenendhaus errichten, 1933 wurde der Obersalzberg neben Berlin zum zweiten Regierungssitz ausgebaut. Das Informationszentrum arbeitet das dunkelste Kapitel deutscher Geschichte auf.

Einen prächtigen Überblick über die heute ungetrübte Schönheit des Berchtesgadener Landes hat man vom Parkplatz am Scheitelpunkt der

SEHENSWERTES AM WEGESRAND
Unweit des nördlichen Endes der Rossfeld-Höhenringstraße liegt das hübsche Städtchen Hallein als Tor zum Salzburger Land, einem ebenfalls prächtigen Tourengebiet. Davon in unzähligen Geschichten und Touren berichten kann der **Hohlwegwirt Ernst Kronreif**, bei dem sich ein Boxenstopp zu jeder Jahreszeit lohnt. Sei es zum zweiten Frühstück, zur mittäglichen Einkehr oder zum abendlichen Tourenende, Ernst Kronreif empfängt jeden mit echter, herzlicher Gastlichkeit inmitten seiner sich seit über 130 Jahren in Familienbesitz befindlichen alten Poststation. In der Wirtsstube kann jedes Ausstattungsdetail eine eigene Geschichte erzählen – zum Beispiel auch die der österreichischen Zweiradschmiede KTM. Denn die Buchstaben KTM stehen für die Gründerfamilien **K**ronreif und **T**runkenbolz aus **M**attighofen. Gleichwohl zwischen dem heutigen Chef von KTM und der Familie Kronreif keine engen Bande mehr bestehen, zu erzählen hat Ernst Kronreif viel darüber. Und falls der Abend bei Geschichten und ausgezeichneter, ja sogar prämierter Kochkunst wieder einmal lang wird, stehen fünf stilvoll eingerichtete Themenzimmer im Gasthof „Hohlwegwirt" zur Verfügung. Alle Infos und Kontaktmöglichkeiten unter www.hohlwegwirt.at.

HÖHENPROFIL

Höhenmeter bergauf	995 m
Höhenmeter bergab	1.063 m
Maximale Steigung	14,4 %
Durchschnittliche Steigung	8,8 %
Maximales Gefälle	12,5 %
Durchschnittliches Gefälle	8,0 %

(berechnet mit Motorrad Tourenplaner 2008)

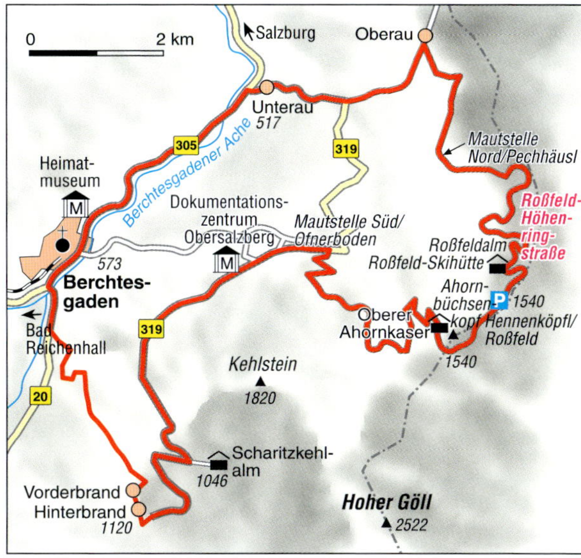

Rossfeldringstraße aus. Und spätestens hier sei nun auch zugegeben, dass sie eigentlich kein waschechter Pass ist. Aber in einem gut recherchierten Buch über die 100 fahrerischen Highlights in den Alpen muss sie meiner Meinung nach trotzdem enthalten sein. Zudem bin ich mir sicher, dass Sie mir bereits nach Ihrer ersten Runde über die Panoramastraße zustimmen werden! Rund um den Scheitelpunkt liegen einige nette Alpengasthöfe, die sich für eine Einkehr mit herrlicher Aussicht allesamt empfehlen.

Einen ganz besonderen Ausblick bietet die Ringstraße auch an so manchem Herbstmorgen, wenn die ersten fetten Nebel durch die umliegenden Täler wallen und die Welt in Wattebäuschchen packen.

Deutschlands höchste Panoramastraße: die Rossfeld-Höhenringstraße im Scheitelbereich.

Nachfolgende Doppelseite: Bikers Paradies: Die Franz-Josephs-Höhe mit Blick auf Großglockner und Pasterze.

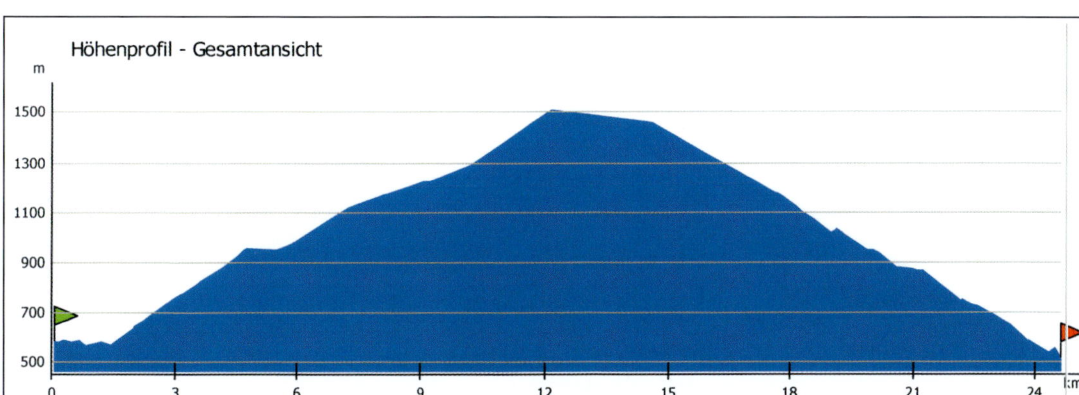

GLETSCHERBAHN

Alpenpässe in Österreich

6 Alpenpässe in Österreich
RADSTÄDTER TAUERNPASS

IM ÜBERBLICK

Name	Radstädter Tauernpass
Land	Österreich
Region	Salzburger Land
Höchster Punkt	1.739 m
Basisorte	Radstadt und Mauterndorf
Anzahl der Kehren	1
Streckenlänge	39 km
Schwierigkeitsgrad	leicht
Straßenverhältnisse	gut ausgebaut, Nordrampe kurviger als die Südrampe
Mautpflicht	keine
Wintersperre	keine (bei starkem Schneefall kurzfristige Sperrung möglich)
Kombinierbar mit	Nr. 7, 22

SEHENSWERTES AM WEGESRAND

Der schönste Aussichtsberg der gesamten Ostalpen ist ausnahmsweise einmal sogar mit dem Motorrad erreichbar – nun ja, zumindest beinahe. Die letzten 800 Meter müssen auch Biker zu Fuß gehen. Doch dieser „Kraftakt" lohnt sich allemal, denn auf dem 1.768 Meter hohen **Rossbrand** kann man Bergpanoramen vom Feinsten genießen. Der bekannte Hausberg der Radstädter ist zudem ein Wanderparadies, bei dem auch die Kulinarik nicht zu kurz kommt. Die beliebte **„Rossbrand-Hütte"** bietet Einkehr, Rast und Übernachtungsmöglichkeiten. Eine regionale, gutbürgerliche Küche und vor allem die typischen hausgemachten Mehlspeisen machen den Gasthof zu einem der beliebtesten Einkehrschwünge in dieser Region.
Mein Tipp: Gönnen Sie sich eine Nacht hoch oben auf dem Rossbrand, denn Frühaufsteher können hier einen der schönsten Sonnenaufgänge über der Bergwelt der Ostalpen erleben. Entweder an der Hütte oder ein paar Meter oberhalb am Gipfelkreuz. Infos unter www.radstadt.at und www.rossbrand.at.

Er gehört zu Bikers Pflichtprogramm auf dem Weg von Salzburg Richtung Süden, Richtung Kurvenparadies Kärnten: der Radstädter Tauernpass, die landschaftlich abwechslungsreiche und dazu mautfreie Alternative zur öden Tauernautobahn. Okay, es mag kurvenreichere Pässe geben, zugegeben, es mag atemberaubendere Passhöhen geben, dennoch ziehe ich auf jedem Trip in den Süden diese Pass-Straße jeder Autobahnverbindung ohne zu zögern vor.

Die landschaftlich schönere Aussicht hat man allerdings in der Süd-Nord-Richtung, von Mauterndorf kommend durchquert man auf gut ausgebauter Rampe zunächst das Twenger Tal, bevor sich die Strecke zur Scheitelhöhe gemächlich windet. Die Straße ist sehr gut ausgebaut und erlaubt auch einmal einen kräftigen Schluck aus dem mitgeführten Drehmoment-Reservoir. Gewaltige Betongalerien schützen im Frühjahr und Herbst vor dem berüchtigten Steinschlag der Tauern und auch vor Hangrutschung und Schneelawinen. Am Scheitelpunkt des Passes selbst ist im Laufe der Jahre der beschauliche Skiort Obertauern entstanden, dessen Hotels und Restaurants allerdings außerhalb der weißen Saison meistens geschlossen sind und somit den Charme eines schlafenden Skiressorts verbreiten. Gen Norden schließen sich Richtung Radstadt sogar eine Hand voll Kurven an, von denen man die ein oder andere durchaus ansatzweise als Kehre bezeichnen darf. Das tut allerdings dem Fahrspaß keinerlei Abbruch, zumal man auf der gesamten Strecke dem Moped die „Zügel lang geben

kann" – natürlich stets unter Beachtung des ausgewiesenen Limits.

Denn dessen Einhaltung wird entlang der Radstädter Tauernpassstraße sowohl gen Norden, als auch gen Süden oftmals mittels Radarpistolen kontrolliert. Dies sowohl wochentags vor allem zur Kontrolle des Schwerlastverkehrs, als auch vermehrt an Wochenenden, an denen die Zahl der Biker deutlich höher ist, als unter der Woche. Mein Tipp: Auch auf der autobahnähnlich ausgebauten Südrampe einfach mit gemäßigter Gashand durch die herrliche Landschaft schwingen.

Fahrerisch gemäßigt anspruchsvoll ist abschließend vielleicht noch die landschaftlich sehr reizvolle Schlucht des Taurachbaches, die – gerade einmal 20 Meter breit und mit Felsen bis weit in den Himmel bestückt – Bikers Horizont abrupt beschneidet und die Straßenbauer vor einige Herausforderungen stellte. Aber auch dieses Teilstück ist ihnen durchaus gelungen.

Touristisch voll erschlossen: Der Radstädter Tauernpass wird seit Jahrhunderten gut besucht.

HÖHENPROFIL

Höhenmeter bergauf	959 m
Höhenmeter bergab	676 m
Maximale Steigung	10,7 %
Durchschnittliche Steigung	4,7 %
Maximales Gefälle	13,8 %
Durchschnittliches Gefälle	3,6 %

(berechnet mit Motorrad Tourenplaner 2008)

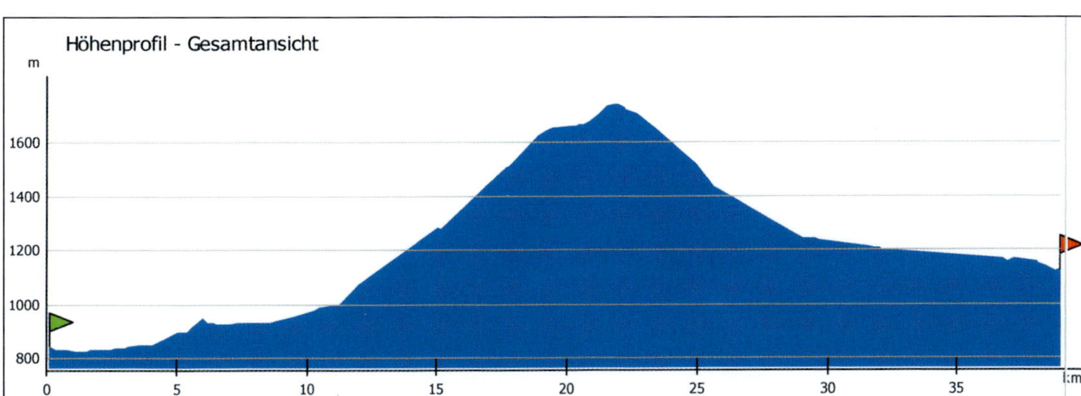

7 Alpenpässe in Österreich
KATSCHBERGPASS

IM ÜBERBLICK

Name	Katschbergpass
Land	Österreich
Region	Südliches Salzburger Land und Kärnten
Höchster Punkt	1.641 m
Basisorte	St. Michael im Lungau und Rennweg
Anzahl der Kehren	2
Streckenlänge	12 km
Schwierigkeitsgrad	leicht
Straßenverhältnisse	gut ausgebaut, ordentlich asphaltiert, leicht zu befahren
Mautpflicht	keine
Wintersperre	keine (bei starkem Schneefall kurzfristige Sperrung möglich)
Kombinierbar mit	Nr. 6, 9, 10, 12, 13

Der Katschbergpass verbindet die Region Lungau im Salzburger Land mit dem Katschtal in Kärnten und die Hohen Tauern im Westen mit den Gurktaler Alpen im Osten. Er ist ebenfalls Teil der historischen Verkehrsverbindung über die Radstädter Tauern (Nr. 6) zum Millstätter See und wurde nach den Vermutungen diverser Historiker bereits von den Römern als Übergang benutzt. Mitte des 15. Jahrhunderts wird eine Straße über den Katschberg erstmals urkundlich erwähnt, eine Poststrecke ist nachweislich ab ca. 1764 aktiv.

Erst 1929 erbaute man die erste Einkehr auf der Katschberghöhe, die ab den 60er-Jahren des vergangenen Jahrhunderts mit dem aufkommenden Tourismus sukzessive zu einem Sterne-Hotel ausgebaut wurde. Heute bei weitem nicht mehr das Einzige auf dem vor allem als Skiressort beliebten Katschberg. Die gesamte Passhöhe wird im Grunde dominiert von Hotel- und Freizeitanlagen, von Gasthäusern und Einkehrmöglichkeiten. Von hier aus führen Liftanlagen in die umliegenden Bergregionen.

Die Katschbergstraße selbst stellt für uns Biker die empfehlenswerte Alternative zur Tauernautobahn (A10) sowie dem Katschbergtunnel dar und bietet neben eher gemütlichem Fahrgenuss vor allem auch herrliche Ausblicke auf die umliegende Bergwelt, kombiniert mit einer Vielzahl an Einkehrmöglichkeiten entlang der gesamten Strecke. Wegen ihrer Steigung

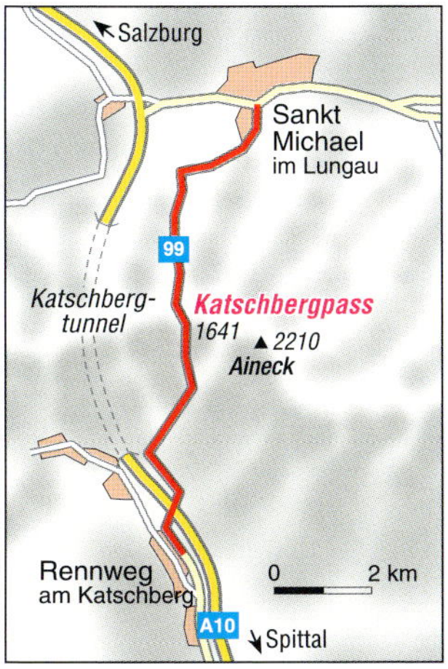

SEHENSWERTES AM WEGESRAND

Wechseln Sie doch einmal den Satteltyp. Am Katschberg ist das inmitten herrlicher Umgebung problemlos möglich. Denn: „Auf dem Rücken der Pferde, liegt das Glück dieser Erde." Das behaupten zumindest die Reiter.
Der sogenannte **Rennweg am Katschberg** war als alpine Region schon immer das Land der Pferde, stellten sie doch bereits seit Urzeiten das beste, oftmals sogar einzige Transportmittel dar, um Menschen und Waren über die Berge zu befördern. Daran erinnern rund um den Katschberg diverse Tourenangebote, bei denen man Gelegenheit bekommt, sich auf Pferderücken durch die malerische Landschaft zu bewegen, ja sogar Berge zu erklimmen. Zum Beispiel das alpine Pferdesportzentrum in Rennweg am Katschberg besitzt gut ausgebildete Schulpferde, die Anfängern alle Fehler verzeihen – ganz im Gegensatz zu manchem Moped! Die Katschberghöhe bietet dazu ein einzigartiges Panorama für Reittouren mit ausgebildeten Wanderreitführern zu Almhütten und Raststationen, wo sich Pferd und Reiter stärken können. Ein Erlebnis der ganz anderen Art wird garantiert. Weitere Infos unter www.katschberg.at.

von bis zu 18 Prozent war sie anfänglich bei Motorradfahrern allerdings oftmals gefürchtet, vor mehreren Jahren ist sie aber technisch modernisiert und ausgebaut worden, zudem ordentlich asphaltiert und leicht zu befahren.

Die Passhöhe ein Erlebnis, die Südrampe ein Genuss – der Katschberg hat uns Bikern viel zu bieten.

HÖHENPROFIL

Höhenmeter bergauf	626 m
Höhenmeter bergab	491 m
Maximale Steigung	13,0 %
Durchschnittliche Steigung	10,6 %
Maximales Gefälle	12,8 %
Durchschnittliches Gefälle	9,9 %

(berechnet mit Motorrad Tourenplaner 2008)

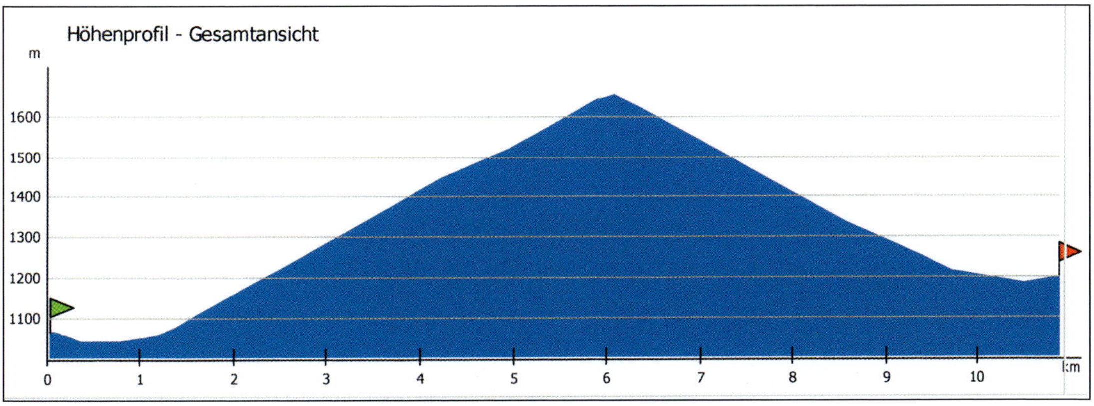

8 Alpenpässe in Österreich

MALTA-HOCHALMSTRASSE

IM ÜBERBLICK

Name	Malta-Hochalmstraße
Land	Österreich
Region	Kärnten
Höchster Punkt	1.902 m
Basisorte	Gmünd in Kärnten
Anzahl der Kehren	9
Streckenlänge	29 km (Sackgasse)
Schwierigkeitsgrad	mittel
Straßenverhältnisse	gut, aber teils Kiespiste, Einbahnregelung im Mittelstück, nachts gesperrt
Mautpflicht	ja
Wintersperre	November bis Mai

SEHENSWERTES AM WEGESRAND

Elegant spannt sich die gewaltige **Kölnbrein-Staumauer** zwischen den Flanken von Schwarzhorn und Kölnbreinspitze, zwei Beinahe-Dreitausendern. Österreichs höchste, doppelt gekrümmte Staumauer hat gewaltige Dimensionen: 200 Meter hoch, 626 Meter lang und zwischen acht und maximal 41 Meter breit ist sie eine Meisterleistung des Ingenieurs und Kraftwerksbaus. 200.000 Kubikmeter aufgestautes Wasser produzieren dabei bis zu 580.000 Kilowattstunden Energie. Diverse Ausstellungen im Malta-Berghotel entführen Technikbegeisterte in die Welt der Wasserkraft-Gewinnung. Und eine einstündige Staumauerführung begleitet Interessierte von der Theorie in die überwältigende Praxis mit Technik zum Anfassen. Weitere Infos im Internet unter www.tauerntouristik.at.

Unbestritten ist Kärnten gerade für Motorradfahrer ein wahrlich begnadeter Flecken Alpenwelt. Sei es für ganz spontane Trips am Wochenende, die sinnvolle Nutzung von Resturlaubstagen oder die erholsame Sommerreise. Einer der Gründe für die fahrerische Vielfalt Kärntens ist sicherlich die Malta-Hochalmstraße, eine außerhalb Österreichs recht unbekannte und auf den ersten Blick unscheinbare, zudem mit einer Länge von 14 Kilometern viel zu kurze Panoramastrecke. Doch diese 14 Sackgassen-Kilometer haben es in sich. Denn sie bieten perfektes Kontrastprogramm zu den vorangegangenen Pässen und Panoramastraßen der Nockberge. Auf der Malta-Hochalmstraße geht es nicht mehr durch liebliche Hügel-Nockerln, sondern mitten hinein in vergletscherte Hochgebirgsregionen. Mein Tipp: Genießen Sie die Strecke in aller Ruhe und ohne Hektik zum Beispiel an einem Sonntagmorgen im Sommer. Dann gesellt sich zu den fahrerischen und landschaftlichen Highlights noch eine Vielzahl an Gelegenheiten zu grenzüberschreitenden Benzingesprächen, zum „Sehen und

Gesehen werden" in jeder Schräglage. Denn die Strecke ist ein beliebter Tummelplatz aller Kärntner Biker.

Das Maltatal ist bekannt als „Tal der Wasserfälle", denn in keiner anderen Region Kärntens sind mehr Wasserfälle auf engstem Raum zu erleben. Die Panoramastraße führt natürlich auch zu den schönsten Aussichtspunkten auf diese Urgewalten der Natur, auf Schleier- und Melnikfall, auf die „Hochbrücke" und von ewigen Wassern tief gegrabene Kolke und Tümpfe.

Direkt bei den imposanten „Malteiner Wasserspielen" beginnt die Erlebnisfahrt. Die kühn angelegte Strecke führt durch sechs historische Naturstein-Tunnels und neun Kehren gut 1.200 Höhenmeter hinauf zur mächtigen Kölnbrein-Staumauer. Verschiedene Erlebnispunkte entlang der Mautstraße laden zum Verweilen ein, am Stausee selbst ist der große Parkplatz auch der wohl beliebteste Bikertreff der gesamten Straße. Dominiert wird die Landschaft hier auf knapp zweitausend Metern nicht nur von dem gewaltigen Stausee, sondern auch vom ungewöhnlichen, weil kreisrunden Turm des hoch

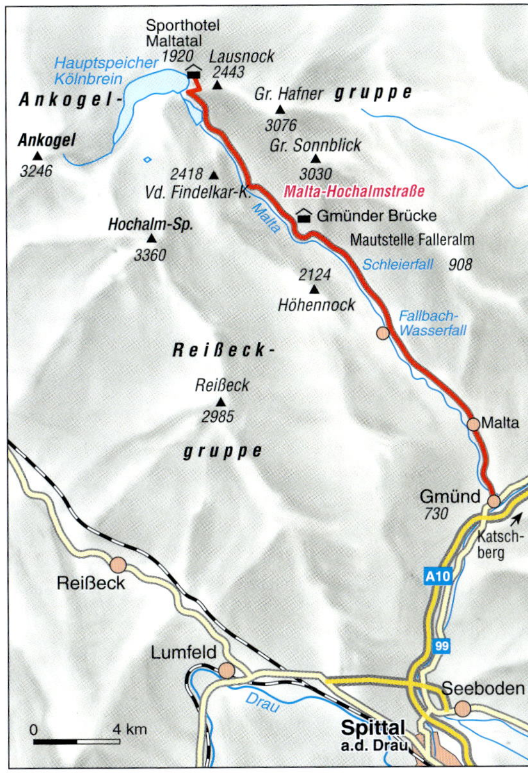

aufragenden Berghotels Malta, dessen Restaurant unseren 14 Kilometer langen Aufstieg auf Wunsch gerne mit anerkannten kulinarischen Köstlichkeiten belohnt. Gut gestärkt geht es anschließend die gleiche Strecke retour ins Tal. Oder gönnen Sie sich eine ausgiebige Verschnaufpause in dieser hochalpinen Welt, die nicht nur mich als Stadtmenschen jedes Mal wieder aufs Neue vollkommen begeistert.

Reich gesegnet mit Wasser: Die „Malteiner Wasserspiele" sind nur einer von vielen Wasserfällen im Maltatal. Ganz oben erwartet uns dann die Kölnbreinhütte.

HÖHENPROFIL

Höhenmeter bergauf	1.161 m
Höhenmeter bergab	63 m
Maximale Steigung	14,9 %
Durchschnittliche Steigung	4,3 %
Maximales Gefälle	12,7 %
Durchschnittliches Gefälle	3,0 %

(berechnet mit Motorrad Tourenplaner 2008)

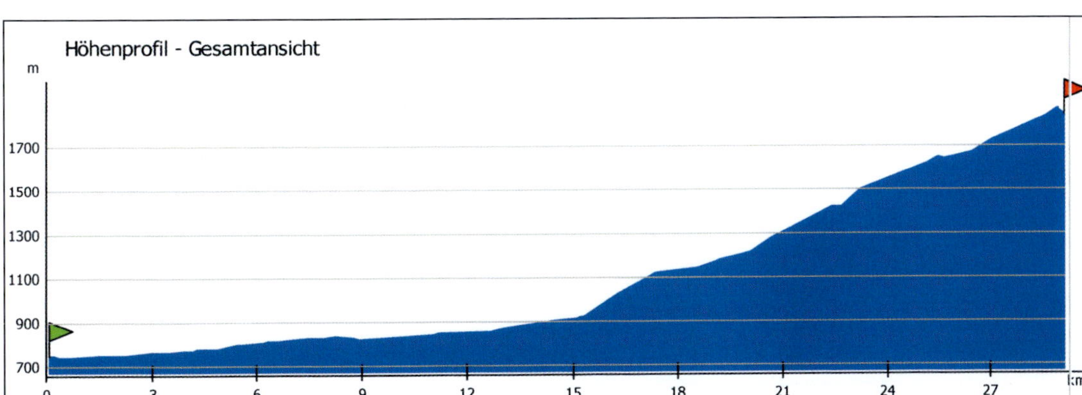

9 Alpenpässe in Österreich
TURRACHER HÖHENSTRASSE

IM ÜBERBLICK

Name	Turracher Höhenstraße
Land	Österreich
Region	Kärnten + Steiermark
Höchster Punkt	1.763 m
Basisorte	Predlitz-Turrach und Patergassen
Anzahl der Kehren	5
Streckenlänge	36 km
Schwierigkeitsgrad	leicht, in Abschnitten auch mittel
Straßenverhältnisse	gut ausgebaut, am Scheitelpunkt Tempolimit 50 km/h
Mautpflicht	keine
Wintersperre	keine
Kombinierbar mit	Nr. 7, 10, 12, 13

SEHENSWERTES AM WEGESRAND

So schön ist es rund um die **Turracher Höhe**, dass selbst der Herrgott, nachdem er diese Pracht geschaffen hatte, vor Freude zu weinen begann. Und zwar so heftig, dass aus seinen Tränen – so erzählt man – drei wunderschöne Bergseen entstanden: der Turracher See, der Grünsee und der Schwarzsee, die sich zwischen Almen und Zirbenwäldern in die Landschaft einfügen. Der größte von ihnen ist der Turracher See mit 18 Hektar Fläche und bis zu 33 Metern Tiefe. Östlich davon und 200 Meter höher liegt der Schwarzsee, umgeben von Hochmooren, die seine Wasser dunkel färben und ihm so den Namen gaben. Der Dritte im Bunde ist gleichzeitig der Kleinste und Lieblichste: Der Grünsee, nur einen halben Hektar groß und bis zu zwölf Meter tief, umgeben von Lärchen und Zirben.

Als alpines Hochplateau auf 1.800 Metern, geschmückt mit drei unergründlichen Bergseen, umgeben von den größten zusammenhängenden Zirbenwald-Gebieten Österreichs sowie umringt von den imposanten Nockbergen ist die Turracher Höhe seit Jahren schon der Geheimtipp für Wanderer und Mountainbiker. Doch auch uns Motorradfahrern hat die Höhenstraße viel zu bieten. Die Straße über die Turracher Höhe quert die Gurktaler Alpen von Nord nach Süd. Sie ist in weiten Teilen gut ausgebaut, besitzt aber mit satten Steigungen auch ihre Herausforderungen. Sie zählt außerdem zu den steilsten Straßenpässen Österreichs.

Umgeben von saftigen, hügeligen Almen schwingen wir genüsslich von Nord nach Süd oder umgekehrt. Für viel Spaß abseits des Mopedsattels sorgen unter anderem eine 1.100 Meter lange Sommerrodelbahn sowie vielfältige Wander- und Einkehrmöglichkeiten. Doch das Beste an der Turracher Höhe sind die unvergesslichen Ausblicke auf die umliegenden Nockberge (übrigens Österreichs ältester Gebirgszug). Sie erheben sich bis in durchaus alpine Regionen von über 2.400 Metern Seehöhe und wurden von den Menschen immer schon als „Nocke" bezeichnet. Schaut man sie sich genauer an, kann man tatsächlich oft jene Form von Riesennockerln erkennen, dieser leckeren, typisch österreichischen Süßspeise,

Wald, Wald und nochmals Wald: Erst die Passhöhe erlaubt einen weit schweifenden Blick über all die Pracht.

Altes Schmuggler-Territorium: die Turracher Höhe und ihre prächtig gelegenen Seen.

deren Kaloriengehalt jede Bikerkombi zu sprengen droht.

Seit dem 14. Jahrhundert besaßen die Reichenauer das Recht, ein gewisses Quantum Salz, das aus Hallein stammte, zollfrei ins eigene Tal zu schaffen. Als Entgelt dafür mussten sie den Übergang über die Turracher Höhe sowohl im Sommer als auch – und vor allem – im Winter offen halten. Doch das so ins Tal gelangte Quantum Salz reichte den Bewohnern vorne und hinten nicht. Deshalb verlegten sie sich zusätzlich auf das Schmuggeln. Und brachten es hierbei immerhin zu überregionaler Berühmtheit, zählten die Reichenauer Schmuggler doch zu den intelligentesten ihrer Zunft. Über streng geheime Pfade schlichen sie vor allem nächtens durch die Nockberge hinein ins Salzburgische, um das wertvolle „Lungauer Salz" zu organisieren. Sie waren dabei so geschickt, dass sie trotz vieler Versuche, ihnen das Handwerk zu legen, ihr Salzprivileg bis zum Ende des 18. Jahrhunderts aufrecht erhalten konnten und damit dem gesamten Tal einen bescheidenen Wohlstand sicherten.

HÖHENPROFIL

Höhenmeter bergauf	1.008 m
Höhenmeter bergab	915 m
Maximale Steigung	10,8 %
Durchschnittliche Steigung	5,0 %
Maximales Gefälle	14,4 %
Durchschnittliches Gefälle	5,9 %

(berechnet mit Motorrad Tourenplaner 2008)

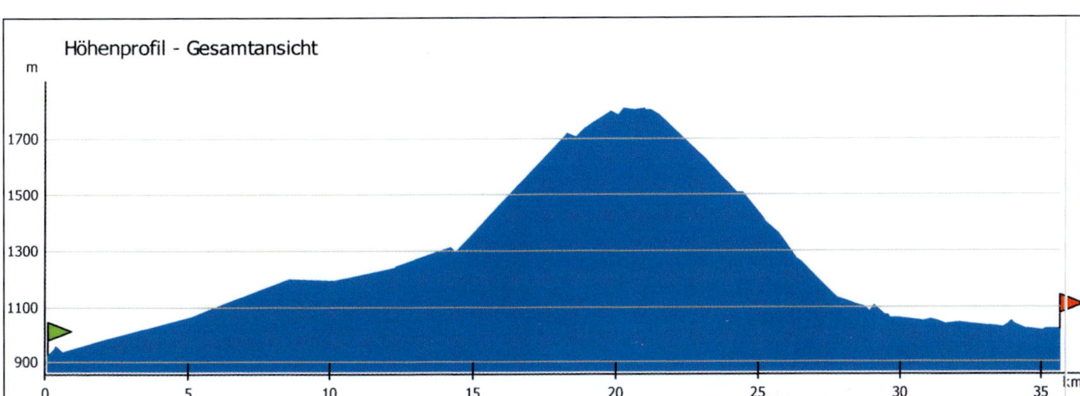

10 Alpenpässe in Österreich
NOCKALMSTRASSE

IM ÜBERBLICK

Name	Nockalmstraße
Land	Österreich
Region	Kärnten
Höchster Punkt	2.042 m
Basisorte	Innerkrems und Ebene Reichenau
Anzahl der Kehren	52
Streckenlänge	35 km
Schwierigkeitsgrad	leicht, in wenigen Abschnitten auch mittel
Straßenverhältnisse	gut ausgebaut, bei Nässe: rutschige Vieh-Gittersperren
Mautpflicht	ja
Wintersperre	November bis April
Kombinierbar mit	Nr. 7, 9, 12, 13

Es gibt wohl im gesamten Alpenraum nicht viele Straßen, die auf satten 35 Kilometern Länge keine einzige menschliche Siedlung streifen oder queren. Bei der Nockalmstraße ist das aber tatsächlich der Fall: Zwischen den beiden Mautstellen – im Süden kurz nach der Ortschaft Ebene Reichenau, im Norden direkt am Ortsrand von Innerkrems – gibt es nichts außer Kurven, Kurven und nochmals Kurven. Eingebettet in die herrliche Natur des „Nationalparks Nockberge" führt die Straße den Motorradfahrer von gut 1.000 auf über 2.000 Höhenmeter durch eine Unberührtheit, wie sie heutzutage eher selten ist. Nur ein paar hübsche Einkehrmöglichkeiten in oftmals grandioser Aussichtslage versuchen, uns vom „rechten Weg" zu locken. Mein Tipp: Lassen Sie es zu und genehmigen Sie sich den einen oder anderen Einkehrschwung mit original Kärntner Hausmannskost.

Ideal kombinieren lässt sich die Nockalmstraße mit der Turracher Höhe (Nr. 9) und mit der Malta Hochalmstraße (Nr. 8). Übrigens: Zum Schutz der Natur gilt auf der Nockalmstraße zwischen 18 Uhr abends und acht Uhr morgens ein Fahrverbot, das wir unbedingt beachten sollten. Dafür erhalten Biker spezielle Vorzugs-Tickets, mit denen man die Kurvenparadiese Nockalm-, Großglockner- und Gerlosstraße sowie die Villacher Alpenstraße günstig kombinieren kann. Weitere Infos sowie alle Details auch zu den anderen Alpenstraßen, zu den speziellen Einrichtungen für Motorradfahrer und den Tourenangeboten finden sich unter www.grossglockner.at – eine der gelungensten Websites ganz speziell auch für Biker.

Man sieht sich: Der Scheitelpunkt der Nockalmstraße ist ein beliebter Bikertreff.

SEHENSWERTES AM WEGESRAND

Bereits 1950 war die Idee einer Höhenstraße durch diese menschenleere Gegend geboren, doch erst 1970 begann man mit den 10-jährigen Bauarbeiten. Und während man im Verlauf der Jahre die Vision von der ertragreichen Erschließung der Nockberge für den Wintertourismus zugunsten der Natur beerdigte, wurde die **Panoramastraße** – zum Glück für uns Motorradfahrer – fertiggestellt. Das Ganze übrigens zum Schnäppchenpreis von gerade mal umgerechnet sieben Millionen Euro.
Überall an zentralen Aussichtspunkten entlang der Strecke werden Biker durch eigens reservierte Parkplätze sowie Info-Terminals zum Pausieren und Verweilen eingeladen – hier gibt es auch kostenlose Adressenverzeichnisse über motorradfreundliche Gasthöfe und Hotels der Gegend. Dazwischen führt die Straße in kurvigem Auf und Ab zwischen zahllosen Nock'n hindurch und erreicht mit der „Eisentalhöhe" auf immerhin 2.042 Metern dann ihren höchsten Punkt. Auch hier gibt es urige Einkehrmöglichkeiten mit echter Kärntner Kost sowie einen „Bikers Point" als Treff und Informationsstelle.
Falls Rücken und Gelenke nach einem ganzen Tag im Sattel mächtig schmerzen, empfiehlt sich eine Einkehr im 1.693 Meter hoch gelegenen Karlbad mit seinem historischen Kurbetrieb. Das heilkräftige Karstwasser wird mithilfe glühender Steine auf etwa 40 Grad Celsius erwärmt und dann in hölzerne Wannen gefüllt; die Gäste legen sich hinein und die Wannen werden zur besseren Isolation mit Holzbrettern abgedeckt. Nur der Kopf schaut noch heraus und nimmt im Laufe des Bades oftmals eine gesunde Röte an.

HÖHENPROFIL

Höhenmeter bergauf	952 m
Höhenmeter bergab	1.382 m
Maximale Steigung	10,9 %
Durchschnittliche Steigung	7,2 %
Maximales Gefälle	11,8 %
Durchschnittliches Gefälle	6,3 %

(berechnet mit Motorrad Tourenplaner 2008)

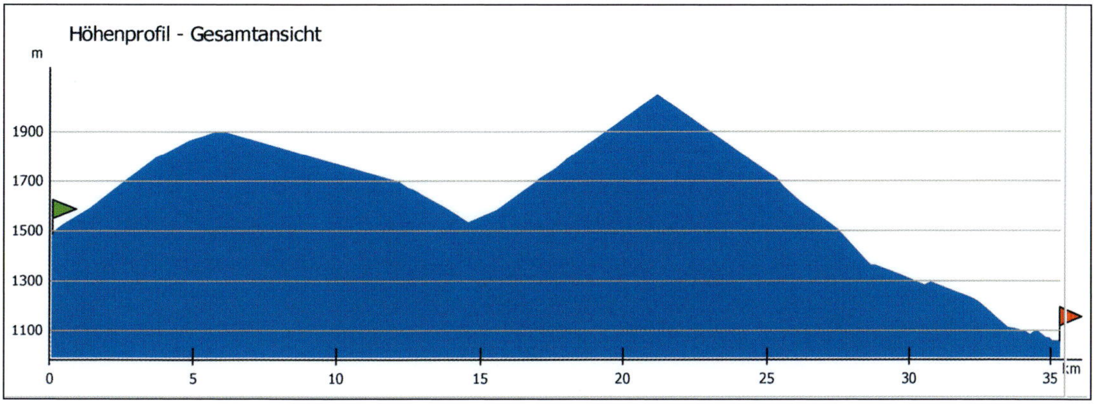

Nix für Warmduscher: Die Bergseen der Nockalmstraße sind auch im Sommer recht frisch.

11 *Alpenpässe in Österreich*

VILLACHER ALPENSTRASSE

IM ÜBERBLICK

Name	Villacher Alpenstraße
Land	Österreich
Region	Kärnten
Höchster Punkt	1.732 m
Basisorte	Villach
Anzahl der Kehren	11
Streckenlänge	18 km (Sackgasse)
Schwierigkeitsgrad	leicht bis mittel
Straßenverhältnisse	tadellos ausgebaut, viele Panoramaparkplätze
Mautpflicht	ja
Wintersperre	witterungsbedingt ca. Dezember bis April
Kombinierbar mit	Nr. 14, 16, 19

SEHENSWERTES AM WEGESRAND

Bereits in der Jungsteinzeit war **Villach** offensichtlich ein beliebter Siedlungsplatz. Nicht nur der Blick vom Dobratsch hinunter auf die Stadt, auch ein Gang durch die historischen Gassen zeigt, warum das bis heute so ist.
Auch die Römer siedelten hier, der sogenannte „Römerweg", eine der wichtigsten Handelsstraßen von Italien in den Ostalpenraum, führte ganz in der Nähe vorbei. Auch die Bayern konnten sich eine Zeit lang als Besitzer Villachs rühmen: Napoleon unterstellte Stadt und Umland seiner Regentschaft bis zur Rückgabe der Region an Österreich.
Heutzutage besitzt die strategisch bedeutende Stadt an der Drau im Dreiländereck Italien-Slowenien-Österreich nicht nur sehenswertes Flair und Lebendigkeit, ihre Lage unmittelbar in der Nähe der schönsten Kärntner Seen – Ossiacher See und Wörther See sind im Grunde nur einen Steinwurf entfernt – prägt ihren ganz besonderen Reiz.
Villach bietet sich zum Beispiel als Touren-Mittelpunkt geradezu an, um das Motorrad-Paradies Kärnten ausgiebig zu erleben.
Infos unter www.kaernten.at und www.villach.at.

Die Villacher Alpenstraße gehört zu den Geheimtipps dieses Buches, ist sie doch bislang eher den Einwohnern der Kärntner Großstadt bekannt. Die gut ausgebaute Strecke führt auf den Villacher Hausberg, den Dobratsch, und bietet trotz der Tatsache, dass man die letzten 400 Höhenmeter nur noch zu Fuß zurücklegen kann, einige mehr als prächtige Gründe, ein paar Euro in die Maut zu investieren.

Jener Dobratsch ist übrigens ein gutes Beispiel dafür, wie ein jahrzehntelang als Skigebiet „ausgebeuteter" Berg renaturiert und zu einem Naherholungsgebiet vom Feinsten umgestaltet werden kann. Skifahren wird hier nur noch frei von Liftanlagen betrieben, dem Naturschutz wurde aufgrund der Wasserreserven im Berg der absolute Vorrang eingeräumt. Und das hat dem Dobratsch ganz offensichtlich richtig gut getan.

Entlang der Straße bieten sich immer wieder fantastische Ausblicke auf die Stadt Villach, die Julischen Alpen und die markante Südseite des Dobratsch, die als größtes Bergsturzgebiet der Ostalpen gilt. Mehrere große Themen-Rastplätze entlang der Straße laden zum Pausieren inmitten der prächtigen Bergwelt ein: Am P 2 gibt es beeindruckende Aussichten auf die

Stadt Villach und die umliegenden Seen. Am P 6 präsentiert ein Alpengarten auf immerhin schon 1.400 Höhenmetern über 900 Arten von Alpenblumen. Nicht nur Pflanzenfreunde werden den separaten Eintrittspreis dafür gerne bezahlen. Gleich nebenan bietet eine Aussichtsplattform Gratisblicke auf die „Rote Wand", malerisch steile Felsen, die vor allem bei Sonnenuntergang zu leuchten beginnen.

Am letzten, dem oberen Parkplatz steht neben besonders abgesperrten Arealen für Motorräder auch ein Biker-Safe zur Verfügung, um Helme, Bekleidung und Wertsachen sicher zu deponieren, während wir uns auf den umliegenden Wanderwegen ausführlich die Beine vertreten.

Mein Tipp: An heißen Sommertagen ist eine ausgiebige Rast auf den zahlreichen Bänken am oberen Parkplatz ein besonderer Genuss. Verpflegung dazu bietet das angrenzende Berggasthaus.

Ausblicke bis in die Unendlichkeit: Die Themenparkplätze der Villacher Alpenstraße liegen perfekt ausgeschildert entlang der Strecke.

HÖHENPROFIL

Höhenmeter bergauf	1.322 m
Höhenmeter bergab	19 m
Maximale Steigung	12,5 %
Durchschnittliche Steigung	6,9 %
Maximales Gefälle	2,1 %
Durchschnittliches Gefälle	1,7 %

(berechnet mit Motorrad Tourenplaner 2008)

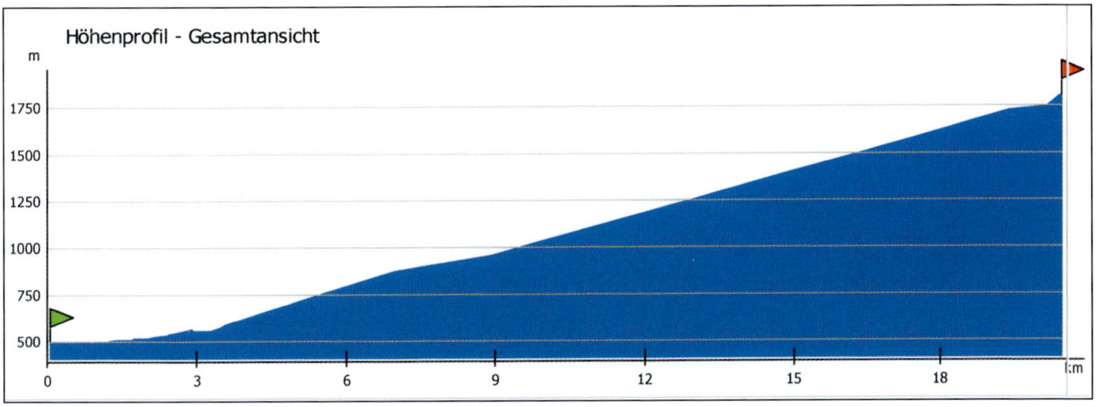

12 Alpenpässe in Österreich
HOCHRINDL ALMENSTRASSE

IM ÜBERBLICK

Name	Hochrindl Almenstraße
Land	Österreich
Region	Kärnten
Höchster Punkt	1.600 m
Basisorte	Sirnitz und Deutsch Griffen
Anzahl der Kehren	12
Streckenlänge	16 km
Schwierigkeitsgrad	leicht bis mittel
Straßenverhältnisse	ordentlich ausgebaut, kurvenreich, einige Winterschäden
Mautpflicht	keine
Wintersperre	keine
Kombinierbar mit	Nr. 7, 9, 10, 13

SEHENSWERTES AM WEGESRAND

Mal Hand aufs Herz: Kennen Sie sich gut aus mit der Almwelt, mit Fauna und Flora und dem Leben als Almbauer? Wenn ja, sollte die **„Hiasl Almmatura"** kein Problem für Sie sein – trauen Sie sich! Wenn Ihr Wissen allerdings lückenhaft ist, empfehle ich Ihnen ebenfalls die „Hiasl Almmatura" inklusive „Vorbereitungskurs" in Form einer ausgiebigen, geführten Wanderung rund um die Hiasl Alm oben am Hochrindl. Und nach der unterhaltsamen und gleichzeitig lehrreichen Wanderung geht's zur Prüfung in Theorie und Praxis, die anschließend mit Speis und Trank – natürlich biologisch wertvoll – sowie der offiziellen Verleihung des „Hiasl Almmatura"-Zeugnisses gefeiert wird. Es soll schon Schüler gegeben haben, die ganz bewusst und voller Absicht die Prüfung versemmelt haben, nur um sie anschließend oder Jahre danach inklusive Vorbereitungskurs erneut zu erleben. Und wer nach erfolgreicher Prüfung zu erschöpft für die Heimreise ist, kann oben auf der Hiaslalm in der „Hiaslhütte" als Gast übernachten. Bis zu acht Personen finden hier Platz. Infos unter www.biohiasl.at.

„Kristallklare Luft, blitzblauer Himmel und eine herrliche Almenlandschaft laden ein. Ankommen, durchatmen und neue Kräfte tanken; genießen Sie eine Bergwelt mit duftenden Almkräutern, rauschenden Bächen und bezaubernden Ausblicken im Farbenspiel der Jahreszeiten. In der Region Hochrindl betreten Sie ein echtes Kärntner Almenland (800 bis 2.441 Meter Seehöhe)…".

Als ich die Werbeaussagen der Tourismusprospekte rund um den Kärntner Hochrindl das erste Mal las, dachte ich: Na ja, hübsch getextet, dick aufgetragen – schaun mer mal. Als ich dann vor einiger Zeit das erste Mal die Panoramastraße hinauf zum Hochrindl mit dem Motorrad erklommen, das Bike am großen Parkplatz abgestellt hatte und in Ruhe begann, mich umzuschauen, merkte ich rasch, dass diese Werbeaussage eine fundierte Basis besitzt.

Hier oben am Hochrindl bringen die Bauern schon seit Jahrhunderten ihre Tiere auf die zahlreichen Almen und Sommerweiden. Und das nicht

ohne Grund. Rund um den Hochrindl ist das Gras deutlich saftiger und die Flora deutlich vielfältiger, als in so manch anderer Region der Nockberge. Und heute, nachdem das Gebiet mit einer Fahrstraße gut erschlossen wurde, finden vor allem auch die Biker, die sich für die Natur interessieren ein ganz privates, kleines Dorado zwischen 800 und 2.441 Metern Seehöhe. Die sanft geschwungenen Gipfel der umliegenden Kärntner Nockberge bilden das Panorama für gemütliche Einkehrschwünge in die Berggasthöfe am Hochrindl, der übrigens sogar schon von Greenpeace mit dem Klimaschutzpreis ausgezeichnet wurde.

Mein Tipp: Vor allem nach einem kurvenreichen Tag in den Nockbergen den abschließenden Abstecher auf den Hochrindl legen und den Tag im Sattel dort oben ausklingen lassen – das hat was, das bleibt in Erinnerung. Die Straße selbst ist in ordentlichem Zustand, die Kehren besitzen mäßige Steigungsprofile

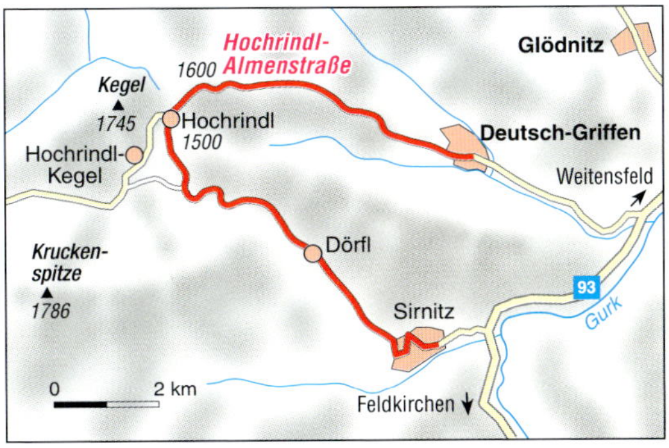

und sind gut einsehbar, so dass einer flotten Kurvenhatz hinauf auf den Hochrindl eigentlich nichts mehr im Wege stehen sollte. Nur die im Gipfelbereich gelegenen Pisten zu den einzelnen Hütten und Gasthöfen sind reich an Frost- und Winterschäden.

Wahrlich ein kleines Paradies der Nockberge: Die Hochrindl Almenstraße entführt uns in eine heile Welt.

HÖHENPROFIL

Höhenmeter bergauf	772 m
Höhenmeter bergab	775 m
Maximale Steigung	15,0 %
Durchschnittliche Steigung	9,0 %
Maximales Gefälle	13,0 %
Durchschnittliches Gefälle	9,7 %

(berechnet mit Motorrad Tourenplaner 2008)

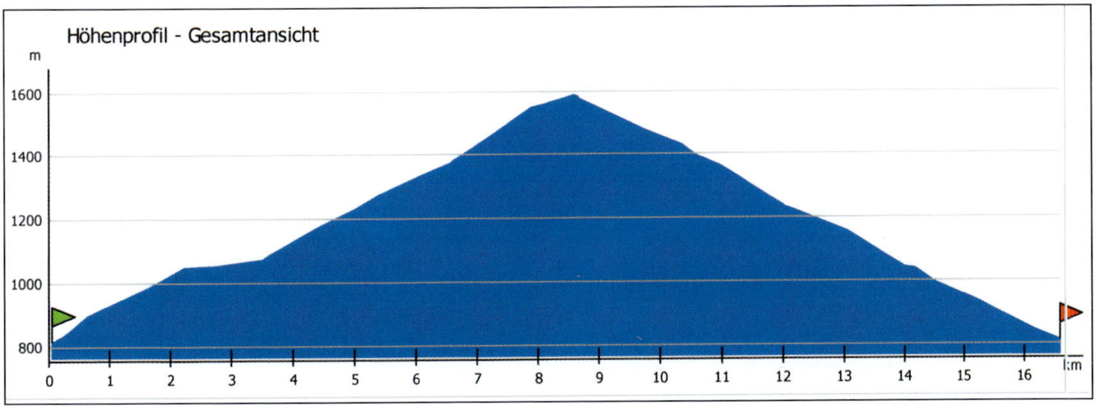

13 Alpenpässe in Österreich
FLATTNITZER HÖHE

IM ÜBERBLICK

Name	Flattnitzer Höhe
Land	Österreich
Region	Kärnten
Höchster Punkt	1.430 m
Basisorte	Stadl an der Mur und Glödnitz
Anzahl der Kehren	5
Streckenlänge	31 km
Schwierigkeitsgrad	leicht
Straßenverhältnisse	guter Straßenbelag, im Frühling: viel Rollsplitt
Mautpflicht	keine
Wintersperre	keine
Kombinierbar mit	Nr. 9, 10, 12

Die Flattnitzer Höhe ist vor allem bei Kärntner Bikern als Alternative und Ergänzung zur Turracher Höhenstraße (Nr. 9) äußerst beliebt, da ihre bei allen drei Zufahrten gut ausgebaute Straße es immer wieder erlaubt, einen satten Schluck aus dem Drehmoment-Reservoir zu nehmen, sprich mit ordentlich Speed den Scheitelpunkt zu erklimmen. Aufgrund ihrer relativen Unbekanntheit hat man die Piste an vielen Tagen im Jahr – außer vielleicht im Winter zur Skisaison – nahezu für sich allein.

Die Straße führt von den Basisorten zunächst durch oftmals dichten Mischwald bergan, nur wenige Wiesen und Almen erlauben einen schweifenden Blick. Die über die Flattnitzer Höhe führende Straße verbindet das Murtal mit dem Gurktal. Den Scheitelpunkt in Form einer weitläufigen Hochebene dominieren einige Hotels und Gasthöfe, die sich für eine spontane und ausgiebige Einkehr durchaus empfehlen. Zudem bietet sich die Flattnitzer Höhe auch als Ausgangspunkt für die Erkundung der umliegenden Kärntner Nockberg- und Alpenpässe an, da sie recht zentral im Herzen des Tourengebietes liegt.

Flattnitz selbst ist mit seiner ausgesprochen gesunden Höhenlage einer der Luftkurorte Kärntens, dessen Lage bereits die Römer sehr zu schätzen

SEHENSWERTES AM WEGESRAND

Gurk ist der Hauptort des im Süden angrenzenden Gurktales, dessen Name – übersetzt so ähnlich wie die „Gurgelnde“ – sich vom gleichnamigen Fluss ableiten lässt. Der Ort wurde bereits vor ca. 2.000 Jahren besiedelt. Bekannteste heutige Sehenswürdigkeit ist ohne Zweifel der imposante Gurker Dom, gestiftet von der Gräfin Hemma von Gurk, die seit Jahrhunderten als „Heilige Hemma“ verehrt wird.

Sie ist nicht nur die Landesmutter und Schutzfrau von Kärnten, sie wird auch bei Augenkrankheiten und vorsorglich für eine gelungene Entbindung angerufen und ist im Gurker Dom beerdigt.

Der Legende nach wurde Hemma in Peilenstein als Adelstochter geboren und soll sogar mit Kaiser Heinrich II. verwandt sein, an dessen Hof sie erzogen wurde. Sie heiratete Wilhelm, Graf von Friesach und Markgraf im Sanntal. Ihre beiden Söhne wurden bereits in jungen Jahren bei einer Bauernrevolte erschlagen. Wilhelm starb ebenfalls früh, woraufhin Hemma nahezu ihr gesamtes Vermögen in die Stiftung des Doms sowie eines Klosters steckte. Der Ort für die Kirche soll der Legende nach durch ein sogenanntes Gottesurteil bestimmt worden sein: Ein Ochsengespann mit Baumaterial für den Dom wurde das Gurktal hinaufgetrieben. An der Stelle, an der es das erste Mal stehen blieb, soll der heutige Dom erbaut worden sein.

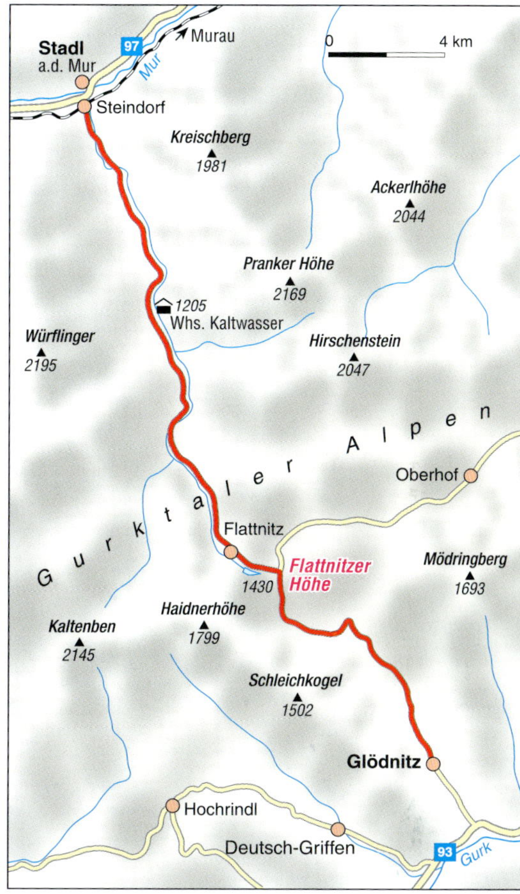

HÖHENPROFIL

Höhenmeter bergauf	567 m
Höhenmeter bergab	709 m
Maximale Steigung	11,1 %
Durchschnittliche Steigung	2,9 %
Maximales Gefälle	12,5 %
Durchschnittliches Gefälle	6,4 %

(berechnet mit Motorrad Tourenplaner 2008)

wussten. Eine Raststation namens „Tarnasicis“ soll einst hier oben gelegen haben. Der Name „Flattnitz“ kommt von dem gleichnamigen Bach, der die Streusiedlung mit gerade einmal einer Hand voll Einwohnern durchfließt.

Viel Raum für flottes Touren: Über die Flattnitzer Höhe führt eine nahezu perfekte Motorradstraße.

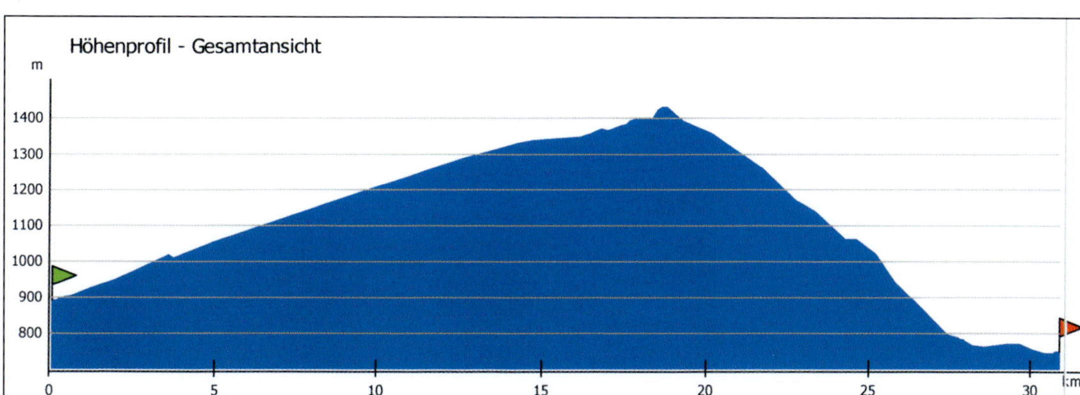

14 Alpenpässe in Österreich
GERLITZEN ALPENSTRASSE

IM ÜBERBLICK

Name	Gerlitzen Alpenstraße
Land	Österreich
Region	Kärnten
Höchster Punkt	1.765 m
Basisorte	Bodensdorf sowie weitere Auffahrten auf die Alpe auch in Treffen bei Villach
Anzahl der Kehren	14 bzw. 25 bei Auffahrt über Ossiachberg
Streckenlänge	14 km (Sackgasse)
Schwierigkeitsgrad	mittel
Straßenverhältnisse	in der Mitte und oben viele Frostschäden, bei Regen verschmutzt
Mautpflicht	ja
Wintersperre	keine
Kombinierbar mit	Nr. 11, 16

Vor allem wenn man unten am Ufer des Ossiacher Sees fahrend das bunte Heer der Gleitschirmflieger über dem Helm kreisen sieht, fragt man sich unwillkürlich, wie sind die wohl da hinaufgekommen. Die Antwort gibt ein kleines, leicht zu übersehendes Schild in Bodensdorf direkt am Seeufer: „Gerlitzen Alpenstraße" steht dort. Sobald Sie dieses Schild erblicken, rate ich Ihnen: Steigen Sie in die Eisen, setzen Sie den Blinker bergan und gönnen Sie sich diesen gut 28 Kilometer langen Abstecher auf einen der schönsten Aussichtsberge Mittelkärntens. Die Kuppe der Gerlitzen ragt gut 1.900 Meter hoch in den Himmel und er ist einer der südlichen Nockberge.

Die Straße hinauf auf die Höhe ist nicht zuletzt aufgrund ihrer streckenweise schlaglochreichen Beschaffenheit sowie der engen Kehren durchaus mittelmäßig anspruchsvoll. Die Hauptroute ist sporadisch ausgeschildert, über den Vorort Ossiachberg führen allerdings mehrere Sträßlein immer wieder auf die Gerlitzen Alpenstraße zu und den Berg hinauf.

Vor allem an schönen Sommerwochenenden herrscht reger Verkehr in beiden Richtungen. Mein Tipp: Gönnen Sie sich die Gerlitzen Alpenstraße früh am Morgen eines ganz normalen Wochentages. Dann haben Sie die Piste nahezu für sich allein. Nach gut fünf Kilometern kommt die Mautstelle mit Kassenautomat, ähnlich einem Parkhaus – die Bezahlung des Tickets erfolgt auf dem Rückweg (Münzgeld oder Scheine zu 10 und 20 Euro). Falls Sie die Stoßdämpfer Ihres Bikes doch lieber schonen wollen,

SEHENSWERTES AM WEGESRAND

Die Gerlitzenalp im Herzen Kärntens ist durch ihre ganz besondere, in der Regel leicht zu beherrschende Thermik ein wahres **Eldorado für Gleitschirme, Drachen und auch Modellflieger.** Die Startplätze befinden sich in unmittelbarer Nähe der Bergstation der Kanzelbahn. Hier oder unten im Tal direkt bei den zahlreichen Flugschulen kann man sowohl Flugkurse, als auch Tandemflüge buchen, bei denen man die wunderschöne Welt der Kärntner Seen einmal aus ganz anderer Perspektive genießen kann. Ein unvergessliches Erlebnis ist garantiert. Infos unter www.kaerntner-flugschulen.at

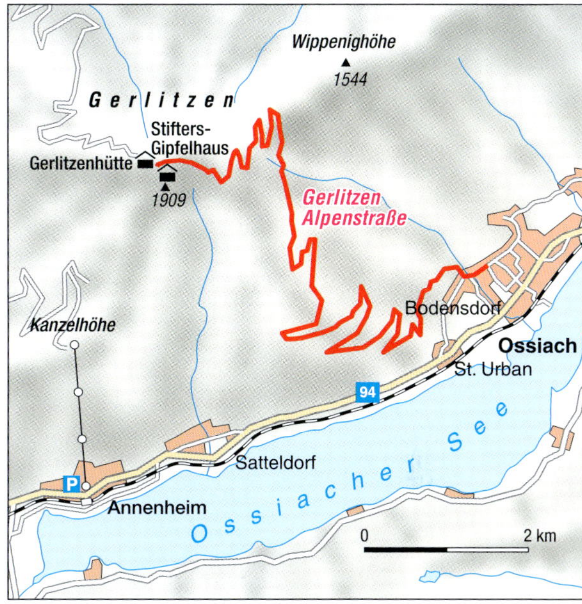

können Sie auch vom nahe liegenden Annenheim mit Kärntens ältester Bergbahn, der Kanzelbahn, auf die Gerlitzen-Kanzelhöhe fahren. Ausblicke bis in die Unendlichkeit der Hohen Tauern, der Dolomiten, der Karawanken im Dreiländereck zwischen Österreich, Italien und Slowenien und der großen Kärntner Seen sind im Fahrpreis inbegriffen.

Bikerparadies Kärnten: Vom Gerlitzen aus hat man sozusagen alles im Blick – hier den schönen Ossiacher See.

Auf dem Scheitelpunkt der Alpenstraße liegen Berghütten und -gasthöfe in einer weiten Hochalm-Landschaft, die sich nicht nur für eine Einkehr, sondern bei Bedarf auch zur Übernachtung in einzigartiger Umgebung weit über dem quirligen Geschehen unten am Ossiacher See empfehlen. Nicht nur ein Sundowner auf der Gerlitzenalpe hat etwas, auch der Sonnenaufgang am Morgen ist wunderschön.

Und falls Sie Ihre Wanderschuhe parat haben, liegen Ihnen hier herrliche Wege direkt vor den Stiefeln.

HÖHENPROFIL

Höhenmeter bergauf	1.265 m
Höhenmeter bergab	7 m
Maximale Steigung	14,7 %
Durchschnittliche Steigung	9,7 %
Maximales Gefälle	2,2 %
Durchschnittliches Gefälle	1,4 %

(berechnet mit Motorrad Tourenplaner 2008)

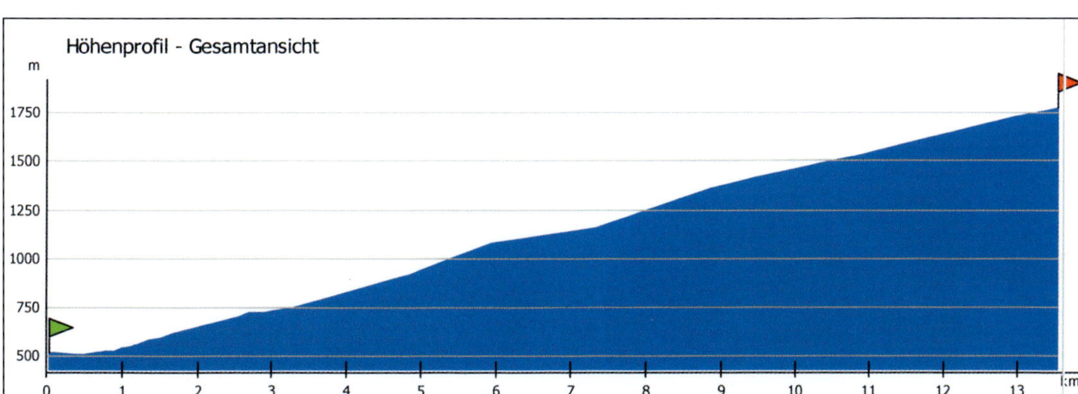

15 Alpenpässe in Österreich
LOIBLPASS

IM ÜBERBLICK

Name	Loiblpass
Land	Österreich/ Slowenien
Region	Kärnten/Oberkrain
Höchster Punkt	1.368 m
Basisorte	Ferlach (Kärnten), Trzic (Slowenien)
Anzahl der Kehren	9
Streckenlänge	23 km
Schwierigkeitsgrad	leicht
Straßenverhältnisse	gut ausgebaut, Straßenschäden werden schnell repariert
Mautpflicht	keine
Wintersperre	keine
Kombinierbar mit	Nr. 11, 16, 19

Das schönste an diesem Pass ist neben seiner Landschaft vor allem auch die Tatsache, dass wir ihn oftmals im Jahr nahezu für uns allein haben. Ein Verbot für Kraftfahrzeuge über 3,5 Tonnen sowie ein in der Nähe speziell für den Liefer- und Durchgangsverkehr gebauter Tunnel haben das Verkehrsaufkommen dieses jahrhundertelang wichtigsten Karawanken-Übergangs in den letzten Jahren drastisch sinken lassen. Und das ist auch gut so, wir sollten es genießen.

Südlich von Klagenfurt führt die als B19 ausgeschilderte Strecke schnurstracks auf die österreichisch-slowenische Grenze zu und beginnt hinter Ferlach ganz allmählich mit ihrem Anstieg. Erst im oberen Drittel wird die Straße deutlich kurviger, beinhaltet sogar einige Spitzkehren.

Bereits zur Römerzeit wurden an dieser Stelle die Karawanken auf dem Weg ins heutige Ljubljana überquert. Einige Altarfunde vor allem auf Kärntner Gebiet belegen dies. Einer davon befindet sich übrigens in einer Wegkapelle unterhalb der Leonhardkirche im Loibltal, der andere in der Pfarrkirche in Unterloibl. Nach dem Untergang des römischen Imperiums verlor der Loiblpass allerdings rasch an Bedeutung, ja er verkam zu einem einfachen Saumpfad. Erst der fleißig Handel treibende österreichische Landadel begann ab 1560 mit der Suche nach einem bequemen Weg zum Hafen von Triest und erinnerte sich an den Loiblpass. Der Ausbau auf Kärntner Seite kostete gut 20.000 Gulden und 20 Jahre Arbeit, diverse Mautstellen wurden errichtet und man versuchte sich erstmals Ende des 16. Jahrhunderts im Bau eines Tunnels. Das Projekt musste allerdings 1728 wegen Einsturzgefahr eingestellt werden, justament als kein Geringerer als Kaiser Karl VI. den Pass überqueren wollte. Er erkannte die Bedeutung dieser Hauptverbindungsstraße von Wien nach Triest und förderte ihren weiteren Ausbau.

Unscheinbarer Pass inmitten prächtiger Landschaften: der Loiblpass an der Grenze zwischen Österreich und Slowenien.

SEHENSWERTES AM WEGESRAND

Gleichwohl Tunnels für uns Motorradfahrer selten interessant sind, sollten wir dem **Loibltunnel** doch ein paar Zeilen und ein paar Minuten Aufmerksamkeit widmen. Der erste Spatenstich erfolgte nämlich bereits 1560, der erste Versuch war für damalige Verhältnisse spektakuläre 150 Meter lang und führte unmittelbar unter dem Kamm der Karawanken hindurch.

Im 17. Jahrhundert scheiterten weitere Tunnelpläne an der Finanzierung, der alte Tunnel wurde stattdessen zugeschüttet und durch einen breiten Felseinschnitt mit 130 Meter Länge ersetzt. Zwei Obelisken auf der Passhöhe sollen an die Vollendung der Baumaßnahmen unter Kaiser Karl VI. erinnern. Sie markieren gleichzeitig den Verlauf des ehemaligen Tunnels.

1942 setzte der Kärntner Gauleiter den Bau eines neuen Loiblpasses durch, dessen Kernstück ein neuer Tunnel sein sollte: Gut 1.600 Meter lang wurde er von Insassen des KZ Mauthausen unter unmenschlichen Bedingungen gebaut. Im Dezember 1943 erfolgte der Durchbruch. 1944 konnten die ersten Fahrzeuge den Tunnel befahren, der nach Kriegsende für Tausende von Soldaten und Zivilisten zu einer lebensrettenden Verbindung in die Heimat wurde.

Als Jugoslawien kommunistisch wurde, sperrte man kurzerhand den Grenzübergang. Erst 1960 begann der weitere Ausbau von Passstraße und Tunnel, die offizielle Eröffnung erfolgte im Juli 1967. Die alte Straße über den Scheitel des Loiblpasses ist seitdem nicht mehr befahrbar, die letzten Höhenmeter sind von österreichischer und slowenischer Seite aus nur zu Fuß zu erkunden. Aber ein wenig Bewegung soll ja ganz gesund sein.

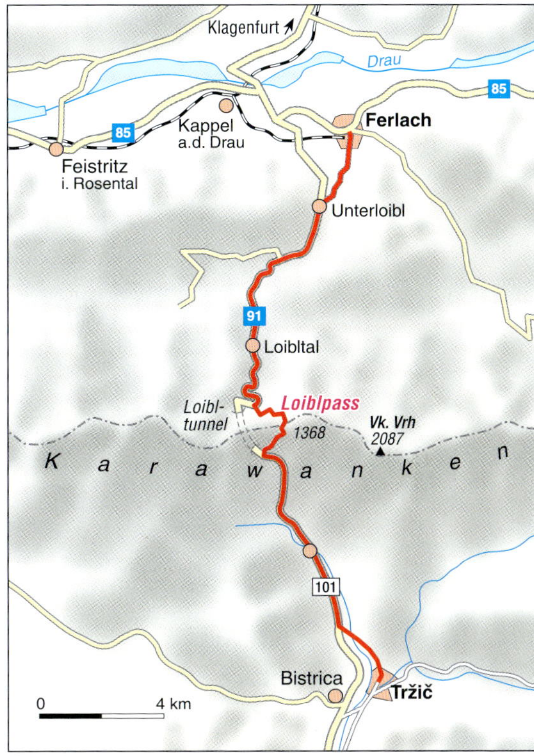

HÖHENPROFIL

Höhenmeter bergauf	954 m
Höhenmeter bergab	816 m
Maximale Steigung	14,7 %
Durchschnittliche Steigung	7,9 %
Maximales Gefälle	14,7 %
Durchschnittliches Gefälle	4,6 %

(berechnet mit Motorrad Tourenplaner 2008)

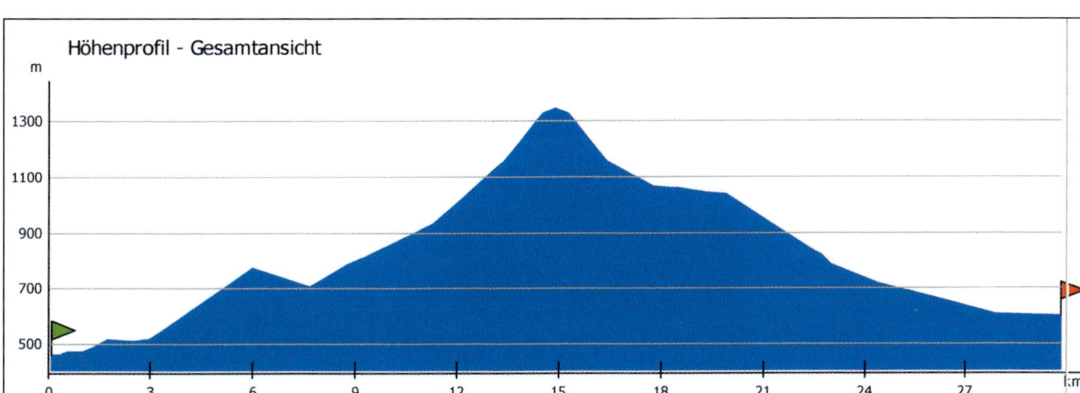

16 Alpenpässe in Österreich
WURZENPASS

IM ÜBERBLICK

Name	Wurzenpass
Land	Österreich
Region	Kärnten
Höchster Punkt	1.073 m
Basisorte	Villach (Kärnten), Kranjska Gora (Slow.)
Anzahl der Kehren	5
Streckenlänge	23 km
Schwierigkeitsgrad	leicht, in Teilbereichen auch mittel
Straßenverhältnisse	ordentlich ausgebaut, teilweise schlechter Straßenbelag
Mautpflicht	Passstraße: keine, Karawankentunnel: ja
Wintersperre	keine
Kombinierbar mit	Nr. 11, 15, 19

Wie der Loiblpass (Nr. 15) ist auch der Wurzenpass einer der bis heute wenig bekannten Übergänge über die Karawanken zwischen Kärnten in Österreich und dem Norden Sloweniens. Mit seiner Höhe von gerade einmal 1.073 Metern könnte man ihn durchaus unterschätzen, doch seine Nordrampe enthält einige satte Steigungen und das durchaus kurvenreich auf unterschiedlich griffigem, teilweise schlechtem Straßenbelag. Da heißt es Gelassenheit bewahren und mit ruhiger Gashand dirigieren, auch wenn das Vorderrad unseres gepäckbeladenen Bikes so manches Mal den Bodenkontakt verlieren möchte.

Bis zur Einweihung des Karawankentunnels 1994 war der Wurzenpass auch einer der wichtigsten Grenzübergänge Österreichs Richtung Slowenien und umgekehrt. Seit der Tunneleröffnung wälzt sich aber der Last- und Durchgangsverkehr trotz Mautpflicht überwiegend durch die inzwischen deutlich in die Jahre gekommene Röhre im Karawankenfels. Der Wurzenpass selbst besitzt seitdem nur noch touristische Bedeutung. Und das ist auch gut so, das gibt ihm einen erheblichen Charme zurück und damit die Berechtigung, in diese Sammlung aufgenommen zu werden.

Gen Süden läuft der Wurzenpass zu Füßen der Karawanken aus, die Grenzstation auf dem Pass ist in heutigen Zeiten mit einem gültigen Personalausweis oder Reisepass problemlos zu passieren. Alle fünf Kehren des Passes liegen auf dessen Nordseite, so dass man die Südrampe als fahrerisch durchaus langweilig bezeichnen kann. Dafür wird dann das Land um Kranjska Gora wieder deutlich interessanter – zumindest für den tourenden Entdecker.

Führt ins Herz der Karawanken: die herrliche Wurzenpass-Südrampe.

SEHENSWERTES AM WEGESRAND

Im sogenannten „Kalten Krieg" von 1945 bis 1990 versuchte Österreich, seine Landesgrenzen durch ein dichtes Netz von Bunkern vor einem Angriff aus dem Ostblock zu schützen. Nach 1990 wurden nahezu alle Anlagen abgebaut, respektive verschrottet. Nur die außergewöhnlich umfangreichen Verteidigungsanlagen entlang der Wurzenpass-Bundesstraße wurden nicht geschleift, sondern zu einem Museum umfunktioniert und bisher geheime, sorgfältig verschlossene Tore wurden geöffnet. Damit ist das **Bunkermuseum am Wurzenpass** wohl einmalig in Österreich und gewährt einen sehenswerten Einblick in längst vergangene, hoch brisante Tage. Interessant ist auch, dass dieses Museum selbst der Privatinitiative eines ehemals am Wurzenpass stationierten Soldaten der „Sperrkompanie Wurzen/ 73" zu verdanken ist, der die Bollwerke dazu offiziell gepachtet hat und seitdem mit seinen Schaustücken vom österreichischen Bundesheer unterstützt wird. Das „Bunkermuseum Wurzenpass/Kärnten" präsentiert seit 2005 einen immer mehr in Vergessenheit geratenden Teil unserer europäischen Geschichte am Originalschauplatz. Ein sehenswerter Boxenstopp nicht nur für geschichtlich interessierte Biker. Alle Infos und Öffnungszeiten unter www.bunkermuseum.at.

Empfiehlt sich durchaus für einen Boxenstopp nach der Grenzkontrolle: das Gasthaus am Wurzenpass.

HÖHENPROFIL

Höhenmeter bergauf	685 m
Höhenmeter bergab	379 m
Maximale Steigung	11,3 %
Durchschnittliche Steigung	5,4 %
Maximales Gefälle	9,0 %
Durchschnittliches Gefälle	4,0 %

(berechnet mit Motorrad Tourenplaner 2008)

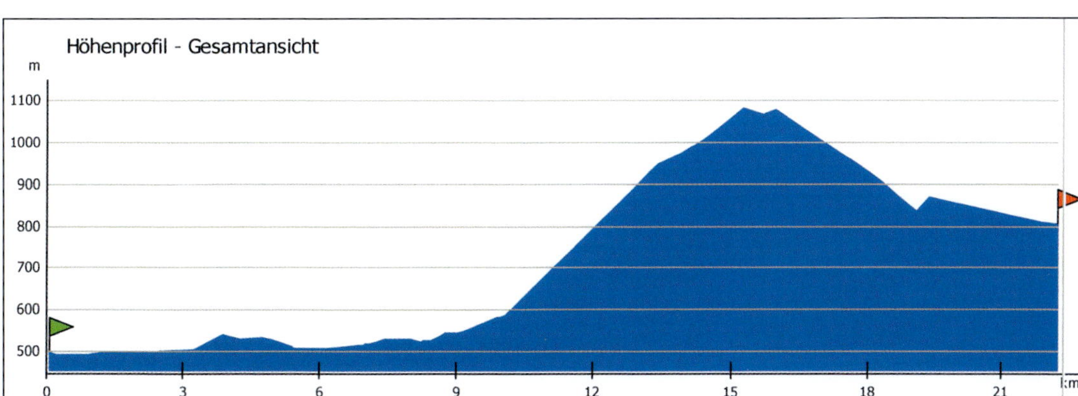

17 Alpenpässe in Österreich
GROSSGLOCKNER HOCHALPENSTRASSE

IM ÜBERBLICK

Name	Großglockner Hochalpenstraße
Land	Österreich
Region	Salzburg, Kärnten sowie Osttirol
Höchster Punkt	2.571 m
Basisorte	Bruck an der Großglocknerstraße und Winklern
Anzahl der Kehren	56
Streckenlänge	ca. 87 km
Schwierigkeitsgrad	mittel bis anspruchsvoll
Straßenverhältnisse	sehr guter Zustand, Richtung Edelweißspitze extrem holprig
Mautpflicht	ja
Wintersperre	November bis April
Kombinierbar mit	Nr. 18, 20, 23, 24, 41

Sie zählt nicht nur zu den Klassikern, sondern auch heutzutage noch zu den absoluten Highlights aller Motorradstrecken Österreichs, ja ich möchte sogar behaupten, der gesamten Alpenregion. Und es gehört zweifelsohne zum Pflichtprogramm eines jeden Bikerlebens, mindestens einmal genussvoll die Großglockner Hochalpenstraße erobert zu haben.

Nicht nur die Tatsache, dass auch diese Straße über das Hochtor uralten Spuren aus über 2.000 Jahren Menschheitsgeschichte folgt, macht eine Reise auf ihr so spannend. Das Hochtor war immerhin bis weit in das 17. Jahrhundert nach dem Brenner (Nr. 25) und den Radstädter Tauern (Nr. 6) der wichtigste Übergang, knapp zehn Prozent des gesamten Handelsvolumens der Ostalpen wurden über das Hochtor abgewickelt.

Im Herbst 1924 begannen die Planungen für eine drei Meter breite Straße, mit Ausweichstellen auf Sichtweite und einer Höchststeigung von 12 bis 14 Prozent sowie einer einfachen Schotterdecke zum Preis von damals drei Millionen Schilling (ca. 6,5 Millionen Euro). Ganze elf Jahre später, am 3. August 1935, wurde die Großglockner Hochalpenstraße feierlich eröffnet. In 26 Baumonaten wurden 870.000 Kubikmeter Erde und Fels bewegt, 115.750 Kubikmeter Mauerwerk geschaffen, 67 Brücken gebaut und ein Straßentelefon mit 24 Sprechstellen installiert. 3.200 Arbeiter leisteten 1,8 Millionen Arbeitsschichten. Die Gesamtbaukosten beliefen sich allerdings bei der Endabrechnung 1936 auf umgerechnet satte 54 Millionen Euro – auch damals schon waren Kostenüberschreitungen im Baugewerbe anscheinend gang und gäbe.

SEHENSWERTES AM WEGESRAND

„All diejenigen, die die Gletscherstraße zur ***Franz-Joseph-Höhe*** *auslassen, bringen sich um den Höhepunkt der gesamten Fahrt",* warnt nahezu jeder Reiseführer über die Tauern. Zu Recht, denn der Blick auf die umliegende Eisriesenwelt ist grandios. Majestätisch schiebt sich der Großglockner formatfüllend in den stahlblauen Himmel. Das unheilvolle Donnern des Steinschlags, das in alten Zeiten als „Klocken" bezeichnet wurde, gab ihm seinen Namen. Und für gründlich eisgekühlte Großglocknerfüße sorgt die Pasterze, mit fast 20 Quadratkilometern Fläche der größte Gletscher der Ostalpen. Das ehemalige Bergsteigerdorf Heiligenblut ist der Ausgangspunkt für so manche Glocknerbesteigung. Auf dem Dorffriedhof ruhen viele, die ihren Traum von der Bezwingung des ewigen Eises mit dem Leben bezahlen mussten. Doch nicht nur auf die Gipfel zog es die Menschen. Die Goldberge, wie die Tauern hier genannt wurden, waren zu Zeiten des Goldrausches das Ziel tausender Abenteurer, die mit oftmals primitivsten Mitteln Stollen in den Fels trieben. Nur wenige Bergleute sind reich geworden, viele aber ließen hier oben ihr Leben.

Doch es hatte sich wahrlich gelohnt, eine der schönsten Panoramastraßen der Alpen begann ihren Siegeszug im Tourismus. 1.400 Höhenmeter müssen mehrmals in zahlreichen Aufs und Abs auf 60 Kilometern Länge bewältigt werden. Der höchste Punkt der Straße liegt auf immerhin 2.571 Metern.

Doch das für uns wohl beste Argument für einen Besuch der Hochalpenstraße ist deren explizite Motorradfreundlichkeit. Denn Biker stellen heutzutage die zahlenmäßig größte Besuchergruppe. Dementsprechend „Biker-freundlich" ausgebaut mit Treffpunkten, Info-Terminals, Biker-Unterkünften und sogar Biker-Safes für die Unterbringung von Helm und Ausrüstung präsentiert sich die Großglockner Hochalpenstraße. Auf der Website www.grossglockner.at können zusätzlich Tourenprogramme und Infobroschüren kostenlos heruntergeladen und zu einer perfekten Tourenplanung kombiniert werden.

Höhepunkt Edelweißspitze: Höher hinaus geht es auf dieser Tour nimmer.

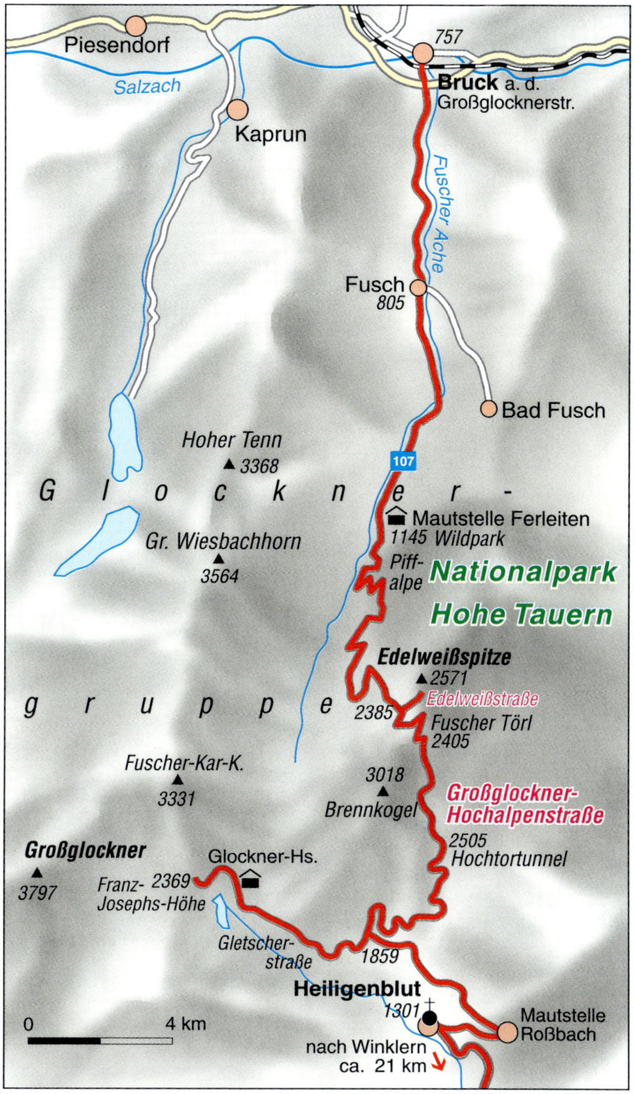

HÖHENPROFIL

Höhenmeter bergauf	2.467 m
Höhenmeter bergab	2.279 m
Maximale Steigung	9,7 %
Durchschnittliche Steigung	5,4 %
Maximales Gefälle	14,8 %
Durchschnittliches Gefälle	5,5 %

(berechnet mit Motorrad Tourenplaner 2008)

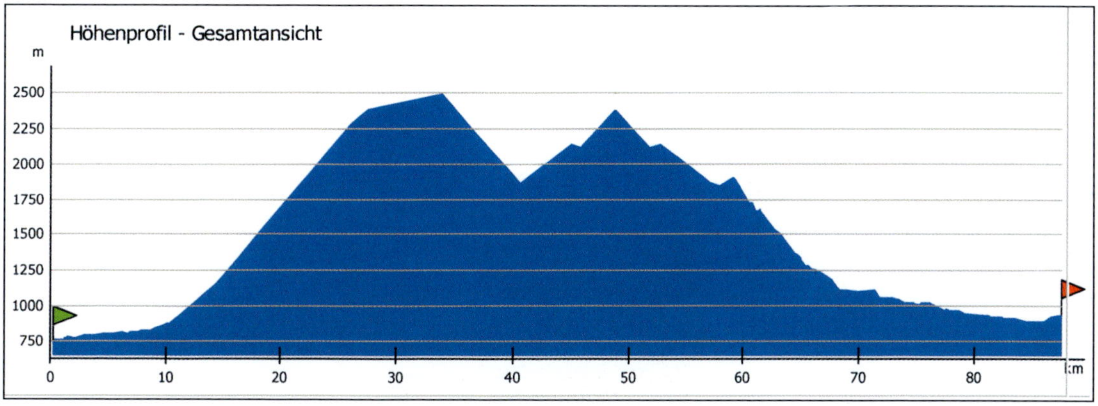

18 Alpenpässe in Österreich
FELBERTAUERNPASS

IM ÜBERBLICK

Name	Felbertauernpass
Land	Österreich
Region	Salzburg und Osttirol
Höchster Punkt	1.632 m
Basisorte	Mittersill und Matrei bzw. Lienz in Osttirol
Anzahl der Kehren	1
Streckenlänge	65 km
Schwierigkeitsgrad	leicht
Straßenverhältnisse	bundesstraßenähnlich ausgebaut, mit Scheiteltunnel
Mautpflicht	ja
Wintersperre	keine
Kombinierbar mit	Nr. 17, 20, 23, 24, 41

SEHENSWERTES AM WEGESRAND

Den ganz besonderen Reiz dieser Pass-Straße finden wir Biker wohl nicht so sehr in abwechslungsreicher Kurvenhatz, sondern vielmehr in den empfehlenswerten Abstechern links und rechts des Lenkers. Gönnen Sie sich unbedingt eine Fahrt durch das **Virgental** bis zum Talschluss in Hinterbichl sowie einen Abstecher zur mautpflichtigen Kalser Großglocknerstraße bei Huben. Letztere führt uns von Süden an die imposanten Flanken von Österreichs höchstem Gipfel heran und bietet fast auf der gesamten Strecke atemberaubende Ausblicke auf die Hohen Tauern. Und ganz am Ende der Mautstrecke erwartet uns mit dem berühmten Lucknerhaus eine ganzjährig bewirtschaftete Hütte, in der ein ausgiebiger Einkehrschwung obligat ist.
Ein weiteres Highlight ist das **Defereggental** im Südzipfel der Felbertauernstraße, dessen herrlich kurvenreiche Talstraße uns direkt zum Staller Sattel (Nr. 41) und in die nicht minder prächtigen Dolomiten (ab Nr. 42) führt.

Die seit dem Mittelalter als „Tauern" bezeichneten Alpenübergänge wurden mit zunehmender Besiedelung der Hohen Tauern, vor allem aber auch dem blühenden Wirtschaftsleben immer wichtiger. Bereits Kelten, Römer und Karolinger nutzten den Übergang über den Felbertauern, ganz besonders rege war der Warenverkehr im Mittelalter. Mit Pferden und Maultieren versuchten die ansässigen Bauern, ihr oftmals karges Auskommen durch Säumer-Dienste aufzupeppen – was ihnen allerdings unter oftmals lebensgefährlichen Bedingungen auch gelang.

Bildhübsche Bergbauernwelt: Das Virgental ist ein Highlight der Felbertauernstraße.

Als sich die umliegenden Orte, die sogenannten „Gerichte", mehr und mehr vereinigten, verloren die Felbertauern ab 1814 massiv an Wichtigkeit und drohten in der Bedeutungslosigkeit zu versinken. Erst 1967 wurde der jahrhundertealte Wunsch nach einem bequemen und vor allem auch touristisch nutzbaren Alpenübergang erfüllt, am 25. Juni wurde die Felbertauernstraße nach nur fünfjähriger Bauzeit auf einer Länge von 36 Kilometern eröffnet. Ihr Herzstück war und ist bis heute ein 5.300 Meter langer Scheiteltunnel.

Von allen Alpenübergängen ist der Felbertauern bis heute der wohl am wenigsten bekannte, selbst an Hochsommertagen geht es auf der langen Panoramastrecke vergleichsweise ruhig zu.

Von Mittersill Richtung Süden windet sich die Nordrampe mit maximal neun Prozent Steigung bergauf, weiter geht es durch den fünf Kilometer langen Felbertauerntunnel, dessen Südportal den Biker bereits in die sonnenverwöhnte Hochgebirgslandschaft Osttirols entlässt. Auf weiter Strecke dreispurig ausgebaut führt sie in lang gezogenen Kurven bis hinauf auf 1.632 Höhenmeter und schwingt anschließend inmitten einmaliger Alpenpanoramen durch die einstmals so raue und lebensfeindliche Landschaft des Nationalparks Hohe Tauern.

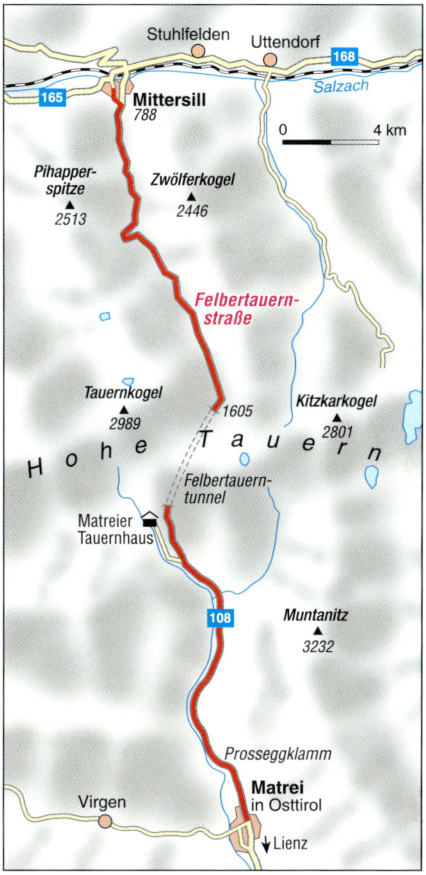

HÖHENPROFIL

Höhenmeter bergauf	1.002 m
Höhenmeter bergab	1.118 m
Maximale Steigung	14,7 %
Durchschnittliche Steigung	4,5 %
Maximales Gefälle	10,4 %
Durchschnittliches Gefälle	2,6 %

(berechnet mit Motorrad Tourenplaner 2008)

Nachfolgende Doppelseite: Finale grandioso: Der Herbst in den Hohen Tauern ist ideal zum Motorradfahren.

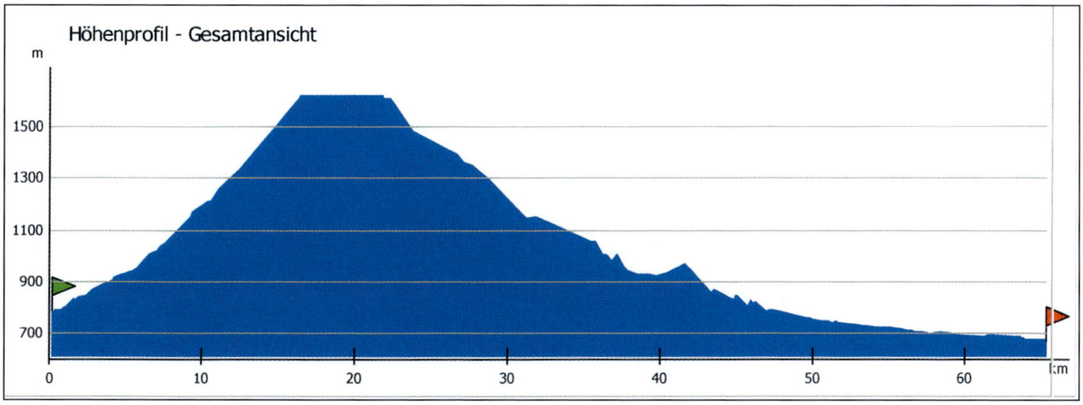

19 *Alpenpässe in Österreich*
NASSFELDPASS ODER PASSO PRAMOLLO

IM ÜBERBLICK

Name	Nassfeldpass oder Passo Pramollo
Land	Österreich und Italien
Region	Kärnten und Udine
Höchster Punkt	1.532 m
Basisorte	Topolach und Pontebba
Anzahl der Kehren	43
Streckenlänge	25 km
Schwierigkeitsgrad	mittel
Straßenverhältnisse	schlechte Piste auf italienischer Seite, Rollsplitt im Frühjahr
Mautpflicht	keine
Wintersperre	November bis April
Kombinierbar mit	Nr. 20

Das Nassfeld wird ausnahmsweise einmal nicht von Hotels, Berggasthöfen und zahllosen Einkehrmöglichkeiten dominiert, wenngleich es diese auf der Scheitelhöhe des Passes natürlich auch gibt. Nein, das Erste, was dem Biker – ganz gleich, ob nun von Norden oder Süden kommend – ins Auge sticht, ist der herrlich gelegene Nassfeld-See, ein klarer – aber auch sehr kalter – Bergsee, in dem sich vor allem morgens und abends die umliegenden Berggipfel wunderbar widerspiegeln. Ein Hort der Ruhe, eine Oase der Stille inmitten hochalpiner Welten und ein optimales Plätzchen, um die soeben erfolgreich abgeschlossene Kurvenhatz noch einmal vor dem geistigen Auge Revue passieren zu lassen. Gleich am Seeufer, kurz bevor die Passstraße Richtung Pontebba abfällt, liegt ein großer Kiesparkplatz. Auch Angler sollen den Nassfeld-Bergsee ob seines artenreichen Fischbestands schätzen.

SEHENSWERTES AM WEGESRAND

Während der Nassfeld-See selbst Kaltduschern wohl auch im Hochsommer keine echten Badefreuden bescheren kann, bietet sich wenige Kilometer nördlich der wärmste Badesee Kärntens als Revier zum Ab- und Untertauchen förmlich an: Der **Pressegger See** bei Hermagor verfügt dabei nicht nur über nachgewiesene und ständig überprüfte Trinkwasserqualität, nein er erwärmt sich im Hochsommer sogar bis auf sagenhafte – und für mich zum Beispiel gerade so akzeptable – 28 °C Wohlfühl-Temperatur. Ahnen Sie, warum man den inmitten von Wiesen und Wäldern völlig naturbelassenen Pressegger See auch liebevoll die „Badewanne des Gailtals" nennt? Exakt, wegen dieser angenehmen Temperaturen. Doch dem noch nicht genug: Seinem kalmushaltigen Wasser wird sogar eine heilende Wirkung nachgesagt, ist jenes Kalmus doch eine Sumpfpflanze mit natürlichen ätherischen Ölen. So gilt der See als wahrer Jungbrunnen der Natur. Doch Vorsicht: Das Kauen der Kalmus-Wurzel kann Halluzinationen verursachen, Schuld daran sind deren Inhaltsstoffe. Also bitte nach dem Testen der Wirkung nicht Motorradfahren. Weitere Infos auch unter www.hermagor.at.

Aber Achtung: Der hier direkt am See oftmals nur auf den ersten Blick friedlich grasende, deutlich betagte Esel kann äußerst missmutig auf Annäherungsversuche reagieren. Selbst wenn man ihm in friedlicher Absicht mit dem Angebot eines leckeren Apfels oder Ähnlichem entgegentritt. Halten Sie Abstand!

Die Passstraße selbst ist ganzjährig befahrbar, wird im Winter von beiden Seiten geräumt, ist aber in der weißen Jahreszeit oftmals auch von Eisplatten durchsetzt und deshalb für Biker wohl nicht zu empfehlen. Fahrerisch ist die italienische Südseite deutlich anspruchsvoller als ihr gut ausgebautes österreichisches Pendant. Das ist nicht verwunderlich, befindet sich auf der Passhöhe auf österreichischer Seite doch das größte Skigebiet Kärntens. Gen Süden geht die Passstraße in ein Kurvenrevier über, also in einen echten Schräglagengenuss.

Schräglagenreich schwingt die Südrampe hinauf zur Passhöhe. Der See dort oben ist saukalt.

HÖHENPROFIL

Höhenmeter bergauf	927 m
Höhenmeter bergab	970 m
Maximale Steigung	12,6 %
Durchschnittliche Steigung	8,2 %
Maximales Gefälle	12,2 %
Durchschnittliches Gefälle	7,3 %

(berechnet mit Motorrad Tourenplaner 2008)

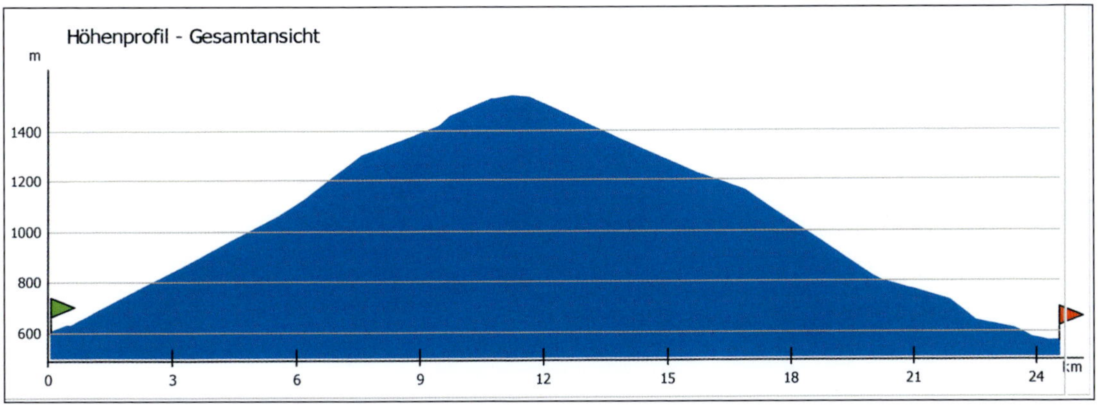

20 *Alpenpässe in Österreich*
PLÖCKENPASS ODER PASSO DI MONTE CROCE

IM ÜBERBLICK

Name	Plöckenpass oder Passo di Monte Croce
Land	Österreich und Italien
Region	Osttirol und Friaul
Höchster Punkt	1.410 m
Basisorte	Kötschach-Mauthen und Paluzza
Anzahl der Kehren	20
Streckenlänge	29 km
Schwierigkeitsgrad	leicht bis mittel
Straßenverhältnisse	Südseite eher mittelmäßig, aber herrlich kurvenreich
Mautpflicht	keine
Wintersperre	keine
Kombinierbar mit	Nr. 17, 18, 19

Der Plöckenpass ist neben dem Nassfeld-Pass (Nr. 19) die einzige befahrbare Straße über die Karnischen Alpen und führt von Kötschach-Mauthen im Kärntner Gailtal ins italienische Timau.

Vor allem im Ersten Weltkrieg war der Plöckenpass wichtiger Bestandteil der österreichisch-italienischen Front und deshalb schwer umkämpft. Zahlreiche Überreste der damaligen Befestigungsanlagen und Bunker finden sich heute noch in den umliegenden Bergen und können als eindrucksvolle Mahnung für den Frieden besichtigt werden.

Die Straße selbst ist aus Richtung Kötschach-Mauthen kommend gut ausgebaut und in ebensolchem Zustand. Erst nach dem Scheitelpunkt in knapp 1.400 Metern Höhe auf italienischer Seite kommt man in den Genuss einiger schöner Kehren und damit eines echten Schräglagenvergnügens. Das allerdings auf nicht mehr ganz so gutem Straßenbelag. Für einen deutlichen Adrenalinschub sorgen zudem einige spärlich oder gar nicht beleuchtete Tunnels mit Rissen und Schlaglöchern, leider stets mitten auf der Ideallinie.

Witterungsbedingt versuchen beide Seiten zwar, den Plöckenpass ganzjährig offen zu halten, bei hohem Schneeaufkommen kann es aber auch tageweise zu Sperrungen kommen.

SEHENSWERTES AM WEGESRAND

Bereits die Kelten kannten und benutzten den Plöckenpass für ihre Alpen-Überschreitungen. Die Römer bauten die Strecke zur „Via Julia Augusta" weiter aus, im Mittelalter freuten sich Wanderer und Fuhrleute, die mehr oder minder schwer beladen über den Plöckenpass zogen, beim Anblick des für sie so manches Mal überlebenswichtigen Plöckenpass Hospiz, in dem sogar Austauschpferde für die Säumer und Transporteure bereitstanden.
1809 zogen französische Truppen in den sogenannten „napoleonischen Kriegen" über den Pass, 1866 besetzten Truppen des italienischen Freischärlers Giuseppe Garibaldi, der selbst einige Zeit im Plöckenhaus wohnte, den strategisch wichtigen Plöckenpass. Dann wurde der gesamte Karnische Kamm zur Grenze zwischen Österreich und dem Königreich Italien, der Plöckenpass als damals einziger fahrbarer Übergang besaß eine entscheidende Schlüsselposition.
Im Mai 1915 wurde der Karnische Kamm Frontgebiet und der Raum um den Plöckenpass zum Schwerpunkt der Kämpfe zwischen Österreich und Italien. Im Herbst 1917 konnte Österreich die italienische Armee von der „Karnischen Front" zurück nach Süden drängen.
Seit 1983 arbeiten die „Dolomitenfreunde" am Erhalt und Ausbau des **„Freilichtmuseums Plöckenpass"**, einer sehenswerten Anlage auf wahrlich historischem Boden, die aus mehreren nicht weit voneinander entfernt gelegenen Abschnitten besteht. Alle Sektoren des Freilichtmuseums sind frei und gratis zugänglich, gelbe Tafeln führen umher und markieren gleichzeitig die wichtigsten Besichtigungspunkte. Einer kostenlosen Reise in längst vergangene Kriegstage als Mahnung an den Frieden steht damit nichts mehr im Weg. Da wir uns aber ohne Aufsicht in alpinem Gelände bewegen, ist Vorsicht und festes Schuhwerk unbedingt empfohlen.
Weitere Infos unter www.dolomitenfreunde.at.

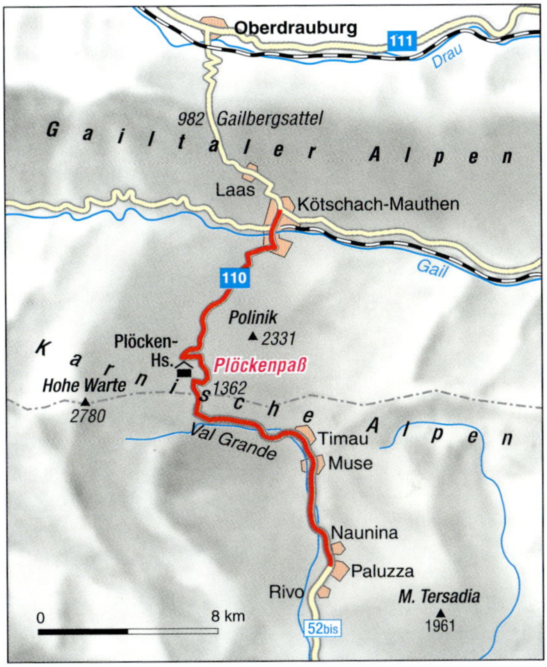

Echtes Kurvenparadies: Vor allem die italienische Seite des Plöckenpasses hat es in sich.

HÖHENPROFIL

Höhenmeter bergauf	848 m
Höhenmeter bergab	960 m
Maximale Steigung	15,0 %
Durchschnittliche Steigung	7,6 %
Maximales Gefälle	7,3 %
Durchschnittliches Gefälle	5,4 %

(berechnet mit Motorrad Tourenplaner 2008)

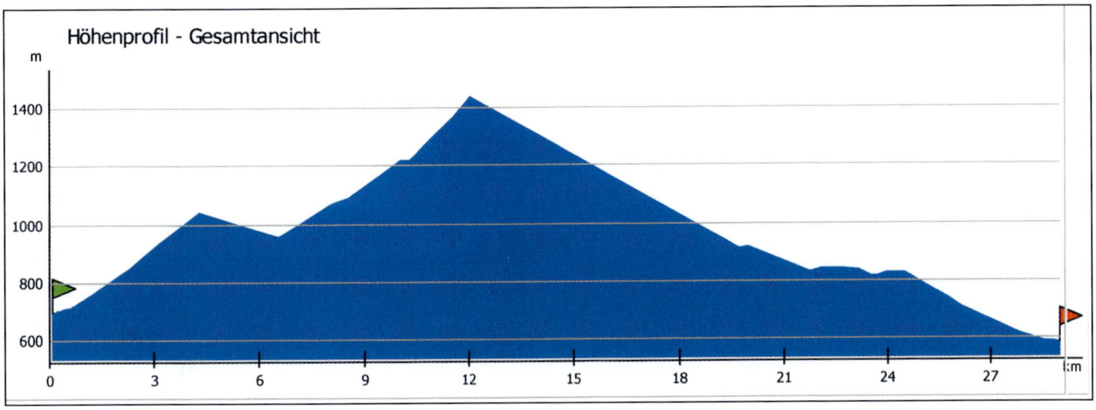

21 *Alpenpässe in Österreich*
PASS THURN

IM ÜBERBLICK

Name	Pass Thurn
Land	Österreich
Region	Tirol/Salzburger Land
Höchster Punkt	1.273 m
Basisorte	Kitzbühel sowie Mittersill
Anzahl der Kehren	5
Streckenlänge	28 km
Schwierigkeitsgrad	leicht
Straßenverhältnisse	guter Belag, auf der Südrampe schöne Aussichtsplätze
Mautpflicht	keine
Wintersperre	keine
Kombinierbar mit	Nr. 17, 18, 22, 23, 24

SEHENSWERTES AM WEGESRAND

Einstmals zum Schutz der gleichnamigen Stadt errichtet, kontrollierte **Schloss Mittersill** aufgrund seiner strategisch wertvollen Lage hoch auf einem Sporn von Anbeginn an die vorbeiführende Passstraße nach Tirol. Allerdings ist das heutige Schloss nicht das Original, denn an seiner Stelle stand um 1150 eine herrschaftliche Burg mit dem Sitz der Gerichtsbarkeit der Grafschaft Oberpinzgau. In den Bauernkriegen bis auf die Grundmauern niedergebrannt, wurde sie danach allerdings wieder aufgebaut und gehörte abwechselnd den Grafen von Matrei, später dann den Herzögen von Bayern und ab dem 12. Jahrhundert zu Salzburg. Seit 1888 ist das Schloss Privatbesitz. Es gibt aber Führungen unter anderem durch das reichhaltig ausgestattete Heimatmuseum im beinahe 1.000 Jahre alten Felberturm. Die Sammlung erzählt die Geschichte von Mittersill, die des alten Pinzgauer Brauchtums und Handwerks sowie in einigen Exponaten auch vom Alpinismus in den Hohen Tauern – nicht nur für geschichtlich interessierte Biker zu empfehlen. Und die Gästeliste des Schlosses ist mit der niederländischen Königin Juliane, dem Schah von Persien und Soraya, mit Clark Gable, Henry Ford, Bob Hope, Aristoteles Onassis recht illuster.
www.mittersill-tourismus.at.

Er zählt mit 1.273 Metern Höhe nicht zu den spektakulärsten und aufgrund seiner guten Streckenbeschaffenheit auch nicht zu den fahrerisch schwierigsten Pässen der Alpen, dennoch hat auch der Pass Thurn seine unzweifelhafte Berechtigung in diesem Buch. Bevor wir nun zu den Gründen hierfür kommen, lassen Sie uns kurz die harten Fakten auflisten. Er liegt im Herzen der Kitzbüheler Alpen und verbindet den Pinzgau im Westen des Salzburger Landes mit dem Osten Tirols. Direkt hinter dem mondänen, aber nicht minder sehenswerten Kitzbühel führt die gut ausgebaute Strecke als zum Teil vierspurige B161 hinauf zur Passhöhe. Diese dominiert eine herrlich gelegene, historische Herberge, deren „Tafern- und Schankrechte" immerhin aus dem 13. Jahrhundert überliefert sind. Doch keine Sorge, das heutige familiengeführte Hotel mit Restaurant entspricht modernsten Standards und begeistert vor allem durch seine prächtige Aussicht und naturgeschützte Umgebung, in deren fruchtbaren Hochmooren in früheren Tagen Torf gestochen wurde.

Gen Süden fällt die komfortable Passstraße zügig ab ins Salzachtal nach Mittersill und bietet im unteren Teil sogar eine Portion echtes Schräglagen-

Vergnügen. Und damit kommen wir schon zu den Gründen, warum Pass Thurn meiner Meinung nach unbedingt in dieses Buch gehört. Einer davon ist das liebliche Salzachtal mit seinen hübschen, zum Teil historisch gewachsenen Orten zu Füßen der imposanten Großvenediger-Gruppe. Direkt gegenüber des Nordrands der Hohen Tauern versperrt uns kein Baum, kein Haus den freien Blick auf eine der imposantesten Kulissen der Nordalpen. Und das ganz besonders auch im Winter. Ja, Sie lesen richtig: Pass Thurn zählt nicht nur aufgrund seiner eher geringen Höhe, sondern auch wegen seiner klimatisch bevorzugten, weil sonnenreichen Lage zu den Pässen, die bereits an so manch föhnigem Januartag behutsame Kurvenhatz und echte Schräglage ermöglichen. Denn einerseits zu niedrig für echten Tiefschnee, andererseits deutlich über winterlicher Inversion, sammelt Pass Thurn bereits im Winter viele Sonnenstunden.

Man trifft sich: Pass Thurn hat nahezu ganzjährig Bikersaison.

Grenze zu Tirol: Historischer Grenzstein am Pass Thurn.

HÖHENPROFIL

Höhenmeter bergauf	562 m
Höhenmeter bergab	533 m
Maximale Steigung	10,0 %
Durchschnittliche Steigung	3,6 %
Maximales Gefälle	11,7 %
Durchschnittliches Gefälle	4,3%

(berechnet mit Motorrad Tourenplaner 2008)

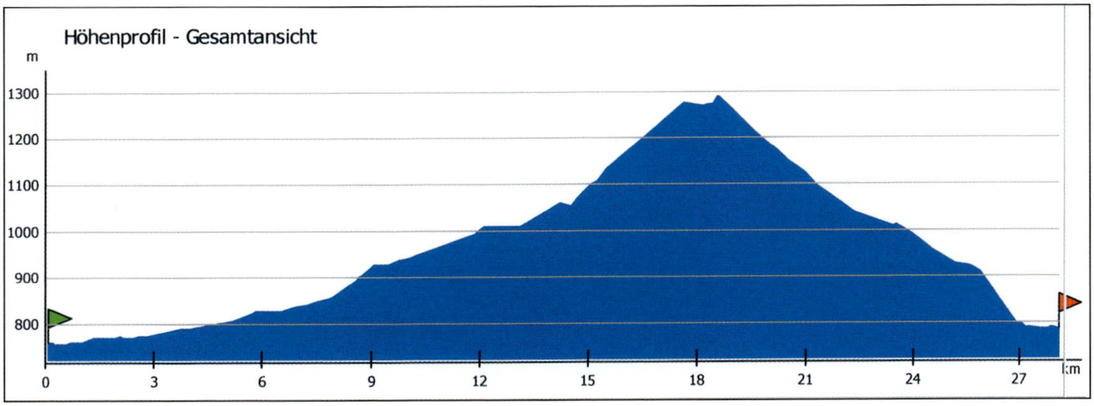

22 Alpenpässe in Österreich
DIENTNER- UND FILZENSATTEL

IM ÜBERBLICK

Name	Dientner- und Filzensattel
Land	Österreich
Region	Salzburger Land
Höchster Punkt	1.357 m
Basisorte	Saalfelden am Steinernen Meer sowie Bischofshofen
Anzahl der Kehren	8
Streckenlänge	40 km
Schwierigkeitsgrad	leicht
Straßenverhältnisse	gut ausgebaut, Viehwechsel auf der Sackgasse zum Arthurhaus
Mautpflicht	keine
Wintersperre	keine (witterungsbedingte Sperren sind möglich)
Kombinierbar mit	Nr. 5, 17, 18, 23, 24

Lassen Sie sich einmal den Ortsnamen „Maria Alm am Steinernen Meer" mit geschlossenen Augen auf der Zunge zergehen und unwillkürlich werden Sie einen Hauch dessen erahnen, was Sie am Dientner- und Filzensattel erwartet: Eine grandiose Bergwelt dominiert von den steilen Felszinnen des Hochkönig-Massivs, garniert mit Hochalmen so weit wie der Horizont und kleinen, verträumten Orten, in denen der altehrwürdige Louis Trenker auch heute nicht aus dem Rahmen fallen würde. Das alles kombiniert mit einer herrlich kurvigen, gut ausgebauten Panoramastrecke fernab der Hektik unserer Tage – das ist das Tourengebiet um Dientner- und Filzensattel. Mein Tipp: Schalten Sie mindestens zwei Gänge zurück und pendeln Sie in aller Ruhe mit viel Zeit im Tankrucksack durch diese heile Bergwelt. Es lohnt sich, denn es gibt viel zu entdecken, zum Beispiel:

Die **Wallfahrtskirche Maria Alm:** 1374 erstmals urkundlich erwähnt, ist ihr Kirchturm mit 83 Meter immerhin der höchste Turm im ganzen Salzburger Land.

Die **Bergkirche in Dienten**: Das Wahrzeichen des Ortes wurde 1506 dem Heiligen Nikolaus geweiht und überragt mit dem mächtigen Hochkönig im Rücken stolz diesen himmlischen Flecken Bergwelt.

SEHENSWERTES AM WEGESRAND

Pflichtprogramm einer jeden Fahrt über Dientner- und Filzensattel ist ein Abstecher hinauf zum berühmten **Arthurhaus** am Ende einer herrlichen Sackgasse mitten hinein in Hochkönigs Reich. 1866 begann die Mühlbacher Kupfergesellschaft mit dem Bau der ersten Gaststätte. 1894 pachteten die Urgroßeltern der heutigen Wirtin Heidi die kleine Alm und Gastwirtschaft und bauten sie sukzessive zu einem gemütlichen Drei-Sterne-Berghotel aus, dessen Schätze neben seiner einzigartigen Lage ebenfalls aus Küche und Weinkeller sowie der Herzlichkeit seines Personals und seiner Chefin bestehen. Unbedingt abbiegen, lautet mein Tipp. Weitere Infos und Kontakt unter www.arthurhaus.at.

Tourengenuss par excellence: Rund um den Hochkönig liegen herrliche Strecken.

Die **„Triefen" in Hinterthal**: Ein Naturschauspiel, bei dem Wasser über einer undurchlässigen Gesteinsschicht austritt und bei diesem Vorgang einen regenartigen Tropfenvorhang von über 100 Metern Länge bildet, der überraschenderweise vollkommen unabhängig von jeglicher Witterung zu bestaunen ist.

Das **Bergbaumuseum mit Schaustollen in Mühlbach am Hochkönig**: Zeugnisse aus 4.000 Jahren Bergbaugeschichte erwarten den Besucher.

Oder aber die **Sennerei Schweizerhütte in Mühlbach am Hochkönig**: Bereits im 19. Jahrhundert als Alm bewirtschaftet, geht der Senner heute noch wie anno dazumal am Morgen seine Kühe melken. Anschließend beginnt das „Kasn", bei dem Besucher helfen dürfen. Den leckeren Rohmilchkäse kann man natürlich auf der Hütte auch kaufen.

Pflichttermin nicht nur im Herbst: der Abstecher zum Arthurhaus.

Von Saalfelden aus ostwärts oder von Bischofshofen aus immer gen Westen schwingen wir auf einer durchweg gut ausgebauten Strecke, die wochentags allerdings auch von einigem Lieferverkehr benützt wird, durch eine sehenswerte Bergwelt. Das ist Genusstouren der angenehmsten Art.

HÖHENPROFIL

Höhenmeter bergauf	993 m
Höhenmeter bergab	1.182 m
Maximale Steigung	13,9 %
Durchschnittliche Steigung	5,0 %
Maximales Gefälle	15,0 %
Durchschnittliches Gefälle	6,1 %

(berechnet mit Motorrad Tourenplaner 2008)

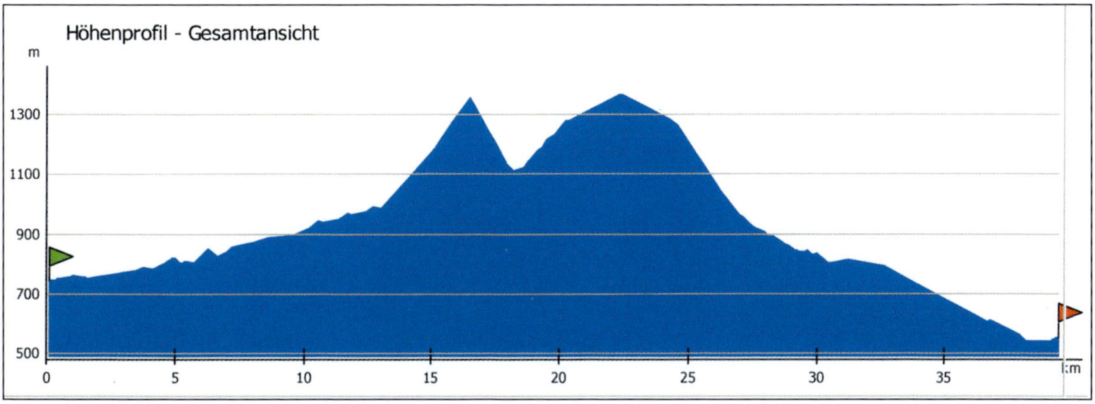

23 *Alpenpässe in Österreich* GERLOSPASS

IM ÜBERBLICK

Name	Gerlospass
Land	Österreich
Region	Tirol, Salzburger Land
Höchster Punkt	1.630 m
Basisorte	Zell am Ziller im Zillertal und Wald im Pinzgau
Anzahl der Kehren	22
Streckenlänge	38 km
Schwierigkeitsgrad	leicht bis mittel
Straßenverhältnisse	tadellos, nur die alte Gerlosstraße ist in schlechtem Zustand
Mautpflicht	ja
Wintersperre	keine
Kombinierbar mit	Nr. 17, 18, 21, 24

Die Gerlos Alpenstraße, gebaut zwischen 1960 und 1962 von der Großglockner Hochalpenstraßen AG, zählt zu den mautpflichtigen Pass- und Panoramastraßen, die sowohl landschaftlich, als auch fahrerisch Bikern enormen Gegenwert bieten. Grundsätzlich zwar ganzjährig befahrbar, ist sie allerdings im Winter durchaus mit Vorsicht zu genießen, da oftmals auf weiten Strecken vereist. Durchgehend zweispurig und gut ausgebaut, bietet sie dafür selbst an verkehrsreichen Sommerwochenenden viele Möglichkeiten zu satter Kurvenhatz und ordentlicher Schräglage. Und garniert mit zahlreichen landschaftlichen Highlights links und rechts des Lenkers eröffnet der Gerlospass vielfältige Sightseeing-Möglichkeiten für durchaus einen ganzen Tourentag inmitten einer prächtigen Bergwelt zwischen Hohen Tauern und Zillertaler Alpen.

Die Pläne zur Gerlos-Straße stammen übrigens ebenfalls von Franz Wallack, dem genialen Erbauer der Großglockner Hochalpenstraße. Bereits der Anstieg von Zell am Ziller Richtung Hainzenberg beginnt fahrerisch durchaus fast anspruchsvoll mit einer Hand voll Spitzkehren. Lassen Sie sich dabei bitte nicht von den prächtigen Ausblicken auf das Zillertal ablenken, die sind vom Parkplatz unterhalb von Hainzenberg in aller Ruhe und mit ausgeklapptem Seitenständer gefahrloser zu betrachten.

SEHENSWERTES AM WEGESRAND

Bereits 1796 wurden die **Krimmler Wasserfälle** als das „größte und prächtigste Naturschauspiel im Land Salzburg" bezeichnet, 1845 betitelte ein Reiseführer sie gar als „den schönsten Wasserfall der Monarchie". Fakt ist, dass sie mit der Fallhöhe von 400 Metern immerhin die höchsten Europas sind.
Bereits von Ferne ist ihr Rauschen zu hören, die letzten Meter muss man allerdings zu Fuß zurücklegen. Die Krimmler Ache, deren Wasser in drei Katarakten so spektakulär in die Tiefe fällt, hat ein Einzugsgebiet von 110 Quadratkilometern mit 23 Gletschern. Je nach Jahreszeit führt der Bach zwischen zehn und 83 Kubikmeter Wasser pro Sekunde. Am meisten Wasser stürzt am Abend ins Tal, wenn das mittägliche Schmelzwasser quasi eine Flut erzeugt. Z≤ur Mittagszeit herrscht wassertechnisch eher Ebbe, denn frühmorgens geben die umliegenden Gletscher wegen der Kälte der Nacht am wenigsten Wasser ab.
Einen ersten schönen Blick auf die Naturgewalt hat man vom ausgeschilderten Parkplatz „Wasserfallblick" an der Gerlos Alpenstraße aus. Doch nicht nur, um die Bikerkluft auf Wasserdichtigkeit zu testen, lohnt es sich, zu Fuß bis zum Rand der Fälle zu wandern. Weitere Infos unter www.wasserwunderwelt.at.

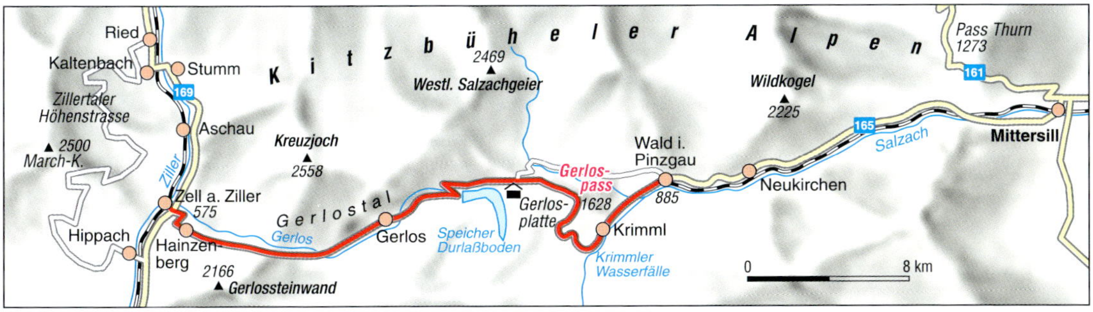

Einer meiner absoluten Lieblings-Pausenplätze der gesamten Alpen befindet sich nahe des Scheitelpunkts der Strecke mit Blick auf den Speichersee Durlassboden in gut 1.400 Metern Höhe. Sechs Kilometer lang, zwei Kilometer breit und bis zu 55 Meter tief speichert der Stausee nicht nur die Schmelzwasser der umliegenden Berge, sondern bietet auch eine der höchstgelegenen Surf- und Segelschulen, einen Bootsverleih, ein Strandbad mit Kinderspielplatz und Grillstellen sowie ein gemütliches Restaurant mit Ausblicken in die Zillertaler Alpen.

Die Gerlosplatte ist ein beliebtes – noch schneesicheres – Skigebiet der Region, die Passstraße schwingt gen Südwesten in weiten Bögen anschließend hinunter nach Krimml und weiter ins Salzachtal.

Schräglagenparadies auf beiden Seiten: Der Gerlospass.

Dem Himmel ganz nah: die Passstraße auf der Gerlosplatte.

HÖHENPROFIL

Höhenmeter bergauf	1.013 m
Höhenmeter bergab	716 m
Maximale Steigung	15,0 %
Durchschnittliche Steigung	4,4 %
Maximales Gefälle	13,0 %
Durchschnittliches Gefälle	5,2 %

(berechnet mit Motorrad Tourenplaner 2008)

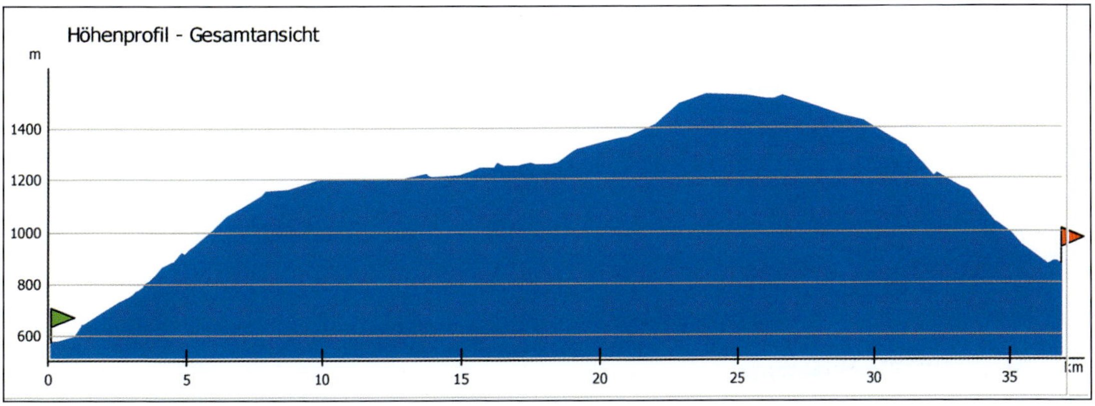

24 Alpenpässe in Österreich
ZILLERTALER HÖHENSTRASSE

IM ÜBERBLICK

Name	Zillertaler Höhenstraße
Land	Österreich
Region	Zillertal/Tirol
Höchster Punkt	2.013 m
Basisorte	Ried und Hippach
Anzahl der Kehren	31
Streckenlänge	48 km
Schwierigkeitsgrad	mittel
Straßenverhältnisse	Höhenstraße ordentlich, aber mit Frostschäden
Mautpflicht	keine
Wintersperre	keine (witterungsbedingte Sperrung i. d. R. zwischen Dezember und März)
Kombinierbar mit	Nr. 3, 21, 23

Sie ist das Highlight des berühmten Zillertals, sie ist ebenso beliebt bei Motorradfahrern wie bei Mountainbikern, Gleitschirmfliegern, Wanderern und Ausflugtouristen. Ja sie zählt zu den schönsten Höhenstraßen Österreichs, gleichwohl sich dies – erfreulicherweise – noch nicht überall herumgesprochen hat. Deshalb hält sich der Verkehr auf dieser stellenweise nahezu einspurigen Mautstrecke auch an Sommerwochenenden noch einigermaßen in Grenzen. Gönnen wir uns die Zillertaler Höhenstraße, solange sie noch in ihrem touristischen Dornröschenschlaf schlummern darf.

Insgesamt vier Auffahrten führen von Ried, Kaltenbach, Zellberg sowie Hippach-Schwendberg aus dem Zillertal auf eine Höhe von gut 2.100 Metern und fordern auch an ruhigen Tagen unsere volle Konzentration. Vor allem im unteren Bereich müssen wir uns die Strecke mit Anwohner-Pkw, Lieferverkehr und einer Buslinie teilen. Das erfordert eine ruhige Hand im Umgang mit dem Motorrad, gleichwohl die Straße selbst durchgängig in einem ordentlichen Zustand ist. Oberhalb der Baumgrenze bieten sich uns bald darauf derart atemberaubende Ausblicke auf die umliegenden Zillertaler Alpen, dass unser Reisetempo meistens automatisch auf etwas über Schrittgeschwindigkeit sinkt. Doch auch hier gilt es vorsichtig zu sein, denn sogar im oberen Abschnitt der Höhenstraße dürfen die sperrigen Reisebusse verkehren. Und bezüglich Randabsicherungen heißt es streckenweise „Fehlanzeige".

Zahlreiche Gasthöfe und Almwirtschaften laden entlang der Strecke zu einem spontanen, gerne auch ausgiebigen Einkehrschwung und bieten

Ausblicke, die in Erinnerung bleiben: Entlang der Zillertaler Höhenstraße gibt es herrliche Pausenplätze.

SEHENSWERTES AM WEGESRAND

Eine Freiheit ganz anderer Art mit garantiert unvergesslichen Augenblicken bieten die von der Zillertaler Höhenstraße aus vergleichsweise gefahrlos möglichen Flüge mit Gleitschirm oder Drachen. Bereits früh am Tag erzeugt die Sonne an den Osthängen eine sichere Thermik, die einen Gleitschirmflug oftmals zu einem mehrstündigen Erlebnis werden lässt. Und falls Sie selbst noch keine Lizenz zum freien Fliegen besitzen, aber unbändige Lust zum Fliegen wie ein Vogel in sich spüren, empfehle ich einen **Tandem-Schnupperflug** mit der Zillertaler Gleitschirmschule (www.zillertaler-flugschule.com). Erfahrene Piloten ermöglichen es, die Welt aus einem Blickwinkel zu erleben, wie er natürlicher und andersartiger nicht sein kann. Ein wenig sportliche Grundkondition vorausgesetzt können Sie eine ganz neue Art der Freiheit erleben, die garantiert unvergesslich bleiben wird. Ich selbst bin auf meinen schönsten Flügen von der Zillertaler Höhenstraße aus gestartet. Aber aufgepasst: Bereits ein einziger Tandemflug mit einem Gleitschirm oder Drachen kann für immer süchtig machen!

HÖHENPROFIL

Höhenmeter bergauf	1.759 m
Höhenmeter bergab	1.727 m
Maximale Steigung	14,2 %
Durchschnittliche Steigung	8,8 %
Maximales Gefälle	14,5 %
Durchschnittliches Gefälle	9,5 %

(berechnet mit Motorrad Tourenplaner 2008)

mit deftiger Hausmannskost, frischer Almmilch und herzhaftem Käse eine ganz andere Art von Sinnesgenuss, dem wir uns nicht verschließen sollten. Mein Tipp: Gönnen Sie sich doch für diese insgesamt gut 50 Kilometer lange Panoramastraße einen vollen Tag, nehmen Sie ein paar Wanderschuhe und eine leckere Brotzeit mit und genießen Sie die herrlichen Landschaften der Zillertaler Alpen auch abseits des Sattels.

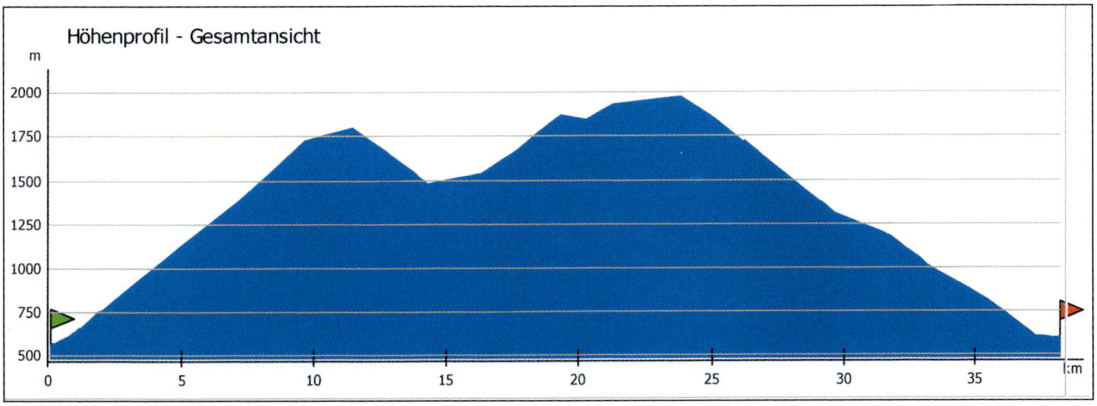

25 Alpenpässe in Österreich
BRENNERPASS

IM ÜBERBLICK

Name	Brennerpass
Land	Österreich und Italien
Region	Tirol und Südtirol
Höchster Punkt	1.371 m
Basisorte	Innsbruck in Tirol sowie Sterzing / Vipiteno in Südtirol
Anzahl der Kehren	10
Streckenlänge	56 km
Schwierigkeitsgrad	leicht bis mittel
Straßenverhältnisse	ordentlicher Zustand, Achtung: Radarkontrollen bei Colle Isarco
Mautpflicht	keine
Wintersperre	keine
Kombinierbar mit	Nr. 28, 39, 40

Seit 2.500 Jahren wird er als Passage über den Alpenhauptkamm genutzt. Seit zweieinhalb Jahrtausenden also ziehen Händler, Säumer, Viehhirten, Schmuggler, Abenteurer und natürlich Touristen über den niedrigsten Pass der Alpen (1.371 Meter). Karl der Große reiste über den Brenner nach Rom, um sich vom Papst die Kaiserkrone anpassen zu lassen, Heinrich IV. und andere berühmte Persönlichkeiten folgten ihm. Die Landschaften rechts und links des Passes zählten einstmals zu den beliebtesten Sommerfrischen des europäischen Adels. Richard Strauß, Franz Lehar und Henrik Ibsen kurierten hier ihre Zipperlein meistens sogar mit Erfolg. All das ist durch den Bau der Brennerautobahn irgendwann und irgendwie in Vergessenheit geraten. Die Täler und Orte entlang der Strecke gerieten ins Abseits, fielen dem unstillbaren Vorwärtsdrang der Reisenden zum Opfer.

Aber auch wir Motorradfahrer müssen uns in diesem Punkt an die eigene Nase fassen. Zwar werden nur wenige von uns die Brennerautobahn benutzen, ein Großteil wird sich nach wie vor die herrlich kurvenreiche, aber auch recht anspruchsvolle alte Brennerstraße gönnen. Doch einen Blick in die idyllischen Täler rechts und links des Passes werfen die wenigsten von uns. Dabei sind diese Täler das eigentliche Highlight der gesamten Strecke. Alle Details dazu finden Sie übrigens in meinem „Motorrad Alpenbuch", das im selben Verlag erschienen ist.

SEHENSWERTES AM WEGESRAND
Bereits seit der Antike werden die Heilquellen des **Brennerbades** genutzt, doch erst im Jahr 1338 werden sie urkundlich erwähnt. Trotz widriger äußerer Umstände – die Quellen wurden mehrmals von Lawinen und Muren verschüttet – gaben sich im Laufe der Jahrhunderte eine Vielzahl adeliger und berühmter Persönlichkeiten die Klinke in die Hand, erhofften sich Linderung ihrer Schmerzen und Gebrechen. Herzog Sigmund von Tirol mit Eleonore von Schottland, große Komponisten wie Richard Strauss und Franz Lehar sowie der Dichter Henrik Ibsen stehen auf der überlieferten Gästeliste. Das Thermalwasser des Brennerbades stammt aus einer Tiefe von mehr als 1.000 Metern und nimmt bei seinem Weg an die Oberfläche jene wichtigen Eigenschaften an, die es so heilsam machen. Es besitzt eine nahezu konstante Temperatur von 22 °C, und enthält eine seltene Mischung aus Calcium, Magnesium, Natrium, Kalium, Sulfaten, Kohlensäure und Spurenelementen sowie Brom und Jod. All das ergibt einen neutralen pH-Wert sowie außergewöhnliche Reinheit. Offiziell ist das Wasser der Sanct-Zacharias-Heilquelle vom Brennerbad seit Jahren als Thermalwasser eingestuft, seine heilende Wirkung kann in Form von Trink- und Badekuren und als Aerosoltherapie genossen werden. Infos unter www.termedibrennero.it.

HÖHENPROFIL

Höhenmeter bergauf	1.254 m
Höhenmeter bergab	978 m
Maximale Steigung	12,4 %
Durchschnittliche Steigung	3,9 %
Maximales Gefälle	14,5 %
Durchschnittliches Gefälle	3,8 %

(berechnet mit Motorrad Tourenplaner 2008)

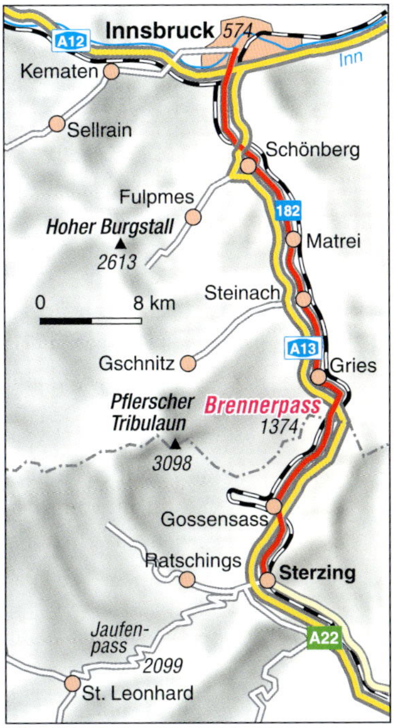

Die Brenner-Passhöhe bietet neben der Möglichkeit, auf österreichischer Seite das Benzinfass nochmals vergleichsweise günstig randvoll zu füllen, auch die Chance, die eingesparten Euros in unglaubliche Massen an Trödel und Tand zu investieren, die dort von Andenkenläden und fliegenden Händlern – für mich unglaublich, aber wahr – mit täglichem Erfolg angeboten werden. Das alte Dorf Brenner kämpft seit Jahrzehnten um eine neue Zukunft im Tourismus und versucht, durch die Renovierung der historischen Bausubstanz neuen Glanz zu schaffen.

Pass mit praller Geschichte: Der Brennerpass besitzt rund um das Brennerdorf viel historischen Charme.

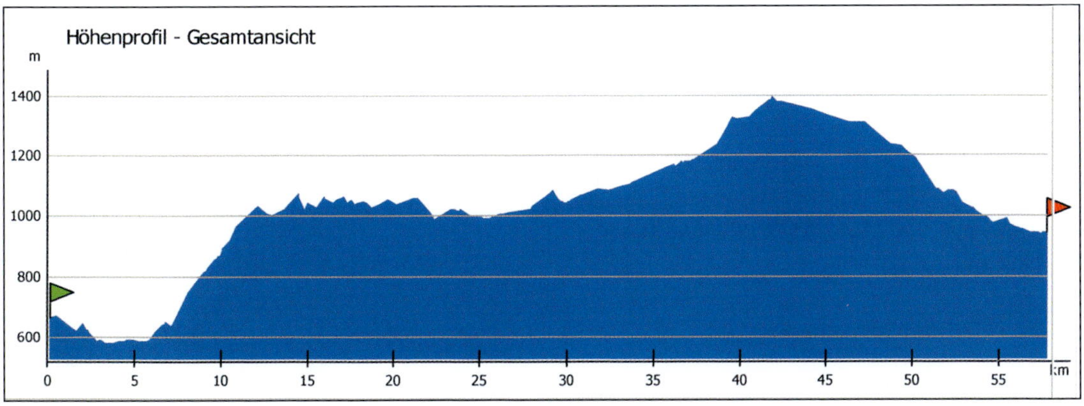

26 Alpenpässe in Österreich
KÜHTAISATTEL

IM ÜBERBLICK

Name	Kühtaisattel
Land	Österreich
Region	Tirol
Höchster Punkt	2.017 m
Basisorte	Ötz im Ötztal und Kematen bei Innsbruck
Anzahl der Kehren	10
Streckenlänge	42 km
Schwierigkeitsgrad	leicht
Straßenverhältnisse	gut ausgebaut, ordentlicher bis guter Straßenbelag
Mautpflicht	keine
Wintersperre	keine (bei starkem Schneefall kurzfristige Sperrung möglich)
Kombinierbar mit	Nr. 27, 29, 31

Der Genussfaktor des Kühtaisattels liegt einmal mehr in den herrlichen Landschaften rechts und links des Lenkers, für deren Betrachtung wir auch während der Fahrt genügend Muße haben, zumal die Strecke fahrerisch nicht allzu anspruchsvoll ist. Die Straße ist meine Empfehlung als hervorragende Alternative zu der etwas weiter nördlich in die gleiche Richtung führenden B171, auf der sich Schwerlast- und Durchgangsverkehr viele Tage im Jahr stapeln. Das Sellraintal – durch das die Kühtaistraße führt – ist ein liebliches Tal mit verträumten, mäßig touristisch geprägten Orten fernab allen Rummels und aller Hektik. Okay, vielleicht zur weißen Zeit in der Wintersaison mag es hier etwas turbulenter zugehen, aber da haben wir Biker in dieser noch schneesicheren Region ja sowieso Winterpause.

Die Scheitelhöhe des Sattels liegt nahe des Ortes Kühtai, der im Grunde nur aus Hotels und Gasthöfen besteht, die vor allem im Winter gut besucht sind. Im Sommer hier einen Einkehrschwung zu planen, ist etwas gefährlich, da man nie weiß, ob ein Café oder Restaurant geöffnet ist. Entlang der gesamten Route bieten sich uns als nahezu vollwertiger, dafür vollkommen kalorienfreier Ersatz herrliche Ausblicke auf die Stubaier Alpen im Süden.

Während die Anfahrt von Kematen aus auf gut ausgebauter Straße erfolgt und nur wenige echte Kurven enthält, windet sich die Strecke ab

SEHENSWERTES AM WEGESRAND

Eigentlich war es ja eine Naturkatastrophe, die das Wahrzeichen des Ortes Ötz am Eingang zum gleichnamigen Tal in der letzten Eiszeit formte: Ein gewaltiger, zunächst alles Leben vernichtender Bergsturz hatte dazu geführt, dass sich der heutige **Piburger See** aufzustauen begann. Eine durchaus glückliche Fügung für die Umgebung, wie sich allerdings erst später herausstellen sollte. Heutzutage ist der Piburger See das bekannteste Bergseen-Idyll der Region und besitzt zudem – bedingt durch seine Lage im alpinen Kristallgestein – ein ausgesprochen „weiches Wasser" mit hervorragender Qualität, dessen Temperatur im Hochsommer schon mal auf 25°C ansteigen kann.
Am Südende des Sees liegt die Badeanlage mit großen Liegeflächen und Ruderbootverleih. Badebetrieb ist von Mai bis September. Mehrere Wanderwege führen auch um den See herum. Und damit kein Verkehrslärm den erholungssuchenden Gast stört, ist der See nur mittels kurzem Fußmarsch zu erreichen, das Motorrad kann derweil auf dem zentralen Parkplatz am Orts-rand abgestellt werden. Deshalb lautet mein Tipp für einen ausführlichen Besuch im Kühtai auch: Badesachen nicht vergessen. Weitere Infos unter www.oetz.com.

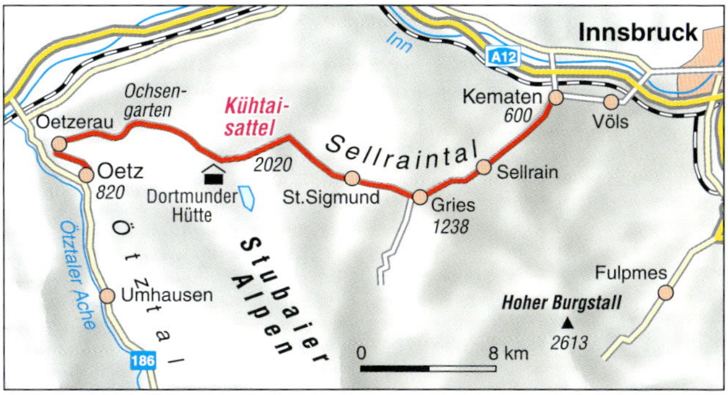

dem Scheitelpunkt deutlich mehr in Richtung des Ötztals, ja unmittelbar hinter den letzten Hotels von Kühtai überrascht uns sogar ein echtes Spitzkehren-Vergnügen. Kaum jemand hätte das bei der Anfahrt von Osten für möglich gehalten. Vorbei am kleinen Speichersee Längenthal bietet sich uns ein optimales Trainingsgelände für die hohe Kunst des Passfahrens.

Für mich ist der Kühtaisattel stets die erste Wahl zum Beispiel auf dem Weg zum Timmelsjoch (Nr. 28) oder zum Reschenpass (Nr. 38).

Mächtige Landschaften gibt es am Kühtaisattel zu entdecken.

HÖHENPROFIL

Höhenmeter bergauf	1.250 m
Höhenmeter bergab	1.417 m
Maximale Steigung	14,1 %
Durchschnittliche Steigung	7,0 %
Maximales Gefälle	12,8 %
Durchschnittliches Gefälle	5,9 %

(berechnet mit Motorrad Tourenplaner 2008)

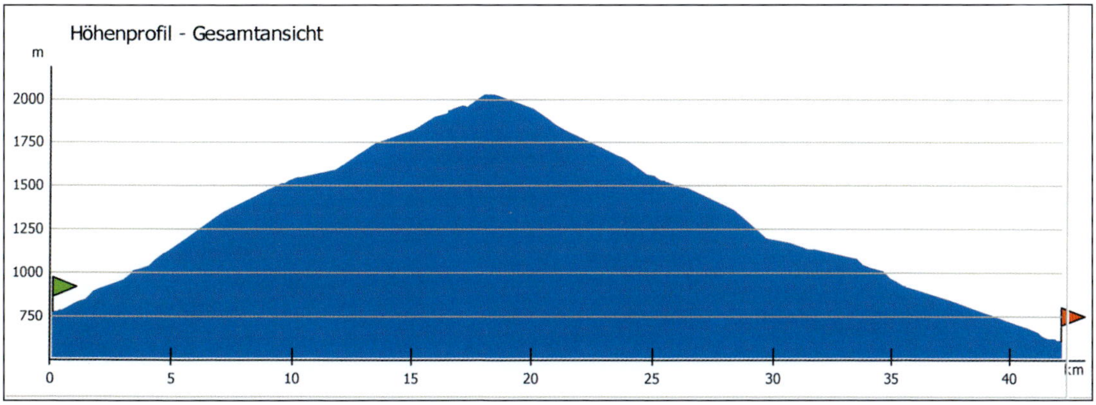

27 Alpenpässe in Österreich
ÖTZTALER GLETSCHERSTRASSE

IM ÜBERBLICK

Name	Ötztaler Gletscherstraße
Land	Österreich
Region	Tirol
Höchster Punkt	2.811 m
Basisorte	Sölden im Ötztal
Anzahl der Kehren	9
Streckenlänge	ca. 16 km (Sackgasse)
Schwierigkeitsgrad	leicht bis mittel
Straßenverhältnisse	gut ausgebaut, aber unbeleuchteter Straßentunnel
Mautpflicht	ja
Wintersperre	keine
Kombinierbar mit	Nr. 26, 28, 31, 39

Die Ötztaler Gletscherstraße gehört zu den mautpflichtigen Sackgassen, die wir uns zum Beispiel auf dem Weg zum Timmelsjoch (Nr. 28) im Süden unbedingt ebenfalls gönnen sollten. Dabei sind allerdings nicht nur die winterlichen Einschränkungen zu beachten: Da die Straße auf immerhin satte 2.800 Höhenmeter und damit in hochalpines Gelände führt, kann es bei ungünstigen Wetterlagen durchaus auch im Sommer zu überraschenden Wintereinbrüchen, Schneefall, Minustemperaturen und damit einhergehender Straßenglätte kommen. Das Gletscherskigebiet rund um den Rettenbachferner ist im Hochsommer geschlossen, damit entfallen automatisch die Massen an Skitouristen, die das Gebiet ansonsten zu einem der beliebtesten der gesamten Region erklären.

Mein Tipp für die Ötztaler Gletscherstraße: Gönnen Sie sich diese herrlich aussichtsreiche Strecke an einem sonnigen Wochentag im Sommer vor oder nach der Hauptreisezeit. Dann haben Sie die Strecke mit ihren bis zu 13 Prozent Steigung oftmals nahezu für sich allein.

Oben am Rettenbachgletscher finden sich ausreichend Parkmöglichkeiten, die es auch erlauben, das Bike für ein paar Stunden abzustellen, um zum Beispiel eine Wanderung zu unternehmen. Bewegung auch abseits des Sattels soll ja durchaus gesund sein, sagt man.

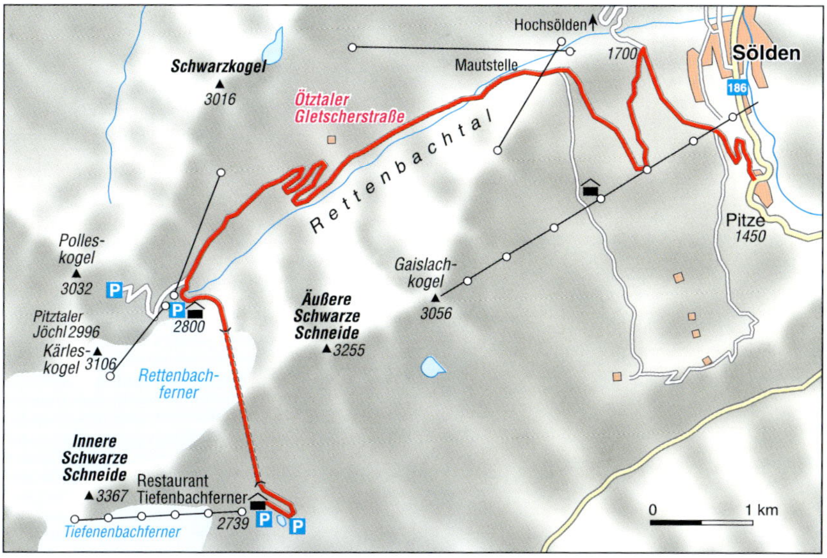

Die Straßenverbindung vom Rettenbach- zum Tiefenbachgletscher führt durch den knapp zwei Kilometer langen Rosi-Mittermeier-Tunnel, den immerhin höchst gelegenen Straßentunnel Europas.

Ein heftiger Streit schwelt übrigens seit Jahren mit den Franzosen, die mit ihrem Col de la Bonette (Nr. 96) die höchste befahrbare Straße Europas zu besitzen wünschen. Doch die Ötztaler Gletscherstraße ist definitiv gute 30 Meter höher – allerdings kein Rundweg, sondern eine Sackgasse. Lassen wir doch diesen Streit in Ruhe weiter schwelen und genießen auf unseren Touren durch die Alpen beide Pass-Straßen in aller Ruhe und Gemütlichkeit. Es lohnt sich, denn in beiden Fällen hat die Natur ein Panorama zur Verfügung gestellt, dessen Anblick wohl für alle Zeiten im Gedächtnis bleiben wird, selbst in einem schlechten …

HÖHENPROFIL

Höhenmeter bergauf	1.464 m
Höhenmeter bergab	29 m
Maximale Steigung	12,4 %
Durchschnittliche Steigung	9,5 %
Maximales Gefälle	3,9 %
Durchschnittliches Gefälle	2,8 %

(berechnet mit Motorrad Tourenplaner 2008)

SEHENSWERTES AM WEGESRAND

In Imst am Fuße des Ötztales lädt der „Alpine Coaster" zu einem Bergvergnügen der ganz anderen Art. Die **längste Alpen-Achterbahn der Welt** gleitet hier von Mai bis Oktober auf der ausgeschilderten Untermarkter Alm in des Wortes kühnster Bedeutung über Stock und Stein. Von immerhin 1.500 Metern Seehöhe geht es auf in Schienen laufenden Schlitten in rasanter Hatz talabwärts. Doch dem nicht genug, die Strecke verläuft zum Teil auch bis zu sechs Meter über dem Almboden. Das treibt selbst den Blutdruck erfahrener Biker garantiert in die Höhe. 3,5 Kilometer lang zieht sich das Action- und Naturspektakel, nicht nur für Adrenalin-Junkies jeden Alters, in Wellen, Steilkurven und überraschenden Jumps den Berg hinab. Immerhin zwölf Minuten dauert die Fahrt, maximal 500 Höhenmeter werden dabei überwunden. Weitere Infos unter www.alpine-coaster.at.

Linke Seite: die Ötztaler Gletscherstraße kurz vor der Scheitelhöhe.

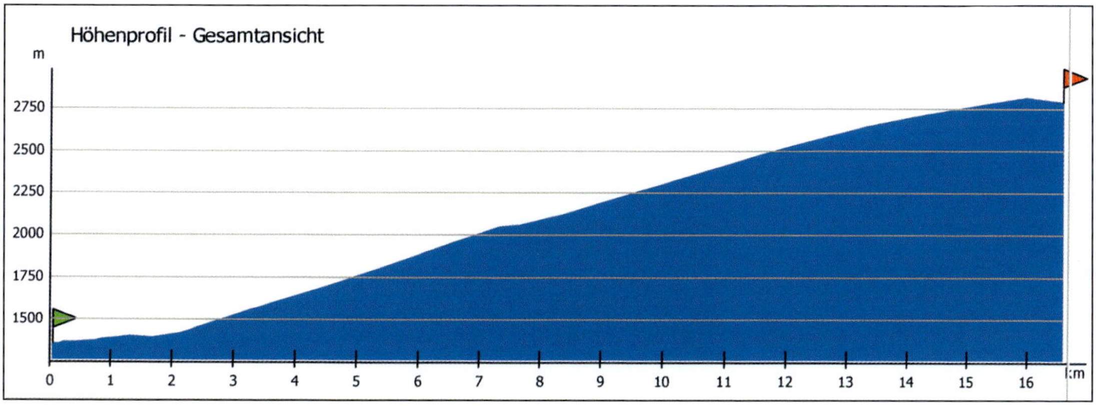

28 Alpenpässe in Österreich
TIMMELSJOCH

IM ÜBERBLICK

Name	Timmelsjoch
Land	Österreich und Italien
Region	Tirol und Südtirol
Höchster Punkt	2.509 m
Basisorte	Zwieselstein und St. Leonhard
Anzahl der Kehren	44 (über Plata im Passeiertal)
Streckenlänge	49 km
Schwierigkeitsgrad	mittel bis anspruchsvoll
Straßenverhältnisse	Achtung: Tempokontrollen, teils übler Zustand auf ital. Seite
Mautpflicht	ja
Wintersperre	Mitte Oktober bis Mitte Juni
Kombinierbar mit	Nr. 25, 27, 39, 40

Das Timmelsjoch verlangt zweifellos eine satte Portion Kenntnis in der hohen Schule des Passfahrens. Es ist kein Trainingsgelände für absolute Führerschein-Neulinge. Die Fahrt über das 2.500 Meter hohe Joch, kommend von der Ötztaler Gletscherwelt und weiterführend in die sonnenverwöhnten Südtiroler Weinberge des Passeiertales, bleibt nur dann ein wahrlich unvergessliches Erlebnis, wenn wir diese Pass-Straße ohne Stress bewältigen. Die Grundvoraussetzungen dafür sind gegeben: Auf italienischer Seite ist die Strecke seit einiger Zeit und wohl unbefristet für Kraftfahrzeuge über acht Tonnen, für Anhänger-Gespanne und Busse gesperrt. Das heißt, diese Straße gehört uns Bikern und den normalen Pkw. Und das ist sicherlich einer der Reize des Timmelsjochs.

Von Zwieselstein aus steigt die Strecke in lang gezogenen Kehren hinauf bis zur Passhöhe und bietet während des Anstiegs herrliche Panoramaaussichten auf die umliegenden Nord- und Südtiroler Alpen. Diese lassen sich auf gut beschilderten Wanderwegen weitläufig und in jedem Schwierigkeitsgrad auch per pedes erkunden.

Das Timmelsjoch ist übrigens die tiefste unvergletscherte Kerbe im Alpenhauptkamm zwischen Reschenpass und Brenner. Sein Name ist älter als der des Brennerpasses und auch wesentlich früher als „Thymelsjoch" erstmals urkundlich erwähnt (1241 in einem Brief der Grafen von Eschen-

SEHENSWERTES AM WEGESRAND

Gleich südlich des Timmelsjochs im herrlichen Passeier Tal wurde am 22. November 1767 einer der bedeutendsten Freiheitskämpfer Tirols geboren – **Andreas Hofer**. Bereits früh verwaist, versuchte er den geerbten Hof zu führen. Hoch angesehen bei seinen Nachbarn und Landsleuten, wuchs er zu einer echten Führernatur heran. Als 1809 Österreich Napoleon den Krieg erklärte, glaubten die mit ihrer Zugehörigkeit zu Bayern immer unzufriedeneren Tiroler die Stunde ihrer Befreiung ganz nah. Sie schickten Andreas Hofer nach Wien und bekamen den Auftrag, den Durchmarsch von Napoleons Truppen nach Süddeutschland mit allen Mitteln zu verhindern. Drei Mal fielen die Franzosen in Tirol ein, drei Mal blieben die tapferen Tiroler Sieger. Andreas Hofer residierte als Oberkommandant von Tirol, blieb jedoch stets der schlichte Bauer, blieb sich selbst treu in Rede und Gewohnheiten. Als aber im „Frieden von Schönbrunn" Tirol abermals an Bayern fallen sollte, erhoben sich Hofers Landsleute noch ein letztes Mal. Doch die Feinde schlugen vernichtend zurück. Andreas Hofer wurde schließlich durch Verrat aus den eigenen Reihen gefangen gesetzt und zum Tode verurteilt. Am 20. Februar 1810 wurde das Urteil vollstreckt, heute ruhen Hofers Gebeine in der Hofkirche in Innsbruck.

HÖHENPROFIL

Höhenmeter bergauf	1.089 m
Höhenmeter bergab	1.887 m
Maximale Steigung	11,8 %
Durchschnittliche Steigung	5,0 %
Maximales Gefälle	13,7 %
Durchschnittliches Gefälle	7,3 %

(berechnet mit Motorrad Tourenplaner 2008)

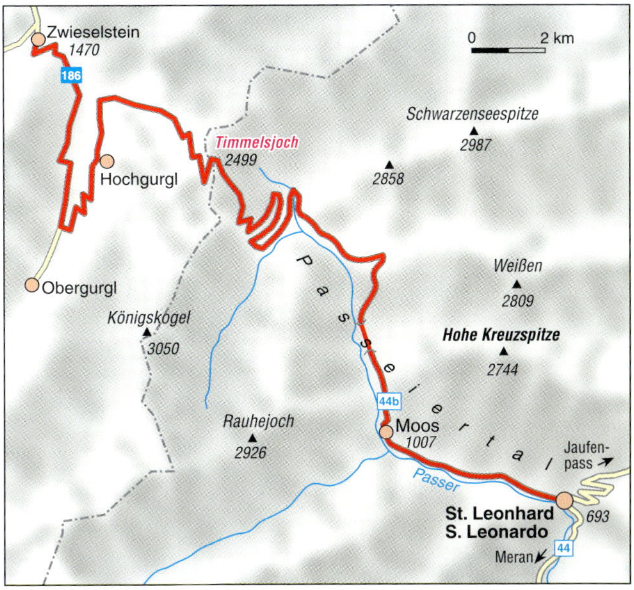

lohe in Oberbayern). Der 17. Juli 1959 war ein großer Tag für das Ötztal, ein bedeutender Tag für das Land Tirol und ein besonderer Erfolg für die Pioniere der Timmelsjoch-Straße. Nur vier Jahre Bauzeit hatten ausgereicht, um die zwölf Kilometer lange, harmonisch in die Landschaft eingefügte Trasse von Untergurgl bis zur Passhöhe zu verwirklichen. Die Südrampe vom Passeiertal herauf war bereits unter Mussolini ab 1933 bis zwei Kilometer vor das Joch gebaut worden, doch dann wurden die Arbeiten aus politischen Gründen eingestellt. Und es sollte bis September 1968 dauern, bis die Straßenverbindung über das Timmelsjoch in beide Richtungen offiziell freigegeben werden konnte.

Für jedes Gefährt ein echter Genuss: das Timmelsjoch.

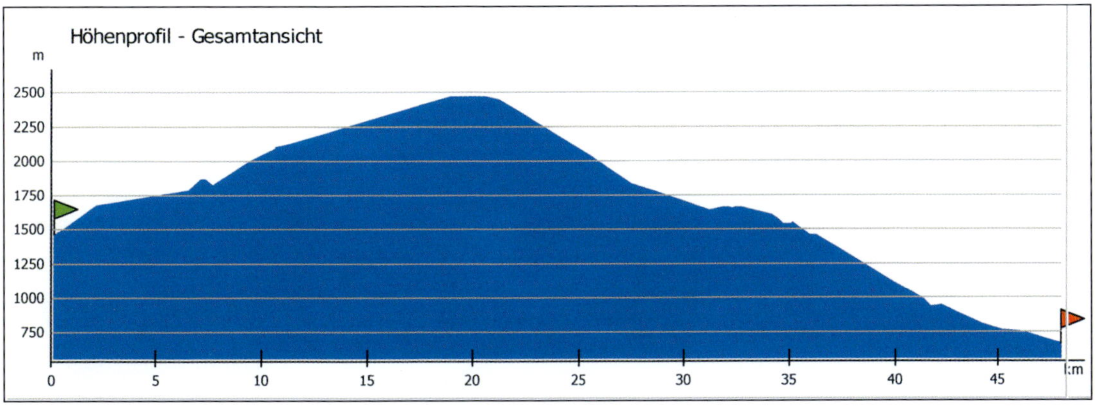

29 Alpenpässe in Österreich
HAHNTENNJOCH

IM ÜBERBLICK

Name	Hahntennjoch
Land	Österreich
Region	Tirol
Höchster Punkt	1.894 m
Basisorte	Elmen im Lechtal und Imst im Inntal
Anzahl der Kehren	15
Streckenlänge	31 km
Schwierigkeitsgrad	leicht
Straßenverhältnisse	gut ausgebaut und in ordentlichem Straßenzustand
Mautpflicht	keine
Wintersperre	Dezember bis Mai
Kombinierbar mit	Nr. 26, 27, 30, 31

Obwohl im fahrerischen Vergleich zu einigen der vorangegangenen – und vor allem auch noch kommenden – Pässe eher unbedeutend, ist das Hahntennjoch bei Tiroler und Allgäuer Bikern dennoch äußerst beliebt. Und das liegt neben der gut ausgebauten, dem natürlichen Verlauf der Landschaft kurvenreich folgenden Straße vor allem auch daran, dass uns diese Pass-Straße an vielen Tagen im Jahr nahezu ganz alleine gehört. Nicht nur ist die Strecke für Lkw, Busse und Wohnanhänger gesperrt, auch der Fernreiseverkehr rollt sozusagen freiwillig zu mehr als 90 Prozent über den nahe liegenden Fernpass (Nr. 30) Richtung Süden und Norden. Das hübsche Hahntennjoch hingegen verweilt vergnügt im Schatten all der großen Pässe rings umher und freut sich über jeden Besucher ganz besonders.

Die mautfreie Hahntennjochstraße ist der letzte Alpenübergang Österreichs, der für den Verkehr erschlossen wurde und nur in den Sommermonaten, meistens ab Pfingsten bis zum Wintereinbruch im November befahrbar ist. Erbaut wurde die Straße in den Jahren 1948 bis 1969, sozusagen in Handarbeit mit gerade einmal zehn Bauarbeitern. Deshalb dauerte ihre Fertigstellung wohl auch 21 Jahre. Bei ihrer offiziellen Eröffnung am

SEHENSWERTES AM WEGESRAND

Einen ausgiebigen Boxenstopp lohnt auch die an einem sonnigen Hang gelegene Tiroler Stadt **Imst**, bietet sie doch ihren Besuchern eine Vielzahl von Attraktionen. Etwa das Naturjuwel Rosengartenschlucht: Auf einer Länge von knapp zwei Kilometern gräbt sich der Schinderbach von der „Blauen Grotte" bis hinunter zur Imster Johanneskirche seit Jahrtausenden durch harten Fels und überwindet dabei gut 200 Meter Höhenunterschied. Das Schauspiel kann kostenlos besichtigt werden.
In Imst befindet sich auch die Geburtsstätte der SOS-Kinderdörfer, deren erstes Dorf der Welt hier entstand.
Auch kulturell hat das Städtchen viel zu bieten, vom Imster „Schemenlaufen", einem der schönsten Fastnachtsbräuche der Alpen, bis hin zu traditionellen Open-Air-Konzerten reicht das Angebot. Alle Infos und Termine gibt es unter www.imst.at.

Prächtiges Hahntennjoch: Auf gut ausgebauter Strecke schlängelt sich die Westrampe in die Höhe.

12. Oktober 1969 war sie eine schlichte, unendlich staubende Schotterstraße. Erst als der Verkehr deutlich über den Prognosen lag und auch weiterhin noch merklich zunahm, wurde sie nolens volens verbreitert und asphaltiert.

Dabei ist der „Hahntennen", wie er unter Einheimischen genannt wird, eigentlich ein sehr alter Übergang. Die Orte Pfafflar, Boden, Bschlabs und Gramais wurden vermutlich ausgehend vom Hahntennen besiedelt. Anfänglich mussten alle Lebensmittel und Waren mühsam auf Pferde-, Esels- oder gar den Rücken der Säumer nach Boden, Bschlabs, ja sogar bis nach Gramais transportiert werden.

Heutzutage säumen zahlreiche Einkehrmöglichkeiten in Form von Gasthöfen und bewirtschafteten Almen die Strecke und verwöhnen selbst den heftigst knurrenden Magen der Reisenden. Das Hahntennjoch ist damit einer der zahlreichen Pässe dieses Buches für den Genusstourer in uns.

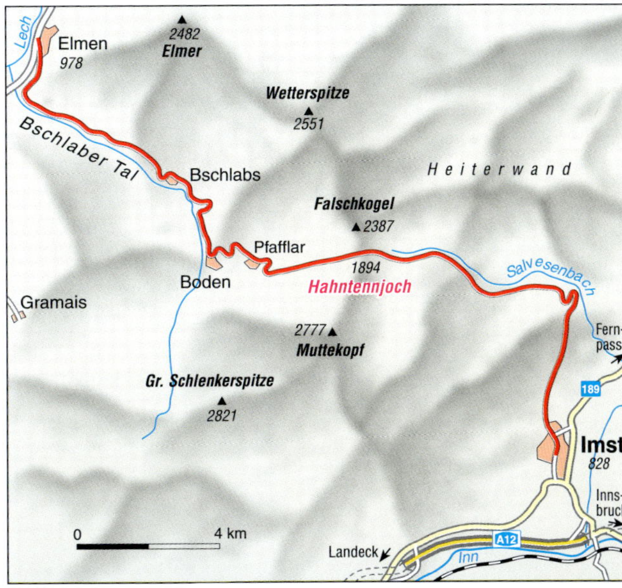

Ein Geheimtipp in Tirol ist das fahrerisch leichte Hahntennjoch.

HÖHENPROFIL

Höhenmeter bergauf	966 m
Höhenmeter bergab	1.140 m
Maximale Steigung	11,0 %
Durchschnittliche Steigung	7,1 %
Maximales Gefälle	13,8 %
Durchschnittliches Gefälle	6,9 %

(berechnet mit Motorrad Tourenplaner 2008)

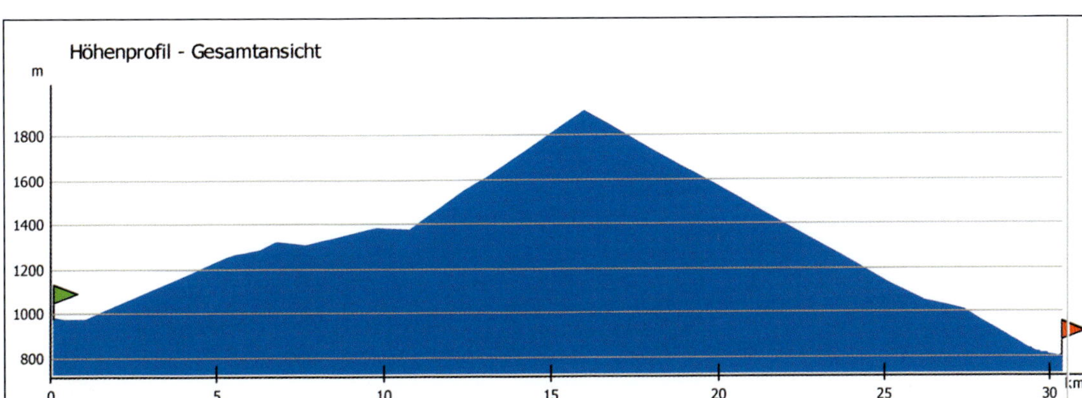

30 Alpenpässe in Österreich
FERNPASS

IM ÜBERBLICK

Name	Fernpass
Land	Österreich
Region	Tirol
Höchster Punkt	1.212 m
Basisorte	Lermoos und Nassereith
Anzahl der Kehren	3
Streckenlänge	21 km
Schwierigkeitsgrad	leicht
Straßenverhältnisse	hohes Verkehrsaufkommen, Südrampe mit Längsfräsungen
Mautpflicht	keine
Wintersperre	keine
Kombinierbar mit	Nr. 26, 27, 29, 31

Er ist berühmt als Alpenübergang seit historischen Tagen, er ist berüchtigt als eine der heutzutage viel befahrendsten Pass-Straßen und er führt überwiegend durch blickdichten Tannen- und Mischwald, bietet also nur an wenigen exponierten Plätzen ein wenig Ausblick auf die umliegenden Tiroler Alpen.

Dennoch gehört auch der Fernpass unzweifelhaft in ein sorgfältig recherchiertes Pässebuch, ja ich behaupte sogar, dass jeder Biker irgendwann in seinem Wunsch, die Alpen zu queren, diesen Pass einmal befahren wird. Dies umso mehr als er aufgrund seiner moderaten Höhenlage ohne Wintersperre auskommt. Schauen wir uns diesen Pass also in den nächsten Abschnitten einmal etwas genauer an.

SEHENSWERTES AM WEGESRAND

Von Süden kommend springt es einem nach zahlreichen Kurven durch dunklen Tann förmlich ins Auge: Schloss Fernsteinsee, thronend an einem Hang über dem smaragdgrünen Fernsteinsee. Bereits 1519 erstmals urkundlich belegt, gaben sich in der Herberge im Laufe der Jahrhunderte Kaiser und Könige beinahe die Türklinke in die Hand, so zum Beispiel Kaiser Maximilian oder Kaiserin Maria Theresia.
Besondere Bedeutung erlangte das heutige Hotel **Schloss Fernsteinsee** durch den Besuch König Ludwigs II. von Bayern, der sich derart in das Hotel verguckte, dass er sich von 1872 an stets zwei Zimmer reservierte, die er sogar auf Staatskosten in seinem ganz eigenen Stil und sichtbar teuer möblieren ließ. Und die Schönheit der Landschaft, die den Märchenkönig faszinierte, hat bis heute nichts von ihrer Anziehungskraft verloren. Das Gebiet rund um den Fernsteinsee gewann schon mehrmals den ersten Platz in der Rangfolge aller Tiroler Naturschönheiten. Nach nur einem Blick auf all die Pracht werden auch Sie wissen, warum.

Etliche Gasthöfe liegen entlang des Fernpasses und locken mit zahlreichen Einkehrmöglichkeiten.

Er liegt zwischen Lechtaler Alpen und dem Mieminger Gebirge unmittelbar vor der Südflanke des Zugspitz-Massivs im Wettersteingebirge. Die auf gut ausgebauter, teilweise zweispuriger Strecke rasch zu erreichende Passhöhe im Südwesten des Wintersportortes Ehrwald zieren eine Tankstelle, Einkehr- und Übernachtungsmöglichkeiten sowie die obligatorischen Andenkenläden.

Kurz vor der Passhöhe bietet bereits ein großer Parkplatz die Möglichkeit, den Seitenständer für einen langen Blick auf das Zugspitz-Massiv geruhsam auszuklappen. In den angrenzenden Gasthöfen sind Biker explizit willkommen, müssen sich das vielfältige Angebot an Speisen und Getränken allerdings tagein tagaus mit zahllosen Ladungen schnatternder Bustouristen, ja sogar Japanern teilen. Südlich des Passes – allerdings ohne Zugspitz-Blick – geht es meistens etwas geruhsamer zu.

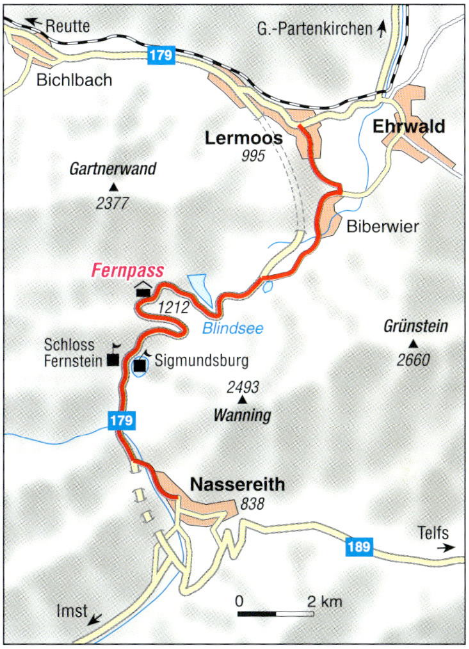

Geologen vermuten, dass der Fernpass bereits vor etwa 10.000 Jahren durch einen gewaltigen Bergsturz entstand, der die umliegenden Täler auffüllte. In dieser neu modellierten Landschaft bildeten sich einige hübsche, bis heute existente und beliebte Bergseen, wie der Blind- und der Fernsteinsee. Bereits die Römer nutzten den Fernpass intensiv für den Transport von Mensch und Material, ihre berühmte Heeres- und Handelsstraße „Via Claudia Augusta" verlief vom Lech über Füssen, den Fern- und Reschenpass bis nach Trient. Im Mittelalter erkannte das Handelsgeschlecht der Augsburger Fugger die Bedeutung des Fernpasses und sicherte ihn sich als eine der wichtigsten, weil vor allem auch wettersicheren Alpenquerungen.

Historischer Boden: Hotel Schloss Fernsteinsee mit König-Ludwig-Zimmer.

HÖHENPROFIL

Höhenmeter bergauf	280 m
Höhenmeter bergab	431 m
Maximale Steigung	10,0 %
Durchschnittliche Steigung	2,8 %
Maximales Gefälle	5,5 %
Durchschnittliches Gefälle	4,0 %

(berechnet mit Motorrad Tourenplaner 2008)

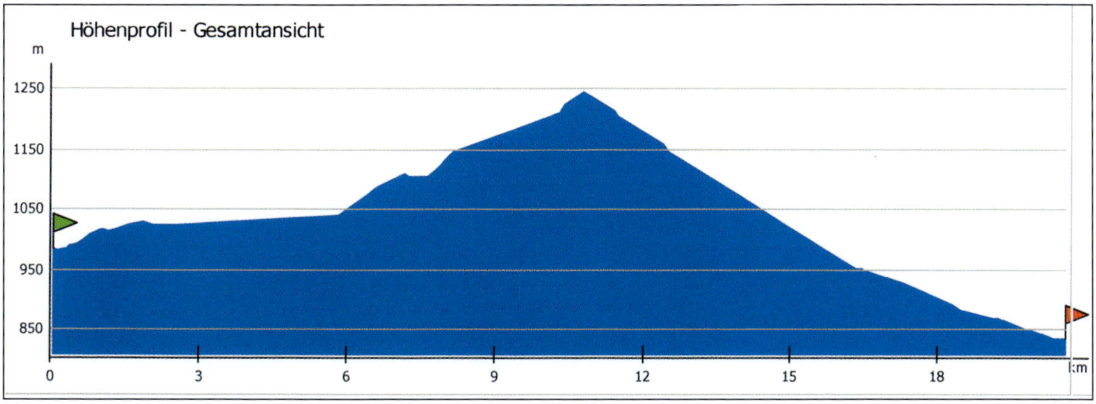

31 Alpenpässe in Österreich
KAUNERTALER GLETSCHERSTRASSE

IM ÜBERBLICK

Name	Kaunertaler Gletscherstraße
Land	Österreich
Region	Tirol
Höchster Punkt	2.750 m
Basisorte	Kaunertal
Anzahl der Kehren	29
Streckenlänge	26 km (Sackgasse)
Schwierigkeitsgrad	mittel
Straßenverhältnisse	guter Zustand, im oberen Drittel ist mit Rollsplitt zu rechnen
Mautpflicht	ja
Wintersperre	keine
Kombinierbar mit	Nr. 26, 27, 28, 29

SEHENSWERTES AM WEGESRAND

Sehen Sie doch einmal in das **Innere eines echten Gletschers**. Geht nicht, zu gefährlich, meinen Sie? Weit gefehlt! Oberhalb der Kaunertaler Gletscherstraße direkt an der sogenannten Gletscherzunge ist dieser Gang durch hundertjähriges, ja ewiges Eis, vollkommen gefahrlos möglich. 40 Meter lang, drei Meter hoch und etwa 1,5 Meter breit führt eine künstlich erweiterte und abgesicherte Spalte direkt in das Herz des ewigen Eises und ist die neue Attraktion am Kaunertaler Gletscher. Die Betriebsleiter des Gepatsch-Staudamms hatten die Idee, eine Gletscherspalte begehbar zu machen. Allerdings dauerte es eine ganze Weile, bis sie eine geeignete Spalte gefunden hatten, in der man gefahrlos auf Tuchfühlung mit der Ewigkeit gehen konnte. Und wahrlich, es hat schon etwas Mystisches, wenn man durch den Eistunnel geht und seine Hand auf mindestens 100 Jahre alte Eisschichten legt, die mit wenigen Zentimetern Vorwärtsdrang im Laufe von Jahrtausenden aus dem Nährgebiet des Weißseeferners bis in den Bereich der Gletscherzunge gewandert sind. Der ausgeschilderte Ausgangspunkt der Führung liegt rund 300 Meter vom Gletscherrestaurant entfernt.

Diese Sackgasse mitten hinein ins Herz eines bekannten Gletscher-Skigebietes begeistert Motorradfahrer vor allem in den Zeiten, in denen die Skifans eine Zwangspause einlegen müssen. In diesem Fall von etwa Mitte Juni bis Oktober. Dann gehört diese herrliche Gletscher-Panoramastraße den Wanderern, Ausflüglern und uns Bikern. Und diese Wochen sollten wir für einen Besuch der Kaunertaler Gletscherstraße unbedingt nutzen!

Die hochalpine Panoramastraße folgt in ihrer Trassenführung auf weiten Strecken historischen Pfaden, zum Beispiel dem Pilgerweg vom Wallfahrtsort Kaltenbrunn im Kaunertal über das Weißseejoch (2.960 Meter) nach Melagg im Langtauferer Tal. In den 30er-Jahren des letzten Jahrhunderts war ein Ausflug mit dem Postauto hinauf zum Gepatschhaus „der letzte Schrei", die Touristenattraktion des gesamten Tales, ja der gesamten Region. Abenteuerlich zuckelte das Postauto damals über tonnenweise ge-

schotterte Almwege und Wiesen bergan und grub sich mit seinen dünnen Reifen durch den nachrutschenden Kies. Am oberen Ende der heutigen Mautstraße befindet sich seitdem die höchste Postbus-Haltestelle Österreichs.

Von 1961 bis 1965 erbaute die Tiroler Wasserkraft AG im Kaunertal mit dem Gepatsch-Stausee den höchsten Naturschüttdamm Europas mit satten 140 Millionen Liter Speichervolumen, gezähmt und sicher in Zaum gehalten von einer 160 Meter hohen Schüttmauer. Im Zuge dieses Staudammbaus musste die Straße von Feichten bis ans Gepatschhaus allerdings breit ausgebaut und asphaltiert werden, andernfalls hätten Mensch und Material niemals auf die riesige Baustelle gekarrt werden können. Von 1979 bis 1980 wurde die bereits unter Touristen als Tipp gehandelte Kaunertaler Gletscherstraße dann nochmals von der Staumauer bis hinauf zum Gletscherrestaurant auf 2.750 Meter ausgebaut, um dem aufkommenden Skitourismus das gewaltige Gletscherskigebiet zugänglich zu machen.

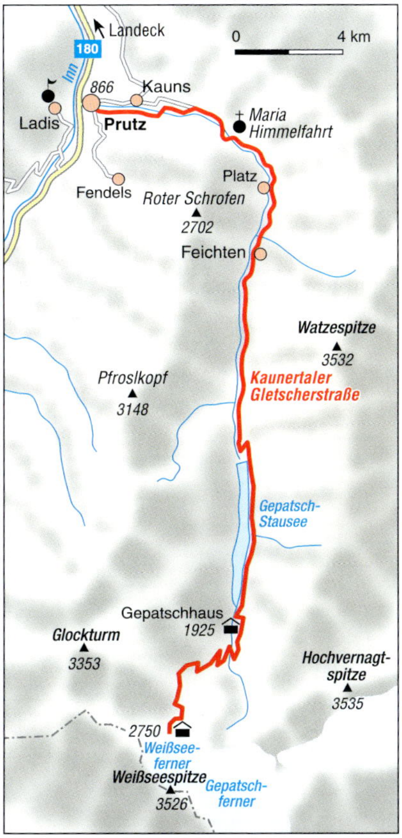

HÖHENPROFIL

Höhenmeter bergauf	1.468 m
Höhenmeter bergab	42 m
Maximale Steigung	12,3 %
Durchschnittliche Steigung	6,0 %
Maximales Gefälle	7,0 %
Durchschnittliches Gefälle	1,5 %

(berechnet mit Motorrad Tourenplaner 2008)

Nur wenige Wochen im Jahr ein Motorradparadies: die Kaunertaler Gletscherstraße im oberen Drittel.

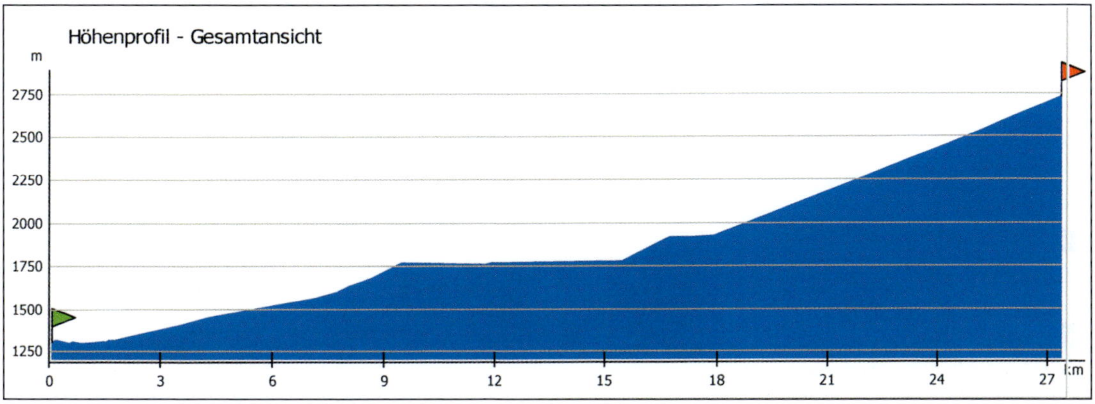

32 Alpenpässe in Österreich
HOCHTANNBERGPASS

IM ÜBERBLICK

Name	Hochtannbergpass
Land	Österreich
Region	Vorarlberg / Bregenzer Wald
Höchster Punkt	1.676 m
Basisorte	Steeg in Tirol und Au in Vorarlberg
Anzahl der Kehren	11
Streckenlänge	34 km
Schwierigkeitsgrad	leicht
Straßenverhältnisse	gut ausgebaut, guter Zustand, an Wochenenden Radarkontrollen
Mautpflicht	keine
Wintersperre	keine (bei starkem Schneefall kurzfristige Sperrung möglich)
Kombinierbar mit	Nr. 1, 33, 34, 36

SEHENSWERTES AM WEGESRAND

Ganze 210 Einwohner zählt das romantische **Walserdorf Warth**, bezaubernd und idyllisch eingebettet zwischen seinen imposanten Hausbergen Biberkopf, Widderstein und Warther Horn. Gemütlichkeit scheint hier Trumpf zu sein, denn sowohl das vielfältige Wanderangebot, als auch die Kletter- und Tourenmöglichkeiten werden garniert mit unzähligen Einkehrmöglichkeiten in bewirtschaftete Almhütten, auf Sonnenterrassen mit Aussicht bis in die Unendlichkeit der Berge, mit zauberhaften Bergseen sowie einer wohl einzigartigen Alpenflora. Doch das Beste daran ist, das alles liegt immer noch und seit Jahren schon fernab des Massentourismus in völligem Einklang mit der Natur. Mein Tipp: Gönnen Sie sich und Ihrer Lieblingssozia ein Motorrad-Tourenwochenende in und um Warth – Stress und Hektik verschwinden rasch in den Rückspiegeln. Infos unter www.warth-schroecken.com.

Der Hochtannbergpass verbindet das Lechtal bei Warth auf 1.676 Metern mit dem Tal der Bregenzer Ach bei Schoppernau und trennt die Allgäuer Alpen vom Quellgebirge des Lechs.

Der eigentliche Pass beginnt im hübschen Bregenzerwald-Örtchen Au, von dem aus auch das eher unbekannte Faschinajoch (Nr. 34) nicht weit entfernt ist. Dies bildet auch den ganz besonderen Reiz der gesamten Region: Eingebettet in herrliche voralpine Landschaften liegen kurvenreiche Talstraßen gleich neben Passhöhen, die uns fahrerisch ein hohes Maß an Abwechslung bescheren. Eine Kombination aus den umliegenden Pässen und Jochs zählt sicherlich zu den schönsten und gemütlichsten Wochenendtouren, die man sich als Biker wünschen kann.

Doch nochmal zurück zum Hochtannbergpass, den ich trotz seiner fahrerischen Leichtigkeit noch ein wenig genauer beschreiben möchte. Die L200 folgt als „Bregenzerwaldstraße" dem allmählich schmaler werdenden Tal bis nach Schröcken. Ab dort gewinnt die Piste zunehmend an Höhe und in einigen abwechslungsreichen Rechts-Links-Kombinationen mit echtem Schräglagen-Vergnügen geht es bergan zur Passhöhe inmitten einer hori-

Man trifft sich: Der Hochtannbergpass ist beliebt bei Motorradfahrern aus allen angrenzenden Regionen.

zontfüllenden, nahezu baumlosen Hochalm. Zwei riesige Parkplätze, eine Liftstation plus Gebäude – das war's auch schon. Der Parkplatz ist ein beliebter Bikertreff der gesamten Region, vor allem an Wochenenden bieten sich hier viele Gelegenheiten zu Benzin- und Tech-Talk.

Nach Osten geht es dann zügig bergab Richtung Warth. Im touristisch geprägten Skiort wollen uns einige nette Cafés und Gasthöfe vom rechten Weg locken – mein Vorschlag: Genehmigen Sie sich einen leckeren Einkehrschwung inmitten der prächtigen Lechtaler Alpen, deren Panoramen sozusagen gratis jeden Cappuccino krönen. Noch ein Tipp für Wochenendfahrer: Aufgrund der Beliebtheit der Strecke bei Motorradfahrern finden vor allem im Sommer öfters einmal Geschwindigkeitskontrollen mit mobilen Laserpistolen statt. Deren Messergebnisse mögen bei Motorrädern wenig aussagekräftig sein, eine Diskussion mit der österreichischen Obrigkeit ist dennoch sinnlos. Also lieber von vornherein in den Ortschaften am erlaubten Limit fahren.

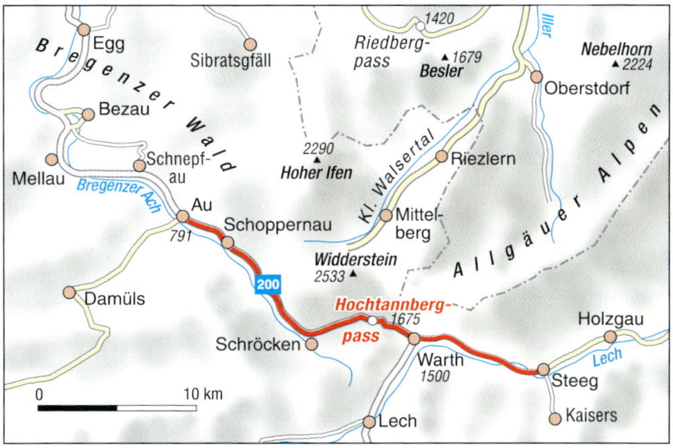

HÖHENPROFIL

Höhenmeter bergauf	653 m
Höhenmeter bergab	959 m
Maximale Steigung	14,3 %
Durchschnittliche Steigung	4,0 %
Maximales Gefälle	15,0 %
Durchschnittliches Gefälle	5,4 %

(berechnet mit Motorrad Tourenplaner 2008)

Beinahe unberührt: Rund um den Pass existiert noch viel echte Natürlichkeit.

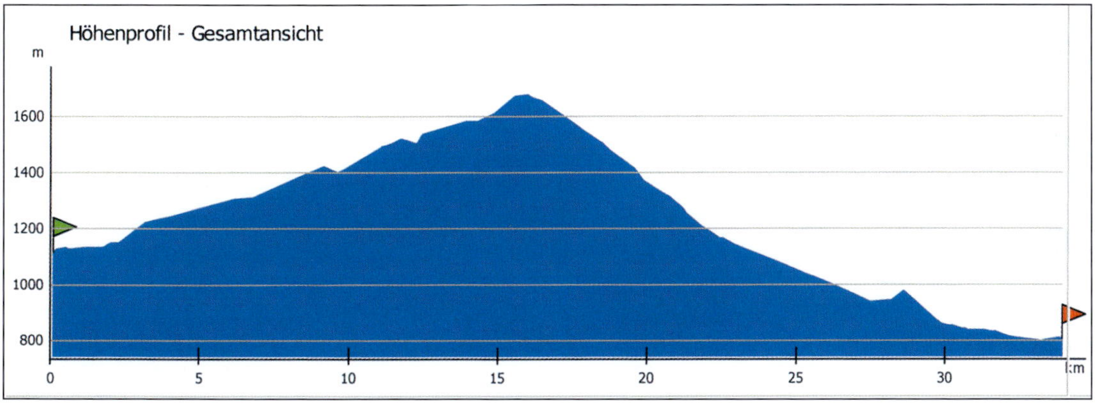

33 Alpenpässe in Österreich
FLEXENPASS

IM ÜBERBLICK

Name	Flexenpass
Land	Österreich
Region	Vorarlberg
Höchster Punkt	1.773 m
Basisorte	Langen bzw. St. Anton am Arlberg und Lech-Zürs
Anzahl der Kehren	5
Streckenlänge	20 km
Schwierigkeitsgrad	leicht
Straßenverhältnisse	gefährlicher Zustand in den Lawinen-Galerien und im Tunnel
Mautpflicht	keine
Wintersperre	keine (bei starkem Schneefall längere Sperrung möglich)
Kombinierbar mit	Nr. 32, 34, 36

Der Flexenpass verbindet das obere Lechtal zwischen Warth, Lech-Zürs auf 1.773 Meter mit dem Klostertal bei Stuben, die Pass-Straße führt von Lech-Zürs Richtung Süden und mündet in die Arlbergpassstraße, die weiter in Richtung Südosten sodann über den Arlbergpass (Nr. 36) führt.

Wie so oft ersetzt die Flexenpass-Straße einen uralten Saumweg, der von den Menschen der Region seit historischen Zeiten zum Waren- und Viehtransport unter zum Teil beschwerlichsten Bedingungen benutzt wurde. Der alte Weg bestand aus unzähligen Kehren – den sogenannten Flexen – und verlief trotz seines traditionellen Entstehens durch ein im Grunde ständig von Lawinen und Muren bedrohtes Gelände. Im Oktober 1897 wurde das erste Teilstück der neuen Flexenstraße bis zur Passhöhe eingeweiht, eine Trasse, die durch möglichst lawinensicheres Gelände gelegt wurde. Dennoch waren zahlreiche Schutzdächer und ein Tunnel notwendig, um die gefährdetsten Passagen abzusichern. Damals betrug die Straßenbreite gerade einmal drei Meter. Erst zehn Jahre später war die Straße bis in das Tiroler Lechtal fertiggestellt, seit 1936 wird sie auch im Winter regelmäßig geräumt, vor allem auch, um die Zufahrt zu den Wintersport-Territorien um Lech-Zürs für möglichst zahlreiche Gäste zu gewährleisten.

Hinter der Passhöhe verschwindet die Strecke in einer schon historisch anmutenden, gewaltigen Lawinengalerie, deren Straßenbelag sich in einem erbarmungswürdigen Zustand befindet. Tausendfach geflickt verlangt er unsere volle Aufmerksamkeit und eine ruhige Gashand. Zum Teil wird der Verkehr einspurig um die schlimmsten Stellen herumgeleitet, mit einigen Minuten Wartezeit an Ampelanlagen ist zu rechnen.

Vorsicht in den Tunnels: Am Flexenpass wechseln die Straßenverhältnisse oft rasch.

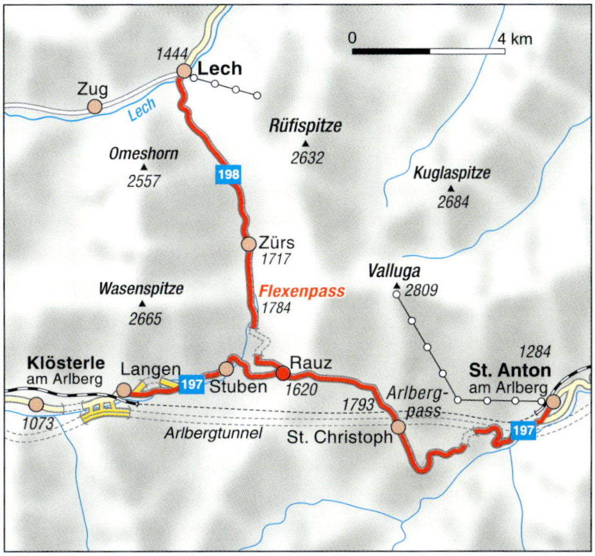

SEHENSWERTES AM WEGESRAND

Es war 2004 immerhin das **„Schönste Dorf Europas"** – dieses nur von Ferne vielleicht übertrieben mondäne Lech auf 1.450 prächtigen Höhenmetern inmitten der österreichischen Alpen. Bikern empfehle ich einen ausgiebigen Boxenstopp in diesem trotz Rummel immer noch herrlich natürlich gebliebenen Bergdorf in den Wochen zwischen Mitte Juni und Ende Oktober. Dann gibt der Winter nämlich all das frei, was viel zu lange unter weißer, devisenbringender, oftmals auch hektisch-lauter Pracht verborgen liegt: Eine traumhafte Natur, unendlich weite, ja hochalpine Horizonte und ein Flair, das seinesgleichen sucht. „Mehr Raum für Gedanken und mehr Zeit für die Sinne" – lautet die verlockende Devise Lechs.

Der viel zu kurze Bergsommer in diesem „Best-of-the-Alps" Ort ist viel ruhiger als der Winter und deshalb genießen selbst die Einheimischen die Ruhe, die Tradition, die Dorfgemeinschaft und natürlich die überwältigende Natur. Wer einmal das Wort „Almwiese" in seiner vollen Bedeutung erfassen möchte, der sollte unbedingt seine Bergstiefel im Topcase mitführen und sich einen der unzähligen Wanderwege gönnen.

Ein schöneres und auch gesünderes Kontrastprogramm zu ausgiebiger Kurvenhatz ist kaum zu finden. Alle Infos unter www.lechs-zuers.at.

HÖHENPROFIL

Höhenmeter bergauf	681 m
Höhenmeter bergab	541 m
Maximale Steigung	12,4 %
Durchschnittliche Steigung	7,3 %
Maximales Gefälle	13,0 %
Durchschnittliches Gefälle	5,3 %

(berechnet mit Motorrad Tourenplaner 2008)

Seit vielen Jahren kursieren inzwischen Gerüchte darüber, einen sogenannten „Flexen-Basistunnel" von Langen nach Zürs durch den Fels zu bohren, um den Wintersportlern eine lawinensichere Zufahrt zu gewährleisten. Doch bislang scheint der Tourismus nicht annähernd die Devisen zu erwirtschaften, die für dieses immens teure Prestigeobjekt vonnöten wären. Auch die damit korrespondierenden Pläne, Lech-Zürs nach dem Tunnelbau komplett als autofreie Zone zu deklarieren, liegen damit weiterhin auf Eis, so dass uns auf absehbare Zeit wohl niemand die Fahrt über den fahrerisch leichten, dafür aber sehr aussichtsreichen Flexenpass hinauf in das kleine Paradies Lech-Zürs verbieten wird.

Mittelpunkt wunderschöner Natur: der Flexenpass.

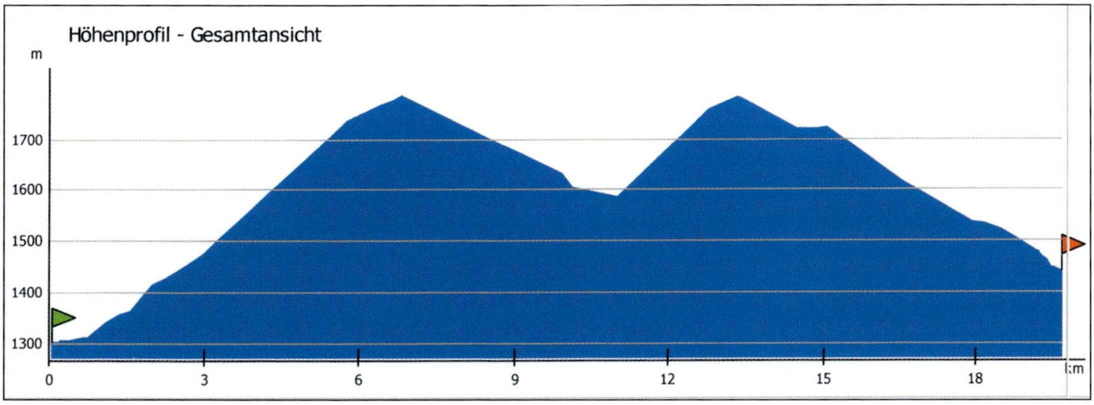

34 Alpenpässe in Österreich
FASCHINAJOCH

IM ÜBERBLICK

Name	Faschinajoch
Land	Österreich
Region	Vorarlberg
Höchster Punkt	1.495 m
Basisorte	Sonntag und Damüls
Anzahl der Kehren	11
Streckenlänge	11 km
Schwierigkeitsgrad	leicht bis mittel
Straßenverhältnisse	gepflegter Zustand, Schäden werden zügig ausgebessert
Mautpflicht	keine
Wintersperre	keine
Kombinierbar mit	Nr. 32, 33, 35

Das mit gewaltigen Lawinengalerien ausgebaute Faschinajoch bietet sich im Grunde ganzjährig als Übergang zwischen dem Bregenzerwald und dem Wallgau Richtung Bludenz an. Im hübschen Örtchen Damüls führt der Weg sogleich durch eine mächtige Beton-Verbauung hinauf zum Joch. Dieses selbst ist ein bekanntes und beliebtes Skigebiet, das allerdings in den letzten Jahren auch unter der Klimaerwärmung und dem daraus resultierenden Schneemangel zu leiden hatte. Aufgrund seiner fahrerisch eher einfachen Veranlagung ist es unter Bikern nicht so beliebt und deshalb wenig frequentiert. Dennoch: Genießen Sie unbedingt vom Scheitelpunkt des Jochss aus den herrlichen Blick auf die Damülser Berge, insbesondere die bekannte Mittagspitze mit ihren knapp 2.100 Höhenmetern. Ein Pausenplätzchen inmitten Mutter Natur lohnt einen ausgiebigen Boxenstopp, eventuell sogar mit mitgebrachten Leckereien aus dem Bregenzerwald oder der angrenzenden Käsestraße.

Im Gegensatz zu vielen anderen Pässen sind am Faschinajoch beide Seiten gleich gut ausgebaut und erlauben sowohl bergan, als auch bergab einen satten Schluck aus dem mitgeführten Drehzahl-Reservoir. Wenn Sie

SEHENSWERTES AM WEGESRAND
Fünf herrlich verträumte Täler und ein quirlig lebendiges Zentrum – das ist die Region **Bludenz**. Flankiert von den Lechtaler Alpen, dem Schweizer Rätikon und der Verwallgruppe ist die mittelalterliche Bergstadt bereits früh in ihrer Geschichte der unbestrittene Mittelpunkt im Fünf-Täler-Land geworden, dem Zentrum einer Region, in der Berge, Natur und Kultur sozusagen nahtlos ineinander übergehen.
Mein Tipp: Die jahrhundertealte Stadt zählt offiziell zu den schönsten Alpenstädten Europas. Und dafür gibt es einen guten Grund: Bludenz ist eine ganz außergewöhnliche Mischung. Hier bilden Tore und Mauern, ehrwürdige Bürgerhäuser, verwinkelte Gassen und romantische Laubengänge eine auch heute noch in sich geschlossene Einheit. Alpines Ambiente vermischt sich übergangslos mit südländischem Flair. Ganz besonders lohnend ist ein ausgiebiger Einkehrschwung in der verkehrsfreien Altstadt von Bludenz. Parken Sie dazu das Motorrad zum Beispiel am Kasernenplatz oder in der Herrengasse und bummeln Sie unter romantischen Altstadtlauben und prächtigen Bürgerhäusern zu Cafés, Kneipen und Bars oder auch durch Einkaufspassagen.Und einen Überblick über all diese Pracht garantiert an schönen Tagen der Trip auf den Muttersberg, den 1.400 Meter hoch gelegenen Hausberg der Stadt. Dessen Gipfel ist bequem erreichbar mit der Muttersbergbahn in Panoramakabinen und gerade einmal acht Minuten Fahrzeit. Infos unter www.bludenz.at.

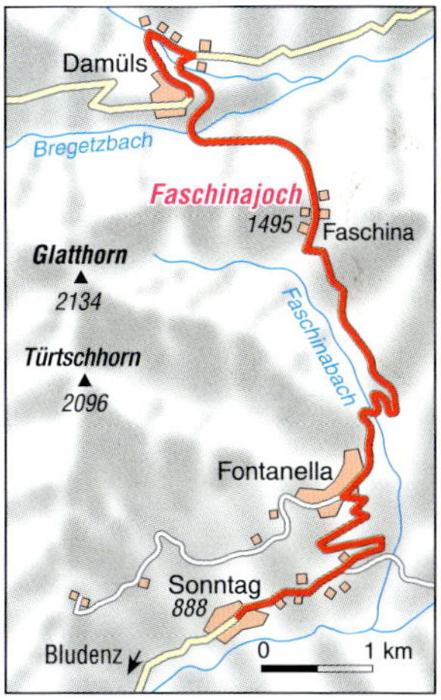

denn mögen. Allerdings lohnt sich auch hier ein eher gemütliches Kurvenpendeln, denn es gibt rechts und links des Lenkers viel Landschaft zu entdecken. Nach wenigen Kehren begrüßt uns dann das hübsche Bergdorf Sonntag. Welch ein gelungener Ortsname! Dort zu leben muss einfach Spaß machen – schließlich ist hier eigentlich jeder Tag ein Sonntag.

HÖHENPROFIL

Höhenmeter bergauf	653 m
Höhenmeter bergab	140 m
Maximale Steigung	12,7 %
Durchschnittliche Steigung	8,6 %
Maximales Gefälle	12,0 %
Durchschnittliches Gefälle	7,6 %

(berechnet mit Motorrad Tourenplaner 2008)

Prächtige Aussichten: Das Faschinajoch reizt zum Motorradbummeln.

Eigentlich jeden Tag ein Sonntag: Die Rampe des Faschinajochs führt durch das Örtchen Sonntag (linke Seite).

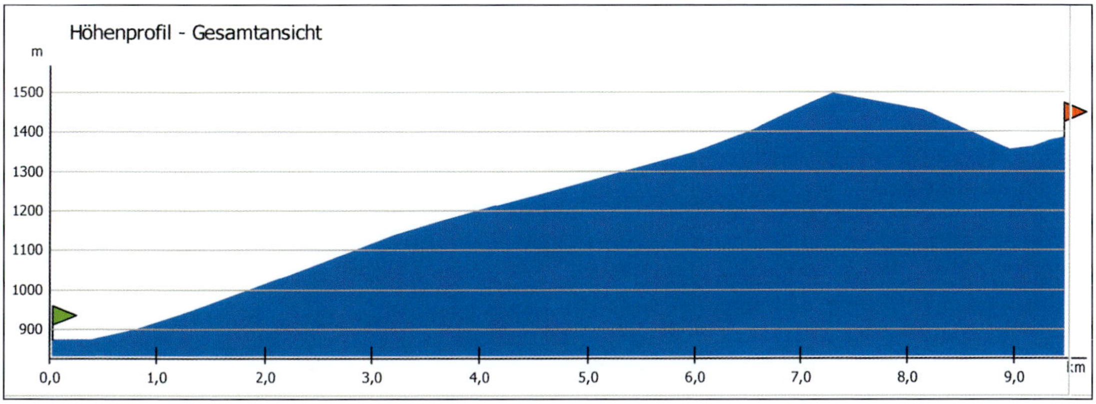

35 Alpenpässe in Österreich
BRANDNERTAL

IM ÜBERBLICK

Name	Brandnertal
Land	Österreich
Region	Vorarlberg
Höchster Punkt	1.565 m
Basisorte	Bludenz
Anzahl der Kehren	12
Streckenlänge	18 km (Sackgasse)
Schwierigkeitsgrad	mittel
Straßenverhältnisse	ordentlich, nach starkem Regen mit Sturzbächen rechnen
Mautpflicht	keine
Wintersperre	keine (witterungsbedingte Sperrung möglich)
Kombinierbar mit	Nr. 32, 33, 34, 37

SEHENSWERTES AM WEGESRAND

Der **Lünersee** ist wahrlich einer der schönsten Bergseen Vorarlbergs und sogar einer der größten der Alpen. Er liegt malerisch direkt am Fuße der Schesaplana, dem mit immerhin 2.964 Metern höchsten Berg im Rätikon direkt auf der österreichisch-schweizerischen Grenze. Dessen Erstbesteigung gelang bereits 1610, heutzutage ist der Gipfel von mehreren Seiten erreichbar, alle Anstiege erfordern Trittsicherheit und sind nicht leicht. Rund um den idyllischen Lünersee führt hingegen ein gut gepflegter Wanderweg mit einer Gehzeit von rund zwei Stunden. Und falls Ihnen die Kondition zu schaffen machen sollte, liegt gerade rechtzeitig auf halber Strecke die bewirtschaftete Lünerseealpe, eine beliebte Einkehr mit Blick auf eine herrliche Alpenflora sowie die Schesaplana von ihren schönsten Seiten. Ach ja – und Angler können ihr Glück im Lünersee auf der Jagd nach Forelle und Saibling versuchen. Alle Infos unter www.brand.at oder www.bergbahnen-brandnertal.at.

Okay, zugegeben, das Brandnertal ist eigentlich kein richtiger Pass, kein Alpenübergang im eigentlichen Wortsinn. Und zudem ist es eine Sackgasse, das heißt, Sie können nach dem Highlight des Brandnertales nicht einmal genüsslich weiterschwingen, sondern müssen auch noch die gesamte Strecke retour. Aber vier Argumente sprechen zweifelsohne für seine Berechtigung in diesem Buch:

Die Sackgassen-Strecke führt uns kurvenreich auf immerhin 1.565 Meter in hochalpine Welten. Die Strecke hinauf zur Talstation der Lünerseebahn ist fahrerisch derart abwechslungsreich, in Teilen sogar leicht anspruchsvoll und mit immerhin zwölf Kehren wahrlich keine langweilige Autobahn. Die Ausblicke auf die umliegenden Berge des Rätikons und die Stadt Bludenz zählen zu den schönsten Panoramen aller Strecken dieses Buches. Am Scheitel- und Umkehrpunkt der Straße geht es auf Wunsch ohne Bike, dafür höchst bequem mit der Bergbahn in nur fünf Minuten noch weiter in die dann hochalpine Welt des Rätikons.

Und selbst wenn Ihnen das Motto aller Harley-Driver zu Eigen sein mag, das „Sport = Mord" ist, lohnt sich so ein Ausflug mit der Lünerseebahn dennoch, um ohne großen Kraftaufwand in landschaftlich herrliche Regionen vorzudringen, in die Sie keine Harley, ja kein Motorrad jemals führen kann.

Sackgassen-Genuss vom Feinsten: das Brandnertal in seiner ganzen Pracht.

Doch genug der Schwärmerei – jetzt gibt es noch ein paar harte Fakten: Das Brandnertal liegt südwestlich der hübschen Vorarlberger Metropole Bludenz im Herzen des Rätikons und am Fuß seiner höchsten Erhebung, der Schesaplana. Die ersten zaghaften Ansätze des Tourismus im und rund um das Brandnertal reichen immerhin schon weit über 100 Jahre zurück. Und stets waren es der herrlich gelegene Lünersee, die Schesaplana und der damals noch gewaltige Brandner Gletscher, die die Reisenden von nah und fern anzogen.

Daran hat sich bis heute nichts geändert, wenngleich das Tal wohl eher bei Einheimischen bekannt und ist als Ausflugstipp gehandelt wird. Der Hauptreiseverkehr zischt tagtäglich an diesem alpinen Kleinod vorbei. Und das sollten wir bei einem ausgiebigen Besuch dann auch ausführlich genießen, vielleicht auch in Kombination mit einem Besuch von Bludenz.

Bergidyll Brandnertal: Zwischen Almwiesen und Bergdörfern geht es kurvenreich dahin.

HÖHENPROFIL

Höhenmeter bergauf	1.035 m
Höhenmeter bergab	31 m
Maximale Steigung	12,2 %
Durchschnittliche Steigung	6,6 %
Maximales Gefälle	6,4 %
Durchschnittliches Gefälle	1,9 %

(berechnet mit Motorrad Tourenplaner 2008)

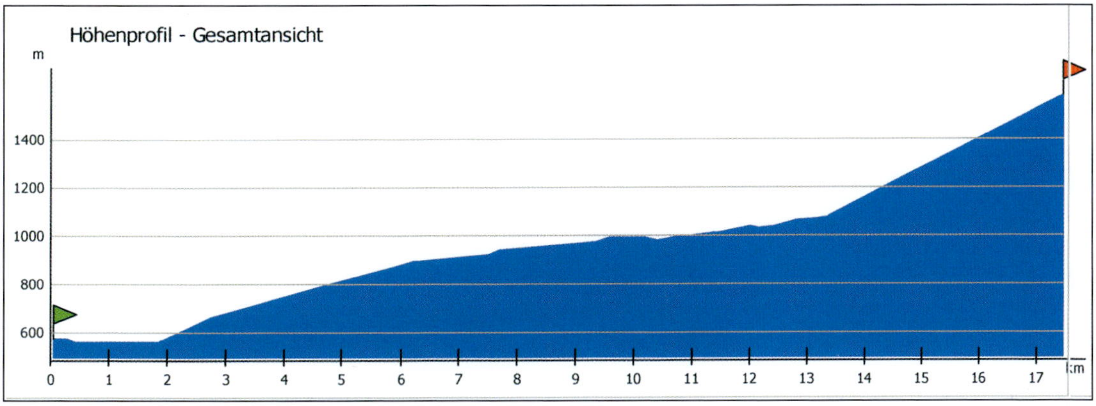

36 Alpenpässe in Österreich
ARLBERGPASS

IM ÜBERBLICK

Name	Arlbergpass
Land	Österreich
Region	Vorarlberg
Höchster Punkt	1.793 m
Basisorte	Langen am Arlberg und St. Anton am Arlberg
Anzahl der Kehren	9
Streckenlänge	18 km
Schwierigkeitsgrad	leicht
Straßenverhältnisse	sehr guter Zustand, Achtung in Ortschaften vor Laserpistolen
Mautpflicht	keine
Wintersperre	keine (bei starkem Schneefall längere Sperrung möglich)
Kombinierbar mit	Nr. 32, 33, 34, 37

Der Arlbergpass oder auch nur „Arlberg" bildet die Grenze zwischen Vorarlberg und Tirol. Eingeschlossen wird der Pass von der Verwallgruppe im Süden, den Lechtaler Alpen im Nordosten und dem Flexenpass im Norden. Er gehört zwar fahrerisch nicht zu den anspruchsvollsten, hat aber landschaftlich dennoch einiges zu bieten. Allerdings merkt man ihm seine touristische Bedeutung deutlich an, die Chance, den Pass einmal ganz für sich alleine genießen zu können, ist eher gering.

Der Name Arlberg lässt sich bis ins Jahr 1218 zurückverfolgen und leitet sich wohl von den hier sehr zahlreichen Arlenbüschen, einfachen Latschen, ab. Vom Namen Arlberg leitet sich letztendlich auch der Name des Bundeslandes Vorarlberg ab, welches – aus Sicht des einstmals „Heiligen Römischen Reiches" gesehen – eben vor dem Arlberg liegt.

Im 14. Jahrhundert vergaben die herrschenden Grafen von Montfort noch unbesiedelte Gebiete im Klein- und Großwalsertal an Viehzüchter, Senner und Säumer. Ein erster fahrbarer Weg wurde gebaut, der Pass vor allem für den Vieh- und Salzhandel benutzt. Mitte des 14. Jahrhunderts fiel Tirol an das Habsburger Reich und auf dem Fahrweg verstärkte sich sowohl der Handels- als auch der Truppenverkehr, die Dörfer entlang des Arlbergs erblühten. Am 24. Oktober 1414 überschritt Papst Johannes XXIII. von Rom kommend, auf dem Weg zum Konzil von Konstanz den Arlberg.

SEHENSWERTES AM WEGESRAND

Wenn der Schnee sich endlich verabschiedet und die Farbenpracht eines Bergsommers die Almen und Dörfer überzieht, dann haben in **St. Anton am Arlberg** Tradition und Brauchtum Hoch- konjunktur: Beim Arlberger „Tag der Volksmusik", beim Dorffest, bei den Almfesten oder auch beim Almabtrieb im Spätsommer sind Gäste herzlich willkommen und werden rasch Teil der Gemeinschaft. Und wer nach all dem Feiern Lust auf Sport und Bewegung verspürt, der kann beim Wandern, Radeln, Mountainbiken, Canyoning, Rafting oder Paragliding eine Natur entdecken, die sich von ihrer schönsten Seite zeigt. Und Golfer finden sogar einen Sechs-Loch-Platz im Ortsteil Nasserein. Alle Infos und Termine unter www.arlberg.com.

Viel befahren – aber sehenswert: Der Arlbergpass ist trotz Tunnel immer noch gut frequentiert.

1450 kaufte die Stadt Lindau am Bodensee die Almregionen auf dem Arlberg und verschaffte sich so die Kontrolle über den Arlbergverkehr, förderte aber in der Folge den Salztransport von Hallstatt über den Fernpass und das Tannheimer Tal, so dass der Arlberg nahezu in der Bedeutungslosigkeit versank.

Im Laufe des 15. Jahrhunderts verfiel die Straße derart, dass sie nicht mehr befahrbar war. Erst im 18. Jahrhundert war man offensichtlich der Umwege über den Fernpass überdrüssig und baute eine neue Straße über den Arlberg. Mit der Entwicklung der Textilindustrie und des Postwesens nahm der Fuhrwerksverkehr erheblich zu und erzwang einen stetigen Ausbau der Strecke. Tja und Anfang des 20. Jahrhunderts kam dann der Tourismus und mit ihm das logistisch wohl größte Verkehrsproblem. Doch erst Mitte der 50er-Jahre des letzten Jahrhunderts reifte die Idee eines Arlberg-Straßentunnels in Verbindung mit einer Schnellstraße. 1974 begannen endlich die Arbeiten, im Dezember 1978 wurden Schnellstraße und Tunnel ihrer Bestimmung übergeben, was das Verkehrsaufkommen auf dem Arlbergpass deutlich reduzierte.

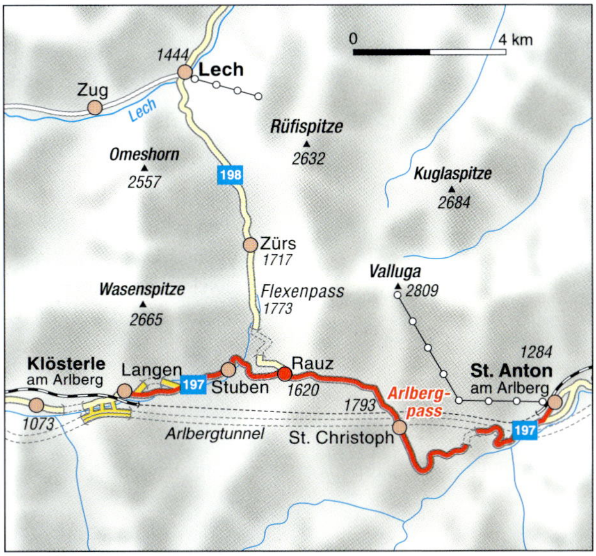

HÖHENPROFIL

Höhenmeter bergauf	539 m
Höhenmeter bergab	633 m
Maximale Steigung	12,4 %
Durchschnittliche Steigung	6,0 %
Maximales Gefälle	13,0 %
Durchschnittliches Gefälle	6,4 %

(berechnet mit Motorrad Tourenplaner 2008)

Freie Fahrt: Die Ostrampe lässt viel Raum für ordentlich Speed.

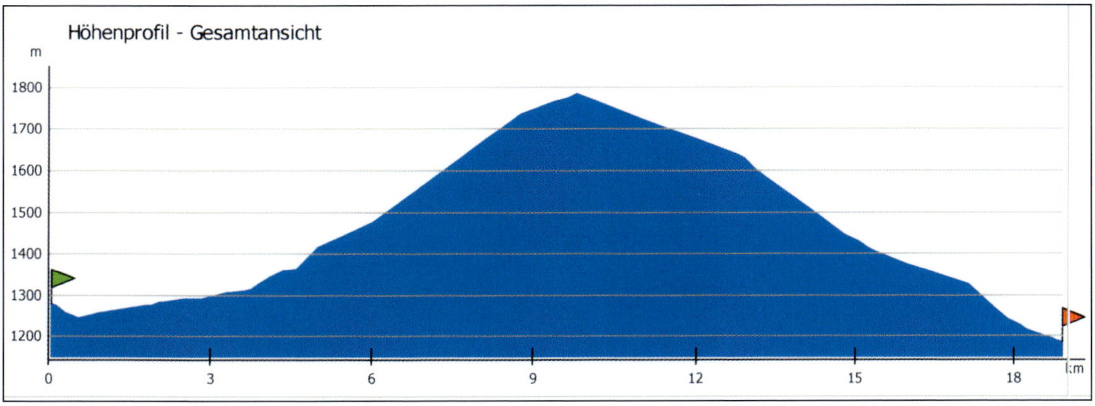

37 Alpenpässe in Österreich
SILVRETTA-HOCHALPENSTRASSE

IM ÜBERBLICK

Name	Silvretta-Hochalpenstraße
Land	Österreich
Region	Vorarlberg und Tirol
Höchster Punkt	2.036 m
Basisorte	Partennen und Galtür
Anzahl der Kehren	33
Streckenlänge	26 km
Schwierigkeitsgrad	mittel
Straßenverhältnisse	gut ausgebaut, ordentlich asphaltierte Straße
Mautpflicht	ja
Wintersperre	Mitte November bis Mai
Kombinierbar mit	Nr. 33, 34, 35, 36

Die Silvretta-Bielerhöhe ist nicht ohne Grund das höchste und zugleich auch imposanteste Ziel im Montafon. Denn hier thront der berühmte Piz Buin, mit 3.312 Metern der höchste Berg Vorarlbergs und gleichzeitig mächtiger „Grenzstein" zur Schweiz. Und falls Sie sich immer schon gefragt haben, ob der Berg und eine der bekanntesten Sonnencremes der Welt irgendwie zusammenhängen: Jawohl, er war der Namensgeber der Creme. Die Inspiration zur Entwicklung der Marke Piz Buin kam einem jungen Chemiestudenten namens Franz Greiter 1938 bei einer Bergtour an der österreichisch-schweizerischen Grenze auf dem Piz Buin, bei der er sich einen schweren Sonnenbrand zuzog. In einem kleinen Kellerlabor in seinem Elternhaus entwickelte er daraufhin ein Hautpflegeprodukt zum Schutz vor diesen damals bereits unangenehmen Nebeneffekten der Sonnenstrahlung. Und er nannte sein Produkt konsequenterweise „Piz Buin" und legte damit den Grundstein einer Weltmarke. Ob er danach allerdings reich, gesund und fortan frei von jeglichem Sonnenbrand lebte, ist nicht überliefert.

Doch zurück in die Berge. Den schönsten Blick auf den Piz Buin hat man von der Silvretta-Bielerhöhe aus, die über die Silvretta-Hochalpenstraße von Partenen (Vorarlberg) oder Galtür (Tirol) aus zu erreichen ist. Und diese Silvretta-Hochalpenstraße ist eine der echten Traumstraßen dieses Buches, eine, die auf Bikers Lebens-Roadbook keinesfalls fehlen darf. Anfänglich eher sanft schlängelt sie sich in vielen Kehren bis zu ihrem Scheitelpunkt, der Silvretta-Bielerhöhe. Die Straße ist durchweg recht gut ausgebaut, verlangt aber aufgrund ihrer Streckenführung ab und an ein wenig Erfahrung.

SEHENSWERTES AM WEGESRAND

Sind Sie schon einmal 2.000 Meter über dem Meeresspiegel Boot gefahren? Nein? Auf dem Silvrettasee können Sie es! Hier existiert der **höchstgelegene Motorbootverkehr Europas**, ein besonderes Erlebnis. Eine Silvrettasee-Bootsrundfahrt dauert 25 Minuten und gewährt außergewöhnliche Ein- und Ausblicke auf die Bergwelt der Silvretta. Auch Wanderer kürzen ihren Weg gerne ab und schippern mit dem „Motorboot Silvretta" zur oder weg von der Anlegestelle „Silvretta-Beach", einem Sandstrand am Ufer des Silvrettasees. Das Motorboot Silvretta fährt von Anfang Juli bis Ende September täglich zwischen 9 und 16 Uhr.
Weitere Infos im Internet unter www.silvretta-bielerhoehe.at.

Beginnt eher zaghaft, steigert sich dann aber mächtig: Die kurvenreiche Silvretta-Hochalpenstraße ist eines der Top-Bikerziele in Vorarlberg.

Oben angekommen begeistert den Besucher die mehr als atemberaubende Berglandschaft mit ihrem harmonisch darin eingebetteten Silvrettasee, einem idealen Ausgangspunkt auch für Wanderungen und Bergtouren aller Schwierigkeitsgrade. Und die Silvretta-Bielerhöhe ist ein überaus beliebter Bikertreff der gesamten Region. Benzingespräche in dieser prächtigen Umgebung sind ein ganz besonderes Erlebnis. Einige umliegende Restaurants laden zum kulinarisch ausgiebigen Einkehrschwung oder auch zum schnellen koffeinhaltigen Boxenstopp. Und mit etwas Zeit im Tankrucksack empfehle ich ein Zimmer im Silvrettahaus am See. Dann lassen sich Sonnenunter- und -aufgang auf 2.000 Metern besonders intensiv genießen.

HÖHENPROFIL

Höhenmeter bergauf	1.003 m
Höhenmeter bergab	455 m
Maximale Steigung	10,0 %
Durchschnittliche Steigung	6,4 %
Maximales Gefälle	7,1 %
Durchschnittliches Gefälle	4,5 %

(berechnet mit Motorrad Tourenplaner 2008)

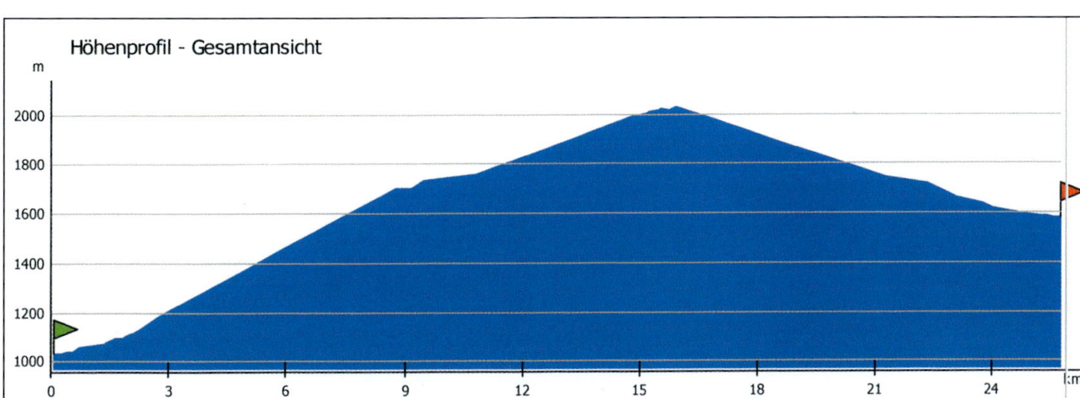

38 Alpenpässe in Österreich
RESCHENPASS

IM ÜBERBLICK

Name	Reschenpass
Land	Österreich und Italien
Region	Tirol / Vinschgau / Südtirol
Höchster Punkt	1.504 m
Basisorte	Pfunds bzw. Martina und Malles / Venosta
Anzahl der Kehren	10 bzw. über Martina (CH) kommend 17
Streckenlänge	40 km
Schwierigkeitsgrad	leicht
Straßenverhältnisse	gut ausgebaut, aber Kontrollen und Überholverbote
Mautpflicht	keine
Wintersperre	keine
Kombinierbar mit	Nr. 59, 64, 65

Der Reschenpass in den Tiroler Alpen verbindet das österreichische Tirol mit dem italienischen Südtirol, genauer gesagt dem herrlichen Vinschgau. Die Auffahrt zum Pass ist von beiden Seiten aus beinahe schon autobahnähnlich ausgebaut und fahrerisch eher anspruchslos. Nur vom Schweizer Örtchen Martina kommend erfreuen uns Biker elf abwechslungsreiche Kehren über die Norbertshöhe mit einer Runde Schräglagenvergnügen. Nicht nur deshalb, sondern auch aufgrund seiner Bedeutung gehört der Reschenpass zweifelsohne in diese Sammlung.

Die eigentliche, aber ebenfalls eher unspektakuläre Passhöhe liegt direkt beim Dorf Reschen auf 1.504 Meter, etwas nördlich davon verläuft die Grenze zwischen Österreich und Italien. Der Grenzübertritt ist seit Inkrafttreten des sogenannten „Schengener Abkommens" 1995 meistens ohne jegliche Kontrollen möglich. Die Passhöhe selbst dominieren zahlreiche Einkehrmöglichkeiten sowie einige obligatorische Andenkenläden, auf österreichischer Seite liegt eine Tankstelle, an der sich das deutliche Preisgefälle zwischen Österreich und Italien sehr gut dazu nützen lässt, das Benzinfass vergleichsweise günstig randvoll zu füllen.

Der Reschenpass ist seit Urzeiten eine der wichtigsten, weil auch komfortabelsten und klimatisch berechenbarsten Nord-Süd-Verbindungen

SEHENSWERTES AM WEGESRAND

Das eigentliche Highlight des Reschenpasses ist sicherlich die Geschichte um das kleine **Bergdorf Graun**, dessen Kirchturm der wohl meist fotografierte Europas ist, wenn nicht sogar der ganzen Welt. Dabei bietet er eigentlich gar nichts Besonderes. Eine verwitterte Steinfassade, die Farbe der allmählich verblassenden Malereien bröckelt unaufhaltsam, die Uhr fehlt schon seit fünfzig Jahren. Dennoch, irgendeinen geheimnisvollen Reiz strahlt er zweifelsohne aus.

1948 wurde auf der italienischen Seite des Passes der Reschensee aufgestaut. Dabei versank der Ort Graun (Südtirol) in den Fluten, lediglich der Kirchturm des Ortes ist noch sichtbar und dient heute als Foto-Motiv. Entgegen weit verbreiteter Gerüchte liegt dies jedoch nicht an seiner Höhe, sondern daran, dass er als einziges Gebäude nicht vor der Flutung abgerissen wurde. Bei Niedrigwasser im Stausee steht der Turm in einer Lagune und kann umwandert werden. Nicht nur die Tatsache, dass es rein wirtschaftliche Interessen schafften, die Einwohner eines kompletten Dorfes zwangsweise zu enteignen und ihre Heimat in den Wassern versinken zu lassen, gibt diesem Ort ein ganz besonderes Flair.

über die Alpen. Schon die Römer zogen hier von Nord nach Süd und umgekehrt, dies zumal der Pass zur berühmten „Via Claudia Augusta" gehörte, der wichtigsten Handels- und Heerstraße zwischen Italien und der Region Augsburg. Bis Mitte des 19. Jahrhunderts war die befestigte Innbrücke bei Finstermünz nördlich von Nauders eine mehr als florierende Zollgrenzstätte. In den beiden Weltkriegen des 20. Jahrhunderts war die Passhöhe jedes Mal heftigst umkämpft. Davon zeugen auch heute noch zahlreiche Bunkeranlagen auf dessen Südseite sowie ein überdimensionales Kriegsdenkmal kurz vor Malles Venosta. Die Südrampe des Reschenpasses schwingt in weiten Rechts-Links-Kombinationen hinunter ins Vinschgau.

Nur einen Schluck aus dem Drehzahl-Reservoir entfernt liegt die Nordrampe des Stilfser Jochs (Nr. 59) als eine der fahrerisch größten Herausforderungen vor uns, der wir uns aber nur ausgeruht widmen sollten. Und zum Ausruhen und Kräfte sammeln eignet sich das Vinschgau wahrlich perfekt.

HÖHENPROFIL

Höhenmeter bergauf	610 m
Höhenmeter bergab	497 m
Maximale Steigung	13,0 %
Durchschnittliche Steigung	2,9 %
Maximales Gefälle	8,0 %
Durchschnittliches Gefälle	2,8 %

(berechnet mit Motorrad Tourenplaner 2008)

Der Turm von Alt-Graun im Reschensee ist wohl der meist fotografierte Kirchturm Europas (linke Seite).

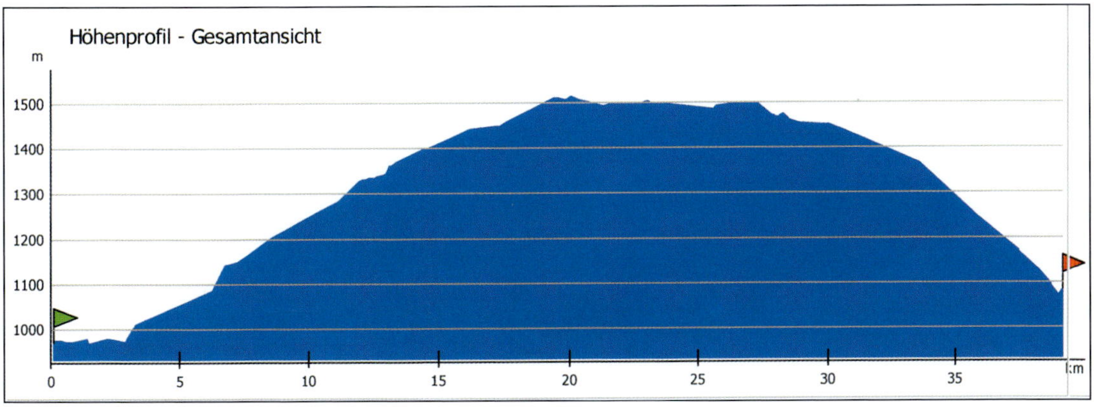

Etwas leichter zu nehmen: Das Stilfser Joch ist von Bormio aus auch für Ungeübte zu fahren.

Alpenpässe in Italien

39 *Alpenpässe in Italien* JAUFENPASS

IM ÜBERBLICK

Name	Jaufenpass
Land	Italien
Region	Südtirol
Höchster Punkt	2.099 m
Basisorte	Sterzing und Sankt Leonhard (Passeiertal)
Anzahl der Kehren	23
Streckenlänge	39 km
Schwierigkeitsgrad	leicht bis mittel
Straßenverhältnisse	Zustand mittelmäßig, aber überwältigende Ausblicke
Mautpflicht	keine
Wintersperre	keine (nur nachts)
Kombinierbar mit	Nr. 25, 28, 40

SEHENSWERTES AM WEGESRAND

Wieder einmal waren es die Römer, die eine Heerstraße zum Brenner (Nr. 25) bauten. Überall auf den umliegenden Bergen entstanden im Laufe der Jahrhunderte Burgen und Wachtürme, die diese wichtige Handels- und Truppenroute kontrollierten. Eines der wohl schönsten Relikte aus jenen Tagen ist **Burg Reifenstein**, 900-jähriges Wahrzeichen perfekter Burgenbaukunst. Auf hohem Fels erhebt sich die niemals eroberte Festung aus den Sümpfen des Sterzinger Moors und zählt heutzutage zu den schönsten Burgen Südtirols. Bis heute zweigeteilt bleibt auch nach nunmehr einigen Rundgängen meine Meinung über die Stadt **Sterzing** zu Füßen von Jaufen- und Brennerpass. Mein Tipp: Gönnen Sie sich einen Rundgang durch die vom berühmten Zwölferturm dominierte Fußgängerzone mit ihren unzähligen Einkehr- und Shopping-möglichkeiten und bilden Sie sich Ihre eigene Meinung. In Sterzing vermischt sich Tradition mit dem Geschäft um den schnellen Euro, hier wird die unbestreitbare historische Pracht ganz gezielt eingesetzt, um Alltägliches teuer anzubieten. Das sehenswerte Sterzing hätte eigentlich genügend historische Substanz, um ein echtes Highlight zu sein. Alle Infos unter www.sterzing.com.

Der Jaufenpass ist nach der Überquerung des Brenners (Nr. 25) eine der wohl bekanntesten Alternativen zur SS12, der ganzjährig viel befahrenen Südtiroler Bundesstraße Richtung Bozen und Meran. Und er ist – von Norden kommend – das mehr als perfekte Warm-up für das Timmelsjoch (Nr. 28).

Der Jaufenpass verbindet das Städtchen Sterzing im gewaltigen Eisacktal mit dem landschaftlich herrlichen, deutlich ruhigeren Passeiertal und seinem zentralen Ort Sankt Leonhard. Von Sterzing kommend windet sich die Strecke zunächst durch blickdichte Wälder und einige Almen auf relativ holpriger Piste den Berg hinauf. Unterhalb der unscheinbaren Passhöhe befindet sich ein Berggasthof, der vor allem an den Wochenenden gerne auch von Motorradfahrern besucht wird. Auf der Passhöhe selbst liegt eine Imbissbude mit obligatorischem Andenkenverkauf sowie einige Meter weiter ein winziges Gasthaus mit freiem Blick auf das Passeiertal und die vor uns liegenden Kurvengenüsse. Der große Parkplatz ist der zentrale Treff des Jaufenpasses, die dort bereits seit Jahrzehnten verkaufte Murmeltiersalbe soll sogar gegen Rheuma und Verspannungen in Bikers Gliedern wahre Wunder wirken. Ein Bestandteil der Salbe ist das Fett der Murmeltiere, die sich ab und zu auch auf den umliegenden Almen und Bergwiesen durch ihre lauten Warnpfiffe bemerkbar machen.

Auf der Südwestseite schwingt sich die Pass-Straße in weiten Bögen und Serpentinen hinab nach Sankt Leonhard im Passeiertal und erlaubt so manch satten Schluck aus dem mitgeführten Drehmoment-Reservoir. Aber aufgepasst: Auch hier am Jaufenpass wird der Straßenbelag seit vielen Jahren nur noch mit Bitumenflicken notdürftig repariert. Und die können bei kräftiger Sonneneinstrahlung weich wie Kaugummi werden. Die Ausblicke auf die umliegenden Gipfel von Hoher Kreuzspitze im Westen

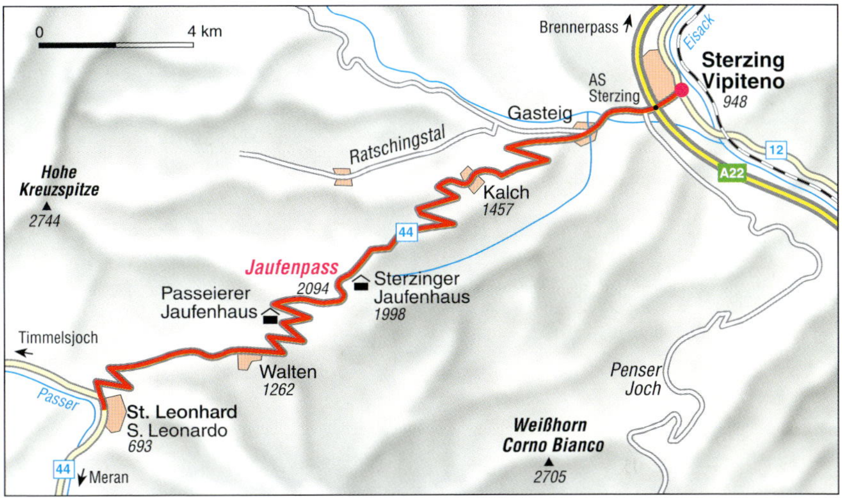

und Corno Bianco sind nicht nur für Stadtmenschen wahrlich grandios und gestatten es uns, bergab ein eher gemütliches Tempo zu wählen.

Im hübschen Bergdorf Sankt Leonhard bieten sich zahlreiche Gasthöfe und Cafés als kurzer oder gerne auch als ausgiebiger Boxenstopp an, bevor wir uns dann unter Umständen rechts hinauf zum Timmelsjoch wagen. Für dessen Ostrampe sollten wir uns vorher nämlich entsprechend stärken. Die andere Alternative ist der abwechslungsreiche Weg hinunter nach Meran durch zahlreiche winzige Ortschaften des Passeier Tales.

Südtiroler Pflichtprogramm: Der Jaufenpass ist an Sommerwochenenden fest in Motorradfahrerhand.

HÖHENPROFIL

Höhenmeter bergauf	1.158 m
Höhenmeter bergab	1.424 m
Maximale Steigung	9,3 %
Durchschnittliche Steigung	6,7 %
Maximales Gefälle	11,5 %
Durchschnittliches Gefälle	6,8 %

(berechnet mit Motorrad Tourenplaner 2008)

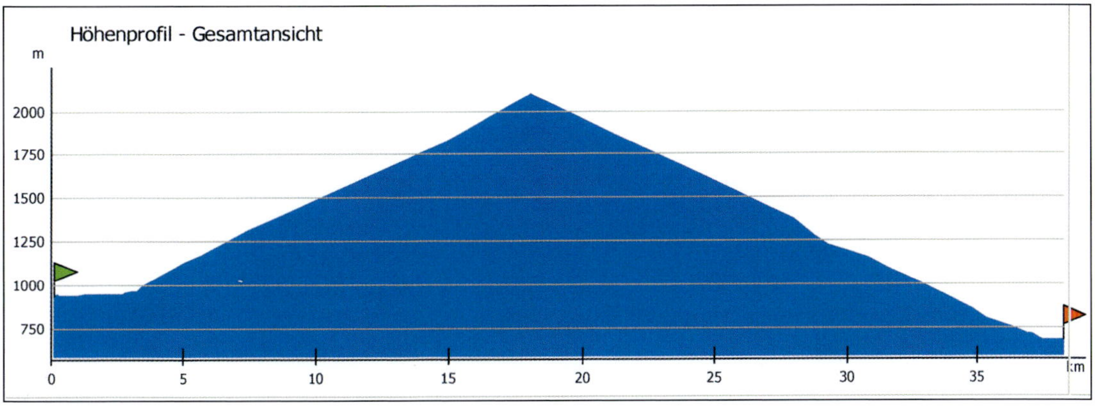

40 Alpenpässe in Italien
PENSER JOCH

IM ÜBERBLICK

Name	Penser Joch
Land	Italien
Region	Südtirol
Höchster Punkt	2.215 m
Basisorte	Sterzing und Sarentino im Sarntal
Anzahl der Kehren	8 bis Sarentino bzw. 10 bis Bozen
Streckenlänge	46 km
Schwierigkeitsgrad	leicht bis mittel
Straßenverhältnisse	Nordrampe schmal, teils schlecht geflickt, Südrampe viel besser
Mautpflicht	keine
Wintersperre	Mitte November bis Mai
Kombinierbar mit	Nr. 25, 28, 39

Die Highlights des Penser Jochs sind zum einen die urgewaltige, hochalpine Landschaft rund um die Passhöhe in immerhin 2.200 Metern. Und zum Zweiten der weitere Weg hinunter ins Sarntal. Wohl kaum ein anderes Tal in den Gipfelwelten Südtirols ist über die Jahrhunderte hinweg so ursprünglich, natürlich und traditionell verblieben wie das Sarntal und seine echten Sarner.

Und gleichwohl das Tal mehr und mehr von großstadtmüden Südtirolern als neues, erholsames und urgesundes Domizil gewählt wird und demzufolge entlang der einzigen Talstraße mehr und mehr Häuser gebaut werden, lohnt es sich dennoch, in gemütlichem Tempo mit stetig schweifendem Blick vom Penser Joch hinab in die quirlige Andersartigkeit des Bozener Beckens zu schwingen.

Für mich ist die Fahrt über das Penser Joch die erste Wahl, wenn es gilt, mit etwas Zeit im Tankrucksack Richtung Vinschgau zu schwingen. Die zweite Wahl ist der Jaufenpass und nur die allerletzte Alternative ist das Eisacktal über Brixen.

Die Nordrampe des Jochs führt von Sterzing aus durch dichten Wald, der nur wenige Blicke auf das im Dunst des Sterzinger Moores verschwindende Eisacktal erlaubt. Erst kurz vor der Scheitelhöhe öffnet sich der Wald und erlaubt freie Rundumsicht auf die Sarntaler Alpen. Und diese Rundumsicht, diese Gelegenheit zu weit schweifenden Blicken, sollten wir uns spätestens oben am Joch unbedingt gönnen. Ein Berggasthof lockt dazu mit kulinarischer Grundversorgung und ist vor allem an Wochenenden beliebter Bikertreff. In weiten Kehren schwingt die Straße anschließend hinunter ins Sarntal. Verträumte Bergbauernhöfe und winzige Ortschaften liegen rechts und links des Lenkers auf dem Weg zum Hauptort des Tales, nach Sarnthein oder Sarentino. Seit Jahrhunderten bewacht von Schloss Reinegg bietet Sarnthein einige Einkehr- und Übernachtungsmöglichkeiten inmitten einer herrlich ruhigen Alpenkulisse. Südlich von Sarnthein geht es sodann in unendlich vielen Kurven und unzähligen unbeleuchteten, zum Teil „antiken" und mit Vorsicht zu befahrenden Felsen-

Direkt in ein kleines Paradies: Das Penser Joch entführt uns ins wunderschöne Sarntal.

tunnels entlang des Flüsschens Torrente Richtung Bozen. Bereits in den ersten Häuserfluchten dieser typisch italienischen, quirlig-lauten Stadt sehne ich mich allerdings regelmäßig zurück in die auch heute noch weitestgehend natürlich gebliebene Welt des Sarntales.

SEHENSWERTES AM WEGESRAND

Eben jenes **Sarntal** mit seiner Natürlichkeit und seinen verwurzelten Traditionen ist wohl auch der größte Schatz dieser Region. Bereits in der Steinzeit siedelten hier Jäger und Sammler, doch tatsächlich auf dem Schauplatz der Geschichte erstmals „aktenkundig" wurde das Tal in einem Schenkungsbrief an das Kloster Neustift 1142. Um 1363 kam das Tal zum Habsburger Reich. Im 17. Jahrhundert erhielt die Bozener Handelsfamilie Wagner Schloss Reinegg und nannte sich fortan „Grafen von Sarnthein". Kein schlechter Namenstausch, will ich meinen. Jenes Schloss Reinegg blieb in Besitz der Grafen von Sarnthein bis 1963, die sogenannte Kellerburg ist sogar bis heute Sitz der letzten Nachkommen der Grafen. Der eigentliche Schatz des Tales ist neben seiner prächtigen Natur vor allem der Sarner: Rau und unnahbar auf den ersten Blick, vor allem Neuen gegenüber zurückhaltend,
aber dennoch hilfsbereit und von überwältigender Gastfreundlichkeit. Dazu gesellt sich eine ausgeprägte Heimatliebe und Lust auf Tradition. Immer schon ein wenig von der Welt abgeschirmt, haben sich die Sarner ein kleines Paradies bewahrt, das sie gerne aufgeschlossenen Reisenden zeigen. Infos im Internet auf der Seite www.sarntal.com.

HÖHENPROFIL

Höhenmeter bergauf	1.282 m
Höhenmeter bergab	1.245 m
Maximale Steigung	11,9 %
Durchschnittliche Steigung	6,1 %
Maximales Gefälle	9,5 %
Durchschnittliches Gefälle	4,8 %

(berechnet mit Motorrad Tourenplaner 2008)

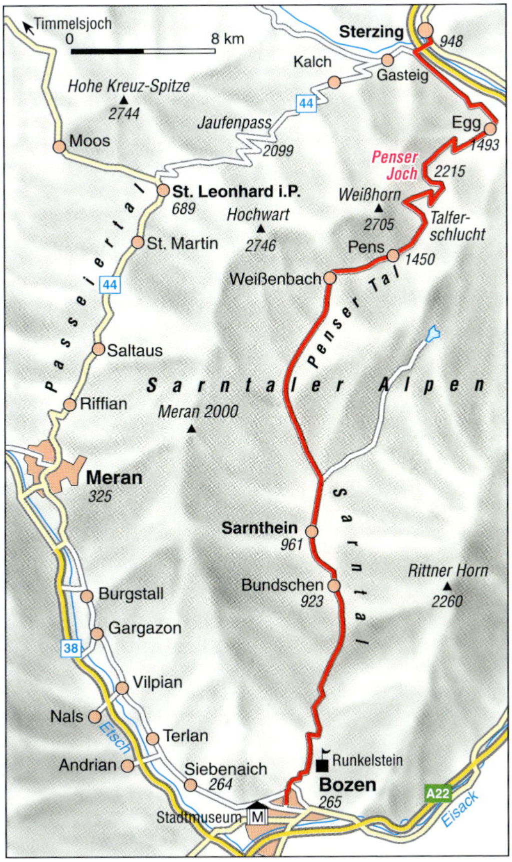

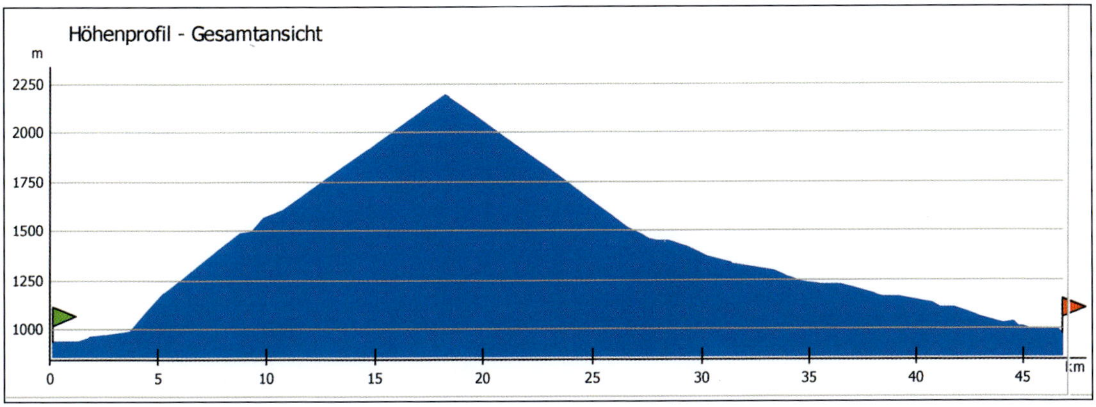

41 *Alpenpässe in Italien*
STALLER SATTEL

IM ÜBERBLICK

Name	Staller Sattel
Land	Österreich und Italien
Region	Osttirol und Pustertal
Höchster Punkt	2.052 m
Basisorte	St. Jakob im Defereggental und Valdaora im Antholzer- / Pustertal
Anzahl der Kehren	15
Streckenlänge	39 km
Schwierigkeitsgrad	leicht bis mittel
Straßenverhältnisse	gut ausgebaut, am Staller Sattel gilt Ampelregelung
Mautpflicht	keine
Wintersperre	November bis Mitte Mai
Kombinierbar mit	Nr. 17, 18, 20

SEHENSWERTES AM WEGESRAND

Gerüchte darüber gab es anscheinend schon lange und Taucher der Wasserrettung aus Lienz wollten ihn schon schemenhaft gesehen haben – jenen geheimnisvollen **Einbaum aus dem Obersee.** Doch erst eine wissenschaftliche Tauchexpedition 1999 brachte die Gewissheit, dass der geheimnisvolle Bergsee bereits vor über eintausend Jahren befischt wurde. Gut acht Meter tief liegt der recht gut erhaltene Einbaum unter der Wasseroberfläche an einem steil abfallenden Felshang. Drei Meter lang und mannsbreit stammt er laut den Untersuchungen der Universität Innsbruck eindeutig aus dieser Region. Was letztendlich wohl kaum jemanden so richtig verwunderte, da andere Spuren an den umliegenden Berghängen bewiesen, dass der Staller Sattel bereits vor 8.000 Jahren von Jägern zumindest regelmäßig überquert wurde. Dennoch begeisterte der Einbaum vom Obersee die Wissenschaft nachhaltig, zumal es sich hierbei um den höchst gelegenen Schiffsfund Europas handelte, der die Fantasie der Menschen über das Leben längst vergangener Tage erneut beflügelte.

Das Osttiroler Defereggental an sich ist bereits ein echter Leckerbissen, den wir uns zum Beispiel auf einer ausgiebigen Reise durch das gesamte Osttiroler Motorradparadies zwischen Mittersill im Salzachtal und Lienz in den gleichnamigen Dolomiten unbedingt gönnen sollten. Der Staller Sattel nun verbindet das Defereggental Richtung Westen mit dem Antholzer- und in der Folge dem Pustertal in Südtirol. Die Passhöhe selbst liegt auf 2.052 Metern und bildet die Grenze zwischen Österreich und Italien.

Die nur in den Sommermonaten von Mai bis Oktober befahrbare Pass-Straße windet sich von St. Jakob kommend zunächst durch lichten Bergwald in die Höhe, bevor wir oberhalb der Baumgrenze auf ein weites Hochplateau stoßen. Eine landschaftliche Perle dieses Plateaus ist der geheimnisvolle, weil bis heute wohl nicht vollständig ergründete Obersee, in dem vor einigen Jahren sogar der höchst gelegene Schiffsfund Europas gemacht wurde (s. Infokasten Sehenswertes). Das Alpengasthaus „Oberseehütte" lädt Biker wie Wanderer zur Einkehr und Rast. Zum Beispiel auch, um die Wartezeit bis zur Weiterfahrt Richtung Antholz zu überbrücken. Denn auf italienischer Seite besteht aufgrund der nur einspurigen Straßenbreite eine Ampel-gesteuerte Einbahnregelung sowie ein Verkehrsverbot für Wohnwagen und Busse. Den Nachteil einer Wartezeit an der Ampel gleicht die Tatsache, dass wir die schöne Strecke einzig mit einigen Pkw teilen müssen, wohl mehr als aus. Die Fahrt vom Obersee hinunter ins Pustertal ist jeweils von der 0. bis zur 15. Minute, die Fahrt vom Antholzer See hinauf Richtung Österreich jeweils von der 30. bis zur 45. Minute einer jeden Stunde möglich. Die Straße ist in ordentlichem Zustand, gleichwohl einige Frostrisse gerade auch in Längsrichtung unsere Aufmerksamkeit verlangen.

Immer wieder im Gespräch ist auch eine Mautpflicht für den Staller Sattel. Bei Redaktionsschluss dieses Buches bestand sie allerdings noch nicht. Hoffen wir, dass es so bleibt.

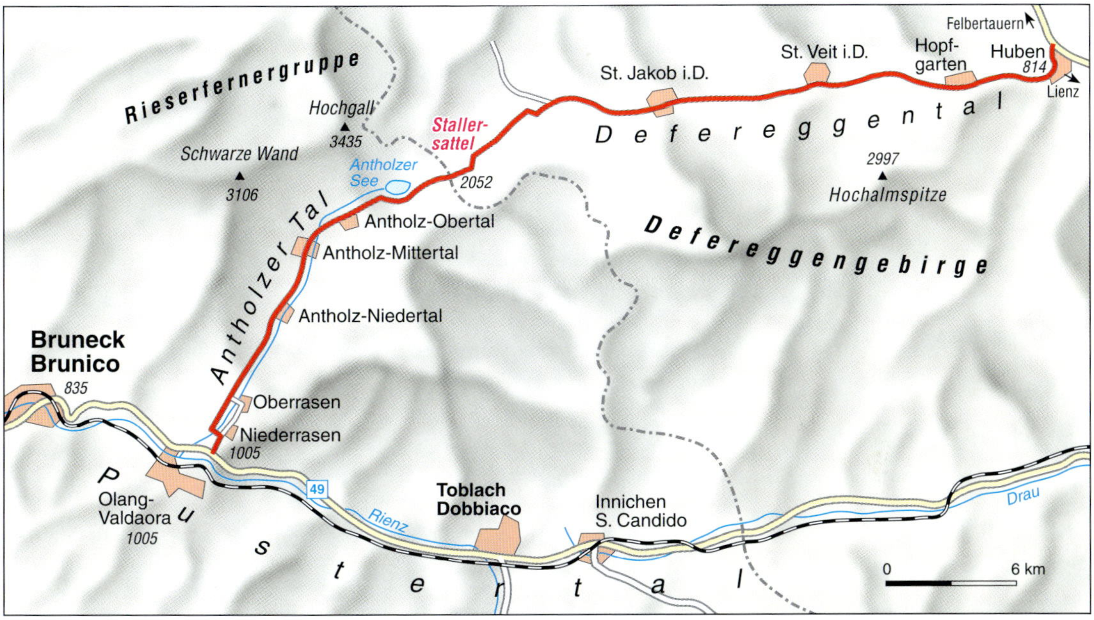

Mit ein wenig Glück „gehört" er uns allein: der Staller Sattel Richtung Italien (linke Seite) beziehungsweise seine Ostrampe.

HÖHENPROFIL

Höhenmeter bergauf	742 m
Höhenmeter bergab	1.087 m
Maximale Steigung	10,1 %
Durchschnittliche Steigung	4,2 %
Maximales Gefälle	13,8 %
Durchschnittliches Gefälle	5,1 %

(berechnet mit Motorrad Tourenplaner 2008)

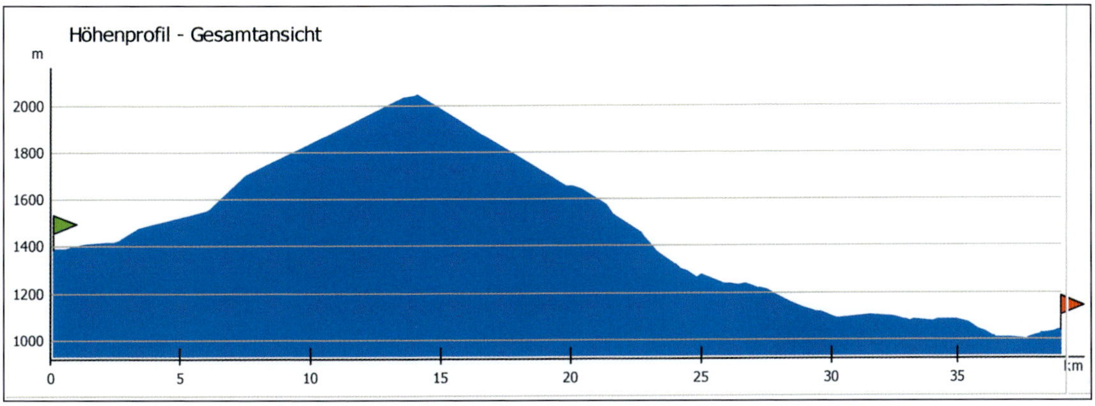

42 *Alpenpässe in Italien*
GRÖDNER JOCH – PASSO DI GARDENA

IM ÜBERBLICK

Name	Grödner Joch oder Passo di Gardena
Land	Italien
Region	Dolomiten
Höchster Punkt	2.137 m
Basisorte	Selva di Val Gardena und Corvara in Badia
Anzahl der Kehren	31
Streckenlänge	21 km
Schwierigkeitsgrad	mittel
Straßenverhältnisse	gut ausgebaut, griffig, oben: große, asphaltierte Parkplätze
Mautpflicht	keine
Wintersperre	keine (bei starkem Schneefall mehrtägige Sperrung möglich)
Kombinierbar mit	Nr. 43, 44, 45, 46, 47, 48, 49

SEHENSWERTES AM WEGESRAND

Einer meiner persönlichen Lieblings-Standorte für eine ausgiebige, gerne auch wochenlange „Erfahrung" aller Dolomiten-Biker-Highlights ist das hübsche Bergdorf **Corvara.** Strategisch hervorragend mitten im Herzen der Region gelegen, bietet es nach einem langen und kurvenreichen Tag im Sattel alle Annehmlichkeiten, die sich ein Biker wünschen mag.

Auf immerhin schon 1.568 Metern Seehöhe gelegen gehört Corvara geografisch zu den fünf ladinischen Gemeinden des Gadertales. Umringt von den Sella-Felsen sowie der Hochebene von Pralongia liegt Corvara direkt am Südrand des Naturparks Puez-Geisler. Im Winter vor allem bei Skitouristen äußerst beliebt, geht es in den Sommermonaten hier allerdings deutlich beschaulicher zu als zum Beispiel im nicht weit entfernten, doch meistens proppenvollen Cortina d'Ampezzo.

Weitere Infos und Zimmervermittlung zu Corvara unter www.altabadia.org.

Mit dem Grödner Joch beginnt nun in diesem Buch das Kapitel der Highlights der italienischen Dolomiten, einem Bikerparadies der Extraklasse, dessen fast schon legendärer Ruf Jahr für Jahr Zigtausende Motorradfahrer aus allen Regionen Europas lockt. Und das vollkommen zu Recht, bieten die Dolomiten doch Trainingslager und Meisterklasse, Pflicht und Kür der hohen Schule des Passfahrens zugleich.

Obwohl unverständlicherweise außerhalb der legendären „Großen Dolomitenstraße" liegend, ist das Grödner Joch dennoch ein wichtiger Bestandteil der großen Sella-Runde, einer Fahrt über die Pässe rund um die markante und nicht minder berühmte Sella-Formation (siehe Rundtour ab Seite 274). Auf keiner anderen Pass-Straße kommt man diesem übermächtigen, die gesamte Landschaft dominierenden Gebirgsstock so nahe. Und auf keiner Runde kann man sich einen derart perfekten Eindruck über die Bilderbuchlandschaft der Dolomiten verschaffen wie hier. Mein Tipp: Genießen Sie das Grödner Joch frühmorgens von Corvara aus betrachten Sie es nicht nur als „Warm-up" für die Sella-Umrundung, sondern nehmen Sie sich Zeit. Genießen Sie den Kurvenschwung inmitten einer wohl einzigartigen, hochalpinen Landschaft mit lebensfeindlichen Felsregionen

gleich neben bunten Almen und weidenden Kühen.

Die Passhöhe haben – natürlich, möchte man fast schon sagen – ein Hotel mit Restaurant sowie ein Souvenirladen seit Jahrzehnten in Besitz genommen. Vor allem die Sonnenterrasse des Restaurants bietet an Tagen mit schöner Fernsicht einen Genuss für wirklich alle Sinne.

Gen Westen schwingt die Grödner-Joch-Passstraße um den Nordhang der gewaltigen Sella-Gruppe herum und bietet neben fahrerischen Genüssen vor allem drei Dinge: Ausblick – Ausblick – Ausblick. Den allerdings werden wir kaum jemals im Jahr ganz für uns alleine haben, da die Panoramastrecke nicht nur bei Motorradfahrern zum Pflichtprogramm gehört, sondern auch bei Pkw-Touristen und Wohnmobilisten beliebt ist. Nach drei letzten Spitzkehren mündet die Strecke dann in die SS242, die uns südwärts direkt auf das berühmte Sella-Joch (Nr. 47) führt.

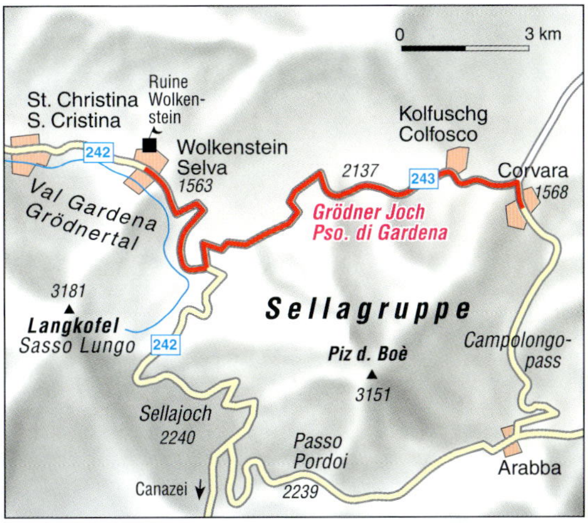

Bikers Trainingslager im Herzen der Dolomiten: Das Grödner Joch westlich von Corvara.

HÖHENPROFIL

Höhenmeter bergauf	581 m
Höhenmeter bergab	599 m
Maximale Steigung	11,0 %
Durchschnittliche Steigung	5,0 %
Maximales Gefälle	12,6 %
Durchschnittliches Gefälle	6,6 %

(berechnet mit Motorrad Tourenplaner 2008)

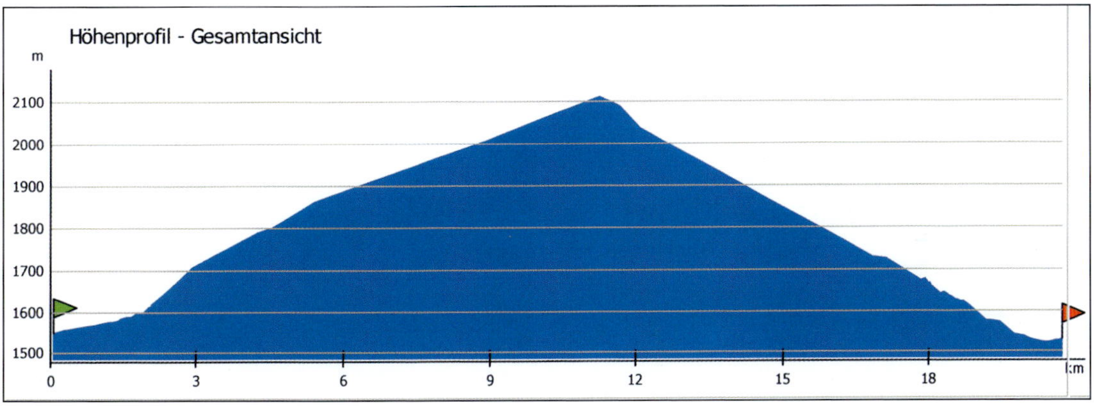

43 Alpenpässe in Italien PASSO DI VALPAROLA

IM ÜBERBLICK

Name	Passo di Valparola
Land	Italien
Region	Dolomiten
Höchster Punkt	2.192 m
Basisorte	San Cassiano (Norden), Andraz (Süden) Cortina d'Ampezzo (Osten)
Anzahl der Kehren	28 nach Andraz sowie 29 Richtung Cortina
Streckenlänge	23 km nach Andraz bzw. 30 km nach Cortina
Schwierigkeitsgrad	leicht
Straßenverhältnisse	perfekt geteert, ausgezeichneter Zustand
Mautpflicht	keine
Wintersperre	keine (bei starkem Schneefall kurzfristige Sperrung möglich)
Kombinierbar mit	Nr. 42, 44, 45, 46, 47, 49

Er gehört zu den Dolomitenpässen, bei deren Erwähnung wir durchaus des Öfteren fragende Blicke ernten werden. Denn die Straße hinauf zum Passo di Valparola – ursprünglich einmal erbaut, um die Kriegsgebiete rund um den gen Süden anschließenden Falzarego-Pass mit Munition und Lebensmitteln zu versorgen – zählt zu den eher unbekannten Strecken. Und zugegeben, er ist mit seinen acht Kehren bis zur Passhöhe des Falzarego nicht unbedingt als anspruchsvoll zu kennzeichnen, sondern eignet sich in diesem Fall tatsächlich eher als „Warm-up" für den Falzarego (Nr. 44) sowie das anschließende Highlight Passo di Giau (Nr. 45).

Auf durchweg gut ausgebauter Straße erklimmen wir in der Regel von Nordwesten aus dem Gadertal kommend den Pass. Durch winzige Bergdörfer und weite Almwiesen geht es im Val di San Cassiano zunächst in leichten Kurven bergan, bevor die Straße auf einer kleinen Hochebene in dichten Bergwald abtaucht. Kurz bevor die ersten Zweifel daran aufkommen, tatsächlich einen echten Pass unter den Reifen zu haben, beginnen die wenigen Serpentinen. Immer wieder taucht der Col di Lana mit seinen 2.462 Metern vor unserem Windshield auf.

Kurz vor der Passhöhe liegen ein Gasthaus sowie ein kleiner See, der Lago di Valparola, und bieten eine Rastmöglichkeit mit herrlichen Ausblicken. Über die Passhöhe hinweg taucht alsbald der Passo di Falzarego vor uns auf und mit ihm einer der wohl bekanntesten und beliebtesten Bikertreffs der gesamten Region. Das war's dann auch schon mit dem Passo di Valparola – spätestens jetzt werden Sie verstehen, warum er – gleichwohl ein echter Pass – im großen Konzert der Dolomitenpässe eine eher untergeordnete Rolle spielen muss. Doch nicht nur der Vollständigkeit halber, sondern auch um ihn ein wenig zu würdigen, habe ich ihm gerne einen Platz in diesem Buch eingeräumt.

Im Land der weißen Elefanten: der Passo di Valparola mit seinen geheimnisvollen Markierungen.

SEHENSWERTES AM WEGESRAND

Als Mahnmal gegen jede Art von Krieg geht es rund um den **Col di Lana** heutzutage wesentlich ruhiger und friedlicher zu, als noch vor wenigen Jahrzehnten. Der Berg war im Ersten Weltkrieg eine der heftigst umkämpften Regionen. Dutzende italienische Infanterie-Regimenter versuchten 1915 und 1916 immer wieder, den von Österreich besetzten Gipfel zu stürmen, wobei auf Mensch und Material wenig Rücksicht genommen wurde. Allein durch Lawinen starben mehrere Hundert Italiener, weshalb der Berg auch den Beinamen „Col di Sangue" oder „Blutberg" erhielt. Italienische Regimentsführer entwarfen schließlich den Plan, den gesamten Berg zu unterminieren. Ein irrwitziges Vorhaben, dass – um verräterische Geräusche zu vermeiden – mit Handbohrmaschinen und Meißeln durchgeführt werden sollte, aber zuvor dennoch von den Österreichern entdeckt wurde. Diese begannen einen Gegenstollen zu graben, um die italienischen Soldaten in ihren eigenen Bunkeranlagen in die Luft zu sprengen. Zuerst sprengten die Österreicher – allerdings ohne Erfolg – und in der Nacht vom 17. auf den 18. April 1916 sprengten sodann die Italiener den Gipfel des unterhöhlten Col di Lana, nur um wenige Meter Bodengewinn als „Erfolg" zu melden. Doch zu Lasten welcher Verluste? Auf dem verbliebenen Gipfel des Col di Lana befindet sich heute eine Kapelle zum Andenken an alle im Krieg gefallenen Soldaten. Verfallene Schützen- und Laufgräben sowie einige Barackenreste und ein winziges Museum erzählen von der Sinnlosigkeit nicht nur dieses Krieges.

Vorangegangene Doppelseite: Im Frühtau zu Berge: Der Aufstieg zum Grödner Joch bei Sonnenaufgang.

HÖHENPROFIL

Höhenmeter bergauf	664 m
Höhenmeter bergab	711 m
Maximale Steigung	9,1 %
Durchschnittliche Steigung	6,2 %
Maximales Gefälle	7,5 %
Durchschnittliches Gefälle	6,0 %

(berechnet mit Motorrad Tourenplaner 2008)

Gelungene Nebenrolle im Konzert der großen Dolomitenpässe: der Passo di Valparola nahe Corvara.

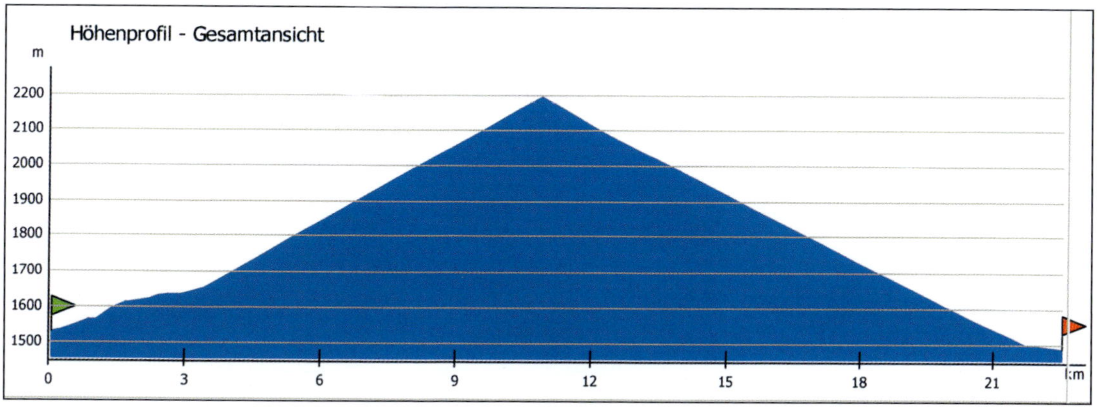

44 Alpenpässe in Italien
PASSO DI FALZAREGO

IM ÜBERBLICK

Name	Passo di Falzarego
Land	Italien
Region	Dolomiten
Höchster Punkt	2.117 m
Basisorte	Andraz und Cortina d'Ampezzo
Anzahl der Kehren	40
Streckenlänge	29 km
Schwierigkeitsgrad	mittel
Straßenverhältnisse	gut bis tadellos, recht enge Kehren
Mautpflicht	keine
Wintersperre	keine (bei starkem Schneefall sind kurzfristige Sperrungen möglich)
Kombinierbar mit	Nr. 42, 43, 45, 46, 47, 49

Pflichtprogramm nicht nur für italienische Motorradfahrer: der Passo di Falzarego an einem Sommermorgen.

Auch der Passo di Falzarego, heute zu Recht ein wesentliches Highlight der „Großen Dolomitenstraße", war eine heiß umkämpfte Region im Ersten Weltkrieg. Spuren davon sind bis heute sichtbar. Doch das ist für Motorradfahrer in aller Regel wahrlich nicht der Grund, den Falzarego zu erobern. Der liegt vor allem in der fahrerischen Herausforderung, die der Pass mit seinen immerhin 40 Kehren darstellt. Hier lässt sich die hohe Schule des Passfahrens nicht nur perfekt üben, sondern auch die Künste der Kollegen lassen sich in unzähligen „Applauskurven" – gemütlich im moosigen Almgras liegend – herrlich bequem beobachten und benoten. Und von freiwilligen Kandidaten für eine perfekte Kurvenhatz mangelt es an Sommerwochenenden hier oben auf dem Falzarego wohl niemals, zählt er doch vor allem bei den Einheimischen zur perfekten Kulisse für eine noch perfektere Selbstinszenierung.

Der Passo di Falzarego wird vom Gipfel des Lagazuoi piccolo (2.762 Meter) überragt, auf den eine Kabinenbahn führt. Erst die Fahrt mit dieser Seilbahn offenbart das ganze Ausmaß kriegerischer Gräuel in dieser Region. Unzählige Reste von Schützengräben und Bunkeranlagen durchziehen die heute so friedlichen Felsregionen und erzählen Geschichten von schier unmenschlichen Verhältnissen.

Richtung Osten und Cortina d'Ampezzo taucht die Pass-Straße alsbald in weitläufige Bergwälder ein, die uns bis hinunter in den mondänen Wintersportort begleiten. Falls es Ihnen auf dieser, für den gesamten Verkehr von und nach Bozen wichtigen, Strecke zu hektisch und verkehrsreich

SEHENSWERTES AM WEGESRAND

Eigentlich war sie ja keine zwingende Notwendigkeit als man sie plante, denn die Orte, die sie verbindet, hatten damals schon mehr als genügend Anschluss an die Außenwelt. Sie sollte ursprünglich auch gar nicht **„Große Dolomitenstraße"** heißen, sondern zur Huldigung von Kaiser Franz Joseph und sozusagen als Geschenk zu dessen 50. Thronjubiläums eigentlich „Kaiserstraße" genannt werden. Der Plan, eine Straße quer durch die wunderbare Landschaft der Dolomiten zu bauen, ging 1898 vom Deutschen und Österreichischen Alpenverein aus, damit nicht nur Alpinisten, sondern auch der „einfache Tourist" in die erhabene Welt der „Bleichen Berge" vordringen könne. Man mag den beiden Vereinen heute noch große Dankbarkeit zollen für diese auch für uns Motorradfahrer herrliche Idee. Denn auch unter Bikern genießt die gut 110 km lange Strecke von Bozen über den Passo di Costalunga (Karerpass, Nr. 50) durch das Fassatal und Canazei, über den Passo Pordoi (Nr. 49), über Arabba nach Andraz und sodann hinauf zum Passo di Falzarego und nach Cortina d'Ampezzo längst den Ruf der vielleicht berühmtesten aller Alpen-Panoramastraßen. Und das kommt nicht von ungefähr. Ganzjährig offen – und mit winterlichen Einschränkungen auch befahrbar – liegt ihr höchster Punkt mit satten 2.239 Metern auf dem Passo Pordoi. Mein Tipp: Nehmen Sie sich fünf Tage lang Zeit und genießen Sie die gesamte Bandbreite der „Großen Dolimitenstraße" von West nach Ost oder umgekehrt. Nicht in Eile, sondern mit Zeit im Tankrucksack für die Schönheiten links und rechts des Lenkers. Die vermischen sich vor allem im Herbst mit einer atemberaubenden Farbenpracht der Natur. Da kann der amerikanische „Indian Summer" schier vor Neid erblassen.

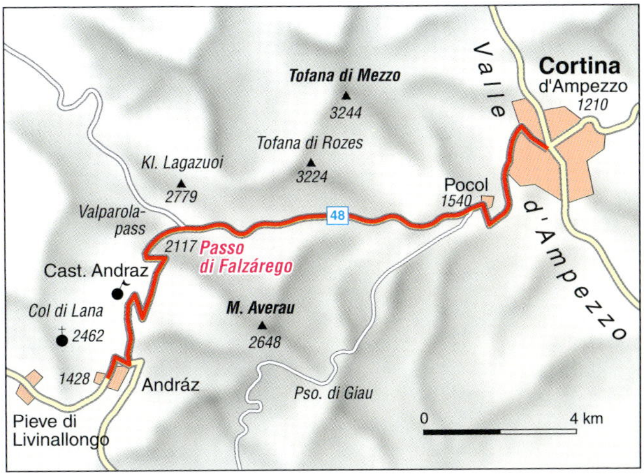

werden sollte, lautet mein Tipp: Kurz vor Cortina d'Ampezzo einfach den Blinker rechts setzen und auf den Weg zum Passo di Giau (Nr. 45) abbiegen. Unmittelbar darauf kehrt Ruhe ein – auf der Straße vor uns sowie rechts und links des Lenkers auf den zahlreichen herrlich gelegenen Pausenplätzchen.

Immer laut, immer voll und immer erlebenswert: der Bikertreff am Passo di Falzarego.

HÖHENPROFIL

Höhenmeter bergauf	614 m
Höhenmeter bergab	917 m
Maximale Steigung	6,9 %
Durchschnittliche Steigung	5,4 %
Maximales Gefälle	11,2 %
Durchschnittliches Gefälle	5,3 %

(berechnet mit Motorrad Tourenplaner 2008)

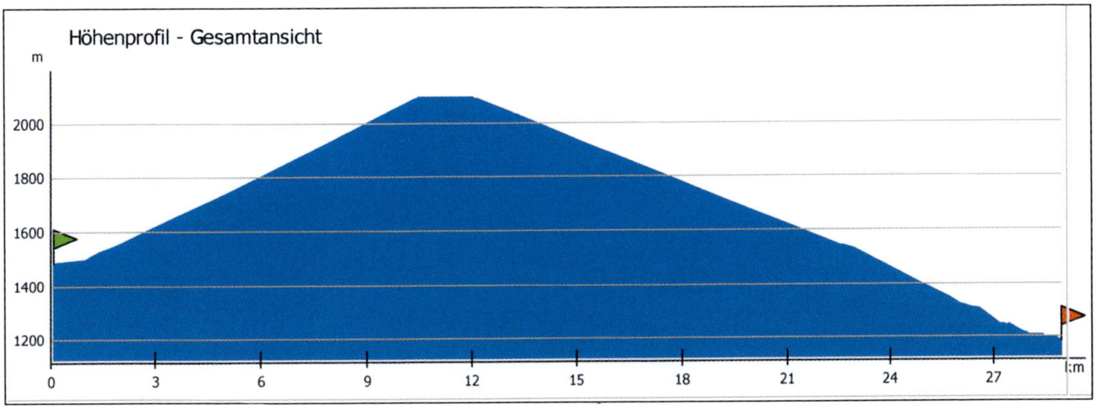

45 Alpenpässe in Italien
PASSO DI GIAU

IM ÜBERBLICK

Name	Passo di Giau
Land	Italien
Region	Dolomiten
Höchster Punkt	2.230 m
Basisorte	Cortina d'Ampezzo und Selva di Cadore
Anzahl der Kehren	62
Streckenlänge	28 km
Schwierigkeitsgrad	mittel bis anspruchsvoll
Straßenverhältnisse	Zustand einwandfrei, Almvieh kann auf der Straße rasten
Mautpflicht	keine
Wintersperre	Oktober bis April
Kombinierbar mit	Nr. 42, 43, 44, 47, 48, 49

SEHENSWERTES AM WEGESRAND

Richtung Belluno und der Region Venetien schwingt der Alpenhauptkamm in einigen landschaftlich hübschen, fahrerisch eher unkomplizierten kleineren Pässen aus, die zwar rein aus Platzgründen in dieses Buch nicht mehr aufgenommen werden konnten, aber dennoch der Vollständigkeit halber kurz erwähnt werden sollen. Dies umso mehr, als sich ein Abstecher zu diesen Pässen durchaus empfiehlt. Vom Örtchen Selva di Cadore gen Süden schwingend geht es auf der SS 251 und landschaftlich schöner, mäßig kurvenreicher Strecke zum **Forcella Staulanza** (1.773 Meter). Überall an den umliegenden Berghängen kleben Gehöfte und kleine Bergdörfer in oftmals atemberaubend abgeschiedener Lage. Weiter führt der Weg alternativ über die SS251, dem Flüsschen Maè folgend, nach Longarone oder aber – und das ist mein Favorit – über die SS 347 und den ausgeschilderten **Passo Duran** (1.605 Meter) kurvenreich Richtung Agordo, dem quirligen Hauptort des Valle Agordino. Von dort aus der SS 347 weiter folgend erreichen wir den **Passo Cereda** (1.369 Meter) oder können gen Norden auf der SS 203 retour in unsere Dolomitenregion fahren.

Den Passo di Giau habe ich vor ein paar Jahren eher durch Zufall entdeckt, als ich vom Passo di Falzarego (Nr. 44) nach Cortina d'Ampezzo hinunterschwingend urplötzlich in einem Mega-Reisebus-Stau stand und nach ein paar Minuten im Dieselruß einfach nur noch weg wollte. Ein kleiner Wegweiser nach Selva di Cadore kam plötzlich ins Visier, kurzerhand den Blinker rechts gesetzt und schon befand ich mich in der Welt des Passo di Giau. Wow – was für ein Pass. Sowohl in puncto fahrerischer Herausforderung, als auch in puncto Landschaft zählt er zweifellos zu den interessantesten dieses gesamten Buches.

Ganz gleich, ob nun von Westen, vom Passo di Fedaia (Nr. 48) oder von Cortina kommend, beide Rampen sind eine fahrerische Herausforderung, der sich Biker mindestens einmal in seinem Leben stellen sollte. Und beide Rampen beginnen eher gemütlich. Von Cortina kommend führt die Strecke zunächst durch lichten Mischwald und geht erst allmählich in eine satte Steigung über. Weite Almgebiete und herrliche Ausblicke auf die umliegenden Zweieinhalbtausender gibt es gratis.

Auf der Passhöhe mit ihrer kleinen bewirtschafteten Berghütte vor imposanten Felsen bieten sich an klaren Tagen herrliche Rundumsichten, zum Beispiel auf die Gletscherregionen der Marmolada oder die Sellagruppe. Im Norden schließen übrigens die Gipfelwelten des Passo di Falzarego an und an manch stillen Tagen hier oben meint man, das nahezu pausenlose Auspuffdröhnen oben am Falzarego hören zu können. Das be-

ruht auf Tatsachen, und da der Passo di Giau eine der wichtigsten Hausstrecken aller Ducatisti ist, ist zu hoffen, dass hier oben nicht nur die Murmeltiere Ohrstöpsel tragen.

Die Südwestrampe hinunter nach Selva di Cadore ist extrem kurvenreich und mit sattem Gefälle geht es bergab. Bevor Sie sich nun in Selva di Cadore bei einem leckeren Cappuccino entspannen, gilt es noch eine Entscheidung zu treffen zwischen dem nördlich liegenden Passo di Falzarego, dem westlich anschließenden Passo di Fedaia (Nr. 48) oder dem südlich liegenden Kurvenparadies durch herrliche Dolomitentäler, deren Straßen allesamt das grüne Band besonderer Schönheit tragen.

Mein Tipp: Genießen Sie doch erst noch einmal den Passo di Giau von seiner Südwestrampe aus und überlegen Sie sich erst am Ende dieser fahrerisch völlig anderen Herausforderung, welche Richtung Sie nun endgültig einschlagen.

Viel mehr als nur eine Stauumfahrung: der grandiose Passo di Giau in seiner Gipfelregion.

HÖHENPROFIL

Höhenmeter bergauf	990 m
Höhenmeter bergab	855 m
Maximale Steigung	12,4 %
Durchschnittliche Steigung	5,7 %
Maximales Gefälle	11,0 %
Durchschnittliches Gefälle	9,1 %

(berechnet mit Motorrad Tourenplaner 2008)

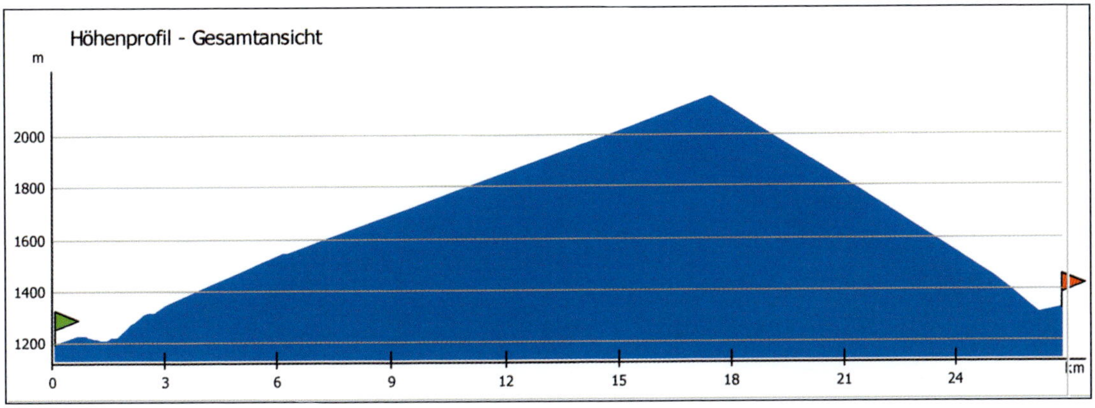

46 Alpenpässe in Italien
PASSO DI CAMPOLONGO

IM ÜBERBLICK

Name	Passo di Campolongo
Land	Italien
Region	Dolomiten
Höchster Punkt	1.875 m
Basisorte	Corvara in Badia und Arabba
Anzahl der Kehren	19
Streckenlänge	10 km
Schwierigkeitsgrad	leicht bis mittel
Straßenverhältnisse	gut ausgebaut, tadelloser Belag, viele Pausenplätzchen
Mautpflicht	keine
Wintersperre	keine
Kombinierbar mit	Nr. 42, 43, 44, 45, 47, 48, 49

Er ist zwar einer der niedrigsten aller Dolomitenpässe, gehört aber als fester Bestandteil einer jeden Bikerrunde durch die Dolomiten unzweifelhaft in dieses Buch. Denn er verbindet Grödner (Nr. 42) und Sellajoch (Nr. 47) mit den anderen fahrerischen Herausforderungen entlang der „Großen Dolomitenstraße", zum Beispiel dem Passo Pordoi (Nr. 49).

Der Passo di Campolongo verläuft exakt in Nord-Süd-Richtung, steigt aus dem Val Badia kommend von Corvara her zügig an und trifft im Süden auf die „Große Dolomitenstraße" im Skiressort Arabba. Eines der landschaftlichen Highlights des Passo di Campolongo ist sicherlich die Aussicht, die man von Corvara kommend bereits nach wenigen Kehren auf das bildhübsche Gadertal hat. Die entlang der Strecke aufgestellten Bänke sind herrlich aussichtsreiche Pausenplätzchen, um mitgeführten Proviant in unvergleichlicher Lage zu verzehren. Gen Nordwesten grüßt derweil der gewaltige Block der Sellagruppe zu uns herüber und lockt – sofern noch nicht erobert – mit dem vielleicht berühmtesten Joch der Dolomiten.

Durch saftige Almen geht es dann kurvenreich über eine ordentliche Piste zunächst hinauf zur eher unscheinbaren, mit nur wenigen Gasthöfen verbauten Passhöhe und weiter Richtung Arabba. Im oberen Abschnitt der Strecke blitzt bei schönem Wetter im Süden der gewaltige Marmolada-Gletscher zu uns herüber, den wir uns im Zusammenhang mit dem Passo di Fedaia (Nr. 48) noch ein wenig genauer anschauen werden. Da die gesamte Strecke als eine der Hauptverkehrsadern der Dolomiten gilt, ist sie dementsprechend ordentlich ausgebaut und in gutem Zustand, aber auch recht verkehrsreich.

Nord-Süd-Tangente mit Ausblick: Der Passo di Campolongo bietet zahlreiche Gelegenheiten für aussichtsreiche Zwischenstopps.

SEHENSWERTES AM WEGESRAND

Hauptsächlich in Alta Badia sowie dem angrenzenden Val Gardena, aber auch im Grödner- und Fassatal sind die Ladiner beheimatet, ein rätoromanischer Volksstamm, der seit Urzeiten die Berge und Täler im Herzen der Dolomiten bewohnt. Dabei ist **„Ladinien"** ein heutzutage auf keiner Karte mehr zu findender Kulturraum, der auf seine Besucher einen ganz besonderen Reiz ausübt. In all den Tälern findet man dreisprachige Beschilderungen und Bekanntmachungen, jeweils in Deutsch, Italienisch und Ladinisch, einer geheimnisvollen rätoromanischen Sprache, deren Substanz sowohl mit dem Italienischen, als auch mit dem Französischen, dem Provenzalischen, und dem Katalanischen verwandt ist.
Doch nicht nur durch ihre Sprache unterscheiden sich die Ladiner ganz bewusst von den anderen Volksgruppen Italiens. Auch ihre selbstbewusste Kultur, tief verwurzelt in der Welt ihrer Berge ist erlebenswert. Seit Jahrhunderten bestimmt das Leben mit und in den Bergen das Denken und Handeln der Bewohner. Das Wissen um die natürlichen Zusammenhänge wurde bewahrt und von Generation zu Generation weitergegeben. Kein Wald wird gerodet, wo Lawinengefahr besteht, kein Haus gebaut, wo reißende Bäche und berüchtigte Fallwinde lauern. Kaum ein Fenster existiert auch heutzutage noch an den sonnenlosen Nordseiten der traditionellen Häuser und ihre Dächer haben zur optimalen Schneelastverteilung genau 25° Neigung. Selbst der im 19. Jahrhundert einsetzende Tourismus konnte das Land und seine Menschen nicht ihrer Wurzeln berauben. Das „Museum Ladin" in St. Martin in Thurn gewährt Einblicke in Geschichte und Gegenwart der ladinischen Täler im Herzen der Dolomiten.

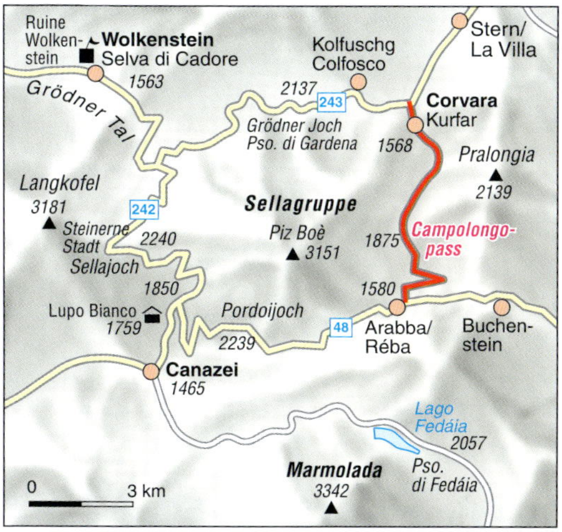

Vom Feinsten ist der Blick vom Pass hinunter auf Corvara.

HÖHENPROFIL

Höhenmeter bergauf	314 m
Höhenmeter bergab	243 m
Maximale Steigung	7,4 %
Durchschnittliche Steigung	6,0 %
Maximales Gefälle	5,9 %
Durchschnittliches Gefälle	5,6 %

(berechnet mit Motorrad Tourenplaner 2008)

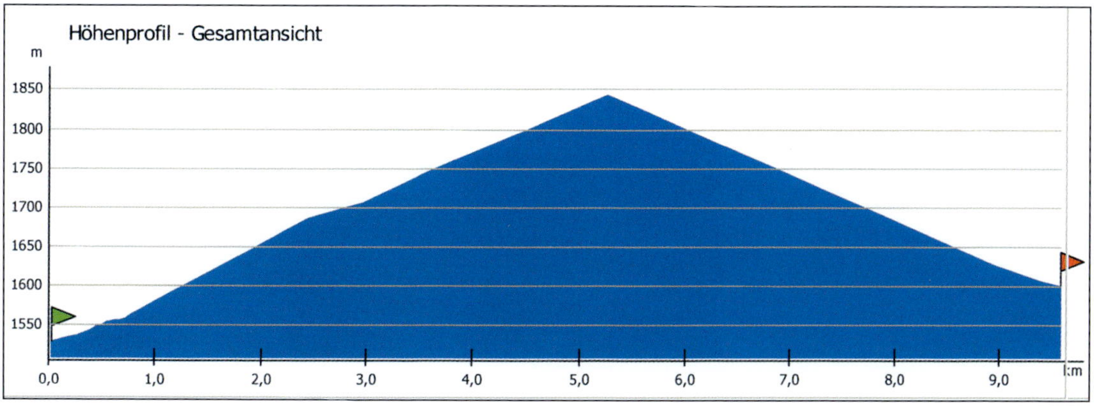

47 Alpenpässe in Italien
PASSO SELLA – SELLAJOCH

IM ÜBERBLICK

Name	Passo Sella – Sellajoch
Land	Italien
Region	Dolomiten
Höchster Punkt	2.213 m
Basisorte	Selva di Val Gardena und Canazei
Anzahl der Kehren	32
Streckenlänge	23 km
Schwierigkeitsgrad	mittel
Straßenverhältnisse	oft überforderte Wohnmobil- und rücksichtslose Busfahrer
Mautpflicht	keine
Wintersperre	keine (bei starkem Schneefall kurzfristige Sperrung möglich)
Kombinierbar mit	Nr. 42, 43, 44, 45, 46, 48, 49

Das Sellajoch bzw. der Passo Sella verbindet Selva di Val Gardena mit Canazei im Fassatal in der Region Trentino. Zweifellos ist dieser Pass der berühmteste und bekannteste unter allen Dolomitenpässen, was er nicht zuletzt seiner spektakulären Kulisse zu Füßen des gewaltigen Sella-Felsblocks mit dem 2.975 Meter hohen Piz Gralba zu verdanken hat. Fahrerisch ist er mäßig anspruchsvoll, sein Reiz liegt auch in seiner Beliebtheit bei italienischen Bikern, vor allem den Ducatisti. Wollten Sie sich immer schon einmal mit den einheimischen Dolomiten-Bikern in Sachen Schräglage und Kurventechnik messen, dann kommen Sie unbedingt an einem schönen Sommerwochenende ganz früh hinauf zum Sellajoch. Warten Sie dort einen Augenblick, trinken Sie vielleicht noch einen schnellen Espresso und sobald ein erstes lautes Auspuffdröhnen die Welt der Berge erfüllt, fordern Sie die Kollegen zum Kurventanz. Es wird Ihnen gefallen – ob Sie allerdings diesen Contest gewinnen (können), ist mehr als zweifelhaft. Denn viele der italienischen Biker sind alte Dolomitenhasen in des Wortes kühnster Bedeutung und haben wohl jede Kehre schon hundert Mal mit ihren Fußrasten signiert.

Doch zurück zum Joch: Vom Sellajochhaus etwas unterhalb der Passhöhe aus führt im Sommer eine Gondelbahn hinauf in die Langkofelscharte, einem durchaus anspruchsvollen Wandergebiet. Und in unmittelbarer Nähe befinden sich die berühmten Sellatürme, ein wahres Kletterparadies.

Ein großer Nachteil des Sellajochs sei nicht verschwiegen: Sowohl Reisebusse, als auch Wohnmobile glauben die Sella-Umrundung auf jeden Fall fahren zu müssen. Vor allem zur Hauptreisezeit im Sommer geht es deshalb oben am Joch oftmals extrem eng zu, da müssen selbst Biker millimetergenau zirkeln, wenn wieder einmal ein Reisebus-Fahrer völlig überfordert versucht, seinen Koloss um die Ecken der Passhöhe zu zirkeln. Mein Tipp:

Optisch und geologisch gewaltig: Der Block der Sella-Gruppe dominiert die gesamte Region.

SEHENSWERTES AM WEGESRAND

Ursprünglich stammte der Begriff wohl aus dem Skitouren-Gehen: Die **Sella Ronda**, die Sella-Runde, ist eine Umrundung des Sella-Massivs als Skitour. Doch Motorradfahrer haben ihre ganz eigene Version dieser Sella-Runde kreiert, eine Rundfahrt – als einfache Runde oder als Achter – die im Roadbook nicht fehlen darf. Ausgangspunkt ist jeweils Canazei im Fassatal. Die einfache Runde führt dabei über das Sellajoch, dann über das Grödner Joch (Nr. 42) hinab nach Corvara und über den Passo di Campolongo (Nr. 46) nach Arabba und über den Passo Pordoi (Nr. 49) retour nach Canazei. Diese einfache Runde kann natürlich auch entgegen des Uhrzeigersinns gefahren werden.
Der sogar tagesfüllende Sella-Achter hingegen wendet sich nach dem Passo di Campolongo nach links zum Passo di Falzarego (Nr. 44), weiter über den Passo di Valparola (Nr. 43) sowie La Villa in Alta Badia nach Corvara und nochmals via Passo di Campolongo nach Arabba und dann rechts ab über den Passo Pordoi zurück nach Canazei. Spätestens am Ende dieses Achters sollten Sie wissen, warum die Dolomiten das Bikerparadies Europas sind. Und abgesehen von einigen wenigen Strecken in den französischen Seealpen gibt es fahrerisch keine größeren Herausforderungen. Alle Details im Kapitel „Rundtouren" am Ende dieses Buches.

HÖHENPROFIL

Höhenmeter bergauf	651 m
Höhenmeter bergab	740 m
Maximale Steigung	11,0 %
Durchschnittliche Steigung	6,8 %
Maximales Gefälle	9,2 %
Durchschnittliches Gefälle	6,4 %

(berechnet mit Motorrad Tourenplaner 2008)

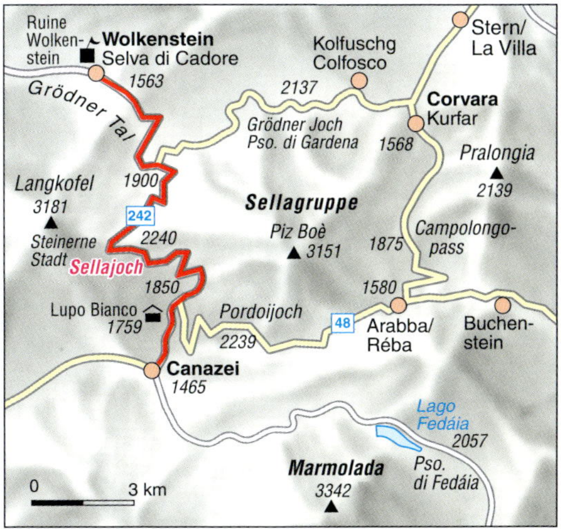

Meiden Sie den August für die Sella-Runde, gönnen Sie sich diese Pracht im Frühsommer oder Herbst.

Treff für alle: die Passhütte am Sellajoch.

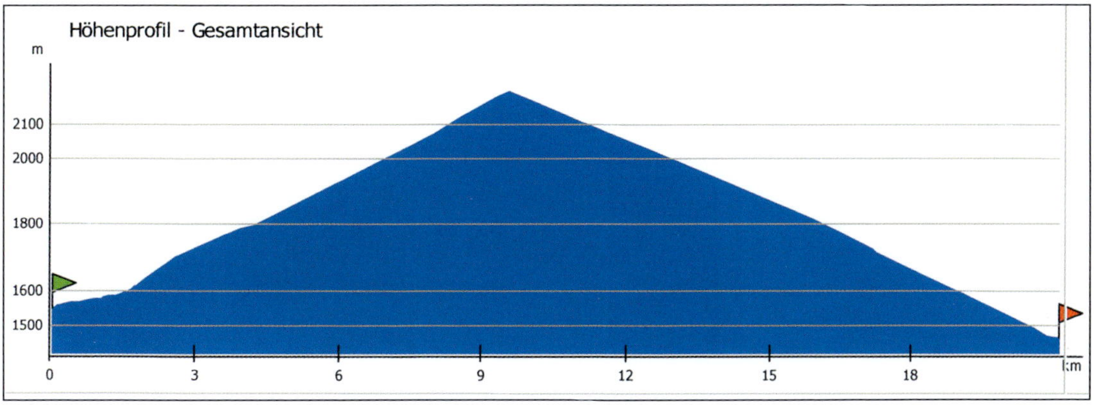

48 *Alpenpässe in Italien* PASSO DI FEDAIA

IM ÜBERBLICK

Name	Passo di Fedaia
Land	Italien
Region	Dolomiten
Höchster Punkt	2.056 m
Basisorte	Canazei im Westen und Rocca Pietore im Osten
Anzahl der Kehren	23
Streckenlänge	26 km
Schwierigkeitsgrad	mittel
Straßenverhältnisse	aus Canazei kommend nur wenige Überholmöglichkeiten
Mautpflicht	keine
Wintersperre	keine
Kombinierbar mit	Nr. 42, 43, 44, 45, 46, 47, 48

Die Marmolada-Gruppe mit ihrem gewaltigen Gletschergebiet zählt zu den landschaftlichen Highlights des Passo di Fedaia, der sozusagen auf Tuchfühlung an diesen letzten Gruß der Eiszeit heranführt. Zunächst gilt es nach Canazei das Dorf Alba zu queren, bevor die Pass-Straße in ein weitläufiges Hochtal mündet, das bereits erste Blicke auf den gewaltigen Gebirgsstock der Marmolada erlaubt. Unterhalb der Straße kann man vor allem im Sommer, wenn der Gletscher unter der harten Sonneneinstrahlung mehr und mehr dahinschmilzt, einen gewaltigen Gebirgsbach rauschen hören. Entlang der Strecke sind einige schön angelegte Pausenplätze mit Bänken eingerichtet, die von den Reisenden gerne angenommen werden. Die Straße selbst windet sich in insgesamt ordentlichem Zustand an der linken Talseite in Serpentinen hinauf zur Staumauer und den gewaltigen, optisch unschönen, aber notwendigen Lawinengalerien. Unmittelbar vor der Passhöhe begrüßt uns dann der gewaltige Lago di Fedaia, der einen Großteil der Schmelzwasser des Gletschers aufstaut und dann zur Stromgewinnung ins Tal entlässt. Am Ende der befahrbaren Staumauer bieten einige Gasthöfe eine beliebte Einkehrmöglichkeit, sofern Sie Proviant dabei haben, empfehle ich allerdings ein Pausenplätzchen entlang des Seeufers zu suchen. Dort schmecken die kostenlos mit grandiosen Ausblicken garnierten Wurstsemmeln garantiert doppelt so gut.

Die Passhöhe selbst „zieren“ wie so oft die obligatorischen Andenken- und Postkartenstände sowie einige, im Sommer allerdings häufig überlaufene Einkehrmöglichkeiten. Von der Passhöhe aus führt die Straße zunächst in Serpentinen recht steil bergab um dann an der Talstation der Marmolada Gletscherseilbahn in eine landschaftlich schöne Bergstrecke durch einsame Dörfer zu schwingen. In Rocca Pietore bzw. in Caprile gibt es einige Cafés sowie eine Tankstelle, an der das Benzinfass gefüllt werden kann.

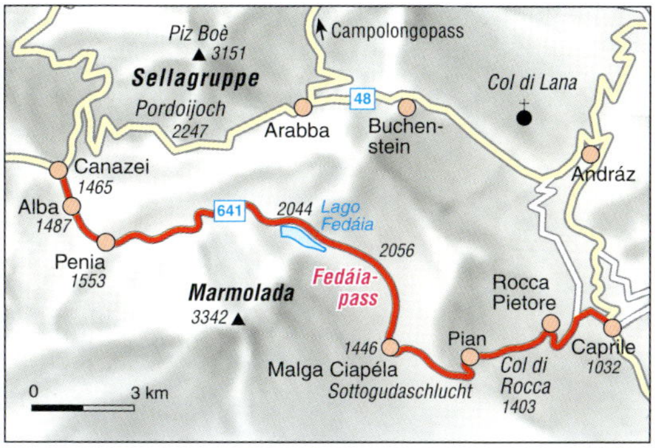

Geheimnisvolle Welt der Gletscher:
Die gewaltige Staumauer des Lago di Fedaia bändigt die Wasser der Marmolada.

HÖHENPROFIL

Höhenmeter bergauf	652 m
Höhenmeter bergab	983 m
Maximale Steigung	13,5 %
Durchschnittliche Steigung	6,6 %
Maximales Gefälle	11,6 %
Durchschnittliches Gefälle	6,4 %

(berechnet mit Motorrad Tourenplaner 2008)

SEHENSWERTES AM WEGESRAND

Der Name **„Marmolada“** soll die Ähnlichkeit des Felsmassivs mit Marmorgestein verdeutlichen, die Marmolada selbst ist mit 3.343 Metern der höchste Berg der Dolomiten. Die auf seiner Nordseite vergleichsweise sanft abfallende Flanke birgt einen der bedeutendsten, weil größten Gletscher der Dolomiten, um dessen Entstehung sich so manche Sage rankt.

Eine Südtiroler Version berichtet davon, dass es ursprünglich auf der Marmolada gar kein Eis, sondern fruchtbare Almen und Wiesen gab. Vor einem wichtigen kirchlichen Feiertag im August unterbrachen die Bauern der Marmolada wie bestimmt die Heuernte und gingen ins Tal zur Kirche. Nur zwei von ihnen war angesichts der wartenden Arbeit die Feiertagsruhe egal, sie arbeiteten weiter, um ihr Heu noch trocken in die Scheune zu bringen. Und siehe da, tatsächlich fing es alsbald an zu schneien, kräftig und unaufhörlich, bis die ganze Marmolada und die beiden ungehorsamen Bauern unter Eis und Schnee begraben waren. Im Ersten Weltkrieg war die Marmolada als Grenze zwischen Österreich-Ungarn und Italien hart umkämpft. Beide Parteien sprengten viele Stollen in den damals noch gewaltigen Gletscher, die neben Versorgungs- auch Unterkunftszwecken dienten. Eine richtiggehende Stadt im Eis entstand, aber am 13. Dezember 1916 verschüttete eine Lawine das österreichische Reservelager Gran Poz, wobei über 320 Soldaten lebendig begraben wurden, von denen nur 50 noch lebend geborgen werden konnten.

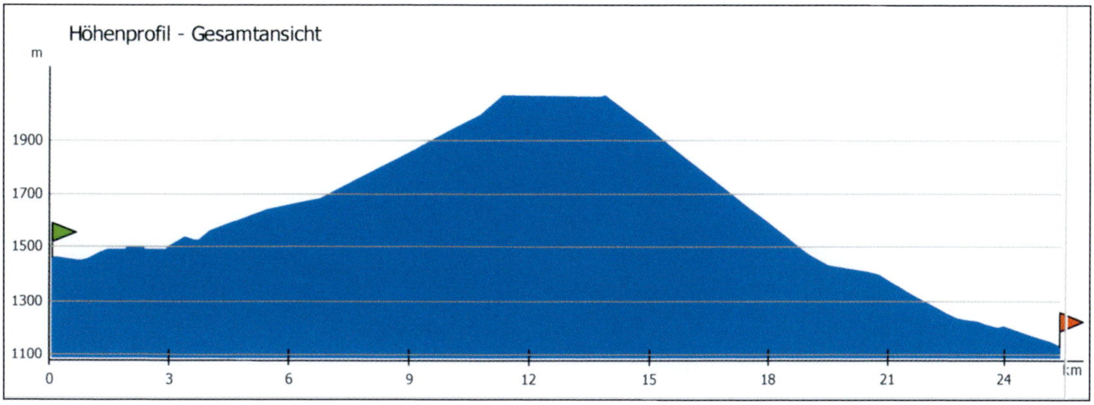

49 Alpenpässe in Italien
PASSO PORDOI

IM ÜBERBLICK

Name	Passo Pordoi
Land	Italien
Region	Dolomiten
Höchster Punkt	2.239 m
Basisorte	Canazei und Arabba
Anzahl der Kehren	65
Streckenlänge	22 km
Schwierigkeitsgrad	mittel bis anspruchsvoll
Straßenverhältnisse	viele enge Kehren, viele Pkw, Wohnmobile und Busse
Mautpflicht	keine
Wintersperre	keine (bei starkem Schneefall kurzfristige Sperrung möglich)
Kombinierbar mit	Nr. 42, 43, 44, 45, 46, 47, 48

SEHENSWERTES AM WEGESRAND

Canazei ist sommers wie winters der wohl bekannteste Fremdenverkehrsort des Fassatales, ja ich vermute sogar der gesamten Dolomiten. Und er ist zugleich ein Verkehrsknotenpunkt zwischen den wichtigsten Dolomitenpässen. Demzufolge brummt in dem hübschen Bergdorf mit seiner immer noch hervorblitzenden Ursprünglichkeit nahezu ganztags das Leben in voller italienischer Lautstärke. Das war allerdings nicht immer so. Canazei war einst der ärmste Ort des gesamten Fassatales. Doch daran erinnert man sich hier nicht gerne. Der heutige Reiz des Bergdorfes liegt sicherlich in dem erlebenswerten Kontrastprogramm zur oftmals überwältigenden Ruhe, ja sogar Einsamkeit der umliegenden Berge.
Mein Tipp: Gönnen Sie sich nach der „Bezwingung" der umliegenden Pässe unbedingt einen leckeren Cappuccino in einem der zahlreichen Cafés im Ortszentrum und schauen Sie in aller Ruhe dem bunten Treiben zu. Es ist hoch interessant.
Infos auch unter www.val-di-fassa.com.

Der Passo Pordoi zählt fahrerisch zu den größten Herausforderungen der gesamten Dolomiten – und das nicht nur rein physisch wegen der Anzahl der zu bewältigenden Kehren und Kurven. Er ist mit insgesamt 2.239 Metern auch der zweithöchste asphaltierte Straßenpass Italiens und verbindet Arabba im Herzen der Dolomiten mit Canazei im bekannten Val di Fassa.

In unmittelbarer Nachbarschaft zum Sellajoch (Nr. 47) bilden Passo Pordoi und jene Sella-Gruppe die wohl beliebtesten Wander- und Bergsteigergebiete der Region. Wer es auch als Biker etwas bequemer mag, kann vom Passo Pordoi aus mit einer Seilbahn in die Gipfelregionen des Sella-Massivs aufsteigen. Aufgrund der Beliebtheit des Geländes bei Wanderern und Bergsteigern sind bereits frühmorgens auch zahlreiche Pkw in Richtung der Passhöhe unterwegs. Die Chancen, all die fahrerische und landschaftliche Pracht ganz für sich allein zu haben, sind gleich null.

Auf der Passhöhe selbst befinden sich eine Hand voll Hotels und Gasthöfe, die nach all der Kurvenhatz dem Biker gerne die notwendige Stärkung bereitstellen. Auch der Passo Pordoi ist natürlich Bestandteil der „Großen Dolomitenstraße" und war – ebenso natürlich – in beiden Weltkriegen hart umkämpftes Territorium. Eine Gedächtnisstätte mit Soldatenfriedhof mit über 9.000 Gefallenen erinnert daran und mahnt für alle Zeiten.

Zahlreiche enge Spitzkehren sind von Westen her auf dem Weg zum Scheitelpunkt zu bewältigen und verlangen – gleichwohl es wesentlich

schlechtere Straßenzustände geben mag – eine erfahrene, ruhige Hand im Umgang mit dem Motorrad. Ein Problem ist im Sommer auch die Beliebtheit des Passes bei Busreisenden und ihren oftmals völlig überforderten Fahrern, die sich eher rücksichtslos auch ohne Vorfahrt den Weg nach oben – und anschließend wieder zurück ins Tal – bahnen. Da heißt es dann wie so oft, der Klügere zu sein und nachzugeben. Ganz besonders im August zur Hauptreisezeit auch der Italiener empfehle ich, den Passo Pordoi möglichst zu meiden.

Ist die Passhöhe geschafft, liegt das Skiressort Arabba bereits weit unten im Tal vor unserem Windshield. Kein Baum und kaum ein Strauch versperrt uns die freie Sicht, denn das gesamte Gelände ist eines der wichtigsten Skigebiete Italiens und demzufolge bereits seit vielen Jahren „um Risiken" – sprich Bäume – bereinigt.

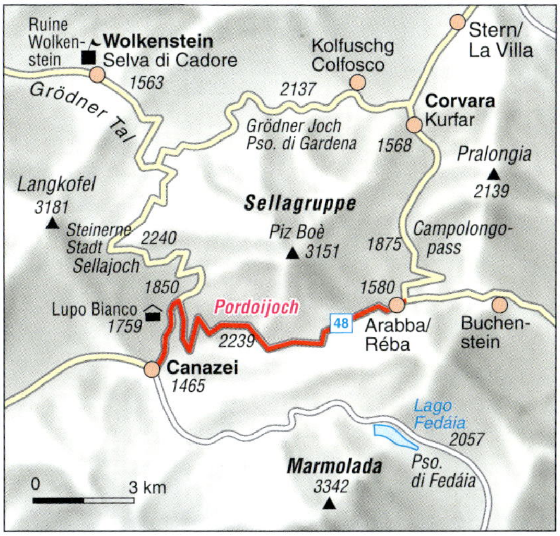

Freie Sicht für freie Biker: Der Passo Pordoi entführt uns auf weiter Strecke in höchst aussichtsreiches Gelände.

HÖHENPROFIL

Höhenmeter bergauf	809 m
Höhenmeter bergab	656 m
Maximale Steigung	9,2 %
Durchschnittliche Steigung	6,6 %
Maximales Gefälle	9,3 %
Durchschnittliches Gefälle	7,0 %

(berechnet mit Motorrad Tourenplaner 2008)

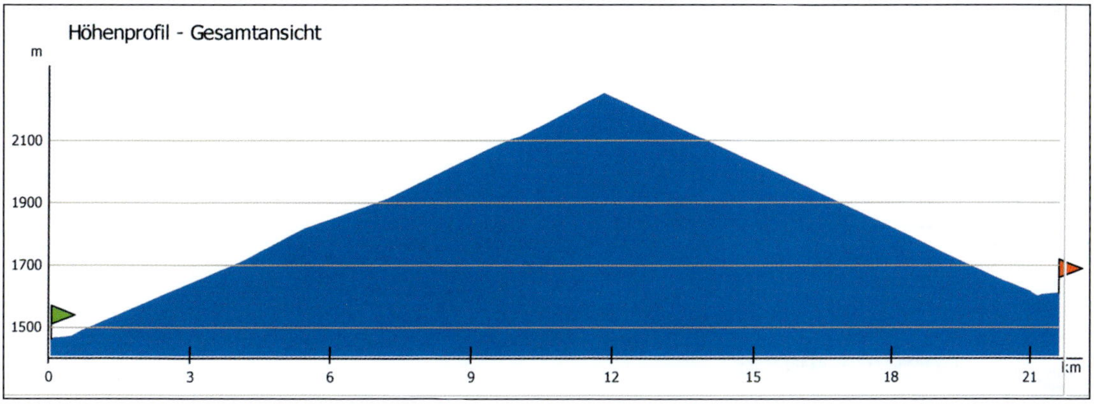

50 Alpenpässe in Italien
KARERPASS – PASSO DI COSTALUNGA

IM ÜBERBLICK

Name	Karerpass – Passo di Costalunga
Land	Italien
Region	Dolomiten
Höchster Punkt	1.745 m
Basisorte	Nova Levante (Welschhofen) und Vigo di Fassa
Anzahl der Kehren	16
Streckenlänge	17 km
Schwierigkeitsgrad	leicht
Straßenverhältnisse	gut ausgebaut, guter Belag, mit schönen Rastplätzen
Mautpflicht	keine
Wintersperre	keine
Kombinierbar mit	Nr. 47, 51, 52

Die „Große Dolomitenstraße“ führt von Bozen kommend als eine der wichtigsten West-Ost-Verbindungen über den Karerpass oder Passo di Costalunga weiter nach Canazei. Demzufolge wälzt sich einiges an Verkehr tagein, tagaus, über den Pass, der dennoch – nicht zuletzt wegen seiner Ausblicke auf den Rosengarten und das Latemar-Massiv – seinen Reiz besitzt. Die Anfahrt kann sowohl von Nova Levante/Welschhofen, als auch alternativ aus dem hübschen Tierser Tal, aufsteigend über den Passo di Nigra (Nr. 51) erfolgen. Letztere Möglichkeiten besitzt den Charme, zum einen deutlich weniger Verkehr aufzuweisen, zum anderen kurvenreicher und fahrerisch abwechslungsreicher zu sein. Zudem führt die Anfahrt über den Niger-Sattel an den spektakulären Felswänden des Rosengartens entlang – ein Panorama, das wir uns im nächsten Kapitel gönnen werden.

Durch das Val d'Ega führt eine gut ausgebaute Straße von Bozen kommend durch eine tiefe und abschnittsweise enge Schlucht. Imposante Felswände ragen rechts und links des Lenkers in den Himmel und lassen auch im Sommer nur wenig Sonnenlicht auf die Straße fallen. Etwas unterhalb der Passhöhe liegt in einer weiten Rechtskurve und versteckt mitten im Wald der Karersee, der bei schneller Kurvenhatz gerne einmal übersehen werden kann. Wenn Sie sich urplötzlich wundern, warum sich linker Hand auf einem Parkplatz Reisebusse, Wohnmobile und Pkw stapeln, dann haben Sie soeben rechter Hand den hübschen Bergsee komplett übersehen.

Kreuzungspunkt der „Großen Dolomitenstraße“: Der Karerpass ist im Sommer oftmals reines Biker-Territorium.

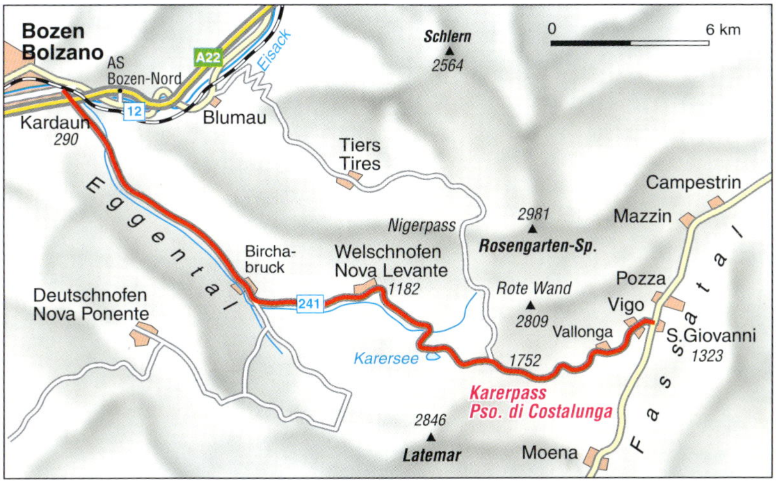

Mein Tipp: Fahren Sie den Karerpass frühmorgens, dann lohnt sich auch ein ausgiebiger vorhergehender Fotostopp am See. Und wenn Sie mögen, können Sie auch in einer guten Viertelstunde einmal um den See herumwandern – wie schon an anderer Stelle gesagt: Bewegung in frischer Bergluft soll ja gesund sein!

Nach einigen Kurven sowie der Unterquerung gewaltiger Betonfundamente von Skipisten ist dann die Passhöhe erreicht. Zahlreiche Hotels, einige Restaurants sowie Cafés haben sich in einer Art Straßendorf hier angesiedelt, da der Passo di Costalunga im Winter ein beliebtes Skigebiet ist. Durch weitläufige Hochalmwiesen schwingt die Pass-Straße anschließend in unzähligen Bögen gemütlich und genüsslich hinunter ins Val di Fassa und läuft dort in Almwiesen aus.

HÖHENPROFIL

Höhenmeter bergauf	613 m
Höhenmeter bergab	380 m
Maximale Steigung	12,7 %
Durchschnittliche Steigung	7,5 %
Maximales Gefälle	13,5 %
Durchschnittliches Gefälle	4,3 %

(berechnet mit Motorrad Tourenplaner 2008)

SEHENSWERTES AM WEGESRAND

„Lage in Gemeinde Welschhofen – Oberfläche ca. 3,5 Hektar – Meereshöhe 1.519 Meter – maximale Tiefe 17 Meter – Volumen variabel – Uferlinie variabel – Gesamtbewertung: Oligotroph, sehr klares Wasser mit entsprechend hoher Sichttiefe, hydrogeologisch bedingte große Wasserspiegelschwankungen, im Uferbereich Auftreten von Trittschäden aufgrund von Massentourismus."

Betrachtet man einfach nur die nüchternen Fakten des **Lago di Carezza**, des Karersees, mag man kaum glauben, dass es sich hierbei um einen der schönsten Alpenseen der Dolomiten handelt. Doch zumindest ganz früh am Morgen, wenn die Busladungen an Touristen noch in den Hotels der umliegenden Täler frühstücken, kann man die Schönheit des Sees erforschen, erwandern und erleben. Gespeist von unerforschten unterirdischen Quellen aus dem Latemargebirge liegt das sanftgrüne Wasser spiegelglatt vor unseren Füßen. Einzelne Luftblasenzüge können darauf hindeuten, dass sich gerade mal wieder ein paar Taucher die Schönheit aus ganz anderer Perspektive anschauen. Dies übrigens gerne auch im Winter, wenn man unter einer dicken Eisschicht Orientierungs-Tauchgänge machen kann. Um den See mit seinem geheimnisvollen Touch ranken sich viele Sagen und unzählige Maler verewigten ihn bereits in Öl- und Pastellfarben.

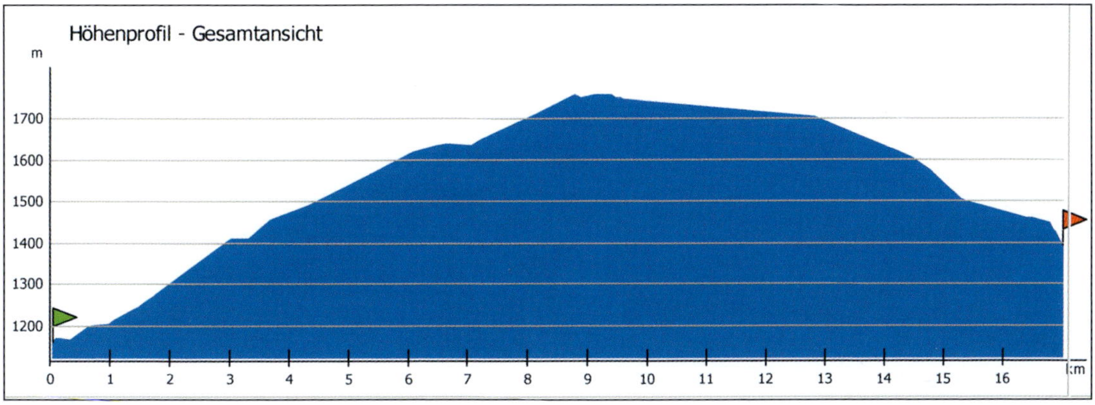

51 *Alpenpässe in Italien*
NIGERPASS – PASSO DI NIGRA

IM ÜBERBLICK

Name	Nigerpass – Passo di Nigra
Land	Italien
Region	Dolomiten
Höchster Punkt	1.690 m
Basisorte	Tiers im Tierser Tal und Carezza al Lago im Val d'Ega
Anzahl der Kehren	17
Streckenlänge	19 km
Schwierigkeitsgrad	leicht bis mittel
Straßenverhältnisse	gut asphaltierte, kurvige Straße, im Frühling viel Rollsplitt
Mautpflicht	keine
Wintersperre	keine
Kombinierbar mit	Nr. 50, 52

Ob Sie ihn nun Passo di Nigra, Nigerpass oder Nigersattel nennen, ist vollkommen egal. Gemeint ist in jedem Fall ein hübscher, kurvenreicher und fahrerisch abwechslungsreicher, 1957 erbauter Alpenpass, der sich an die natürliche Landschaftsform anpassend unterhalb des Rosengartenmassivs entlang schlängelt. Er verbindet das Tierser Tal mit dem Karerpass (Nr. 50).

Seine maximale – kurzzeitige – Steigung vor dem Örtchen Tiers beträgt satte 24 Prozent, damit gehört dieser, nur auf den ersten Blick eher unscheinbare, Pass immerhin zu den steilsten ganz Italiens. Und aller Steigung zum Trotz ist er auch noch ganzjährig geöffnet! Dafür geht es anschließend auf gut ausgebauter und erfreulich wenig frequentierter Straße weiter bergan.

Die knapp unterhalb des Passschildes in einer weiten Kurve gelegene Nigerhütte ist ein beliebter Treffpunkt für Wanderer und Motorradfahrer und bietet neben allerlei Stärkung in Form ordentlicher Hausmannskost vor allem auch eine herrliche Aussicht auf den angrenzenden Naturpark Schlern. Weiter geht es durch lichten Bergwald Richtung Passo di Costalunga (Nr. 50) mit herrlichen Ausblicken auf den Rosengarten und das Tierser Tal.

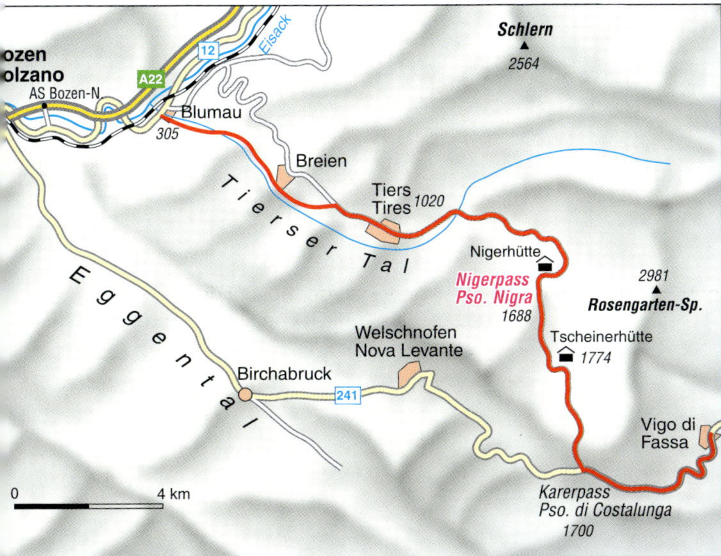

SEHENSWERTES AM WEGESRAND

Nur wenige Minuten am Tag und nur bei tief stehender Sonne beginnen die Felswände des Rosengartens sich in geheimnisvolles, rötliches Licht zu tauchen, eine Naturerscheinung, die zur Grundlage unzähliger Sagen und Mythen wurde und die Menschen immer schon faszinierte, aber auch ängstigte. Die schönste aller Sagen erklärt das Phänomen so:
König Laurin, der sagenhafte König des Rosengartens, hatte sich im sogenannten „Gartl", einer Einbuchtung im Gestein unterhalb des Gipfels, einen wunderschönen Rosengarten angelegt, auf den er vollkommen zu Recht mächtig stolz war. Viele Stunden am Tag verbrachte er zwischen seinen Rosen, die er hegte und pflegte. Da begab es sich, dass ein entfernter Nachbar, der König an der Etsch, seine schöne Tochter Similde vermählen wollte. Alle Adeligen der Umgebung wurden zu einer Maifahrt eingeladen, um den geeignetsten Kandidaten für das Töchterlein herauszusuchen. Nur der Zwergenkönig Laurin erhielt keine Einladung und war darüber mächtig erzürnt. Seit Jahren schon im Besitz einer Tarnkappe beschloss er, als unsichtbarer Gast dennoch an der Feier teilzunehmen. Als er Similde sah, verliebte er sich sofort unsterblich in sie, setzte sie kurzerhand auf sein Pferd und galoppierte mit ihr davon.
Geführt vom legendären Ritter Dietrich von Bern und seinem Waffenmeister Hildebrand zogen die Männer des Landes in Richtung Rosengarten aus, um Similde zurückzuholen. Doch König Laurin hatte noch eine weitere Waffe, seinen Wundergürtel, der ihm die Kraft von zwölf Männern verlieh. Siegesgewiss stellte er sich mit seinem Gürtel dem Kampf, den er aber trotz aller List und Tücke zu verlieren drohte. Als er das erkannte, zog er sich die Tarnkappe über und sprang, unsichtbar wie er nun zu sein glaubte, im Rosengarten hin und her, und versuchte seinen Häschern zu entkommen. Die Ritter aber erkannten an den Bewegungen der Rosen, wo sich der Zwergenkönig verbarg. Sie packten ihn, zerstörten den Zaubergürtel und führten ihn in Gefangenschaft hinaus aus seinem Reich. Ein letztes Mal drehte Laurin sich um und belegte eben jenen Rosengarten, der ihn so schmählich verraten hatte, mit einem Fluch: Weder bei Tag noch bei Nacht sollte ihn jemals mehr ein Menschenauge sehen können. Doch Laurin hatte in seinem Zorn die Dämmerung vergessen und so kommt es, dass König Laurins Rosengarten immer bei Sonnenauf- und -untergang zu blühen beginnt.

Pausenplätzchen mit Blick auf König Laurins Rosengarten: Berghütte und Einkehrtipp am Nigerpass.

HÖHENPROFIL

Höhenmeter bergauf	816 m
Höhenmeter bergab	147 m
Maximale Steigung	11,7 %
Durchschnittliche Steigung	5,7 %
Maximales Gefälle	8,0 %
Durchschnittliches Gefälle	3,4 %

(berechnet mit Motorrad Tourenplaner 2008)

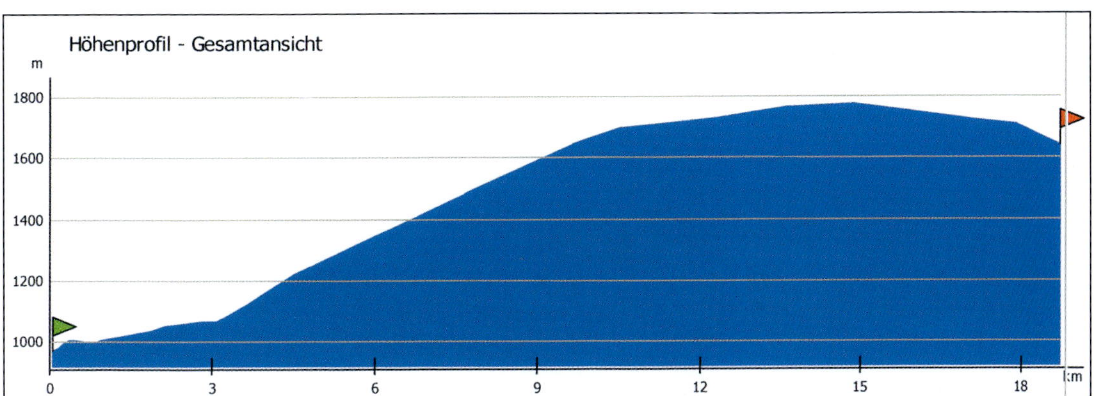

52 Alpenpässe in Italien
PASSO DI LAVAZÉ

IM ÜBERBLICK

Name	Passo di Lavazé
Land	Italien
Region	Südtirol und Trentino
Höchster Punkt	1.808 m
Basisorte	Ponte Nova und Cavalese
Anzahl der Kehren	13
Streckenlänge	23 km
Schwierigkeitsgrad	leicht
Straßenverhältnisse	einwandfreier Zustand, einige Tempokontrollen
Mautpflicht	keine
Wintersperre	keine
Kombinierbar mit	Nr. 50, 51, 53, 54, 63

SEHENSWERTES AM WEGESRAND

Ein eher unbekanntes Highlight des Passo di Lavazé zweigt oben an der Passhöhe zwischen den Gasthöfen Richtung Westen ab – der Weg zum ziemlich unbekannten und nur winzig ausgeschilderten **Passo d'Oclini**. Gönnen Sie sich unbedingt diesen acht Kilometer langen Sackgassen-Abstecher hinauf auf knapp 2.000 Meter Höhe. Kurvenreich geht es durch lichten Tannenwald und weite Hochalmen auf ordentlicher Piste bergan. Vorsicht ist nur vor den hier frei weidenden Kühen geboten: sie sind extrem neugierig und betrachten Wege und Wiesen – zu Recht – als ihr Territorium.
Auch oben am Passo d'Oclini existieren mehrere Berggasthöfe, in denen die Einkehr mit einem deutlich grandioseren Ausblick garniert wird, als auf dem gut 200 Meter tieferen Passo di Lavazé. Freunde von Bergwanderungen finden hier oben ebenfalls ein weites Betätigungsfeld unterschiedlichster Schwierigkeitsgrade. Und wer nicht unbedingt einkehren möchte, kann sein mitgebrachtes Pausenbrot an unzähligen herrlichen Aussichtsplätzen verzehren.

Mit dem Passo di Lavazé verlassen wir in diesem Buch nun das Bikerparadies Dolomiten und wenden uns südlicheren Gefilden zu, deren Kurvenvergnügen und Fahrspaß aber keinesfalls geringer ist. Nur die uns umgebenden Landschaften ändern sich ein wenig, sie bleiben zwar deutlich alpin, doch bekommen sie nun einen südländischen Touch. Das Flair des Südens weht uns sozusagen ins offene Visier und bietet gänzlich andere Sinneseindrücke.

Der Passo di Lavazé ist die perfekte Einstimmung in ein neues Kapitel dieses Buches, sanft schwingen seine Kurven und Kehren durch die Bergwelt im Süden Bozens. In den Dörfern entlang der Strecke scheint die Zeit so manches Mal lange schon stehen geblieben zu sein, gleichwohl nach Jahren der Landflucht inzwischen immer mehr Menschen in die Bergdörfer zurückkehren, um sich eine neue Heimat fernab aller Hektik unserer Tage zu schaffen. Die Natur spendiert dazu Ausblicke, die wohl jeden begeistern: Von Norden aus dem Val d'Ega kommend verabschieden uns im Rücken die gewaltigen Südhänge der Dolomiten, während vor unserem Windshield bereits das Val di Fiemme winkt und lockt.

Zunächst folgt die Passstraße einem kleinen Flüsschen durch dichten Wald, in gemütlichen Rechts-Links-Kombinationen geht es gemächlich bergan. Oben auf der Passhöhe haben sich mehrere, fast schon obligatorische Berggasthöfe angesiedelt und bieten einen entspannten Einkehrschwung sogar mit kleinem Badesee. Der ist allerdings aufgrund der Höhenlage des Passes wahrlich nichts für Warmduscher.

Die Südrampe des Passo di Lavazé führt in mehreren Abschnitten zunächst durch lichte Wälder sowie im unteren Verlauf über weite Hoch-

Pass mit Abstecher-Empfehlung: Am Passo di Lavazé gibt es viel zu entdecken.

almen, die einen herrlichen Ausblick auf das Val di Fiemme erlauben. Der Straßenzustand des gesamten Passes ist gut, das Verkehrsaufkommen mäßig, so dass man sich fahrerisch auf weiter Strecke immer wieder auch auf die sich bietenden Ausblicke konzentrieren kann. Wer Cavalese, dem quirlig-lauten Hauptort des Val di Fiemme, rasch wieder entkommen möchte, sollte sich noch vor der nördlichen Stadtgrenze in Varena rechts halten und zum Beispiel über Castello di Fiemme und Molina auf den Passo Manghen (Nr. 53) abzweigen.

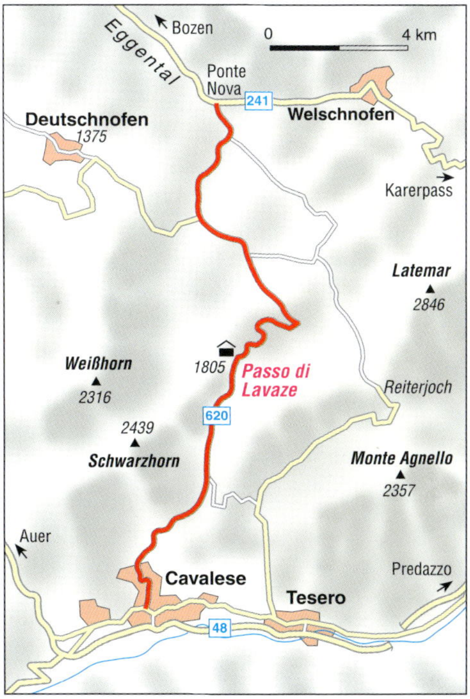

HÖHENPROFIL

Höhenmeter bergauf	919 m
Höhenmeter bergab	808 m
Maximale Steigung	11,4 %
Durchschnittliche Steigung	7,2 %
Maximales Gefälle	11,1 %
Durchschnittliches Gefälle	7,8 %

(berechnet mit Motorrad Tourenplaner 2008)

Den Kühen gehört die Vorfahrt.

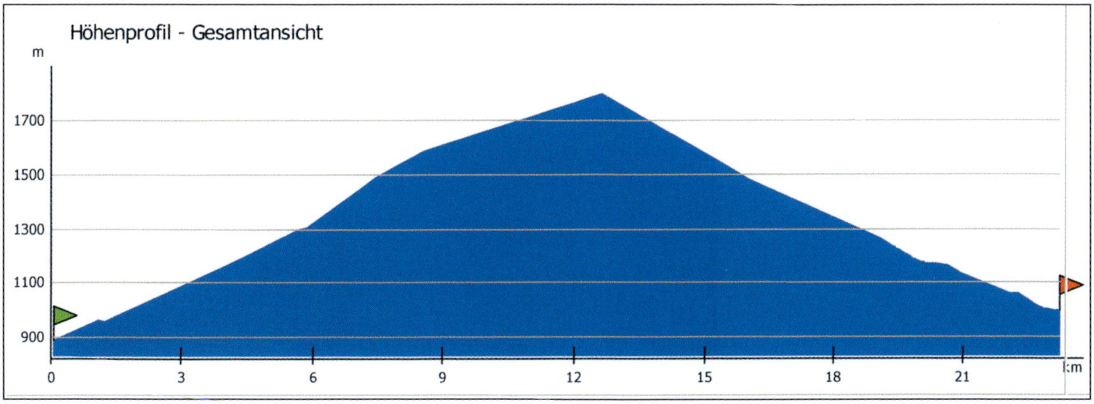

53 Alpenpässe in Italien
PASSO MANGHEN

IM ÜBERBLICK

Name	Passo Manghen
Land	Italien
Region	Südtirol und Trentino
Höchster Punkt	2.047 m
Basisorte	Molina in Südtirol und Borgo Valsugana im Trentino
Anzahl der Kehren	40
Streckenlänge	40 km
Schwierigkeitsgrad	mittel, stellenweise leicht anspruchsvoll
Straßenverhältnisse	schlaglochreiche Strecke, unübersichtliche Kehren
Mautpflicht	keine
Wintersperre	keine
Kombinierbar mit	Nr. 52, 54

Der Passo Manghen ist einer der eher unscheinbaren, fahrerisch aber nicht unbedingt anspruchslosen Pässe im Osten der Doppelprovinz Südtirol-Trentino. Die Schwierigkeit des Passo Manghen liegt vor allem in seinem Straßenzustand, der – aufgrund der Tatsache, dass es sich um keine bedeutende Verkehrsverbindung handelt – eher vernachlässigt wird. Seinen Charme und auch meine Empfehlung bezieht er auf der anderen Seite exakt aus eben jener Tatsache, dass wir ihn an vielen Tagen im Jahr nahezu ganz für uns haben können. Und allein das stellt einen deutlichen Anreiz dar, den Pass zu erfahren.

Der nördliche Basisort des Passes ist das hübsche Dorf Molina südwestlich von Cavalese. Aber Achtung: Der Wegweiser zum Passo Manghen ist leicht zu übersehen. Am besten orientieren Sie sich in Molina einfach Richtung Süden, queren den Aviso und folgen dem deutlich kleineren Rivo di Cadino südwärts in die Berge. Immer schmaler wird die Straße unter unseren Reifen und taucht schließlich unter in dichten Nadelwald. Die ersten einsamen Serpentinen geben uns zwar das Gefühl, allein auf weiter Flur zu sein, doch Vorsicht: Die Bewohner der umliegenden Dörfer rechnen meistens ebenso wenig mit Gegenverkehr. Bleiben wir deshalb schön in der Spur.

Unterhalb der Passhöhe weitet sich der Blick auf durchaus alpine Szenarien. Eine einfache Berghütte mit ein paar Sonnenbänken lockt zur Einkehr, oben auf der Passhöhe schmückt ein einfaches Kreuz die Szene. Hinunter nach Borgo geht es noch eine Spur kurvenreicher, als auf dem

Einsamkeit der Berge: Der Passo Manghen ist wenig befahren, gehört uns oftmals ganz allein.

SEHENSWERTES AM WEGESRAND

Das **Val di Fiemme** rund um Cavalese zählt zu den schönsten und geschichtsträchtigsten Tälern des Trentino. Prähistorische Funde belegen, dass bereits in der Steinzeit Jäger hier lebten. Später kamen die Römer und führten erbitterte Besatzungskriege gegen die Bevölkerung. Auch nach dem Niedergang des Römischen Reiches kam keine Ruhe auf. Die Herrschaftsverhältnisse wechselten zum Teil rascher als das Wetter. Ostgoten, Langobarden und Franken kamen und gingen und im Karolingischen Reich war das Val di Fiemme sogar einmal südlichste Provinz Deutschlands. Ein Jahrhundert lang bis 1918 war das Trentino Österreich angegliedert und nach dem Ersten Weltkrieg, in dem die Frontlinie zu Österreich noch im Trentino verlief, wurden die heutigen Grenzen der Region Trentino-Südtirol festgelegt. Heute ist das gesamte Trentino eine autonome Provinz Italiens.

Das tief verwurzelte Demokratieverständnis der Menschen im Val di Fiemme verdeutlicht unter anderem der sogenannte „Banc de la Reson“, der „Tisch der Vernunft“. In der Pfarrei Pieve dell´Assunta bei Cavalese existiert seit Urzeiten ein großer Stadtpark, in dessen Mitte sich zwei Steinkreise befinden, in deren Zentrum ein runder Steintisch steht. An diesem einzigartigen Tisch Italiens wurden einst die Versammlungen der Gemeinde Fleims abgehalten, die jedes Jahr am 15. August stattfanden. Hier wurden alle wichtigen Fragen der Gemeinde diskutiert und entschieden, jeder Bürger wurde gehört und konnte mit seiner Stimme über das Wohl und die Zukunft der Gemeinde mitentscheiden.

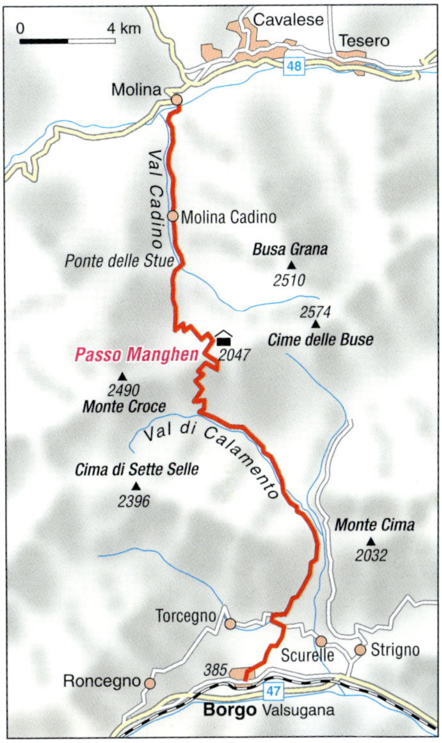

Hinweg. Beide Abschnitte der Passstraße tragen vollkommen zu Recht das grüne Band besonderer landschaftlicher Schönheit. Der Passo Manghen ist schlichtweg ein Pass für den Genießer, der weder höchste Höhen noch schwierigste Spitzkehren benötigt, um sich rundherum wohl zu fühlen. Mein Tipp: Legen Sie oben am Kreuz des Passo Manghen eine ausgiebige Pause ein und genießen Sie die Tatsache, die Welt – meistens – ganz für sich alleine zu haben.

HÖHENPROFIL

Höhenmeter bergauf	1.244 m
Höhenmeter bergab	1.664 m
Maximale Steigung	9,6 %
Durchschnittliche Steigung	7,4 %
Maximales Gefälle	14,3 %
Durchschnittliches Gefälle	7,3 %

(berechnet mit Motorrad Tourenplaner 2008)

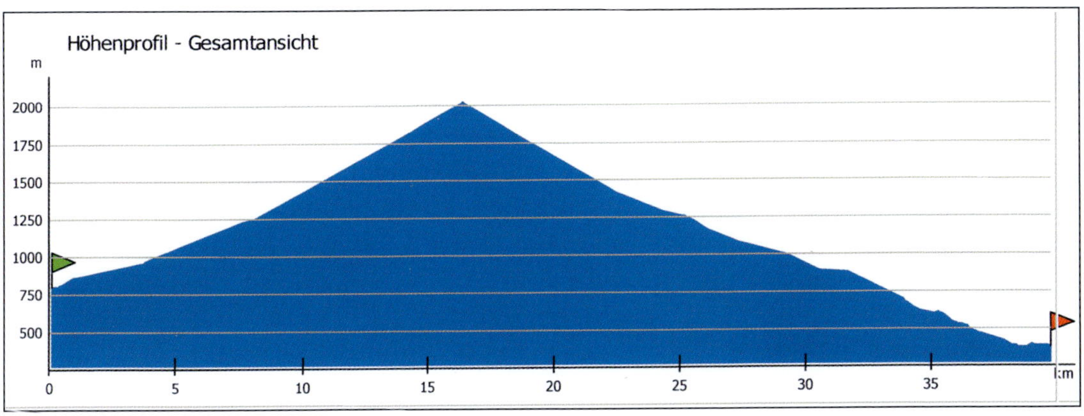

54 Alpenpässe in Italien
PASSO DI ROLLE

IM ÜBERBLICK

Name	Passo di Rolle
Land	Italien
Region	Trentino
Höchster Punkt	1.989 m
Basisorte	Predazzo u. Tonadico
Anzahl der Kehren	47
Streckenlänge	43 km
Schwierigkeitsgrad	mittel bis anspruchsvoll
Straßenverhältnisse	meist gut ausgebaut, aber schwierige Steigungen
Mautpflicht	keine
Wintersperre	keine
Kombinierbar mit	Nr. 52, 53

Bewacht von hohem Fels: Am Rollepass lohnen beide Auffahrten.

Auch der Passo di Rolle erlangte – lange bevor er ins Visier Schräglagen suchender europäischer Biker geriet – eher traurige Berühmtheit als Teil der Hauptkampflinien des Ersten Weltkrieges. Doch diese Tage sind lang vergangen und sollen uns heute nicht daran hindern, den Passo di Rolle als ein weiteres Pflichtziel auf Bikers Lebens-Roadbook in vollen Zügen zu genießen. Dies umso mehr, als uns der Pass durch den traumhaft gelegenen „Parco Naturale Paneveggio – Pale di San Martino“ führt. Beide Auffahrten hinauf zur Passhöhe sind fahrerisch lohnenswert und zum Teil auch anspruchsvoll, so dass mein Tipp einmal mehr lautet: Gönnen Sie sich den Passo di Rolle auf jeden Fall von beiden Seiten aus.

Die Passstraße ist weitgehend gut ausgebaut und verläuft von Predazzo kommend zunächst in Richtung Lago di Paneveggio, einem künstlich angelegten See auf gut 1.500 Höhenmetern im Val Travignolo. Darin zu schwimmen ist erlaubt, aber nichts für Warmduscher – darin zu angeln fällt da schon leichter. Entdeckte Fischarten sind zum Beispiel Forelle und Saibling. In vielen Kurven führt uns die Passstraße anschließend durch Wälder und über Hochalmen bergan. Rund um die Passhöhe existieren einige Möglichkeiten zur Einkehr. Das alles garniert mit herrlichen Ausblicken auf die Felszinnen der Pale-di-San-Martino-Gruppe mit immerhin einigen Dreitausendern.

SEHENSWERTES AM WEGESRAND

Der fast 20.000 Hektar große „Parco Naturale Paneveggio – Pale di San Martino" schützt eines der größten Fichtenwald-Refugien Italiens. Er wurde 1967 gegründet und umfasst auch den Fichtenwald des Paneveggio, der bei Geigenbauern für seine hervorragend geeigneten Haselfichtenfasern berühmt ist. Bereits Stradivari soll hier Holz für den Geigenbau eingekauft haben. Deshalb wird der Wald bei den Einheimischen auch **„Foresta dei Violini"**, der Geigenwald genannt. Heute sind diese Wälder jedoch geschützt.
Mitten im Herzen des Naturparks liegt das hübsche Bergdorf San Martino di Castrozza, berühmt seit den letzten Jahrzehnten des 19. Jahrhunderts, als es von englischen und deutschen Alpinisten entdeckt wurde. Das erste Hotel entstand 1873, die Gästeliste des Dorfes zeigt so große Namen wie Sigmund Freud und König Leopold von Belgien. Arthur Schnitzler schrieb in seinem Roman „Fräulein Else" zu Beginn des 20. Jahrhunderts, „Die Luft von San Martino ist prickelnd wie der Champagner", und Richard Strauss ließ sich hier für die „Alpensymphonie" inspirieren. Der umliegende Wald birgt auch heute noch so manches Geheimnis, wie das des „Mazarol", einem wilden Mann, der den Einheimischen allerdings die Kunst der Käsezubereitung beibrachte; oder das des „Caza Beatrik", eines fürchtlichen Menschen, der von fünfpfötigen Hunden begleitet liebend gerne die Wanderer erschreckt. Sie sehen, hier oben in San Martino di Castrozza ist so einiges geboten.

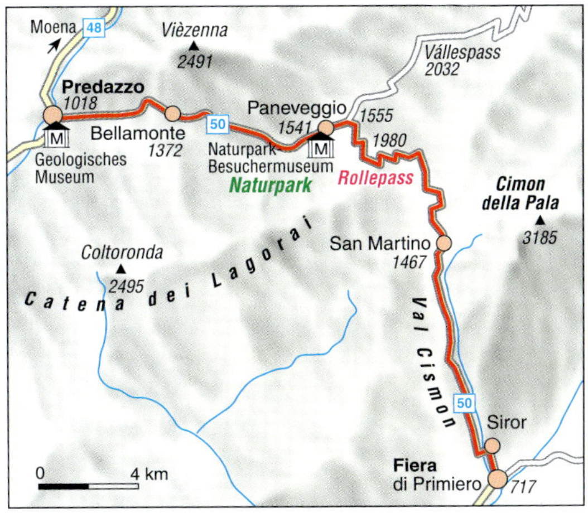

Vorangegangene Doppelseite: Ideales Trainingsgelände: Am Passo Manghen gelingt jedem der Kurvenschwung.

Kleines, aber feines Kurvenparadies: Schräglagen-Vergnügen am Passo di Rolle.

Ab hier geht es durch herrlich duftenden Nadelwald in zum Teil auch anspruchsvollen Serpentinen allmählich bergab Richtung San Martino di Castrozza, einem typischen Touristenort, der allerdings in längst vergangenen Tagen auch schon das Ziel so mancher königlicher Berühmtheit war. Noch einmal beglückt uns ausgiebiger Kurvenzauber, bis wir in Tonadico im Val Cismon auspendeln. Hier zweigt übrigens die SS347 zum eher unbekannten Passo Cereda ab, einem der Pässe, die zwar hübsch sind, die wir aber aus Platzgründen nicht in diese Sammlung aufnehmen konnten.

HÖHENPROFIL

Höhenmeter bergauf	970 m
Höhenmeter bergab	1.268 m
Maximale Steigung	8,5 %
Durchschnittliche Steigung	4,7 %
Maximales Gefälle	11,4 %
Durchschnittliches Gefäll	5,8 %

(berechnet mit Motorrad Tourenplaner 2008)

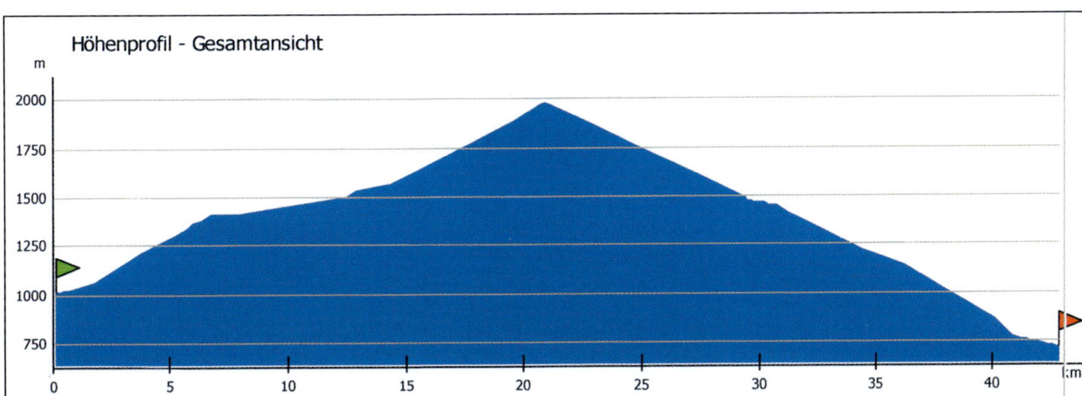

55 Alpenpässe in Italien
PASSO CAMPO CARLO MAGNO

IM ÜBERBLICK

Name	Passo Campo Carlo Magno
Land	Italien
Region	Trentino
Höchster Punkt	1.682 m
Basisorte	Dimaro und Tione di Trento
Anzahl der Kehren	19
Streckenlänge	47 km
Schwierigkeitsgrad	leicht bis mittel
Straßenverhältnisse	kurvenreich, bewaldet, kaum Überholmöglichkeiten
Mautpflicht	keine
Wintersperre	keine
Kombinierbar mit	Nr. 56, 57, 63

Diesen eher unbekannten Pass in der Trentinischen Brenta ausschließlich als willkommene Zufahrt zum berühmten Bergsport-Ressort Madonna di Campiglio zu benutzen, wäre ihm gegenüber wahrlich ungerecht. Natürlich stellt er von Norden kommend die einzige Zufahrt zu diesem Ort dar, aber er besitzt nicht zuletzt aufgrund seiner landschaftlichen Vielfalt erhebliches eigenes Erlebnis-Potenzial, das ich hiermit gerne würdigen möchte.

Aus dem lauten und verkehrsreichen Val di Sole mit seiner schnellstraßenähnlich ausgebauten SS42 geht es bei Dimaro ab in die Berge. Mit einem Aufatmen, denn die SS42 eignet sich zwar für schnelles Vorankommen, bietet aber durch zahlreiche Industriegebiete führend keinerlei fahrerische oder sonstige Genüsse. Doch das ändert sich, sobald man die Passstraße erreicht hat. Hinter Dimaro geht es sogleich in Kehren bergan durch relativ blickdichten Mischwald. Der fahrerisch anspruchsvollste Abschnitt des Passes liegt zweifelsohne auf den ersten zehn Kilometern. Da Madonna di Campiglio auch im Sommer ein beliebter und viel besuchter Touristenort ist, hat man die ordentlich gepflegte Passstraße wohl kaum einmal wirklich für sich allein. Echt ätzend kann es werden, wenn man hinter Reisebussen feststeckt, da es auf der Strecke nur wenige Überholmöglichkeiten gibt.

SEHENSWERTES AM WEGESRAND

Madonna di Campiglio ist ein eher untypischer Skiressort-Gigant, da er sich nämlich in den Sommermonaten ganz und gar nicht verschlossen und verrammelt den zufällig vorbeikommenden Reisenden präsentiert, sondern auch in dieser Zeit touristisch nahezu auf „voller Kraft" läuft. Der Ort liegt auf gesunden 1.500 Höhenmetern inmitten einer wunderschönen Talsenke zwischen Brenta und dem Adamello-Gletscher. So richtig aus dem Dornröschenschlaf erwachte das Bergdorf erst in der zweiten Hälfte des 19. Jahrhunderts, als der österreichische und mitteleuropäische Adel diese Perle in den Bergen für sich entdeckte. Als Gäste weilten dort unter anderem Kaiserin Sissi und Kaiser Franz Joseph von Österreich. 1947 begann man mit der Erschließung der Berge für den Skisport und dem Seilbahnbau, bei dem oftmals auch hier reine Zweckmäßigkeit und weniger die Integration in die Landschaft als Vorgaben diente. Ob zu Fuß, mit Skiern, Snowboard, mit dem Mountainbike oder zu Pferd: Madonna di Campiglio hat seinen Gästen viel zu bieten –inmitten einer grandiosen Landschaft. Infos unter www.campiglio.ws.

Hübsch anzuschauen, aber leicht zu übersehen: Die überbaute Passhöhe des Campo Carlo Magno.

Kurz vor der Passhöhe gibt der Wald den Blick frei auf einige knallbunte Hotels und Restaurants, die für einen koffeinhaltigen Boxenstopp immer zu empfehlen sind. Die Passhöhe selbst könnte man bei entsprechender Kurvenhatz leicht übersehen, rechter Hand an einer kleinen Kirche steht das Schild für das obligatorische Passfoto.

Der Abstieg nach Madonna di Campiglio ist fahrerisch anspruchslos, führt durch dichten Wald und gleicht – je näher man dem Ort kommt – beinahe einer modernen Bundesstraße. Über die Ortsumfahrung kann man der quirligen Gemeinde ausweichen und anschließend kurvenreich durch das Valle di Campiglio sowie das Val Rendena nach Süden schwingen. Die Strecke trägt das grüne Band besonderer landschaftlicher Schönheit vollkommen zu Recht und mündet bei Tione im Val Giudicarie, nur noch einen satten Dreh am Gasgriff von den Gestaden des Gardasees entfernt.

Ideal für einen Einkehrschwung: Zahlreiche Gasthäuser liegen direkt entlang der Passhöhe.

HÖHENPROFIL

Höhenmeter bergauf	1.026 m
Höhenmeter bergab	1.245 m
Maximale Steigung	11,9 %
Durchschnittliche Steigung	4,9 %
Maximales Gefälle	13,2 %
Durchschnittliches Gefälle	4,9 %

(berechnet mit Motorrad Tourenplaner 2008)

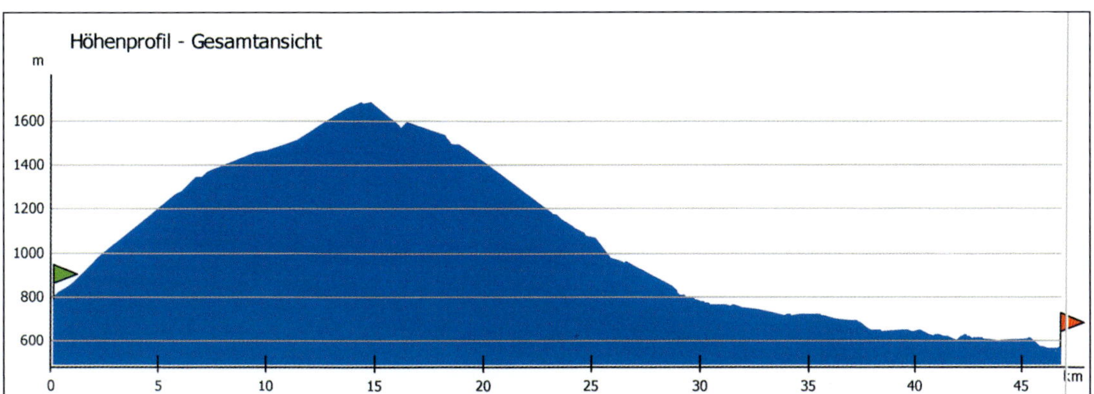

56 Alpenpässe in Italien
PASSO DEL TONALE

IM ÜBERBLICK

Name	Passo del Tonale
Land	Italien
Region	Trentino
Höchster Punkt	1.883 m
Basisorte	Edolo und Dimaro
Anzahl der Kehren	15
Streckenlänge	57 km
Schwierigkeitsgrad	leicht
Straßenverhältnisse	dichter Verkehr, gute Überholpassagen
Mautpflicht	keine
Wintersperre	keine
Kombinierbar mit	Nr. 55, 57, 58

Der Passo del Tonale trennt das lombardische Valcamonica im Westen vom Val di Sole im Trentino im Osten. Er liegt auf der direkten Verkehrsverbindung zwischen Sondrio und Trento beziehungsweise Bolzano und ist demzufolge recht verkehrsreich. Geografisch und klimatisch betrachtet, liegt der Pass zudem auf der Wasserscheide zwischen Po und Etsch.

Ein wenig Geschichte: Im Mittelalter bildete der Passo del Tonale die Grenze zwischen der Lombardei und Tirol. Im Sardinischen Krieg 1859 verlor Österreich allerdings die Lombardei an Italien, der Pass wurde zur Staatsgrenze zwischen Italien und Österreich. Im Ersten Weltkrieg war er viel umkämpfter Teil der Kriegsfront zwischen Italien und Österreich, ein geradezu überdimensionales italienisches Kriegsdenkmal auf dem Pass erinnert an jene dunklen Zeiten. Heute bildet der Passo del Tonale die Provinzgrenze zwischen der Lombardei und Trentino-Südtirol.

Die aufgrund der verkehrstechnischen Anforderungen als landesweite Verbindungsstraße gut ausgebaute Strecke führt von Edolo aus über Serpentinen und Kurven meistens durch dichten Wald bis hinauf zur Passhöhe. Zahlreiche Hotels, Gasthöfe und Cafés fordern den Reisenden zum Bleiben oder zumindest zur Einkehr auf, viele von ihnen haben allerdings nur im Winter Saison, denn der Passo del Tonale ist ein in Norditalien durchaus beliebtes Skigebiet.

Von der Passhöhe hinab in das Val di Sole können wir unserem Bike „die Zügel lang geben", die Strecke befindet sich in einem sehr guten Zustand. Zeit genug, um in den Kurven die herrlichen Ausblicke auf den Presanella-Gletscher zu genießen.

Historisch wertvoll: Die Passhöhe des Tonale ziert ein übermächtiges Kriegsdenkmal.

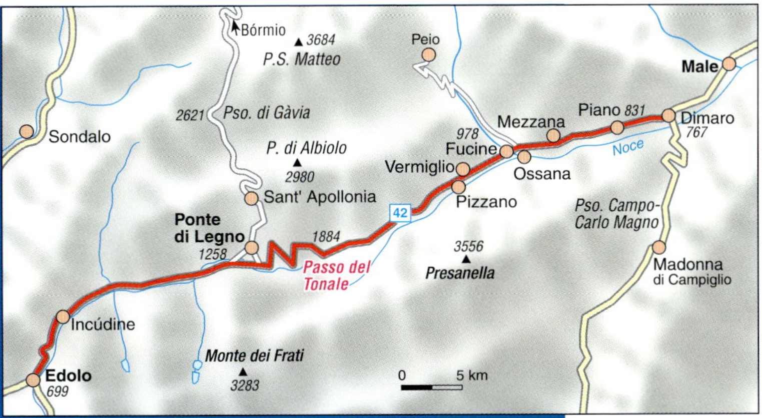

SEHENSWERTES AM WEGESRAND

Das **Val di Sole**, aus dem sich der Pass erhebt, liegt auf der Sonnenseite der Zentralalpen und besitzt die unterschiedlichsten Landschaftsbilder. Von den bekannten Thermalquellen von Peio und Rabbi mit ihren Trinkkuren und therapeutischen Bädern reicht die Spannweite der Möglichkeiten bis zu sportlichen Aktivitäten in den Bergen der Ortler-, Cevedale- und Adamello-Gruppe sowie den Brenta-Dolomiten, einer paradiesisch schönen Region für Alpinisten und Wanderer. Auch klimatisch von der Sonne verwöhnt, zeigt sich das Land im Frühling als ein einziger großer Garten, beginnt bereits im März damit, den Winter zu vertreiben. Der Sommer bringt eine schier unendliche Vielzahl an Blumen, welche die Hänge und Wiesen im Tal überziehen. Dazu gesellt sich Anfang Mai die Apfelblüte im Tal und auf den Almen pfeifen die Murmeltiere den Wanderern hinterher – oder vielmehr voraus, um ihre Kollegen zu warnen. Erwähnens-, ja lobenswert sind die Bemühungen der Menschen in den Tälern, diesen vielleicht einzigartigen Reichtum der Natur nachhaltig zu schützen. Das größte Naturschutzgebiet der Alpen, der Stilfserjoch-Nationalpark, der seit 1977 mit dem Schweizer Nationalpark des Engadin verbunden ist, umschließt die Täler von Peio und Rabbi und ihre Thermalquellen. Der Naturpark Adamello-Brenta erstreckt sich über die gesamten Brenta-Dolomiten und zum großen Teil über das Adamello- und Presanella-Massiv, in dem sich sogar die letzten Exemplare des Alpen-Braunbärs noch zu Hause fühlen. Dass manch junger Bärensprössling dann doch eines Tages einen lebensgefährlichen, ja tödlichen Ausflug nach Österreich und weiter nach Bayern unternimmt, das liegt wahrlich nicht an der intakten Natur des Val di Sole.

HÖHENPROFIL

Höhenmeter bergauf	1.314 m
Höhenmeter bergab	1.247 m
Maximale Steigung	11,5 %
Durchschnittliche Steigung	4,5 %
Maximales Gefälle	14,7 %
Durchschnittliches Gefälle	4,5 %

(berechnet mit Motorrad Tourenplaner 2008)

Auch für Oldtimer ein Genuss: Die Fahrt über den Passo del Tonale schafft jeder.

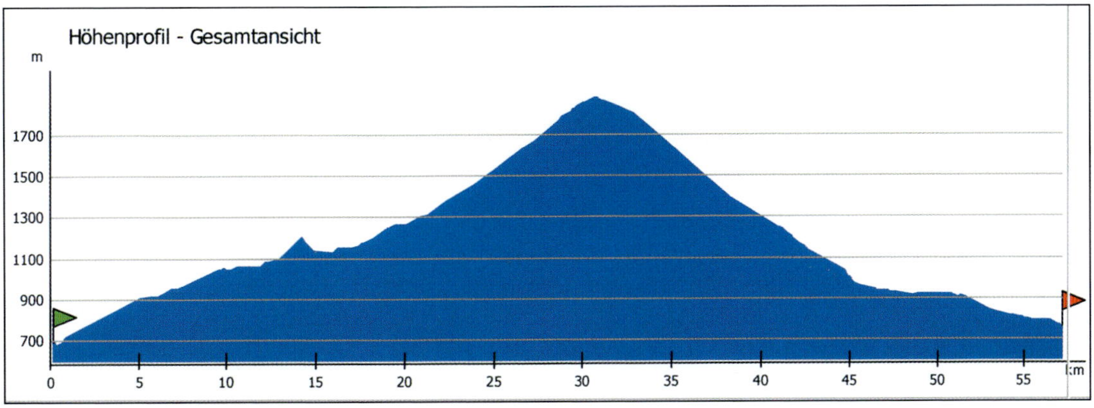

57 Alpenpässe in Italien
PASSO DI GAVIA

IM ÜBERBLICK

Name	Passo di Gavia
Land	Italien
Region	Lombardei
Höchster Punkt	2.618 m
Basisorte	Bormio und Ponte di Legno
Anzahl der Kehren	28
Streckenlänge	44 km
Schwierigkeitsgrad	anspruchsvoll
Straßenverhältnisse	sehr schmale Piste mit Winterschäden
Mautpflicht	keine
Wintersperre	November bis Juni
Kombinierbar mit	Nr. 56, 58, 60, 61, 66

SEHENSWERTES AM WEGESRAND

Dem einzigen bewirtschafteten Gasthaus auf der Passhöhe sieht man seine lange und interessante Geschichte von außen kaum an. Doch bereits 1959 baute die italienische Familie Bonetta eine Berghütte, das **„Rifugio Bonetta"**. Und heute, nahezu 50 Jahre später, bewirtschaftet eben jene Familie die Hütte immer noch. Sie ist nicht nur beliebter Bikertreff all derjenigen, die den Passo di Gavia – von Norden oder Süden kommend – bezwungen haben, sondern bietet mit der herzlichen Wirtsfamilie auch die Möglichkeit zu einem nervenschonenden Einkehrschwung bei guter Hausmannskost. Und wenn das Wetter am Gavia einmal umschlägt, dann stehen jederzeit auch bis zu 40 Schlafplätze in waschechter Berghütten-Idylle zur Verfügung. Infos und Kontaktmöglichkeiten finden sich unter www.passogavia.it.

Bei der Bewertung der Schwierigkeit dieses Passes habe ich lange gezögert. Denn eigentlich müsste man sie zweiteilen. Die Nordrampe gilt als mittelschwer, bei Motorradfahrern, die in den Bergen ungeübt sind, sicherlich auch als anspruchsvoll. Die Südrampe ist zwar durchgehend ordentlich asphaltiert, besitzt aber ein gut zehn Kilometer langes Mittelstück, auf dem jeder entgegenkommende Fiat Cinquecento meinen Blutdruck in ungesunde Höhen treiben kann. Denn dieses Mittelstück ist in des Wortes wahrer Bedeutung kaum mehr als lenkerbreit, so dass selbst zwei entgegenkommende Motorräder vorsichtig aneinander vorbeizirkeln müssen. Das Ganze in unübersichtlichen Steigungen und Spitzkehren. Falls sich vor uns dann zwei Pkw treffen, ist+ „Schicht im Schacht".

Aber Halt: Bevor wir zur Gruselstunde kommen, beginnen wir auch hier der Reihe nach. Der Passo di Gavia verbindet Bormio im Norden mit Ponte di Legno im Süden und ist gut 45 Kilometer lang. Auf der Nordrampe präsentiert sich der Pass zunächst recht gemäßigt, gut asphaltiert und ausgebaut und macht Lust auf eine satte Portion Kurvenhatz, der man auch ausgiebig frönen kann. Im Mittelteil wird die Strecke allerdings deutlich schmaler und löchriger und verlangt volle Konzentration sowie eine ruhige Gashand.

Die Passhöhe liegt zwischen Dreitausendern inmitten einer weiten Hochebene und bietet bei schönem Wetter herrliche Ausblicke auf den

Durchaus anspruchsvolles Terrain: Der Passo di Gavia verlangt eine sichere Hand im Umgang mit dem Bike.

Adamello-Gletscher. Der Passo di Gavia wird gerne auch als anspruchsvollste Bergetappe in die Radrennveranstaltung Giro d'Italia eingebunden. An diesen Tagen ist der Pass übrigens für den Verkehr gesperrt – wohlweislich! Im Hospiz kurz vor der Passhöhe gibt es einige alte Fotos dazu.

Die Südrampe beginnt an einer bewirtschafteten Hütte unweit des Hospizes und schwingt zunächst in mehreren Kurven und Kehren durch freies Gelände und bietet herrliche Rundumblicke auf diesen Teil der Lombardischen Alpen. Doch alsbald schon zeigt diese Piste ihr „wahres Gesicht", wird lenkerbreit und höllisch kurvig. Randbefestigungen sind Fehlanzeige, ein Fahrfehler und der freie Fall wäre unausweichlich. Selbst Biker sollen in den engen Kehren schon versucht gewesen sein, vorsorglich zu hupen, um potenziellen Gegenverkehr zu warnen. Machen Sie es ruhig, falls Ihnen danach sein sollte. Sicherheit geht immer vor! Zur Entspannung gönnen Sie sich doch in Ponte di Legno erst einmal einen ausgiebigen Boxenstopp. Einige Restaurants und Cafés laden dazu ein.

HÖHENPROFIL

Höhenmeter bergauf	1.439 m
Höhenmeter bergab	1.378 m
Maximale Steigung	10,0 %
Durchschnittliche Steigung	5,8 %
Maximales Gefälle	14,0 %
Durchschnittliches Gefälle	7,3 %

(berechnet mit Motorrad Tourenplaner 2008)

Geschichtsträchtiger Boden: Kriegerdenkmal an der Passhöhe.

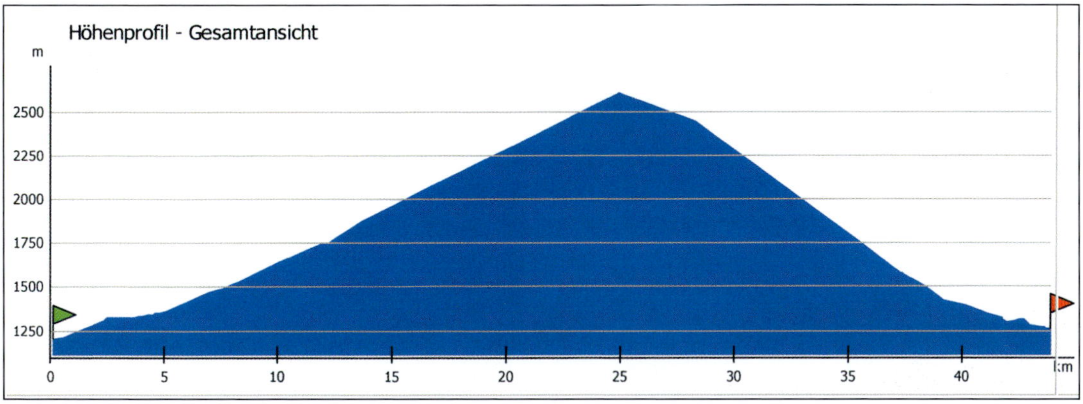

58 Alpenpässe in Italien
PASSO APRICA

IM ÜBERBLICK

Name	Passo Aprica
Land	Italien
Region	Lombardei
Höchster Punkt	1.175 m
Basisorte	Villa di Tirano und Edolo
Anzahl der Kehren	11
Streckenlänge	31 km
Schwierigkeitsgrad	leicht
Straßenverhältnisse	sehr gut, schnell zu befahren, Tempokontrollen
Mautpflicht	keine
Wintersperre	keine
Kombinierbar mit	Nr. 56, 57, 60, 61, 66

Wer in dieser äußerst pässereichen Region der nördlichen Lombardei unterwegs ist, wird ihn einfach nicht ignorieren können – den ähnlich einer deutschen Bundesstraße ausgebauten Passo Aprica. Die verkehrsreiche SS39 über den Passo Aprica verbindet Villa di Tirano im Westen mit Edolo im Osten, ihr Scheitelpunkt liegt mitten im quirligen Bergdorf Aprica. Achtung an alle Sammler von Passschild-Beweisfotos: Das Passschild steht von Villa kommend in der Ortsmitte Apricas auf dem rechten Bürgersteig in direkter Nachbarschaft eines Krämerladens und ist leicht zu übersehen.

Die gesamte Passhöhe wird beherrscht vom bekannten Wintersportort Aprica, dessen touristische Infrastruktur auch im Sommer wohl keinen Wunsch unerfüllt lässt. Entlang der Hauptstraße Via Valtellina baut sich immer wieder ein kilometerlanger Wochenmarkt aus Hunderten fliegender Händler auf, die von Nippes über echten Ramsch bis hin zu günstigen T-Shirts und Wanderbekleidung alles anbieten, was ein typisch italienischer Wochenmarkt eben so braucht.

Der Weg hinauf zum unscheinbaren Passo Aprica – den sogar die italienweit frenetisch gefeierte Radsport-Veranstaltung „Giro d'Italia" nicht ignorieren kann – führt durch lichten Bergwald und einige Serpentinen, von Westen kommend genießt man herrliche Ausblicke auf das Valtellina und seine schluchtenartigen, oftmals nahezu unzugänglichen Seitentäler. Für die optisch eher nüchterne, ja vielleicht sogar abschreckende Ausgestaltung der Passhöhe entschädigt dann der weitere Weg gen Osten hinunter

Der Passo Aprica: schöne Strecke, quirlige Passhöhe, wenig Schräglagen.

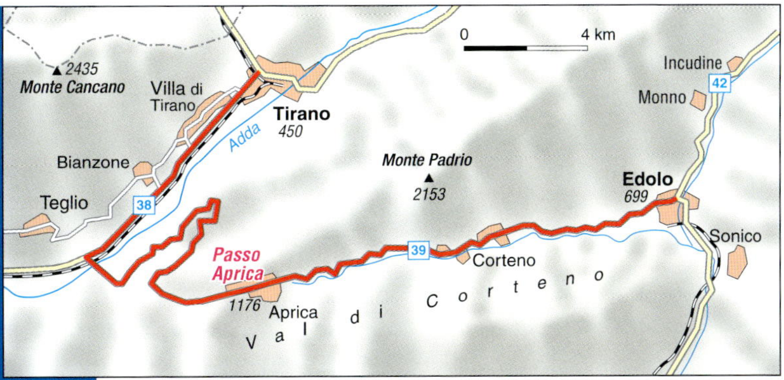

SEHENSWERTES AM WEGESRAND

Wenn es oben am Passo Aprica einmal zu laut und hektisch werden sollte, suchen Sie sich doch einfach einen Spontanabstecher hinein in die umliegenden Berge. Die von der Hauptstraße kommend sporadisch ausgeschilderte **„Via Panoramica"** entführt uns umgehend gen Norden in eine wesentlich stillere Welt oberhalb des Ortes mit zum Teil herrlich gelegenen Villen, über deren Hecken und Zäune man einen schönen Blick auf den Ort selbst werfen kann. Und eine 2007 neu entdeckte und offensichtlich frisch angelegte Panoramastraße entführt uns mehr als kurvenreich vom östlichen Ortsausgang ebenfalls nach Norden in die Berge oberhalb des Ortes zu einem Wander- und Freizeitgebiet mit zwei herrlichen Bergseen. Ein ideales Plätzchen für eine längere Mittagspause oder auch einen Einkehrschwung ohne Hektik und Lärm. Eine kleine Imbissbude mit Sonnenterrasse bietet dazu lokale Gerichte an. Einfach von der Hauptstraße kommend der kleinen Via Monte Padrio Richtung Marsaglia und Trivigno folgen. Rechnen Sie allerdings mit kaum mehr als lenkerbreiten Straßenabschnitten sowie zehn engen und steilen Kehren. Aber der Abstecher lohnt sich.

HÖHENPROFIL

Höhenmeter bergauf	891 m
Höhenmeter bergab	616 m
Maximale Steigung	15,5 %
Durchschnittliche Steigung	5,6 %
Maximales Gefälle	13,8 %
Durchschnittliches Gefälle	4,4 %

(berechnet mit Motorrad Tourenplaner 2008)

nach Edolo. Schnell wie der Wind geht es durch Wälder und über weit geschwungene Kurven entlang eines rauschenden Flusses in ein ganz allmählich breiter werdendes Tal. Dies ist eine herrliche Gelegenheit, um dem Bike einmal wieder die „Zügel lang zu geben". Edolo selbst ist ein für den Warenverkehr recht wichtiger Transitknoten und dementsprechend etwas unspektakulär. Dieser Eindruck wird dadurch verstärkt, dass nun mit dem Passo del Tonale (Seite 146) und dem Passo di Gavia (Seite 148) zwei echte fahrerische Highlights, ja sogar Herausforderungen auf uns warten.

Ein Risiko, das die bequeme Befahrbarkeit dieses Passes unweigerlich mit sich bringt, sei nicht unerwähnt gelassen: Da viele einheimische Fahrer ihn als Rennstrecke missbrauchen, werden häufig Geschwindigkeitskontrollen mit Laserpistolen durchgeführt. Die mögen bei Mopeds zwar ungenau sein, aber diskutieren Sie mal mit einem italienischen Polizisten!

Versteckt direkt in der Ortsmitte: das obligatorische Passschild des Aprica.

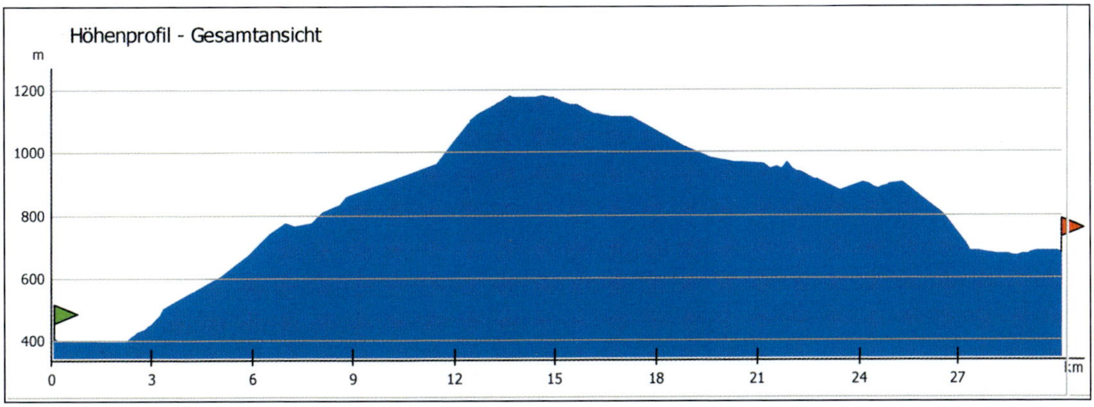

59 Alpenpässe in Italien
PASSO DI STELVIO – STILFSER JOCH

IM ÜBERBLICK

Name	Passo di Stelvio – Stilfser Joch
Land	Italien
Region	Lombardei und Südtirol
Höchster Punkt	2.758 m
Basisorte	Prato bzw. Bormio und Sta. Maria im Schweizer Val Müstair
Anzahl der Kehren	Bormio nach Prato 82, Bormio nach Sta. Maria 63 (inklusive Umbrail)
Streckenlänge	32 km Bormio – Sta. Maria sowie 54 km Bormio – Prato
Schwierigkeitsgrad	mittel bis sehr anspruchsvoll
Straßenverhältnisse	z. T. übler Zustand, unbeleuchtete und enge Tunnels
Mautpflicht	keine
Wintersperre	Dezember bis Mitte Juni
Kombinierbar mit	Nr. 38, 60, 61, 64, 65

Die Nordostrampe des Stilfser Jochs oder Passo di Stelvio zählt zu den schwersten Passstraßen, die ich in nun immerhin gut 20 Jahren im Sattel gefahren bin. Ich möchte eigentlich hier sogar gleich zu Beginn der Beschreibung eine Warnung aussprechen: Die Nordostrampe des Passes sollten Sie – ganz gleich, in welcher Richtung – bitte nur dann fahren, wenn Sie Ihr Bike im Schlaf beherrschen und zudem auf ein gerüttelt Maß an Passerfahrung im Motorradsattel zurückgreifen können. Alles andere wäre nicht nur Stress pur, sondern auch Leichtsinn.

Mein Tipp bei wenig Passerfahrung: Die Südwestrampe aus Bormio kommend sowie die Anfahrt über den Umbrailpass (Nr. 65) sind zwar ebenfalls fordernd, aber technisch wesentlich einfacher. Und dann gelingt das Stilfser-Joch-Passfoto auch ohne gestressten Blick.

Doch nun zu den harten Fakten: Das Stilfser Joch ist nach dem Col de l'Iseran (Nr. 92) der zweithöchste asphaltierte Gebirgspass der Alpen. Das unter Bikern inzwischen legendäre Joch verbindet die Lombardei mit dem Vinschgau und Südtirol. Die gut 50 Kilometer lange Straße über den Pass wurde 1826 vom österreichischen Kaiserreich angelegt, um die zum Reich gehörende Lombardei schnellstmöglich mit den anderen Reichsteilen zu verbinden. Die Straßenführung wurde seitdem nur unwesentlich verändert und entspricht somit dem technischen und planerischen Erfahrungsschatz von vor beinahe 200 Jahren! Noch heute besteht die extrem kurvenreiche Nordost-Rampe aus 48 nummerierten Kehren mit Überresten alter Stellungsanlagen aus der hier verlaufenden Ortlerfront. Die Straße ist laut offizieller Beschreibung „durchgängig asphaltiert". Das allerdings beinhaltet helmtiefe Schlaglöcher natürlich stets auf der Ideallinie sowie

SEHENSWERTES AM WEGESRAND

Der **„Parco Nazionale dello Stelvio"** wurde im Jahr 1935 gegründet und umfasst eine Fläche von gut 130.000 Hektar Alpenwelt. Damit gehört er zu den größten Schutzgebieten Europas. Das Herz des Nationalparks erstreckt sich über das gesamte Ortler- und Cevedale-Bergmassiv mitsamt seinen Nebentälern und grenzt im Süden an den lombardischen Naturpark Adamello sowie im Norden an den Schweizer Nationalpark Engadin.
Die wichtigsten Highlights des „Parco Nazionale dello Stelvio" sind neben seinen Gipfelwelten von beinahe 4.000 Metern Höhe rund um den Ortler (3.905 Meter) vor allem das immense Gletscher-Gebirgsmassiv mit spektakulären Steilhängen, traumhaft gelegenen Gletscherseen und Almen.
Doch nicht nur das Dach der Alpen wurde geschützt, auch die niedrigeren Regionen besitzen neben landwirtschaftlich genutzten Flächen viele artengeschützte Wälder und stellen damit eine der wichtigsten Naturschutzregionen Europas dar. Weitere Infos finden sich im Internet unter www.provinz.bz.it/natur sowie unter der Adresse www.stelviopark.it.

HÖHENPROFIL

Höhenmeter bergauf	1.570 m
Höhenmeter bergab	1.867 m
Maximale Steigung	14,8 %
Durchschnittliche Steigung	7,3 %
Maximales Gefälle	13,5 %
Durchschnittliches Gefälle	7,2 %

(berechnet mit Motorrad Tourenplaner 2008)

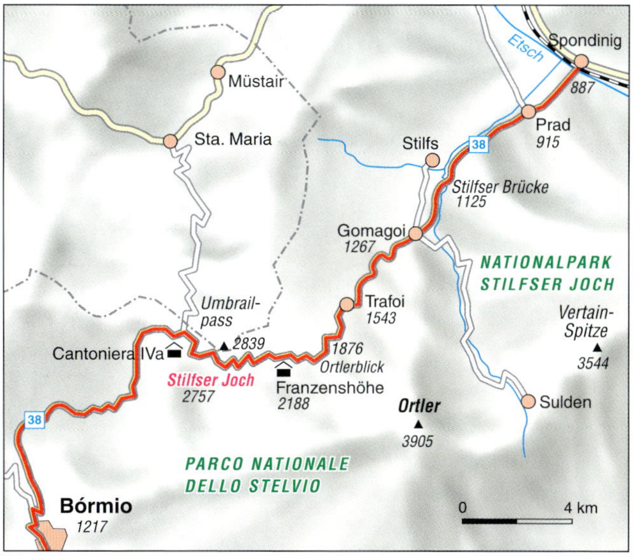

streckenweise kaum mehr vorhandene, heftig bröckelnde Steinmauern als Fahrbahnbegrenzung und Spitzkehren im wahren Wortsinn.

Vor allem in den Sommermonaten zur Hauptreisezeit herrscht auf der gesamten Strecke ein reges Verkehrsaufkommen nicht nur auf zwei Rädern, sondern vor allem auch bestehend aus oftmals gänzlich überforderten Autofahrern, die ein erhebliches Sicherheitsrisiko darstellen. Daran werden wohl auch die seit langem existierenden Pläne einer Maut nichts ändern können, da der landschaftliche Reiz des Passes enorm ist. Die gesamte Region um das Stilfser Joch ist seit 1935 Nationalpark – Landschaft, Fauna und Flora stehen unter ganz besonderem Schutz.

Komplett anspruchsvolles Terrain: Das Stilfser Joch verlangt viel Erfahrung und eine sichere Hand im Umgang mit Bike und Strecke.

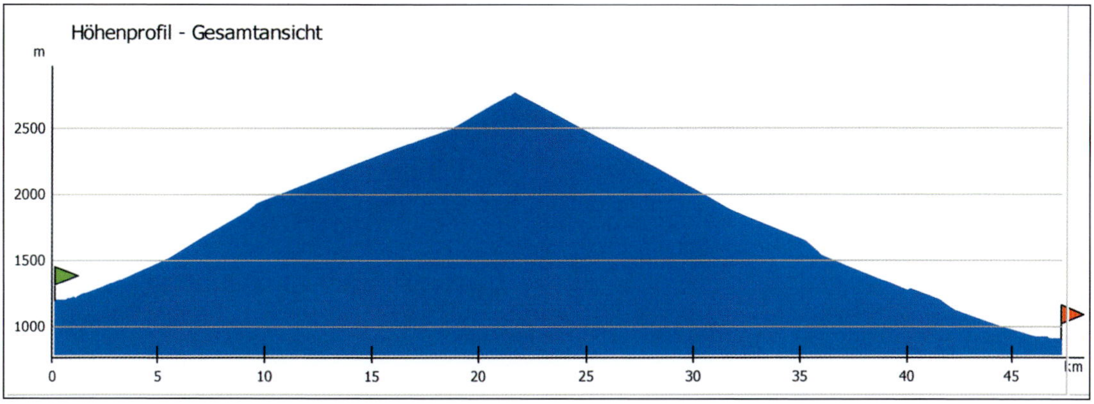

60 *Alpenpässe in Italien*
FORCOLA DI LIVIGNO

IM ÜBERBLICK

Name	Forcola di Livigno
Land	Italien
Region	Lombardei
Höchster Punkt	2.315 m
Basisorte	Livigno und Tirano in Italien bzw. St. Moritz in der Schweiz
Anzahl der Kehren	9 auf der Strecke Livigno – Tirano bzw. 8 auf der Strecke Livigno – St. Moritz
Streckenlänge	50 km
Schwierigkeitsgrad	leicht
Straßenverhältnisse	kurvenreich, gut ausgebaut, gut asphaltiert, Kontrollen
Mautpflicht	keine
Wintersperre	Dezember bis Mai
Kombinierbar mit	Nr. 59, 61, 64, 65, 66

Das Highlight der Nordrampe des Forcola di Livigno ist nicht seine Passstraße. Denn die führt beinahe schnurgerade hinauf in die Berge. Doch genau diese Berge sind das eigentlich Sehenswerte. Auf ordentlicher Piste geht es durch einige Lawinengalerien von der bereits seit Napoleons Zeiten zollfreien Zone Livigno zügig bergan und lässt uns so manch kräftigen Schluck aus dem mitgeführten Drehmoment-Reservoir genießen. Die Passhöhe selbst ist eher Marke „unscheinbar" und erfreut den weit schweifenden Blick eigentlich nur durch die freie Sicht auf die mächtigen Drei- und Viertausender der Bernina-Gruppe im Südwesten.

Zweigen Sie an der Passhöhe nach dem formlosen Grenzübertritt in die Schweiz rechts ab, liegt nach wenigen Kurven bereits der berühmte Bernina-Pass (Nr. 66) vor Ihren Reifen. Gen Süden hingegen geht es auf weiterhin gut ausgebauter Strecke und endlich deutlich kurvenreicher hinunter ins idyllische Val Poschiavo mit seinen verträumten Bergdörfern, kaum lenkerbreiten Dorfgassen und genügsamen, immer freundlichen Menschen. Ein paar Hotels, eine Hand voll Herbergen und wenige Cafés versuchen, den Reisenden zu einem Boxenstopp zu überreden – mein Tipp: Gönnen Sie sich zum Beispiel im Örtchen Poschiavo einen koffeinhaltigen Einkehrschwung und schauen Sie den Menschen eine Zeit lang bei ihrem Tagwerk zu. Sie glauben gar nicht, wie einfach man einen durchaus sinnvollen Alltag gestalten kann.

Ist der Forcola di Livigno jetzt wirklich nur nett? Gibt es über ihn gar nichts Spektakuläres, gar nichts Erlebenswertes zu berichten? Lassen Sie

mich kurz überlegen: Doch, ein echtes landschaftliches Highlight ist der am Fuße der Nordrampe gelegene Lago del Gallo nahe des Touristendorfes Livigno, an dessen Ufern bildhübsche Pausenplätzchen zum Verweilen einladen und dessen gewaltige Staumauer man sogar befahren kann. Achtung: In der Mitte der Mauer befindet sich die Mautstelle für die Weiterfahrt durch einen mächtigen Tunnel hinüber in die angrenzende Schweiz.

Seine Reize liegen im Detail am Wegesrand: Der Forcola di Livigno ist fahrtechnisch jedoch eher leicht zu erobern.

HÖHENPROFIL

Höhenmeter bergauf	634 m
Höhenmeter bergab	2.034 m
Maximale Steigung	11,3 %
Durchschnittliche Steigung	4,0 %
Maximales Gefälle	14,5 %
Durchschnittliches Gefälle	6,1 %

(berechnet mit Motorrad Tourenplaner 2008)

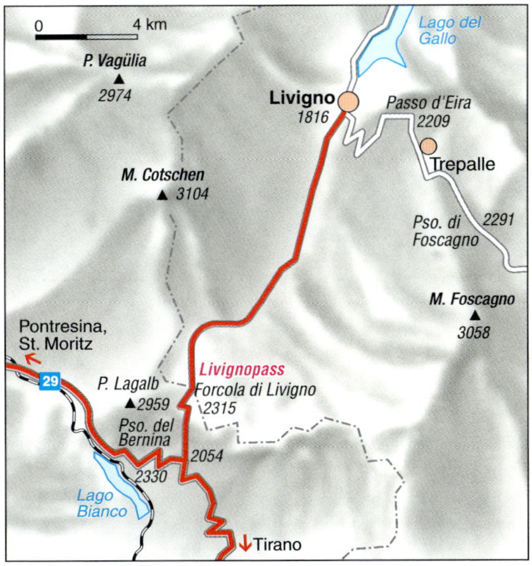

SEHENSWERTES AM WEGESRAND

Seit über 1.000 Jahren ist das **Tal von Livigno** nun schon bewohnt. Waren es anfangs noch Jäger und Hirten, so erkannten spätere Herrscher rasch die strategisch wichtige Lage des Hochtals. Im 17. Jahrhundert erhielt Livigno seine rechtliche und wirtschaftliche Autonomie durch die Graubündener Landesherren verliehen, 1805 erklärte Napoleon Livigno wegen seiner exponierten und im Winter oftmals komplett von der Außenwelt abgeschnittenen Lage kurzerhand zur zollfreien Zone, damit die letzten Bewohner des Tales nicht auch noch ihr Hab und Gut packen und auswanden sollten. 1910 wurde der Sonderstatus von Italien und 1960 auch von der EU bestätigt. Eine Tatsache, die wohl einen Großteil der Attraktivität des Ortes ausmacht. Auch uns Motorradfahrern beschert diese Situation die Gelegenheit, das Benzinfass so günstig randvoll zu füllen, wie wohl kaum mehr irgendwo sonst in Westeuropa. Bei meinem letzten Trip über den Livigno-Pass im Sommer 2007 kostete ein Liter Superbenzin gerade einmal 90 Cent. Auch viele andere Dinge sind in der zollfreien Zone rund um Livigno sehr günstig, so dass sich ein Rundgang durch den bekannten und touristisch sehr aktiven Ort durchaus lohnt. Der Kern des Ortes ist übrigens verkehrsberuhigt und darf nur mit Sondergenehmigung befahren werden. Entlang der Umgehungsstraße existieren allerdings ausreichend Parkplätze.

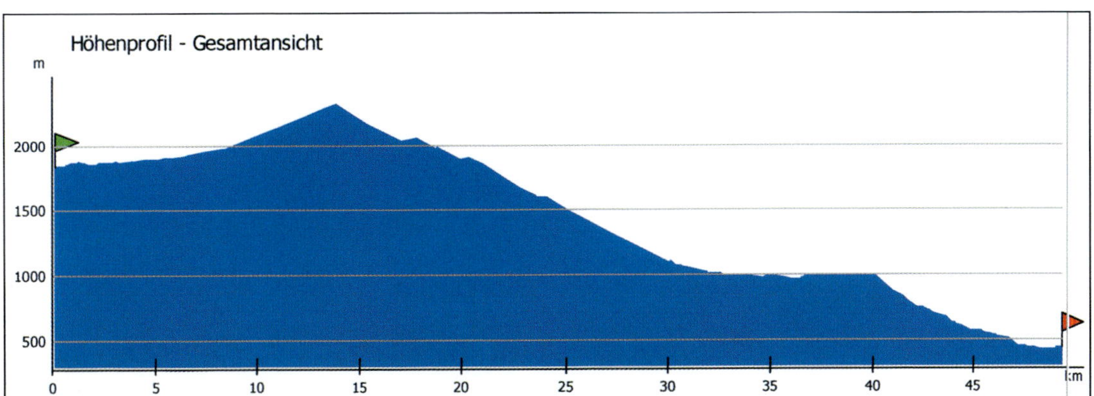

61 Alpenpässe in Italien
PASSO DI FOSCAGNO

IM ÜBERBLICK

Name	Passo di Foscagno
Land	Italien
Region	Lombardei
Höchster Punkt	2.291 m
Basisorte	Bormio und Livigno
Anzahl der Kehren	11
Streckenlänge	39 km
Schwierigkeitsgrad	leicht
Straßenverhältnisse	morgens und abends viel Verkehr, gut gesichert
Mautpflicht	keine
Wintersperre	keine
Kombinierbar mit	Nr. 59, 60, 64, 65, 66

Der Passo di Foscagno ist eine der drei Zufahrten zur zollfreien Zone von Livigno und deshalb vor allem von Bormio aus durch den Lieferverkehr Richtung Livigno zumindest wochentags stark beansprucht. Dennoch lohnt sich eine Fahrt über den Pass, nicht nur aufgrund seiner landschaftlichen Reize, sondern auch wegen der Zollvorteile Livignos in Sachen Benzin, Bekleidung und Ausrüstung.

Fahrerisch ist der Passo di Foscagno zudem etwas kurvenreicher als der Forcola di Livigno (Nr. 60). Von Bormio kommend steigt die gut ausgebaute Passstraße durch das herrliche Valdidentro in zahlreichen Serpentinen zügig bergan. Rechts und links des Lenkers sortieren sich bewirtschaftete Almen, Bergwälder und prächtig gelegene Ferienhäuser zu einem abwechslungsreichen und sehenswerten Potpourri, im unteren Teil der Strecke liegen zudem einige Gasthöfe und Hotels, die sich als Übernachtungsmöglichkeit nicht nur aufgrund ihrer herrlichen Lage sehr empfehlen.

Durch riesige Lawinengalerien erreicht man nach mehreren Kurven und Kehren die Passhöhe mit ein paar Gasthöfen und weiteren Einkehrmöglichkeiten sowie der Zollgrenzstation zwischen Italien und der Livigno-Zone. Während die Einreise nach Livigno noch zügig und oftmals form-

SEHENSWERTES AM WEGESRAND

Das **Valtellina** oder Veltlin ist eine der bekanntesten touristischen Regionen der Lombardei und erstreckt sich von Bormio bis zum Nordrand des Comer Sees. Es gliedert sich in zwei durchaus unterschiedliche Bereiche, die beide ihren ganz eigenen Reiz besitzen:
Das obere Veltlin ist ein enges, steiles Tal der lombardischen Alpen rund um die Ortlergruppe, das untere, etwas lieblichere Veltlin wird von der Berninagruppe gegen klimatische Unbilden aus dem Norden Europas zuverlässig geschützt.
Bekannt ist das Valtellina vor allem durch seinen Wein, den Veltliner. Er wird seit Jahrhunderten traditionell aus den Trauben der Weinberge des mittleren und unteren Veltlins gekeltert und sowohl als Rot-, wie auch als Weißwein und Rosé hergestellt. Die Qualität des Veltliner ist anerkannt hoch, was ihn nicht nur zu einem der Lieblingsweine im Valtellina selbst werden ließ. Auch die angrenzende Schweiz ist einer der Hauptabnehmer des Veltlins, ja in Graubünden ist er sogar Nationalgetränk und eignet sich nicht nur zum berühmten Bündner Fleisch und Speck.

Unscheinbar im Detail, interessant in seinen Basisorten: der Passo di Foscagno.

los erfolgen kann, werden vor allem Pkw und Lastwagen bei der Ausreise deutlich intensiver kontrolliert, was an manchen Tagen zu einem regelrechten Stau führen kann. Achtung: Ein vorsichtiges Vorbeischlängeln wird von den italienischen Grenzbeamten nicht gerne gesehen und falls diese schlechte Laune haben, sogar mit extra Wartezeiten oder einer ganz genauen Kontrolle aller Taschen und Koffer geahndet.

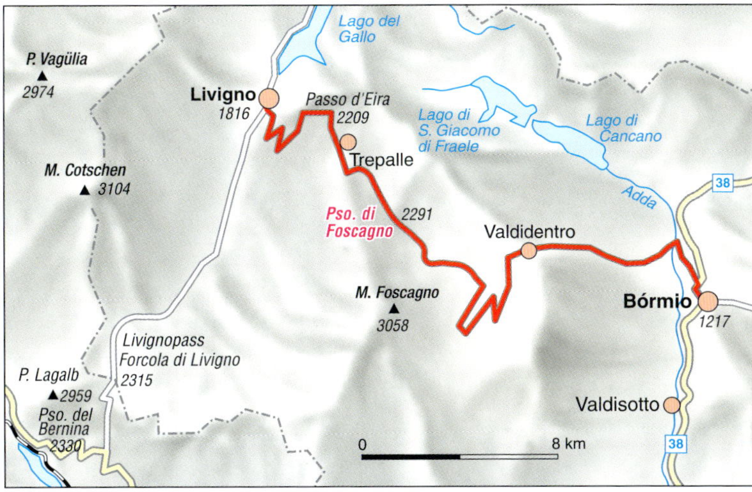

Die Weiterfahrt Richtung Livigno führt bergauf und -ab über mehrere Streusiedlungen, vorbei an Liftanlagen und Gasthöfen. Erst kurz vor dem Abstieg der Straße Richtung Livigno liegt rechts ein großer Parkplatz, der einen herrlichen Ausblick auf das Tal von Livigno ermöglicht. Danach verschwindet die Strecke in lichtem Mischwald, bevor sie im Ort auspendelt. Dort locken Einkaufs- und Einkehrmöglichkeiten zuhauf.

HÖHENPROFIL

Höhenmeter bergauf	1.387 m
Höhenmeter bergab	748 m
Maximale Steigung	13,5 %
Durchschnittliche Steigung	5,6 %
Maximales Gefälle	12,8 %
Durchschnittliches Gefälle	5,4 %

(berechnet mit Motorrad Tourenplaner 2008)

Biker sind entlang der gesamten Passstrecke herzlich willkommen.

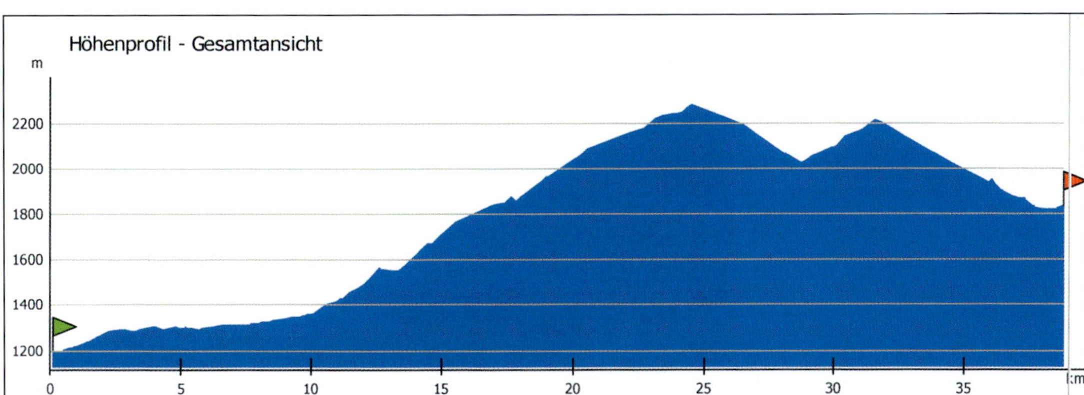

62 Alpenpässe in Italien
GAMPENJOCH – PASSO DELLE PALADE

IM ÜBERBLICK

Name	Gampenjoch – Passo delle Palade
Land	Italien
Region	Südtirol/Trentino
Höchster Punkt	1.518 m
Basisorte	Lana und Fondo
Anzahl der Kehren	9
Streckenlänge	32 km
Schwierigkeitsgrad	leicht
Straßenverhältnisse	guter Zustand, morgens und abends viel Berufsverkehr
Mautpflicht	keine
Wintersperre	keine
Kombinierbar mit	Nr. 40, 63

Das Gampenjoch beziehungsweise der Passo delle Palade – beide Bezeichnungen zieren im mehrheitlich deutschsprachigen Südtirol die Verkehrsschilder – führt von Nordosten her durch dichten Bergwald, bietet demzufolge sowieso nur wenige Ausblicke und besitzt zudem auch noch eine komplett bewaldete Scheitelhöhe. Für das obligatorische Passschild-Foto muss selbst an einem Sommermorgen gegebenenfalls das Blitzlicht eingeschaltet werden, da das Schild wohl niemals wirklich in der Sonne liegt. Und dennoch lohnt es sich, das Gampenjoch zumindest einmal in seinem Bikerleben zu „erobern". Denn es ist ein fahrerischer Genuss, der Anfänger nicht überfordert und „alte Hasen" zu einem kräftigen Dreh am Gasgriff animieren kann. Hinzu kommt, dass die ordentlich ausgebaute Passstraße mit Ausnahme einiger morgendlicher Berufspendler tagsüber nahezu frei von jeglichem Verkehr ist.

Das Gampenjoch verbindet das Meraner Becken mit der Region um Fondo im Süden. Während wir von Lana kommend anfänglich noch einige schöne Ausblicke auf das Meraner Becken genießen können, schließt sich bald der Wald um uns herum. Nur kurz blitzt vor einem unbeleuchteten Felstunnel die Leonburg durch die Bäume, eine Burganlage aus dem 13. Jahrhundert, die seit unvorstellbaren 800 Jahren im Besitz der Grafen von Brandis ist und leider nicht besichtigt werden kann. Kurz nach dem Felstunnel wird der Wald um uns herum undurchdringlich.

Nach der Scheitelhöhe schwingt die Passstraße in weiten Kurven hinunter nach Fondo. Erst im letzten Abschnitt öffnet sich die Landschaft und

Er gehört einfach zu Südtirol: Den Passo delle Palade nimmt man als Biker auf jeden Fall gerne mit.

SEHENSWERTES AM WEGESRAND

Meran ist meine absolute Lieblings-Destination in Südtirol – sofern ich nach des Tages Kurvenhatz Lust auf Abwechslung und quirlige Lebendigkeit habe. Dann präsentiert sich das charmante Städtchen im Herzen Südtirols mit seinen schier unzähligen Kontrasten: Ob Almhütte oder Designhotel, Shoppen oder Wandern – Meran ist eine Mischung aus Genuss und Kultur, hier verschmelzen die so gegensätzlichen Charaktere der Alpenwelt mit dem bereits omnipräsenten Flair des Südens, mit dem ganz bewussten „dolce far niente" Italiens. Dass man diese – auch historisch gewachsene – Pracht wohl kaum jemals für sich alleine genießen kann, versteht sich von selbst. Ebenso ist das Übernachten in Meran deutlich teurer, als in den umliegenden Dörfern und Städten, die allerdings auch nicht dieses breite Spektrum an Sightseeing und Genuss bieten, wie eben jene Perle Südtirols, in der Ötzi wanderte und Kaiserin Sissi überwinterte. Nein, kein Witz: Vor 5.300 Jahren war jener legendäre „Ötzi" bestens ausgerüstet auf Höhe des Schnalstaler Gletschers, am Tisenjoch, unterwegs, als ihn vermutlich ein Felssturz tötete. Und Kaiserin Sissi überwinterte im nahen Schloss Trautmannsdorff mitsamt Töchtern und über 100-köpfigem Hofstaat. Man gönnte sich ja sonst nix zur damaligen Zeit. Auch Künstler wie Franz Kafka, Rainer Maria Rilke und Stefan Zweig ließen sich hier inspirieren. Diese bewegte Geschichte hat in Meran und Umgebung ein Brauchtum voller Kontraste hinterlassen, das der Stadt ihren ganz besonderen Charme verleiht. Mein Tipp: Wenn Sie in Südtirol unterwegs sind, gönnen Sie sich unbedingt auch mehrere Tage Aufenthalt in Meran. Es lohnt sich. Alle Infos unter www.meranerland.com.

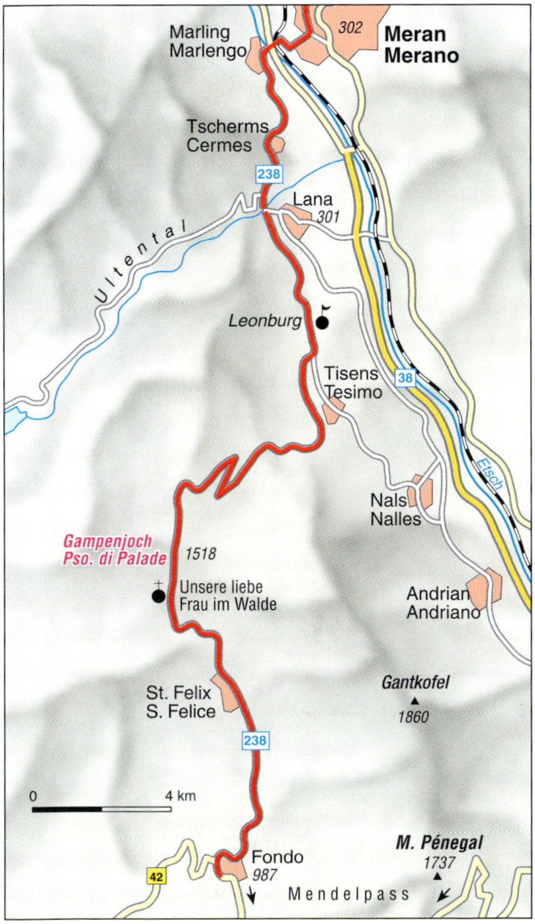

HÖHENPROFIL

Höhenmeter bergauf	1.286 m
Höhenmeter bergab	591 m
Maximale Steigung	11,5 %
Durchschnittliche Steigung	6,6 %
Maximales Gefälle	13,8 %
Durchschnittliches Gefälle	4,7 %

(berechnet mit Motorrad Tourenplaner 2008)

geht in weite Almen und herrliche Bergwiesen über, die es uns erlauben, den Blick ausführlich schweifen zu lassen. Dies umso mehr, als die Strecke auch hier ordentlich ausgebaut ist und das so wichtige „Straße lesen" deshalb nur einen Teil unserer Aufmerksamkeit beansprucht.

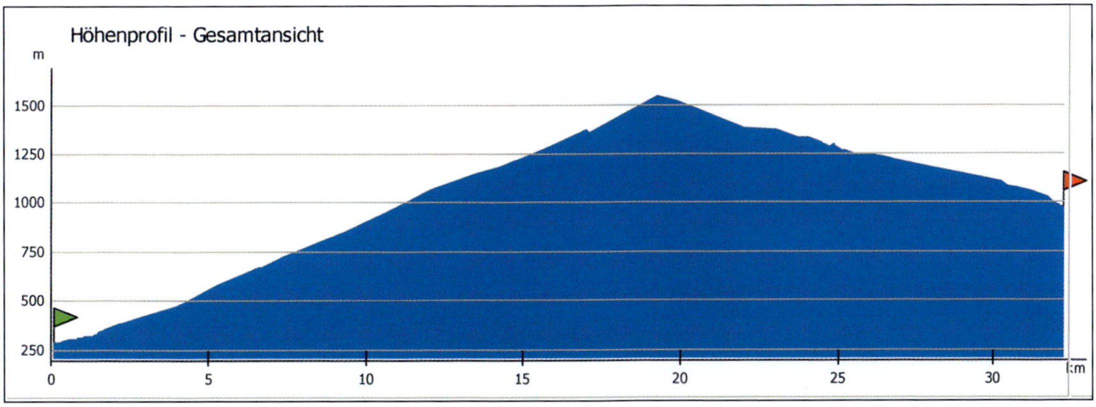

63 Alpenpässe in Italien
MENDELPASS – PASSO DELLA MENDOLA

IM ÜBERBLICK

Name	Mendelpass – Passo della Mendola
Land	Italien
Region	Südtirol/Trentino
Höchster Punkt	1.363 m
Basisorte	Ronzone und San Michele
Anzahl der Kehren	26
Streckenlänge	23 km
Schwierigkeitsgrad	leicht bis mittel
Straßenverhältnisse	kurvig, gut ausgebaut, einige Schräglagen, Tempo-Kontrollen
Mautpflicht	keine
Wintersperre	keine
Kombinierbar mit	Nr. 52, 55, 62

Der Mendelpass war schon immer die Sprachgrenze zwischen Tirol und dem Trentino. Heute verläuft am Passo della Mendola die historische Nord-Süd-Grenze der autonomen Doppelprovinz Trentino-Südtirol. Die von 1880 bis 1885 erbaute Passstraße ist aufgrund ihrer verkehrstechnischen Bedeutung ganzjährig befahrbar, es besteht allerdings ein Verbot für Wohnanhänger.

Von Ronzone im Westen kommend besitzt die als SS42 ausgeschilderte Mendelpassstraße auf weiter Strecke eher Bundesstraßen-Charakter mit weit geschwungenen Kurven und bequemen Steigungen. Erst im Bereich der Passhöhe erfreuen einige Kehren den Biker. Die Passhöhe auf 1.363 Metern dominieren eine Vielzahl an Hotels, Gasthöfen und Einkehrmöglichkeiten, zum Teil mit herrlichen Terrassencafés, auf denen sich die ankommende Bikerschar bequem beobachten lässt. Direkt an der Passhöhe zweigt zudem eine gut vier Kilometer lange Sackgassen-Stichstraße zum 1.737 Meter hohen Gipfelplateau des Penegal ab, die Sie sich mit genügend Zeit im Tankrucksack unbedingt gönnen sollten.

Auf der Ostseite des Passo della Mendola schwingt die Straße in engen Kurven und zwei Hand voll Kehren hinab ins Etschtal, dem Herzen Südtirols. Dichter Bergwald versperrt zwar meistens die Aussicht, aber ein paar Ausweichbuchten gestatten schon den ein oder anderen Blick hinunter ins Tal.

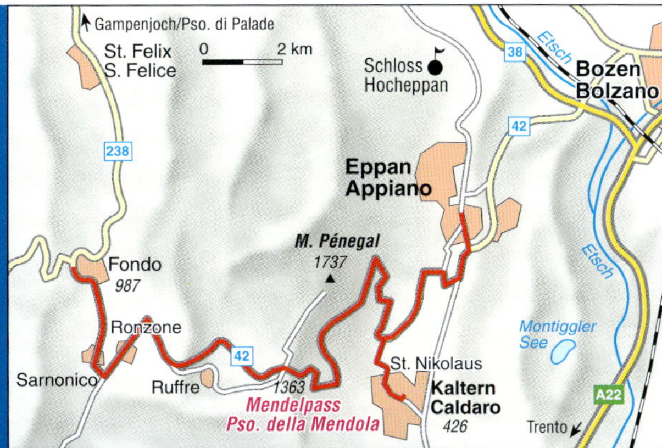

SEHENSWERTES AM WEGESRAND

Bozen oder **Bolzano** ist die Landeshauptstadt Südtirols und als solche natürlich auch Sitz der Südtiroler Landesregierung und des Südtiroler Landtags. Zudem ist die Stadt seit 1964 stolzer Bischofssitz. Wie schon bei Sterzing (Jaufenpass Nr. 39), so ist auch meine Meinung über Bozen durchaus zwiespältig. Einerseits bietet die Stadt mit ihrer überschäumenden Lebendigkeit alle Annehmlichkeiten, die man sich nach einem langen Tag im Sattel wünschen kann: Sie bietet pralle Geschichte zum Anfassen vermischt mit diesem luftig leichten, typisch italienischen Flair. Die engen Stadtviertel mit ihren schattigen Gassen ersticken andererseits aber tagein, tagaus, auch wieder im wohl niemals ruhenden Verkehr.

Mein Tipp: Bilden Sie sich eine eigene Meinung, geben Sie der Stadt eine Chance. Denn sie hat wahrlich viel zu erzählen. Der Talkessel von Bozen war ursprünglich bis weit ins Mittelalter wegen seiner Sümpfe und häufigen Überschwemmungen unbewohnbar. Seit ihrer Gründung vor mehr als 800 Jahren ist Bozen dann eine Handelsstadt gewesen, die vor allem aus ihrer strategisch wertvollen Lage an den traditionellen Handelswegen von Venedig nach Augsburg stetig Kapital schlagen konnte. Jene Handelsstraßen mussten allerdings auch nachhaltig gesichert werden und so ergab es sich, dass das Bozener Becken heutzutage mit beinahe 40 Burganlagen auf engstem Raum die größte Burgendichte Europas besitzt. 1918 wurde Südtirol und damit auch Bozen von Italien annektiert. Um den Menschen der Region Arbeit zu geben, wurden weitläufige Industrieareale aus dem Boden gestampft, die auch heute noch den ersten Eindruck von der Stadt prägen. Bozen wuchs sprunghaft und dieses Wachstum hat – glaubt man den nackten Zahlen – bis heute kein Ende genommen. International berühmt geworden ist Bozen durch die Entdeckung des „Ötzi", der Gletschermumie in den angrenzenden Südtiroler Alpen, die übrigens heut-0zutage im Südtiroler Archäologiemuseum aufbewahrt wird. Weitere Infos unter www.bolzano-bozen.it.

Nachfolgende Doppelseite: Legendäre „Tremola": Die alte Gotthard-Südrampe ist schwieriges Gelände – vor allem bei Regen.

HÖHENPROFIL

Höhenmeter bergauf	290 m
Höhenmeter bergab	991 m
Maximale Steigung	11,3 %
Durchschnittliche Steigung	4,2 %
Maximales Gefälle	12,3 %
Durchschnittliches Gefälle	6,2 %

(berechnet mit Motorrad Tourenplaner 2008)

Prädestiniert für einen ausgiebigen Boxenstopp: Die Scheitelhöhe des Mendelpasses bietet alles für Leib und Seele.

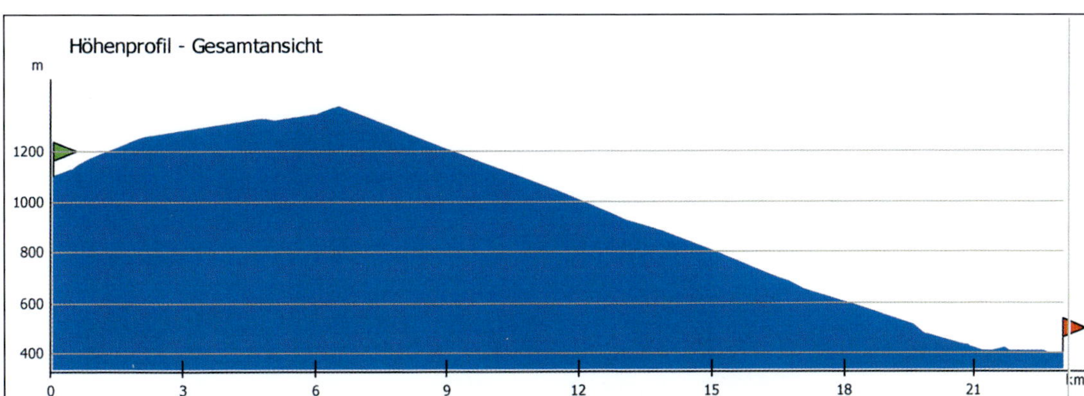

Alpenpässe in der Schweiz

64 Alpenpässe in der Schweiz
OFENPASS – PASS DAL FUORN

IM ÜBERBLICK

Name	Ofenpass – Pass dal Fuorn
Land	Schweiz
Region	Unterengadin
Höchster Punkt	2.149 m
Basisorte	Zernez und Sta. Maria
Anzahl der Kehren	10
Streckenlänge	36 km
Schwierigkeitsgrad	leicht
Straßenverhältnisse	perfekter Straßenzustand, schnelle Strecke
Mautpflicht	keine
Wintersperre	keine
Kombinierbar mit	Nr. 38, 59, 60, 61, 65

Mit diesem Pass betreten wir erstmals komplett Schweizer Territorium und zuleich noch eine der schönsten Regionen dieses Landes – das Val Müstair an der imaginären Grenze zwischen Unter- und Oberengadin. Höchste Zeit wird's, mögen Sie jetzt vollkommen zu Recht konstatieren, besitzt die Schweiz doch eine mehr als atemberaubende Sammlung höchster Pässe. Mit dem Ofenpass beginnen wir allerdings gemütlich – so wie es Tradition ist hier in der wunderbar friedlichen Schweizer Bergwelt.

Der Ofenpass oder Pass dal Fuorn liegt im äußersten Osten des Landes, beginnt im sehenswerten Bergdorf Zernez auf immerhin schon knapp 1.500 Metern Höhe und führt uns Biker auf perfekt asphaltierter Piste in einigen Serpentinen durch den Schweizer Nationalpark bergan gen Osten. Nach wenigen Kilometern liegt rechter Hand die Grenzstation von Italien sowie der ampelgeregelte Tunneleingang zum Livigno-Tal (siehe Forcola di Livigno, Nr. 60). Die gesamte Passstrecke führt durch vollkommen natürlich gewachsenen, herrlich duftenden Bergwald.

Die Passhöhe selbst bildet ein kleiner Hügel, auf dem ein Gasthaus zunächst den Blick nach Südosten versperrt. Haben wir diesen beliebten Bikertreff – und das obligatorische Passschild – hinter uns, öffnet sich die Landschaft in Richtung Ortlergruppe und Stilfser-Joch-Nationalpark.

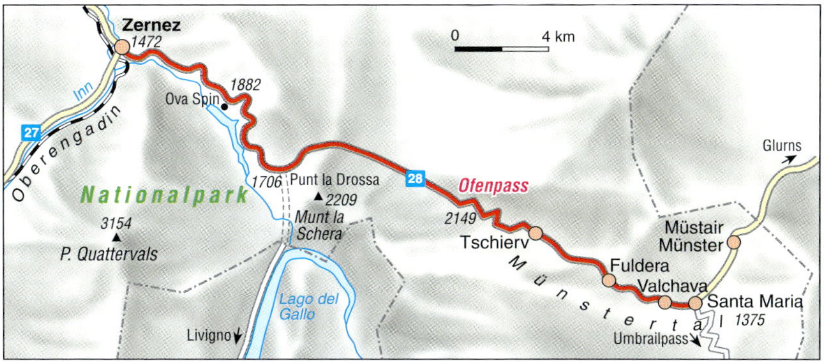

Geschwind huschen wir auf der östlichen Rampe des Ofenpasses anschließend über breite Serpentinen talwärts Richtung Val Müstair. Dieses Val Müstair ist eines der schönsten Bergtäler der Schweiz, eine Komposition aus einmaliger Naturlandschaft und sich harmonisch darin einfügenden Bergdörfern, denen auch die Zeiten des Tourismus nichts von ihrer Ursprünglichkeit rauben konnten. Ja, das Val Müstair besitzt sogar durch seine Richtung Südosten orientierte Lage ein eigenes Klima. Das Wetter ist auffallend mild, die mächtigen Gebirgszüge der Sesvennagruppe halten Wind und Regen fern.

In Sta. Maria zweigt dann die Passstraße hinauf zum Umbrail (Nr. 65) sowie zum Stilfser Joch (Nr. 59) ab.

Gut gelaunt in herrlicher Landschaft: Der Ofenpass besitzt viel versteckten Charme, nicht nur in den Kurven und Kehren.

HÖHENPROFIL

Höhenmeter bergauf	790 m
Höhenmeter bergab	888 m
Maximale Steigung	7,7 %
Durchschnittliche Steigung	5,0 %
Maximales Gefälle	11,6 %
Durchschnittliches Gefälle	4,6 %

(berechnet mit Motorrad Tourenplaner 2008)

SEHENSWERTES AM WEGESRAND

Mit der zunehmenden Industrialisierung am Ende des 19. Jahrhunderts gab es auch in der Schweiz immer mehr Menschen, die sich um die Natur und ihre Zukunft Sorgen machten.
Viele Naturforscher befürchteten zu Recht eine zunehmende Zerstörung der Natur und wollten dieser Entwicklung durch die Gründung eines Nationalparks Einhalt gebieten. 1914 war es dann so weit, der Schweizerische Nationalpark begann wahre Naturschutzgeschichte zu schreiben.
Er war nicht nur der **erste Nationalpark der Alpen**, sondern sogar ganz Mitteleuropas.
Heutzutage umfasst er ein besonders imposantes Stück alpiner Landschaft mit einer reichen Tier- und Pflanzenwelt.

DAS NATIONALPARK-TELEGRAMM:

Höhenlage 1.400–3.174 Meter
Klima trocken, rau, starke Sonneneinstrahlung, geringe Luftfeuchtigkeit
Parkgemeinden Zernez, Schanf, Scuol, Valchava, Lavin
Wegnetz 80 Kilometer offizielle Wanderwege, davon zwei alpine Routen
Besucher ca. 150.000 pro Jahr
Rastplätze 18 (Feuer und biwakieren verboten)
Übernachtung im Park: Blockhaus Cluozza, Hotel Parc Naziunal Il Fuorn
Camping im Park (inkl. Parkplätze) verboten

Der Schweizer Nationalpark ist mit 172 km² das größte Schutzgebiet der Schweiz und ein im Grunde vollkommen der Natur überlassenes Wildnisgebiet. Infos unter www.nationalpark.ch/snp.html.

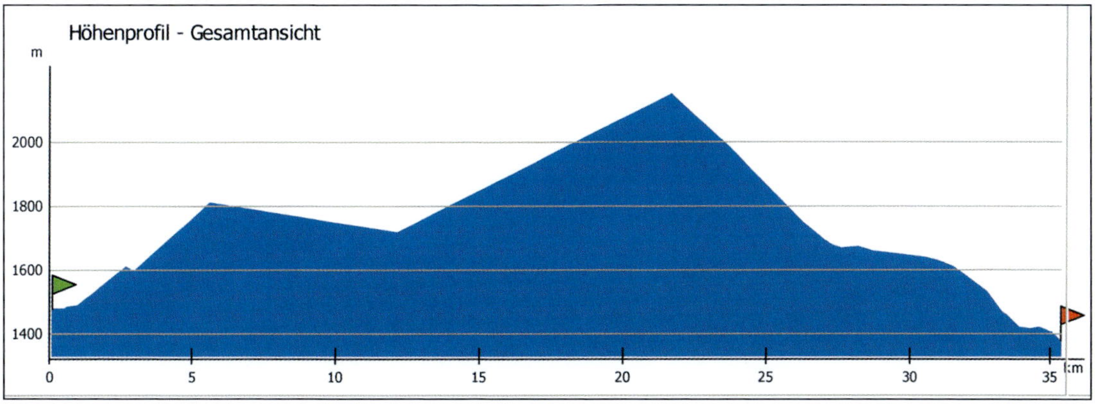

65 Alpenpässe in der Schweiz
UMBRAILPASS

IM ÜBERBLICK

Name	Umbrailpass
Land	Schweiz und Italien
Region	Engadin und Lombardei bzw. Südtirol
Höchster Punkt	2.503 m
Basisorte	Sta. Maria im Val Müstair und Bormio bzw. Prato allo Stelvio
Anzahl der Kehren	63 von Sta. Maria nach Bormio und 88 nach Prato
Streckenlänge	32 km von Sta. Maria nach Bormio und 42 km nach Prato
Schwierigkeitsgrad	mittel, bei Weiterfahrt über das Stilfser Joch sehr anspruchsvoll
Straßenverhältnisse	im Mittelstück Kies und Feinsand, tiefe Längsrillen
Mautpflicht	keine
Wintersperre	November bis Mai
Kombinierbar mit	Nr. 38, 59, 60, 61

Der Umbrailpass ist mein Tipp für diejenigen, die sich die sehr anspruchsvolle Nordostrampe des Stilfser Jochs (Nr. 59) noch nicht zutrauen. Doch den Pass ausschließlich als Rampe zum Stilfser Joch zu betrachten, würde ihm sicherlich nicht gerecht. Er verdient durchaus ein eigenes Kapitel. Dieses beginnt im hübschen Bergdorf Sta. Maria im Val Müstair. Direkt in der „hautengen" Dorfmitte zweigt der Weg ab. Achtung: Das Schild ist leicht zu übersehen.

Sobald wir die letzten Häuser Sta. Marias hinter uns gelassen haben, geht es umgehend „zur Sache". Denn der Umbrailpass ist immerhin der höchstgelegene Autopass der Schweiz. Die Strecke von Sta. Maria wurde bereits 1901 fertiggestellt und stellte die historische Verbindung zwischen dem Vinschgau und dem Valtellina dar. Die Straßenführung ist mittelschwer, die Spitzkehren besitzen zudem ein gerüttelt Maß an Steigung. Nahe der Baumgrenze wechselt der Straßenbelag dann in lockeren Rollsplitt und verlangt unsere ganze Aufmerksamkeit. Mein Tipp: Für die obligatorischen und lohnenden Ausblicke einfach das Bike am Wegesrand ein paar Minuten parken – das Verkehrsaufkommen auf dem Umbrailpass geht gegen Null.

Da ich auch nach nunmehr drei Fahrten über den Umbrail – letztmalig Juni 2007 – keine Anzeichen dafür erkennen konnte, dass die Schotterpiste eines Tages ordentlich asphaltiert werden wird, gehen Sie einfach davon aus, eine Runde „Gravel" zu fahren. Doch das ist am Umbrail auch mit Straßenmaschinen und Choppern möglich, Vorsicht ist lediglich in den Kurven geboten, da sich deutliche Spurrillen gebildet haben. Wir queren noch ein im Sommer ausgetrocknetes Flussbett, bevor wir im oberen Drittel wieder auf geteerte Verhältnisse stoßen.

SEHENSWERTES AM WEGESRAND

Einen Katzensprung östlich von Sta. Maria mündet das Val Müstair in das nicht minder, aber gänzlich anders, prächtige **Vinschgau**, die regenärmste Region Südtirols und gleichzeitig eines der trockensten Gebiete der gesamten Alpen. Weite Teile der Region Vinschgau werden von schier endlosen Apfelplantagen beherrscht, die im Sommer mühsam bewässert werden müssen, bevor die empfindlichen Früchte von Hand geerntet und dann zu satten Preisen auf dem europäischen Markt verkauft werden. Zwei Wahrzeichen machen das Vinschgau wohl einzigartig: Der Sonnenberg, ein baumloser, gewaltiger Berghang, der sich von Schluderns bis Latsch erstreckt, soll einer Sage zufolge in alten Zeiten deshalb gerodet worden sein, um Holz für den Bau von Venedig zu bekommen. Das zweite Wahrzeichen ist natürlich der Reschensee mit seinem einsamen Kirchturm. Auch die Etsch, immerhin auf ihrem weiteren Weg zu Italiens zweitgrößtem Fluss anschwellend, entspringt hier im oberen Vinschgau.

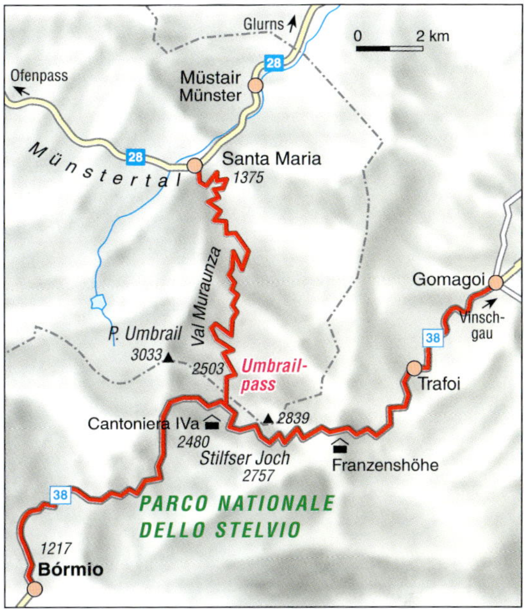

Gelungene Mischung aus on- und offroad: die Nordrampe des Umbrail (linke Seite).

HÖHENPROFIL

Höhenmeter bergauf	1.130 m
Höhenmeter bergab	1.296 m
Maximale Steigung	11,5 %
Durchschnittliche Steigung	8,2 %
Maximales Gefälle	14,8 %
Durchschnittliches Gefälle	7,0 %

(berechnet mit Motorrad Tourenplaner 2008)

In der Ferne winkt bereits der Kamm des Stilfser Jochs zu uns herüber, während wir dem Motorrad erst einmal an der Passhütte des Umbrail eine Pause gönnen. Eine kleine Bergwirtschaft bittet zur Einkehr, gleich daneben döst die wohl niemals besetzte Schweizer Zollstation im Sonnenschein. Kurz nach der Passhöhe mündet die Straße zwischen einigen verfallenen Häusern in die von Bormio kommende Südwestrampe des Stilfser Jochs ein, das im Grunde nur noch einen Katzensprung von uns entfernt liegt.

Ach ja: Fünf Kehren sind auch noch zu bewältigen. Aber für die haben wir uns ja soeben bereits warm gefahren.

Offen für Schmuggler? Menschenleere Grenzstation am Umbrail.

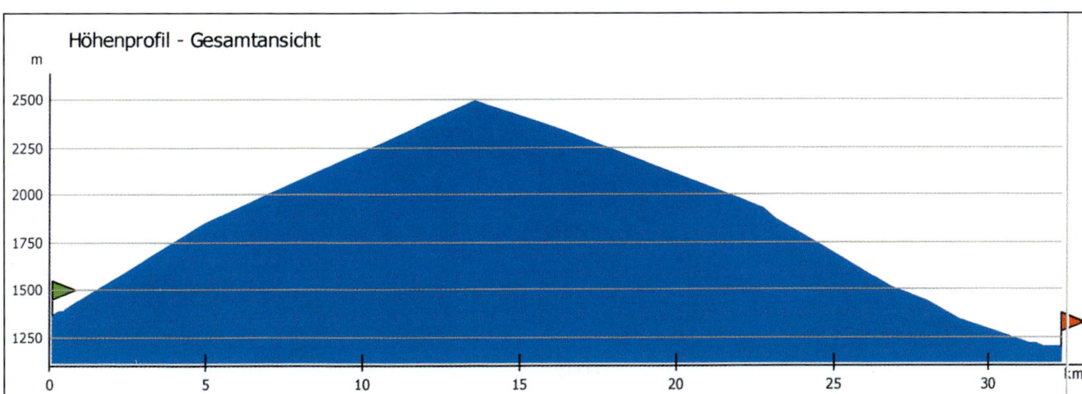

66 Alpenpässe in der Schweiz
BERNINAPASS – PASSO DEL BERNINA

IM ÜBERBLICK

Name	Berninapass – Passo del Bernina
Land	Schweiz
Region	Oberengadin
Höchster Punkt	2.330 m
Basisorte	St. Moritz in der Schweiz und Tirano in Italien
Anzahl der Kehren	14
Streckenlänge	58 km
Schwierigkeitsgrad	mittel
Straßenverhältnisse	abwechslungsreich, gut ausgebaut, schmale Ortspassage
Mautpflicht	keine
Wintersperre	keine (bei starkem Schneefall kurzfristige Sperrung möglich)
Kombinierbar mit	Nr. 60, 61, 67, 69, 70

SEHENSWERTES AM WEGESRAND

Auf einer der schönsten Bahnstrecken der Welt fährt die Rhätische Bahn mit ihrem **Bernina-Express** von Chur über Pontresina und St. Moritz hinauf zum Bernina-Hospiz auf 2.200 Metern und weiter ins italienische Tirano.
Die zum Teil abenteuerlich angelegte Bahntrasse bietet atemberaubende Ausblicke auf die Eisriesen- und Gletscherwelten der Bernina-Gruppe. Heutzutage ein Renner, stand die 1910 privat erbaute Bahnlinie allerdings mehrmals kurz vor dem Aus, kurz vor dem finanziellen Ruin.
Erst 1944 sicherte die Fusion mit der Rhätischen Bahn ihren Erhalt, den heutzutage im Winter alle Skifahrer und im Sommer auch unzählige Japaner auf ihren „Europe in 10 days" – Touren begrüßen. Zwei Stunden dauert die Fahrt von St. Moritz über den Bernina nach Tirano und zählt zu den absoluten Highlights europäischer Eisenbahn-Geschichte. Und das nicht nur für eingefleischte Schienenfans. Eine rechtzeitige Platzreservierung ist unbedingt zu empfehlen. Infos unter www.rhb.ch.

Der Ruf des Berninapasses ist legendär, zählt er doch zu den bekanntesten und berühmtesten Schweizer Pässen. Die Gründe dafür sind sicherlich nicht so sehr in seiner fahrerisch abwechslungsreichen, aber nicht sehr anspruchsvollen Streckenführung zu suchen, sondern vielmehr in der mehr als grandiosen Landschaft, in der dieser Pass angelegt wurde. Immer vor dem Visier haben wir entlang der Westrampe die gewaltige Berninagruppe mit ihren bis zu 4.000 Meter aufragenden, bereits lebensfeindlichen Gipfelwelten.

Von St. Moritz kommend gleicht der Aufstieg zum Bernina-Pass eher einer kurzweiligen Autobahn-Hatz denn echtem Passfahren. Und da die gut ausgebaute Straße nur ein Mindestmaß an Aufmerksamkeit erfordert, genieße ich jedes Mal die Ausblicke über die Gashand in Richtung Bernina-Gipfel. Majestätisch schiebt sich der Piz Bernina, der einzige Viertausender Graubündens, ins Bild. Am 18. September 1850 stand ein Bündner als Erster auf dessen Gipfel, eine Tatsache, die alle Graubündner auch heute noch mit Stolz erfüllt. Nun, nachdem sämtliche anderen namhaften Gipfel des Landes von Engländern und Iren erstbestiegen worden waren, eine durchaus verständliche Regung. Mit ein wenig Glück begleiten uns die roten Züge des berühmten Bernina-Expresses auf unserem Weg und setzen ein weiteres farbliches Highlight.

Etwas unterhalb der kahlen Passhöhe liegt das Ospizio Bernina mit großem Parkplatz und Bikertreff sowie zwei kleinen Gletscherseen. Vor allem der Blick auf die südlich liegenden Eisriesenwelten ist ein Gedicht. 1842 begann man mit dem Bau der Bernina-Passstraße, 1865 wurden die Arbeiten abgeschlossen und auch das Hospiz eröffnet. Die seither mehrfach verbreiterte Straße wird als wichtige Verkehrsverbindung seit 1965 ganzjäh-

rig offen gehalten, obwohl oben auf dem Pass bis zu acht Monate im Jahr Schnee liegen kann. Dementsprechende Vorsicht ist vor allem außerhalb der Monate Juli und August geboten.

Die eigentliche Passhöhe liegt jedoch nicht am Hospiz, sondern etwa 300 Meter weiter östlich. Hier steht auch das Passschild für alle „Ich-war-auch-hier"-Fotos. Von hier aus reicht der Blick weit nach Süden in das Val Poschiavo oder auch hinüber zum Forcola di Livigno. Die Südrampe des Berninapasses ist ebenfalls gut ausgebaut und mit erfreulich vielen Serpentinen sowie weit geschwungenen Kurven verziert. Ein besonderes i-Tüpfelchen setzt unten im Puschlav-Tal der Lago di Poschiavo, an dessen Südufer die Rhätische Bahn stets seinen kurzen Zwischenstopp einlegt.

Das obligatorische Passschild liegt einige Höhenmeter oberhalb des Hospizes.

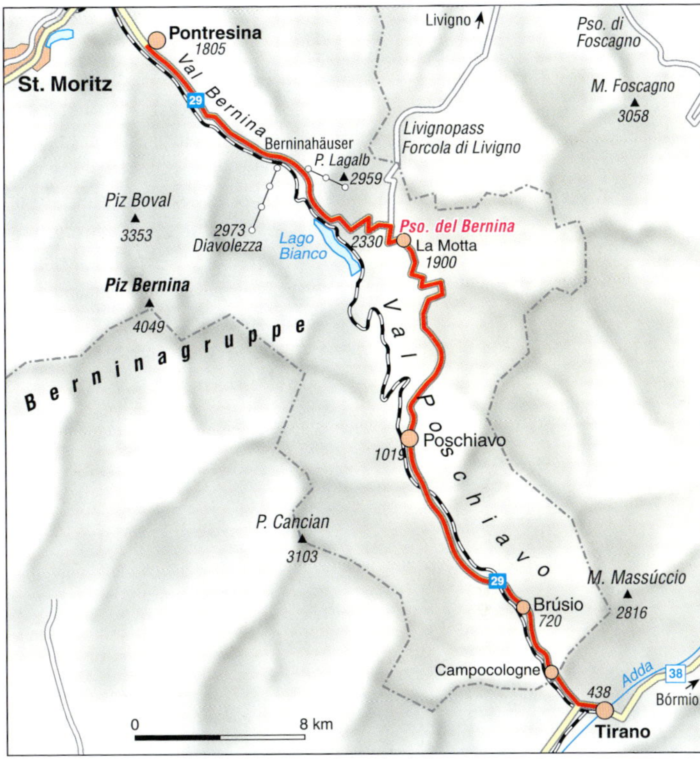

HÖHENPROFIL	
Höhenmeter bergauf	738 m
Höhenmeter bergab	2.112 m
Maximale Steigung	13,9 %
Durchschnittliche Steigung	3,5 %
Maximales Gefälle	14,5 %
Durchschnittliches Gefälle	5,8 %

(berechnet mit Motorrad Tourenplaner 2008)

Für einen Einkehrschwung in historischer Umgebung: das Bernina-Hospiz unterhalb der Passhöhe.

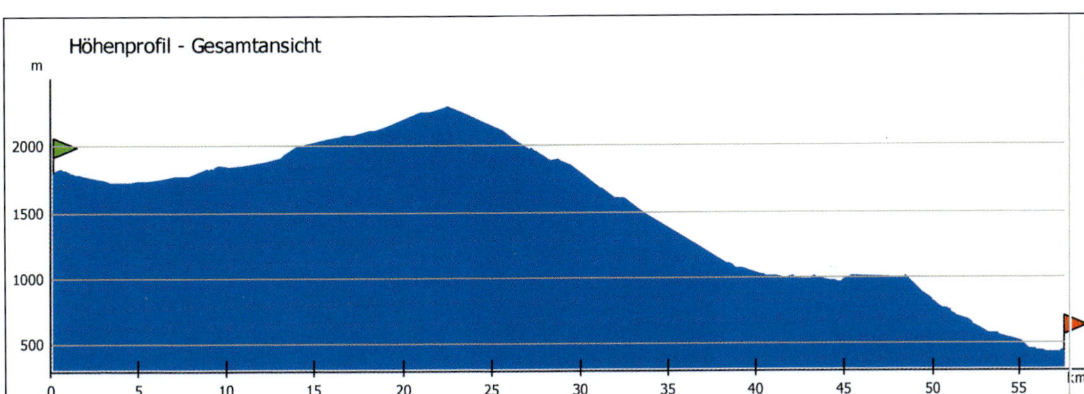

67 Alpenpässe in der Schweiz
ALBULAPASS

IM ÜBERBLICK

Name	Albulapass
Land	Schweiz
Region	Oberengadin
Höchster Punkt	2.315 m
Basisorte	Filisur und La Punt-Chamues
Anzahl der Kehren	18
Streckenlänge	31 km
Schwierigkeitsgrad	leicht bis mittel
Straßenverhältnisse	breit, kurven- und kehrenreich, wenig Verkehr
Mautpflicht	keine
Wintersperre	Mitte November bis Mai
Kombinierbar mit	Nr. 60, 66, 68, 69, 70

SEHENSWERTES AM WEGESRAND

Das **Engadin** ist eines der höchstgelegenen, bewohnten Täler Europas, gut 80 Kilometer lang und liegt ganz im Osten Graubündens. Der südliche Abschnitt des Oberengadins begeistert vor allem durch seine Seenplatte sowie ausgedehnte Wälder mit einer prächtigen Färbung im Herbst. Das Unterengadin ist enger, wilder und landschaftlich rauer als das Oberengadin. Der mächtige Inn gräbt sich hier seit Jahrtausenden sein Bett zwischen den Felswänden. Geschichtlich war das Engadin viele Jahrhunderte lang ein Durchgangsland, bis sich verschiedene Grafengeschlechter hier ansiedelten. Der wirtschaftlichen Mühen und langen Winter überdrüssig, verkauften viele im Laufe der Zeit ihren Besitz an das Bistum von Chur. Im sogenannten Veltliner Krieg wurde das Engadin von den Österreichern verwüstet und besetzt, jedoch nach kurzer Zeit schon an Bünden zurückgegeben. Die letzte österreichische Besitzung war Tarasp, das 1815 an Graubünden kam. Erst seit dem Bau des Vereinatunnels der Rhätischen Bahn 1999 besteht eine wintersichere Verbindung vom Engadin ins Prättigau und Rheintal, was dem Tourismus im gesamten Engadin einen deutlichen Aufschwung gab.

Der Albulapass verbindet das Tal des Hinterrheins bei Thusis mit dem Engadin bei La Punt-Chamues, hat seine verkehrstechnische Bedeutung allerdings nach dem Bau der Albula-Eisenbahn weitestgehend eingebüßt. Doch eben das macht ihn für Motorradfahrer so reizvoll, denn wir müssen ihn jetzt nur noch mit einer Vielzahl an Schweizer Töff-Fahrern und ein paar Pkw-Touristen teilen, die allesamt mit der gleichen Intention hierher kommen: Ausgiebige Kurvenhatz inmitten einer prächtigen hochalpinen Bergwelt zu genießen. Und dazu bietet der Albulapass mit seiner oftmals kaum mehr als lenkerbreiten Piste eine perfekte Basis.

1855 wollten die Bürger des an der westlichen Rampe des Passes gelegenen Weilers Bergün eine ordentliche Zufahrt bekommen, ein Projekt, das zur damaligen Zeit eine wahre technische Meisterleistung werden sollte. Mit zahllosen Sprengungen wurde die Streckenführung regelrecht aus dem Felsen herausgearbeitet. Der zehn Jahre dauernde Bau der Straße verschlang ein Vermögen, dass sich die Bergüner in den darauf folgenden Jahrzehnten durch Maut und Zölle wieder hereinholten.

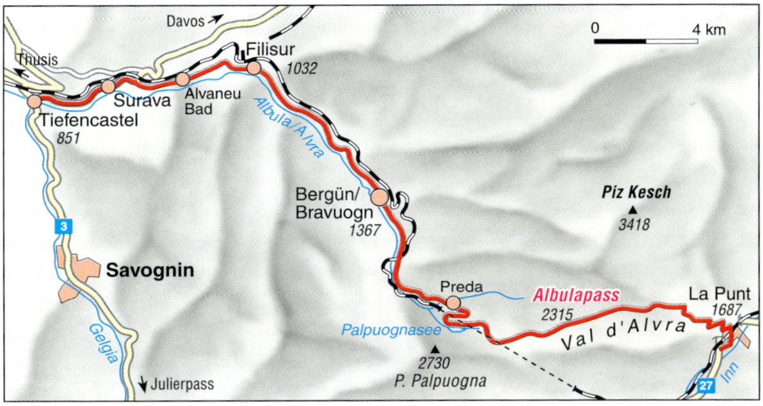

Ob nun die westliche oder die östliche Rampe des Passes heutzutage die schönere Strecke ist, darüber mag man herzhaft streiten. Beide Teilstrecken führen aber völlig zu Recht das grüne Band besonderer landschaftlicher Schönheit. Ab dem Örtchen Bergün wird's deutlich enger, die Piste deutlich reicher an Schlaglöchern. Ein Teil dieser Strecke wird übrigens im Winter als fünf Kilometer lange Rodelstrecke benutzt – bestimmt auch ein Erlebnis. Auf der Passhöhe angekommen weitet sich der Ausblick auf eine Hochebene mit einem Bergsee. Das schlichte Albula-Hospiz bietet sich für einen Einkehrschwung an und wer zwischen dem Auspuffdröhnen der Schweizer Biker ab und an ein schrilles Pfeifen hört, der ahnt, dass es sich hier oben auch einige Murmeltier-Kolonien ganz gut gehen lassen. Vom Hospiz ab führt die Passstraße allmählich breiter werdend hinab ins herrliche Engadin, einem Biker- und Urlaubsparadies der ganz besonderen Güte.

Volle Punktzahl in Sachen Genuss: Der Albulapass begeistert wohl jeden Reisenden.

HÖHENPROFIL

Höhenmeter bergauf	1.312 m
Höhenmeter bergab	636 m
Maximale Steigung	11,3 %
Durchschnittliche Steigung	6,4 %
Maximales Gefälle	12,0 %
Durchschnittliches Gefälle	6,5 %

(berechnet mit Motorrad Tourenplaner 2008)

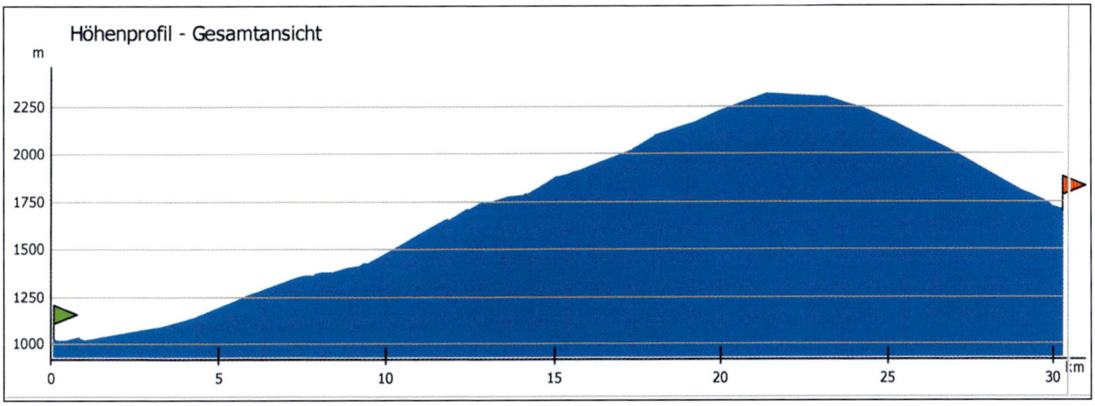

68 Alpenpässe in der Schweiz
FLÜELAPASS

IM ÜBERBLICK

Name	Flüelapass
Land	Schweiz
Region	Engadin
Höchster Punkt	2.363 m
Basisorte	Davos und Susch
Anzahl der Kehren	17
Streckenlänge	27 km
Schwierigkeitsgrad	mittel
Straßenverhältnisse	im Osten teils viele Schlaglöcher, Rollsplitt, Steinschlag
Mautpflicht	keine
Wintersperre	Dezember bis April
Kombinierbar mit	Nr. 60, 64, 66, 67, 70

Auch der Flüelapass besitzt für uns Biker trotz eher unspektakulärer fahrerischer Herausforderungen einen ganz besonderen Reiz: Seit der Eröffnung des etwas nördlich von Klosters ins Unterengadin verlaufenden Vereinatunnels mit seiner Autoverladung hat die verkehrstechnische Bedeutung des Flüelapasses als Verbindung von Davos im Landwassertal nach Susch im Unterengadin deutlich nachgelassen. Und deshalb gehört so eine Kurvenhatz über den Pass zu den herrlichen Momenten in einem Bikerleben, in denen man fernab allen Reise- und Durchgangsverkehrs ganz gemütlich oder auch forsch über einen Pass fegen kann. Deshalb gönnen Sie sich den Flüelapass bei Ihren Besuchen im Engadin oder Graubünden unbedingt.

Die Westrampe führt als gut ausgebaute Straße zunächst durch lichten Mischwald bergan, erst in der Mitte des Flüelatales erlauben weite Almen einen ersten schweifenden Blick auf den vor uns liegenden Pass. Hinter dem Bergdorf Tschuggen liegen dann die ersten Serpentinen vor uns, die gesamte Gegend wird deutlich karger. Die Passhöhe liegt auf einem felsigen Hochplateau, das Hospiz mit obligatorischer Andenkenbude und ein kleiner See laden zur aussichtsreichen Rast. Auf der Ostrampe wird die Strecke deutlich holperiger und abschnittsweise gleicht sie einer Schlaglochpiste, die man immer wieder während der wenigen Sommermonate zu flicken versucht.

Eine ganz andere, ja richtiggehend historische Art der Pass-Eroberung bietet die Postkutschenfahrt von Davos hinauf zum Flüela-Hospiz. Die ori-

Viel Raum für ordentliche Kurvenhatz: der Flüelapass ist ein Bikerparadies.

SEHENSWERTES AM WEGESRAND

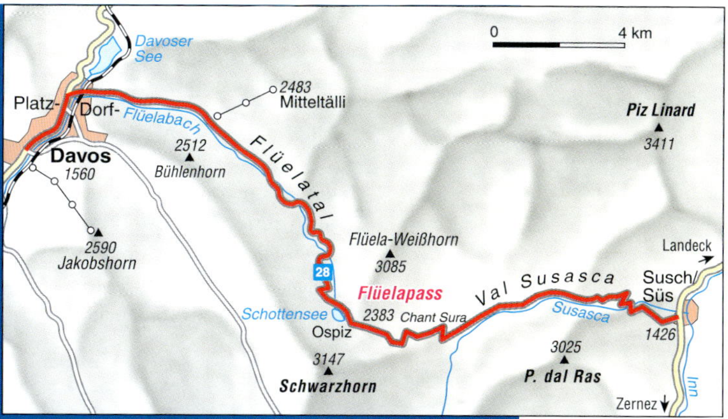

Davos rühmt sich als die mit 1.600 Metern „höchstgelegene Ferien- und Kongressstadt Europas". Schon Thomas Mann weilte hier zur Kur und sammelte in den Heilkliniken Fakten und Eindrücke für sein wohl größtes Werk, den „Zauberberg". Und gleichwohl der Davoser Kurbetrieb in diesem Werk nicht unbedingt in positivem Licht geschildert wurde, haben sich die heute knapp 13.000 Einwohner längst mit dem 1955 gestorbenen Schriftsteller versöhnt. Denn mit seiner Hilfe wurde das zwar heilklimatisch wertvolle, ansonsten ehemals aber recht verschlafene Bergdorf sozusagen auf einen Schlag weltberühmt. Und heutzutage weit über 1,5 Millionen Übernachtungen pro Jahr versöhnen im Laufe der Zeit selbst mit den eigenwilligsten Kritikern. Das heutige Davos kann durchaus irritieren, seine Eindrücke sind sehr zwiespältig. Zu viel an wertvoller historischer Substanz wurde in den letzten Jahren bereitwillig dem Tourismus geopfert, Hotelburgen und Restaurantmeilen prägen das Bild. Die immer noch real existierenden Schönheiten der Alpenstadt liegen hinter ihrer Glitzerfassade, liegen in den umliegen-den Stadtteilen, in den Seitengassen und rund um den Davoser See. Davos als Standort für eine ausgiebige Erkundung des hochalpinen Graubündner Herzens zu wählen, hat durchaus seine Argumente. Hier findet jeder die Art von Unterkunft, die ihm persönlich am meisten zusagt.

Lädt zur Einkehr und Stärkung: das Flüela-Hospiz auf der kleinen Passhöhe.

ginalgetreu nachgebaute Postkutsche startet mit einem Gespann von sechs Pferden in der Sommersaison jeden Dienstag vom Bahnhof Davos Platz zu ihrer Reise durch die Geschichte. Alternativ können Sie auch eine Kombination aus Postkutsche und historischem Postauto buchen, um den Flüelapass zu erfahren. Ein Erlebnis nicht nur für das Kind im Biker. Infos unter www.davos.ch.

Und mit ein wenig Glück können Reisende oben am Flüela vielleicht einen Blick auf die dort im Sommer 2007 erstmalig wieder aufgetretenen Braunbären erhaschen, die – ganz im Gegensatz zu Deutschland – dort oben trotz manch gerissenem Schaf in Ruhe gelassen werden, so lange sich ihr Verhalten nicht gefährdend auf Menschen auswirkt.

HÖHENPROFIL

Höhenmeter bergauf	816 m
Höhenmeter bergab	954 m
Maximale Steigung	14,1 %
Durchschnittliche Steigung	6,6 %
Maximales Gefälle	9,0 %
Durchschnittliches Gefälle	6,9 %

(berechnet mit Motorrad Tourenplaner 2008)

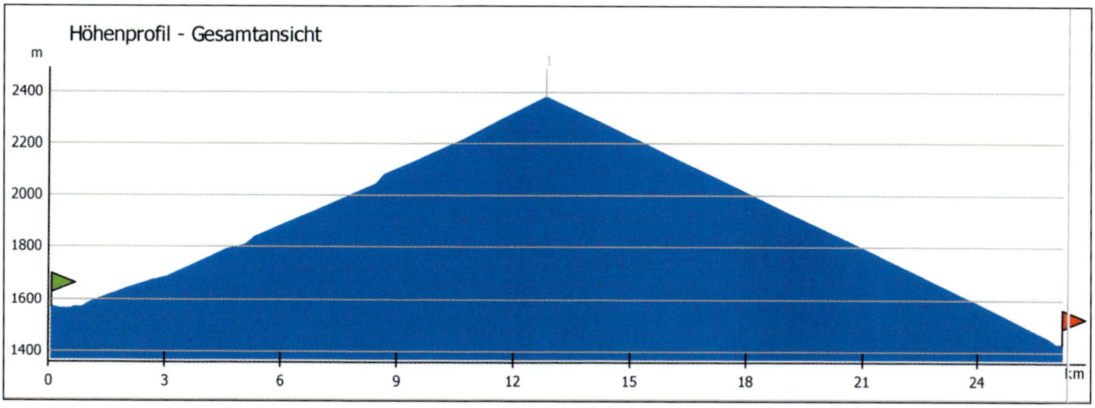

69 Alpenpässe in der Schweiz
JULIERPASS – PASS DAL GÜGLIA

IM ÜBERBLICK

Name	Julierpass – Pass dal Güglia
Land	Schweiz
Region	Engadin
Höchster Punkt	2.284 m
Basisorte	Tiefencastel und Silvaplana
Anzahl der Kehren	26
Streckenlänge	43 km
Schwierigkeitsgrad	mittel
Straßenverhältnisse	gut ausgebaut, asphaltiert, enge Kehren, Steinschlag
Mautpflicht	keine
Wintersperre	keine
Kombinierbar mit	Nr. 60, 66, 67, 70, 71

Der Julierpass verbindet mit seiner Scheitelhöhe von 2.284 Metern das Oberhalbsteiner Tal mit dem Engadin. Auf seiner Passhöhe verläuft zudem die Europäische Wasserscheide zwischen Rhein und Donau. 1820 bis 1826 wurde die Straße über den Julierpass erbaut und führt seitdem von Tiefencastel über Savognin nach Silvaplana und der herrlich gelegenen Seenplatte.

Sowohl landschaftlich, als auch fahrerisch ist die gesamte Strecke äußerst reizvoll, ohne jedoch jemals richtig schwierig zu werden. Die allein schon 36 Kilometer lange Westrampe steigt von Tiefencastel nur ganz allmählich zunächst zum Ort Savognin, Hauptort des Kreises Surses, sowie im weiteren Verlauf zur Passhöhe an, die Kehren sind selten eng und nur mäßig steil.

Savognin selbst, in einem weiten Hochtal gelegen, ist unter Wintersportfreunden bekannt und beliebt, gleicht im Sommer allerdings eher einem verschlafenen Bergdorf. Nach mehreren Serpentinen und wenige Kilometer vor der Passhöhe liegt rechter Hand der bezaubernde Lai da Marmorera, ein Stausee, der sich für eine Verschnaufpause hervorragend eignet. In weiteren Serpentinen geht es anschließend im letzten Teilstück hinauf zum Julier-Hospiz und weiter zur Passhöhe inmitten felsiger Gipfelwelten. Teile dieser Felsen sind ein Zeugnis aus der Römerzeit: Die bei Gra-

SEHENSWERTES AM WEGESRAND

Das einstmals vor allem durch seine Heilquellen berühmt gewordene Bergdorf **St. Moritz** hat sich im Laufe der letzten Jahrzehnte zielstrebig zu dem wohl bekanntesten Treffpunkt des internationalen Jetset entwickelt. Zwei erfolgreiche Winterolympiaden sowie zahlreiche Ski-Weltmeisterschaften lassen den 1.856 Meter hoch gelegenen, schneesicheren Kurort vor allem in der weißen Jahreszeit aufblühen. Doch auch im Sommer hat St. Moritz seinen Reiz, begründet in der traumhaften Lage am Rande der Oberengadiner Seen. Über 300 Sonnentage pro Jahr und das italienisch milde „Champagner-Klima" machen den Ort nicht nur zu einem beliebten Ausgangspunkt für Wanderungen in die Oberengadiner Bergwelt, sondern lassen auch einen Spaziergang durch die oftmals historischen Gassen zu einem Erlebnis werden. Mein Tipp: Werfen Sie alle vorhandenen Vorurteile und aufgeschnappten Klischees über Bord und bilden Sie sich eine eigene Meinung bei einem ausführlichen Boxenstopp oder Einkehrschwung bei Jetset & Co. – nähere Infos unter www.st.moritz.ch.

bungen auf der Passhöhe entdeckten Säulenfragmente belegen die Bedeutung des Julierpasses schon zu Zeiten der Römer. An mehreren Stellen gefundene Radspuren belegen, dass der Pass damals bereits mit hochrädrigen Karren befahren wurde. Welch ein Abenteuer muss das gewesen sein!

Im Mittelalter verlor der Julier rasch an Bedeutung, zumal sich der Warentransport mehr und mehr in Richtung Gotthard- und Splügenpass verlagerte. Zur besseren Anbindung an das Engadin ließ der Kanton Graubünden dann ab 1820 die heutige Passstraße erbauen, deren Verlauf beim Bau des Marmorera-Stausees 1950 in einigen Bereichen verlegt werden musste. Die Ostabfahrt von der Passhöhe ins Engadin ist mit sieben Kilometern vergleichsweise kurz und endet direkt in Silvaplana, dessen natürlicher Schatz die Weite der angrenzenden Seen darstellt. Tiefgründiges Schmelzwasser streitet mit azurblauem Himmel und bis in den viel zu kurzen Bergsommer hinein schneeweißen Gipfelwelten um die Gunst des Augenblicks. Sie werden begeistert sein.

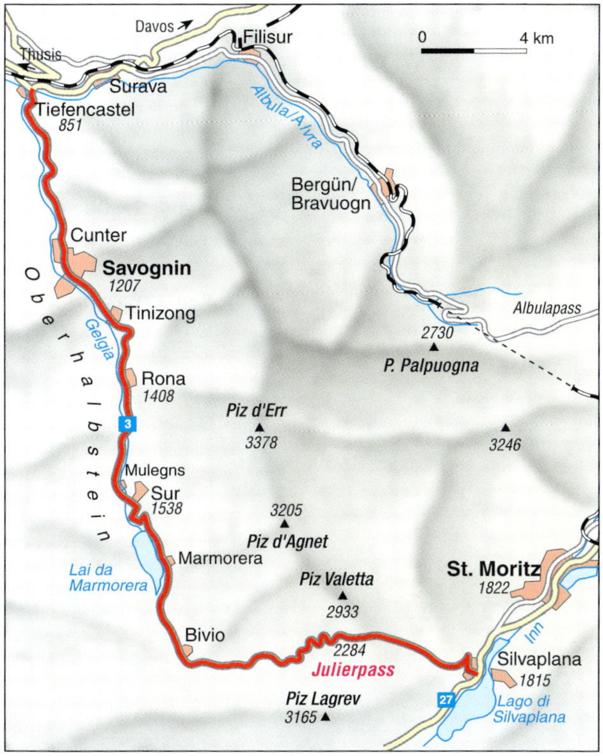

HÖHENPROFIL

Höhenmeter bergauf	1.514 m
Höhenmeter bergab	555 m
Maximale Steigung	13,4 %
Durchschnittliche Steigung	4,7 %
Maximales Gefälle	11,3 %
Durchschnittliches Gefälle	5,3 %

(berechnet mit Motorrad Tourenplaner 2008)

Felsig im Gipfelbereich (linke Seite), lieblich an seiner Basis: die Vielfalt des Julier ist beinahe sprichwörtlich.

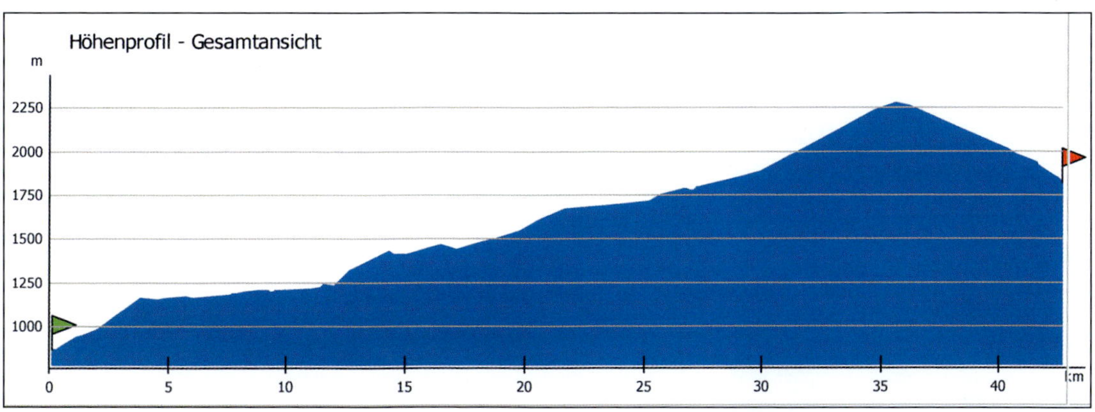

70 *Alpenpässe in der Schweiz*
MALOJAPASS – PASSO DEL MALOJA

IM ÜBERBLICK

Name	Malojapass – Passo del Maloja
Land	Schweiz
Region	Engadin
Höchster Punkt	1.815 m
Basisorte	Maloja und Chiavenna
Anzahl der Kehren	23
Streckenlänge	33 km
Schwierigkeitsgrad	leicht
Straßenverhältnisse	perfekt ausgebaut, kurven- und kehrenreich, ideales Training
Mautpflicht	keine
Wintersperre	keine (bei starkem Schneefall kurzfristige Sperrung möglich)
Kombinierbar mit	Nr. 66, 67, 69, 71 48, 49

SEHENSWERTES AM WEGESRAND

Schier unendlich sind die Winter im **Bergell.** Die Kraft der Sonne reicht kaum hinab in die engen Täler, das Land und seine Menschen verharren mancherorts in monatelangem Halbdunkel. Die Sommer dagegen sind kurz aber gewaltig, intensiver als irgendwo sonst in den Alpen. Eine Symphonie aus Farben und Formen überwältigt den schweifenden Blick. Klare Gipfelprofile, smaragdfarbene Gletscherseen, in Orgien aus Grün explodierende Almen stimmen mit der Gischt der Wildbäche einen Lobgesang auf die Natur an. Ein Highlight des Malojapasses ist die Tatsache, dass er nach erfrischender Kurvenhatz im Bergell gemütlich auspendelt. Herrlich bunte Wiesen und Almen laden zu einem Sonnenbad, der warme Malojawind umschmeichelt dabei Körper und Seele. Überall summt und brummt es, die Kürze der Sommer im Bergell treibt sämtliches Getier zur Eile an.

Von einer sonnigen Felsterrasse oberhalb Bondos blickt das sehenswerte Soglio weit über diese atemberaubende Pracht. Ein steiler, kurviger Aufstieg zwingt uns zu höchster Konzentration. Der Parkplatz am Ortseingang nimmt die Fahrzeuge der Besucher auf, denn das Dorf selbst ist autofrei. Infos unter www.bregaglia.ch.

Zugegeben: Eigentlich ist er ja kein richtiger Pass, dieser allerdings sehr berühmte Malojapass. Er verbindet das Schweizer Engadin mit dem Bergell und Italien und fällt nur auf der Südwestseite steil hinunter nach Italien. Deshalb die zumindest formale Einschränkung. Fahrerisch ist er, mit Ausnahme einiger Kehren im oberen Drittel, eher anspruchslos. So sind die Highlights des Malojapasses zweifellos seine beiden Endpunkte – die herrliche Seenplatte der Silvaplana im Norden sowie das traumhafte Bergell im Südwesten.

Die Verbindung über die Pässe Maloja und Julier (Nr. 69) nach Chur war schon im Mittelalter eine der wichtigsten Alpenquerungen, ja viele Jahrzehnte lang sogar die wichtigste Verbindung zwischen Mailand und Chur. Auch heute noch stellt der Maloja eine durchaus verkehrsreiche Strecke dar, die wir wohl kaum jemals im Jahr ganz für uns alleine haben werden. Der Nordrampe als ganz normaler Kantonstraße wollen wir uns nicht weiter widmen, sondern das Augenmerk auf den ersten Abschnitt nach dem Passieren des touristisch geprägten Scheitelpunktes des Malojas richten. In herrlichen, gut ausgebauten Serpentinen windet sich die Straße bergab und eröffnet in nahezu jeder Kehre atemberaubende Ausblicke auf die umliegende Alpenwelt mit ihren Dreitausendern.

Weiterhin perfekt ausgebaut läuft die Passstraße dann im erwähnten Bergell aus, schwingt in weiten Bögen durch eine beinahe andere Welt, durch einsam gelegene, nahezu menschenleere Bergdörfer mit ihren typischen Dächern aus Stein- und Schieferplatten.

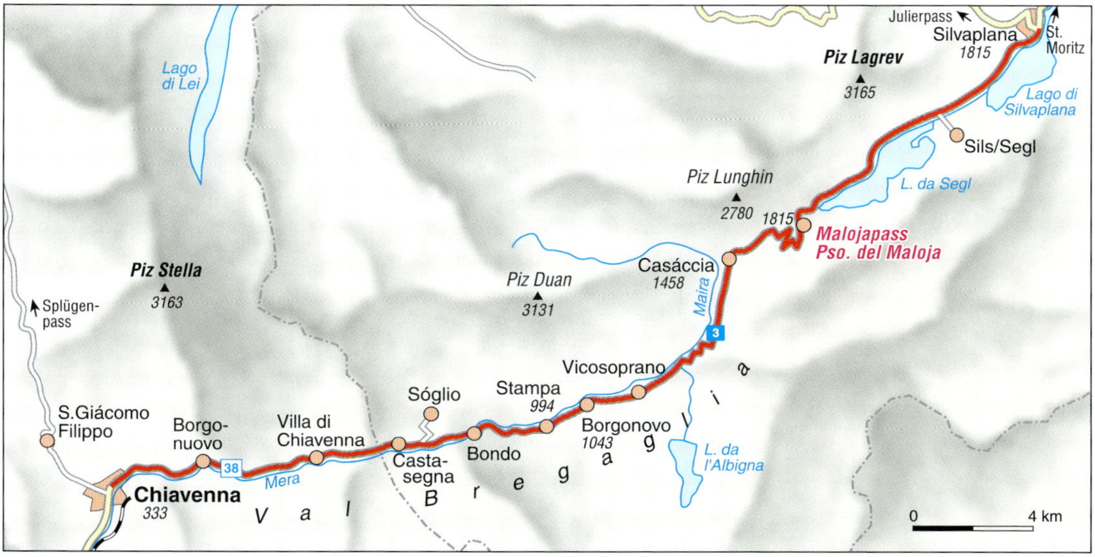

Die Grenze zu Italien ist rasch passiert und bald darauf trifft uns die quirlige Lebendigkeit Chiavennas wie ein Faustschlag. Vorbei ist es mit dieser omnipräsenten Ruhe des Bergell, von jetzt an wird das Leben bunt und fröhlich und auch laut. Viele Male habe ich den Malojapass inzwischen überschritten und bei nicht wenigen davon bin ich kurz vor Chiavenna wieder umgekehrt, um noch ein paar Stunden oder einen weiteren Tag in der herrlich Kraft spendenden Ruhe des Bergell und des Oberengadin zu verbringen.

HÖHENPROFIL

Höhenmeter bergauf	23 m
Höhenmeter bergab	1.518 m
Maximale Steigung	3,1 %
Durchschnittliche Steigung	0,9 %
Maximales Gefälle	15,0 %
Durchschnittliches Gefälle	5,1 %

(berechnet mit Motorrad Tourenplaner 2008)

Weg hinab ins Schatzkästlein der Alpen: Der Maloja führt direkt hinunter ins herrliche Bergell.

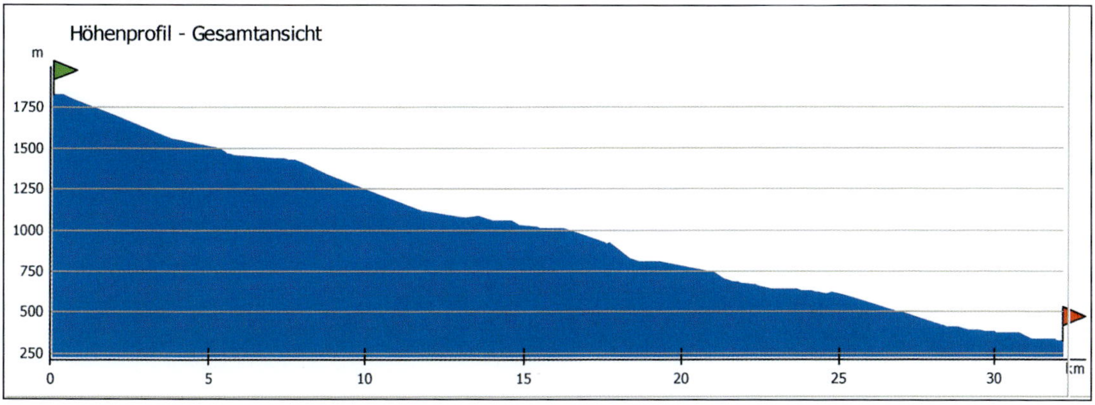

71 Alpenpässe in der Schweiz
SPLÜGENPASS – PASSO DELLO SPLUGA

IM ÜBERBLICK

Name	Splügenpass – Passo dello Spluga
Land	Schweiz und Italien
Region	Graubünden und Lombardei
Höchster Punkt	2.118 m
Basisorte	Splügen und Chiavenna
Anzahl der Kehren	72
Streckenlänge	40 km
Schwierigkeitsgrad	mittel bis anspruchsvoll
Straßenverhältnisse	enge, kaum einsehbare Kehren, Tempo-Kontrollen
Mautpflicht	keine
Wintersperre	Mitte November bis Mitte Mai
Kombinierbar mit	Nr. 69, 70, 72

War der vorhergehende Malojapass wohl eher noch ein „halber" Pass, so besteht beim Anblick des Splügen keinerlei Zweifel daran, dass es sich hierbei um einen echten handelt. Und zwar einen waschechten. Der Splügenpass verbindet den Schweizer Kanton Graubünden mit Chiavenna in der italienischen Provinz Sondrio. Auch er war bereits den überaus reisefreudigen Römern bekannt und wurde bis weit ins Mittelalter mehr oder minder rege benutzt. 1823 wurde die heutige Passstraße erbaut. Erfreulich für uns Motorradfahrer ist, dass die verkehrstechnische Bedeutung des Passes seit der Eröffnung des San Bernardino-Tunnels rapide gesunken ist. Damit wurde ein Großteil des Durchgangsverkehrs auf die wenige Kilometer westlich verlaufende Alternative verlegt.

Bemerkenswert am Splügenpass sind beide Auffahrten: Die Nordrampe als fahrerisch durchaus anspruchsvolles Spitzkehren-Paradies, die Südrampe als kehrenreiche Piste durch das herrliche Valle San Giacomo mit seinen oftmals abgeschiedenen Bergdörfern, in denen die Uhren vor langer Zeit schon stehen geblieben sind.

Der nördliche Einstieg zum Splügenpass führt von Thusis aus durch die grandiose Viamala-Schlucht, die allerdings nur zu Fuß erkundet werden kann. Durch blickdichte Wälder geht es zur Ortschaft Splügen, einem Bergdorf nahezu in seinem Urzustand. Ab jetzt heißt es Knie an den Tank und fertig machen zum Kurventanz. 22 zum Teil anspruchsvolle Spitzkehren mit ordentlicher Steigung gilt es zu packen, bis wir zu einer kurzen Verschnaufpause oben am Schweizer Grenzübergang nach Italien den Seitenständer ausklappen können. Die Grenze ist in der Regel rasch passiert und schon geht der Kurventanz in anderer Richtung weiter. Auf wunderschöner Streckenführung schwingen wir hinunter nach Italien.

Macht Laune auf das, was kommt: Blick auf das Bergdorf Splügen im Norden des Passes.

SEHENSWERTES AM WEGESRAND

Haben Sie jemals den unvergessenen Gert Fröbe im dramatischen Historienschinken **„Viamala"** gesehen? Er lieferte eine grandiose schauspielerische Leistung ab in diesem Film, der auf dem 1934 veröffentlichten, gleichnamigen Roman von John Knittel basiert.
Ob nun dieser jähzornige Sägewerksbesitzer Jonas Laurentz, der seine gesamte Familie bis aufs Blut malträtierte, jemals südlich von Thusis gelebt hat, ist ungewiss. Sicher ist aber, dass eben jene Schlucht bereits zu Römerzeiten Teil des Handelsweges zwischen Lindau und Mailand war. Später verkehrte hier der sogenannte Mailänder Bote, ein US-Postkutschen-ähnlicher Kurierdienst. Die spektakulärsten Abschnitte der Schlucht lassen sich heutzutage bequem über Leitern und Holzsteige erkunden. Ein Parkplatz mit Kiosk sammelt derweil die Motorräder und bietet Stärkung nach der Rückkehr. Sehr sehenswert! Auch ohne Gert Fröbe jemals erlebt zu haben. Infos unter www.thusis-viamala.ch.

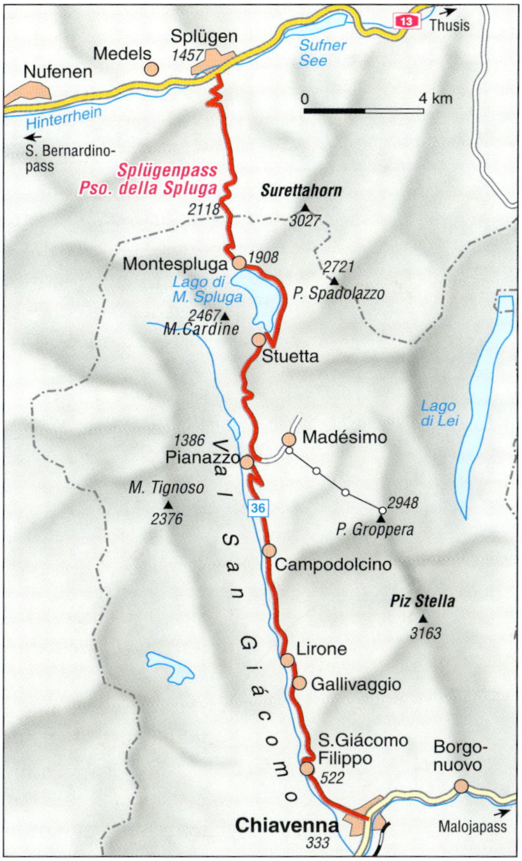

Einen weiteren schönen Pausenplatz bietet auch der Stausee Lago di Spluga unterhalb der Passhöhe am Ortsende von Montespluga. Vorsicht ist geboten vor den im unteren Ende der Passstraße liegenden unbeleuchteten Straßentunnels, die bei Gegenverkehr kaum Platz zum Ausweichen bieten. Mein Tipp: Wie alle Italiener, so sollten auch wir Biker vor dem Tunnel einfach mal kurz hupen und unsere Anwesenheit ankündigen. Klingt vielleicht uncool, ist aber sicherer.

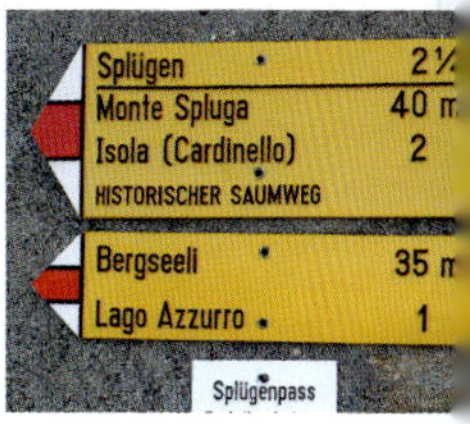

HÖHENPROFIL

Höhenmeter bergauf	741 m
Höhenmeter bergab	1.890 m
Maximale Steigung	14,7 %
Durchschnittliche Steigung	6,3 %
Maximales Gefälle	14,3 %
Durchschnittliches Gefälle	6,8 %

(berechnet mit Motorrad Tourenplaner 2008)

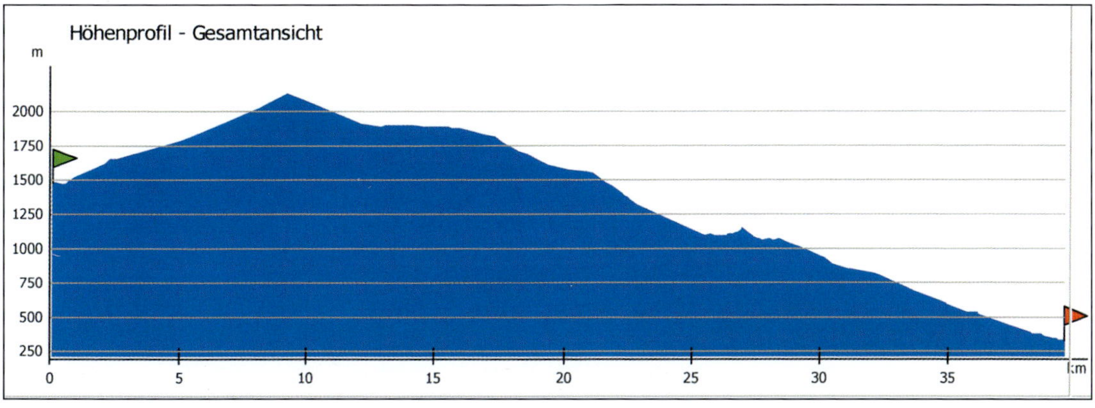

Nur mit dem Weitwinkel zu erfassen: Der Umbrailpass unterhalb des Stilfser Jochs.

72 Alpenpässe in der Schweiz
PASSO DEL SAN BERNARDINO

IM ÜBERBLICK

Name	Passo del San Bernardino
Land	Schweiz
Region	Graubünden
Höchster Punkt	2.066 m
Basisorte	Splügen und Roveredo
Anzahl der Kehren	77
Streckenlänge	62 km
Schwierigkeitsgrad	mittel
Straßenverhältnisse	gut asphaltiert, unbeleuchtete, gefährliche Tunnel
Mautpflicht	keine
Wintersperre	Mitte November bis Mitte Juni
Kombinierbar mit	Nr. 69, 70, 71

Zugegeben – es lässt sich trefflich darüber streiten, wo die Passstraße zum San Bernardino im Norden nun eigentlich beginnt. Ob bereits in Thusis oder erst im Örtchen Splügen oder gar erst in Nufenen? Da es hier in diesem Buch um die fahrerischen Highlights der Alpen geht, beginne ich diese Beschreibung mit der Abfahrt in Thusis. Denn bereits der erste Abschnitt – all denjenigen, die den Splügenpass (Nr. 71) aus diesem Buch bereits erfahren haben, wohl bekannt – ist ein kurvenreicher Leckerbissen durch atemberaubende Landschaften und Schluchten (Viamala). Und auch diesen topografisch vergleichsweise einfachen Alpenübergang nutzten die Römer bereits fleißig, wenngleich wohl nicht exakt auf der heutigen Route. Ab 1772 bauten die Dörfer Hinterrhein, Nufenen und Mesocco den San Bernhardino zu einer befahrbaren Straße aus. Auf der Passhöhe wurde der Weg so verlegt, dass er den natürlichen Felssattel an der tiefsten Stelle überwand. Zwischen 1818 und 1823 wurde die gesamte Strecke erweitert und ausgebaut, auf der Passhöhe wurde das Hospiz eröffnet.

Um die massiven Probleme, den Pass im Winter für den Transitverkehr freizuhalten, zu umgehen, wurde 1967 der sieben Kilometer lange San-Bernardino-Tunnel eröffnet. Er mauserte sich nach dem Gotthard-Tunnel zum zweitwichtigsten Alpenübergang, vor allem für den Güterverkehr.

Der erste echte Passanstieg von Nordosten aus erfolgt nach dem Örtchen Hinterrhein und geht sogleich in aussichtsreiche Serpentinen über, die einen herrlichen Blick auf das Rheintal erlauben. Oben auf der kargen, baumlosen Passhöhe angekommen, begeistert den weit schweifenden

Von beiden Seiten ein echter Genuss: Die Südrampe hinauf zur Passhöhe kurz hinter dem Örtchen San Bernardino.

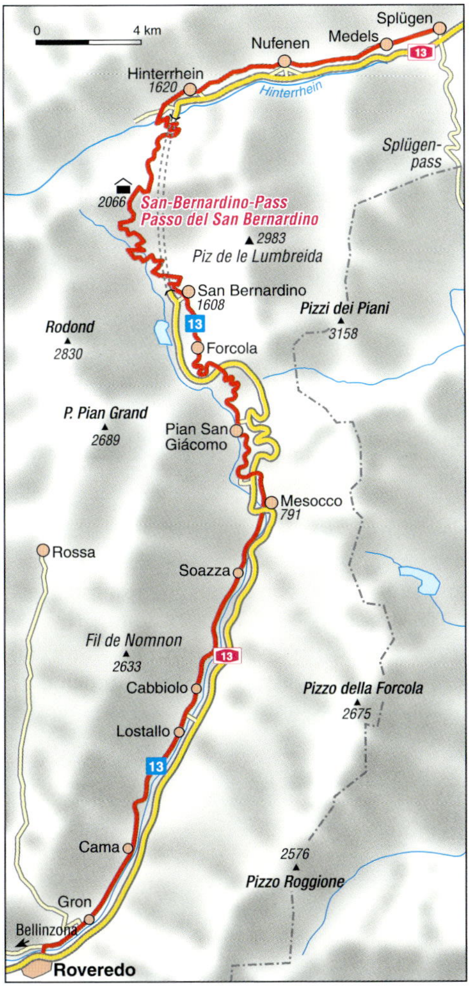

Blick ein hübsch in die weite Hochebene eingebetteter Bergsee, dessen Temperaturen selten zweistellig sind. See und Hospiz sind ein beliebter Treff der Bikerschar, die an Sommerwochenenden einer großen Leidenschaft frönt: Der ausgiebigen Kurvenhatz über all die hier umliegenden Pässe, wie den Splügen (Nr. 71), den Lukmanier (Nr. 78) und St. Gotthard (Nr. 79).

Die Südrampe des San Bernardino ist gut ausgebaut, führt allerdings durch einige recht schmale Tunnels und im weiteren Verlauf neben der A13 zu Tal.

SEHENSWERTES AM WEGESRAND

Am Südende des Val Mesolcina, zwischen Verdabbio und Roveredo, zweigt rechts eine Sackgasse ins **Val Calanca** ab. Unbedingt einen Abstecher wagen! Kaum haben wir die lärmende A13 aus den Rückspiegeln verloren, tauchen wir auch schon ab in eine stille Bergbauernwelt, wie sie urtümlicher im Tessin kaum zu finden ist. Auf ordentlicher Piste geht es durch Bergdörfer, in denen die Zeit vor 50 oder mehr Jahren einfach stehen geblieben ist, durch eine Welt im touristischen Dornröschenschlaf. Noch in Handarbeit werden die steilen Hänge bearbeitet, manche der Bauernhäuser sind bis heute nur zu Fuß erreichbar. Und so ursprünglich wie das Tal und seine Landschaft sind auch die Menschen. Freundlich und aufgeschlossen gegenüber Besuchern leben sie frei von Hektik und Termindruck. Ein sehenswerter Kontrast und ein herrliches Beispiel, dass das Leben auch in unseren Zeiten noch ganz anders verlaufen kann!

Bitte Seitenständer ausklappen: Passhöhe des San Bernardino.

HÖHENPROFIL

Höhenmeter bergauf	845 m
Höhenmeter bergab	1.999 m
Maximale Steigung	12,5 %
Durchschnittliche Steigung	3,4 %
Maximales Gefälle	15,0 %
Durchschnittliches Gefälle	5,4 %

(berechnet mit Motorrad Tourenplaner 2008)

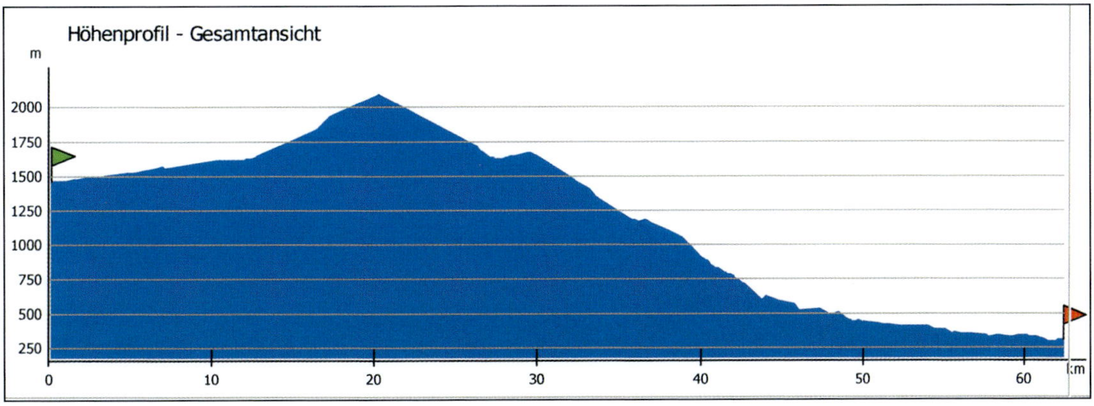

73 Alpenpässe in der Schweiz
SCHWÄGALP UND CHRÄZERENPASS

IM ÜBERBLICK

Name	Schwägalp und Chräzerenpass
Land	Schweiz
Region	Appenzell
Höchster Punkt	1.370 m
Basisorte	Unärsch und Ennetbühl
Anzahl der Kehren	7
Streckenlänge	25 km
Schwierigkeitsgrad	leicht
Straßenverhältnisse	gut ausgebaut, nach Schwägalp: Schlaglöcher und Rollsplitt
Mautpflicht	keine
Wintersperre	keine

Hätten Sie bei einem Blick auf die Landkarte gedacht, dass auch das Schweizer Appenzell echtes Spitzkehrenvergnügen besitzen könnte? Also ich nicht – zumindest bevor ich das erste Mal im herrlichen Appenzell mit dem Motorrad unterwegs war. Gleich bei meiner ersten Tour durch den Süden des Appenzell habe ich dieses Passvergnügen entdeckt. Okay, es gibt zweifelsohne höhere, es gibt zweifelsohne landschaftlich spektakulärere, ja sogar fahrerisch deutlich anspruchsvollere Strecken. Dennoch möchte ich Schwägalp und Chräzerenpass unbedingt in diesem Buch aufnehmen, da sie vor allem dem tourenden Genießer viel zu bieten haben.

Doch beginnen wir der Reihe nach: Vom Örtchen Unärsch geht es schnurstracks auf gut ausgebauter Straße Richtung Süden. In Unärsch und Appenzell wohnen übrigens seit jeher ganz besonders rebellische Schweizer. Die gregorianische Kalenderreform aus dem 16. Jahrhundert schlichtweg für unsinnig erklärend, feiert man hier erst am 13. Januar nonkonformistisch und original julianisch das Neujahrsfest mit den sogenannten Silvesterkläusen, tanzenden Menschen in traditionsreichen Masken und Kostümen. Das Brauchtum-Museum am Dorfplatz erzählt die Geschichte.

Gleich hinter den letzten Häusern erlauben bereits erste Kurven herrliche Schräglagen, und sich öffnende Wälder geben den Blick auf den mächtigen Säntis frei, den Stolz der Appenzeller und immerhin höchsten Berg der Ostschweiz. Alle Infos zu ihm (inklusive des berüchtigten Säntismords) finden Sie auf der gegenüberliegenden Seite .

Kurvengenuss inmitten „mörderischer" Umgebung: Die Region um den Säntis hat viele Geschichten zu erzählen.

Kurz vor der – übrigens leicht zu übersehenden – Passhöhe des Chräzerenpasses zweigt links die Piste zur Schwägalp ab.

Mein Tipp: Unbedingt abbiegen. Oben auf der bewirtschafteten Alpe steht nicht nur die Talstation der berühmten Säntisbahn, sondern hier liegt auch einer der bekanntesten und beliebtesten Töfftreffs der gesamten Schweiz. Vor allem an den Wochenenden und zum sommerlichen Sundowner haben wir die Schwägalp oftmals fest in unserer Hand, der Einkehrschwung hier oben bleibt garantiert in Erinnerung.

Weiter südlich schwingt die Passstraße in weiten Kurven durch eine imposante Hügellandschaft allmählich wieder den Berg hinab nach Neu St. Johann und weiter nach Ennetbühl.

HÖHENPROFIL

Höhenmeter bergauf	586 m
Höhenmeter bergab	535 m
Maximale Steigung	10,8 %
Durchschnittliche Steigung	4,9 %
Maximales Gefälle	10,0 %
Durchschnittliches Gefälle	5,5 %

(berechnet mit Motorrad Tourenplaner 2008)

SEHENSWERTES AM WEGESRAND

Ein gänzlich anderes Highlight der Schwägalp ist die von hier aus über 1.100 Höhenmeter aufsteigende **Säntisbahn**, eine Zweiseil-Pendelbahn, die eine maximale Neigung von 90 Prozent überwinden muss. Schon 1846 baute ein gewisser Jakob Thörig eine einfache, gemauerte Schutzhütte oben auf dem Gipfel und nannte sie selbstbewusst „Grand Hotel Thörig". Lachen Sie nicht, bereits im ersten Jahr hatte er 600 Gäste dort oben.
1882 wird der Säntis zum Wetterberg, die Schweizerische Naturforschende Gesellschaft errichtete eine Wetterstation. Ein Zimmer des Berggasthauses diente als Telegrafenbüro, in nur vier Wochen wurde eine Telegrafenlinie mit 180 Masten bis auf den Säntis gebaut. Am 21. Februar 1922 spielt sich in der Einsamkeit des Gipfels eine Tragödie ab – der legendäre Mord auf dem Säntis: Die Opfer sind der Wetterwart Haas und seine Frau Maria Magdalena. Der Täter ist der Schustergeselle Gregor Anton Kreuzpointner. Als vier Tage hintereinander die telegrafischen Berichte vom Gipfel ausblieben, machten sich zwei Bergsteiger auf den Weg zum Gipfel und fanden die Leichen. Der Mörder Kreuzpointner konnte zunächst entkommen, irrte durchs Appenzellerland und erhängte sich drei Wochen später in einer Alphütte. 1933 beginnt der Bau der Säntis Schwebebahn, 1935 feiert man Eröffnung. 1968 wurde die komplette Seilbahn erneuert und die Wetterwarte automatisiert. Der letzte Wetterwart verließ den Säntis bestimmt nicht ohne Trauer.
Alle Infos unter www.saentisbahn.ch.

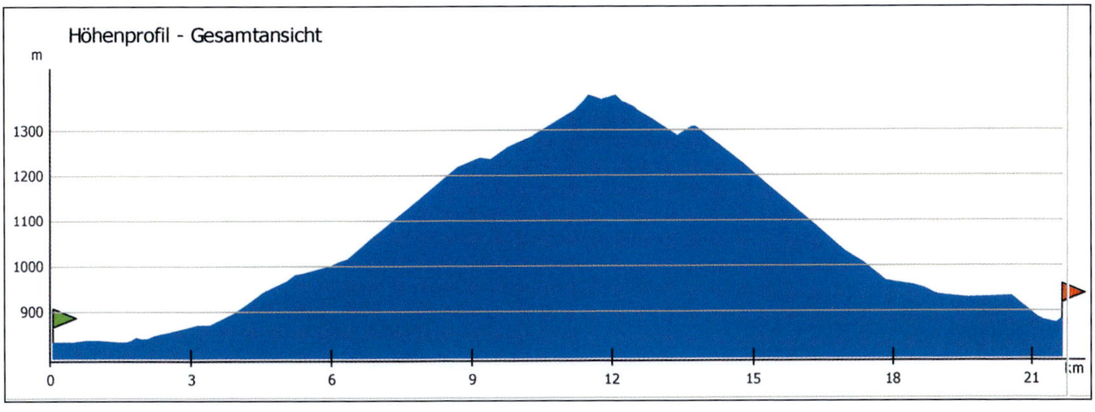

74 Alpenpässe in der Schweiz
PRAGELPASS

IM ÜBERBLICK

Name	Pragelpass
Land	Schweiz
Region	Kanton Schwyz und Kanton Glarus
Höchster Punkt	1.550 m
Basisorte	Schwyz und Glarus
Anzahl der Kehren	18
Streckenlänge	48 km
Schwierigkeitsgrad	leicht bis mittel
Straßenverhältnisse	schmal, Steinschlag, Schlaglöcher, teils schlecht einsehbar
Mautpflicht	keine
Wintersperre	November bis Mai
Kombinierbar mit	Nr. 75

Selbst auf so manch aktuell verkaufter Landkarte ist der Pragelpass immer noch ausschließlich als gestrichelte Linie und damit als Fußweg eingezeichnet. Doch lassen Sie sich davon bitte nicht verwirren: Man kann diesen Pass tatsächlich befahren – ich schwöre und beweise es Ihnen mit diesem Bild. Der Pass verläuft parallel zum Klausenpass (Nr. 75) von Schwyz durchs hübsche Muotatal über den Klöntaler See hinunter nach Glarus. Oder auch umgekehrt, ganz wie es Ihre Tourenplanung verlangt.

Die Straße verläuft im oberen Bereich mehrheitlich nahezu einspurig, einige deutliche Anstiege verlangen volle Aufmerksamkeit. Erfreulicherweise hält sich der Verkehr auf dem Pass eher in Grenzen, nur bei einheimischen Schweizer Töff-Fahrern gilt auch er als Geheimtipp. Die schlichte Passhöhe zieren eine kleine Kirche und einige hübsch gelegene Pausenplätze mit Bänken. Achtung: An Wochenenden gilt bislang von Glarus aus ein Fahrverbot für motorisierte Fahrzeuge, das allerdings – so hört man – demnächst gekippt werden soll. Vor allem die Gasthöfe rund um den herrlich gelegenen Klöntalersee drängen darauf. Der Klöntalersee liegt auf ca. 850 m am Rand einer kleinen Siedlung mit Gasthäusern und Zeltplatz.

„Endlich kommt uns in der Ferne der Klöntalersee zu Gesicht ... Wem es glückt, hier eine günstige Beleuchtung, also Sonnenstrahl, womöglich Abendsonnenstrahl, vorzufinden, wird diesen Punkt für einen der schönsten in der Schweiz erklären", schwärmte bereits Carl Spitteler, einer der bekanntesten Schweizer Lyriker und Schriftsteller.

Wochentags-Idylle: Noch sind Klöntaler See und der Pragelpass an Wochenenden für Biker tabu.

Echt heile Welt: Im Heidi-Dorf nahe Maienfeld kann man sie besuchen.

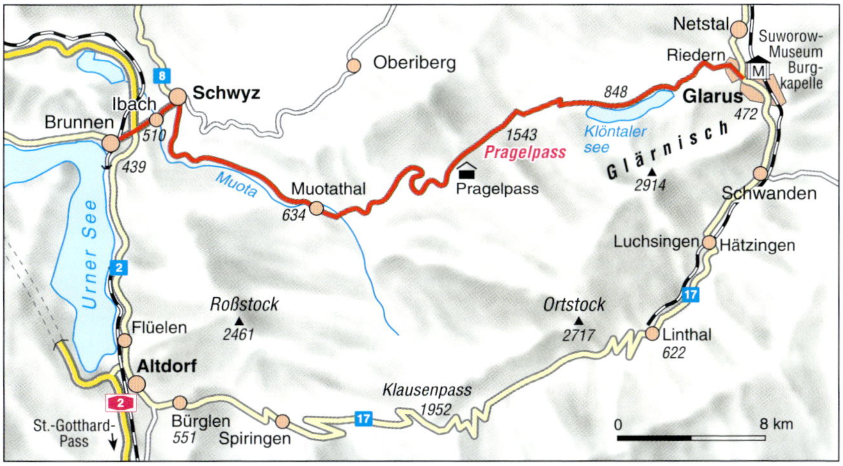

Im Sommer wird das Klöntal auch mit Postautobussen von Glarus aus bedient, die uns dann auf der schmalen Piste – übrigens mit polizeiähnlicher Weisungsbefugnis – entgegenkommen. Ausweichen müssen in der Regel nur die anderen Fahrzeuge, niemals die Postbusse. Dennoch lohnt die wunderschöne Landschaft nicht nur den Besuch des Klöntalersees, sondern auch die Weiterfahrt über den Pragelpass.

HÖHENPROFIL

Höhenmeter bergauf	1.183 m
Höhenmeter bergab	1.234 m
Maximale Steigung	12,9 %
Durchschnittliche Steigung	5,5 %
Maximales Gefälle	13,1 %
Durchschnittliches Gefälle	4,8 %

(berechnet mit Motorrad Tourenplaner 2008)

SEHENSWERTES AM WEGESRAND

Haben Sie Lust auf eine satte Portion heile Welt? Nun, gleich um die Ecke östlich von Glarus ist sie zu finden. Hier liegt das **Heidiland**, das viel mehr ist, als nur fiktive Heimat einer der berühmtesten Kinder-Romanfiguren der Welt. Heidi ist gerade fünf Jahre alt, als ihre sie bis dahin allein erziehende Tante Dete das Mädchen beim Großvater auf der Alp abgibt. Heidi darf fortan mit dem Grossvater, genannt Alpöhi, und dessen Sohn, dem Geißenpeter, auf dem Berg leben. Sie kann sich gar nicht satt sehen an der Vielfalt der Alpenblumen, staunt über das Wunder, wenn die Sonne am Abend die Felswände in glühend rotes Licht taucht und fühlt sich zum ersten Mal in ihrem Leben rundherum glücklich. Und Heidi bringt viel Licht und Freude in Großvaters und Geißenpeters Alltag. Doch nach zwei Jahren erscheint Tante Dete plötzlich und nimmt Heidi mit nach Frankfurt als Gesellschafterin eines gelähmten Mädchens. Dort erwartet Heidi statt Berge, Wiesen und rauschenden Tannen eine graue Stadt mit unheimlich vielen Menschen. Heidi wird vor lauter Heimweh krank und der Hausarzt ordnet ihre Heimreise an. Heidi – kaum zurück auf der Alp – wird rasch gesund und lockt mit ihren Erzählungen nach und nach ihre Freunde aus Frankfurt ebenfalls in diese Idylle.
Die Schweizer Schriftstellerin Johanna Spyri (1827–1901) gilt als Pionierin der Jugendliteratur, veröffentlichte 48 Werke, doch nur mit ihrer Romanfigur Heidi gelang ihr der internationale Durchbruch. Heidis Erlebnisse wurden in über 50 Sprachen übersetzt und in ebenso vielen Millionen Exemplaren verkauft. Das originale Heididorf steht übrigens in Maienfeld südlich des Walensees. Infos auch unter www.heidiland.com .

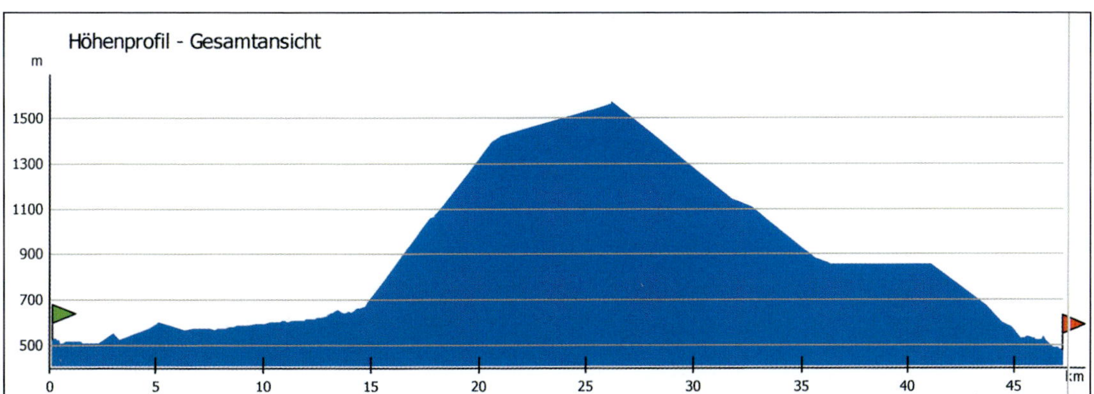

75 Alpenpässe in der Schweiz
KLAUSENPASS

IM ÜBERBLICK

Name	Klausenpass
Land	Schweiz
Region	Kanton Uri und Glarus
Höchster Punkt	1.952 m
Basisorte	Altdorf und Linthal
Anzahl der Kehren	34
Streckenlänge	48 km
Schwierigkeitsgrad	leicht bis mittel
Straßenverhältnisse	im Westen gut ausgebaut und gepflegt, im Osten Straßenschäden
Mautpflicht	keine
Wintersperre	Mitte November bis Mai
Kombinierbar mit	Nr. 74

Der Klausenpass ist die südlich gelegene Alternative zum Pragelpass (Nr. 74) und verbindet ebenfalls die Kantone Uri und Glarus miteinander. Gleich hinter den letzten Häusern von Altdorf geht der Kurventanz los. Bereits zwischen den wenigen Häusern von Bürglen liegt die erste Kehre, die unsere volle Aufmerksamkeit verlangt. Und ähnlich schräglagenreich geht es weiter gen Osten. Auch Spiringen und Unterschächen besitzen eigene Kehren im Dorf oder aber kurz dahinter, erst danach schlängelt sich die Passstraße durch lichten Wald bergan. Der Straßenzustand ist wechselhaft, so manches Mal auch mit Schlaglöchern und Frostrissen durchsetzt. Unterhalb der Passhöhe empfängt uns dann das imposante Hotel-Restaurant „Klausenpasshöhe" und gaukelt auf den ersten schnellen Blick vor, wir hätten die Passhöhe bereits erreicht. Doch weit gefehlt, die liegt gut einen Kilometer weiter. Dennoch sollten wir hier an diesem beliebten Bikertreff zumindest kurz den Seitenständer ausklappen, einen Einkehrschwung nach der Lektüre der empfehlenswerten Speisekarte in Erwägung ziehen und uns anschließend erholt – und wohl genährt – wieder auf den Weg zur Eroberung der Passhöhe machen. Die ist übrigens eine der unspektakulärsten dieses Buches: Ein Imbiss und ein Andenkenverkauf – das war's dann auch schon. Ach ja, und einige herrliche Ausblicke auf die umliegenden Alpen.

Richtung Linthal schwingt die Straße in Kehren und weiten Kurven sowie zunächst noch ordentlichem Belag bergab durch Almen und lichte

Im Westen ordentlich, im Osten Kopfstein: Die Fahrt über den Klausenpass beschert Motorradfahrern alle erdenklichen Straßenzustände.

Bergwälder. Erst im unteren Teil wechselt der Straßenbelag von gut zu schrecklich, von asphaltiert zu Kopfsteinpflaster. Das verlangt volle Aufmerksamkeit und ein korrekt eingestelltes Federbein.

Noch längst nicht am Ziel:
Das Hotel „Klausenpasshöhe" gaukelt dies nur vor.

HÖHENPROFIL

Höhenmeter bergauf	1.542 m
Höhenmeter bergab	1.332 m
Maximale Steigung	13,7 %
Durchschnittliche Steigung	6,1 %
Maximales Gefälle	10,0 %
Durchschnittliches Gefälle	5,9 %

(berechnet mit Motorrad Tourenplaner 2008)

SEHENSWERTES AM WEGESRAND

Auch wenn Sie noch nie in der Schweiz unterwegs waren, von **Wilhelm Tell** haben Sie bestimmt schon gehört. Durch die Erschließung des Gotthardpasses (Nr. 79) zu Beginn des 13. Jahrhunderts wurde das Gebiet für die heutige Zentralschweiz höchst bedeutungsvoll. Der Kanton Uri unterstand zwar dem Kaiser, dennoch versuchten Habsburger Herzöge, Einfluss auszuüben. Der Landvogt Hermann Gessler wollte eines Tages die Gesinnung des Volkes von Uri prüfen und ließ zu diesem Zweck in Altdorf einen habsburgischen Hut auf einer Stange anbringen. Dazu befahl er, jedermann müsse als Zeichen der Ehrfurcht den aufgespießten Hut mit entblößtem Haupt grüßen. Wilhelm Tell und sein Sohn dachten nicht daran, den Blödsinn mitzumachen. Tell wurde festgenommen und dazu verurteilt, seinem Sohn einen Apfel vom Kopf zu schießen. Tell erschrak und bot sein eigenes Leben an – umsonst. Der Schuss gelang, der Pfeil spaltete den Apfel in der Mitte. Landvogt Gessler war aber nicht entgangen, dass Tell zwei Pfeile in seinen Köcher gesteckt hatte und wollte wissen wozu. Tell antwortete, dass er ihn, Gessler, mit dem zweiten Pfeil niedergestreckt hätte, wäre der Schuss auf den Apfel missglückt. Daraufhin verurteilte Gessler Tell zu lebenslanger Kerkerhaft. Tell konnte entkommen und erschoss mit eben jenem zweiten Pfeil den Landvogt. Sein Mut machte die Runde und führte dazu, dass die Urschweiz nach vielem Hin und Her doch zu ihrer Unabhängigkeit gelangte. In Bürglen im Tellmuseum werden dazu zahlreiche Zeugnisse aus historischen Tagen sowie Geschichten und Fakten präsentiert. Infos unter www.tellmuseum.ch.

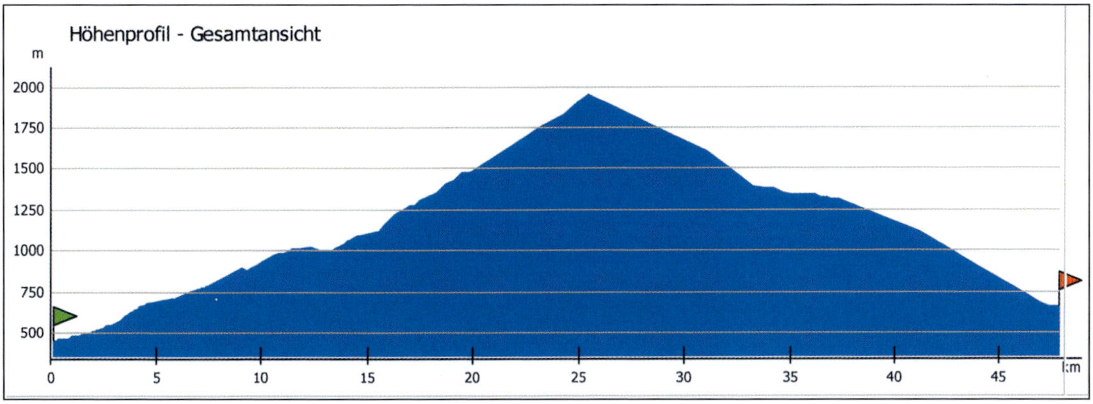

76 Alpenpässe in der Schweiz
GLAUBENBÜELENPASS

IM ÜBERBLICK

Name	Glaubenbüelenpass
Land	Schweiz
Region	Luzern
Höchster Punkt	1.611 m
Basisorte	Schüpfheim und Giswil
Anzahl der Kehren	16
Streckenlänge	39 km
Schwierigkeitsgrad	leicht
Straßenverhältnisse	gut ausgebaut, unbedingt beide Anfahrten „erfahren"
Mautpflicht	keine
Wintersperre	November bis April
Kombinierbar mit	Nr. 83

Der Glaubenbüelenpass im Herzen der Schweiz zählt zu jenen Pässen, deren man sich am Bikerstammtisch keinesfalls schämen muss, für die man aber auch nicht unbedingt ehrfürchtiges Schulterklopfen erwarten kann. Der Glaubenbüelenpass hat seine Berechtigung in diesem Buch der schönsten Pässe aber allein schon dadurch, dass er in einer Landschaft zu Hause ist, die das Herz jedes genüsslich tourenden Motorradfahrers höher schlagen lässt. Und ebenso wie so manch berühmter Pass die reinste Enttäuschung darstellen kann, ist der Glaubenbüelenpass das exakte Gegenteil: Eher unscheinbar im Orchester der Großen, doch überzeugend genussvoll zwischen seinen Basisorten. Die Westrampe mündet in die heile Welt des Emmentals, die Ostflanke des Passes führt uns direkt in das Seenland der Innerschweiz. Und betrachten wir dazu die harten Fakten des Passes mit immerhin 16 Kehren, dann sind alle Zweifel wohl endgültig beseitigt.

Kurve um Kurve führt die Bergstraße von Schüpfheim durch das hübsche Bergdorf Flühli hinauf zum Wintersportort Sörenberg. Gleich hinter den letzten Häusern beginnt der Kurventanz hinauf auf die Scheitelhöhe des Passes nahe der Mörlialp, einem bei Schweizern beliebten Winterparadies. Im Sommer begeistern hier oben vor allem die prächtigen Ausblicke auf den Sarner See und die Schweizer Alpen. An der Mörlialp empfehlen sich einige Gasthöfe für einen Boxenstopp, den wir uns ruhig gönnen sollten. Anschließend lädt uns die Bergstraße erneut zum Kurventanz, diesmal sogar inklusive einiger echter Spitzkehren. Und jedes Mal, wenn ich dann im sehenswerten Giswil gemütlich auspendle, blicke ich auf die Uhr und frage mich, ob ich vielleicht noch Zeit für eine zweite Runde in umgekehrter Richtung habe. Die Ostrampe ist nämlich fahrerisch ebenfalls ein Genuss und deutlich anspruchsvoller. Meistens gönne ich mir zumindest noch einen Aufstieg zur Passhöhe.

Unbekannt und abwechslungsreich: Der Glaubenbüelenpass mit seiner improvisierten Passhütte.

SEHENSWERTES AM WEGESRAND

„Das sind ganz einfach unsere pupsenden Bakterien." Etwas verwirrt schauen wir in der Schaukäserei in Affoltern dem „Chaser" bei der überwiegend von Technik dominierten Arbeit zu. Hier im Herzen des **Emmentals** dreht sich im Grunde alles um das Thema „Käse" und zwar den mit den bekannten großen Löchern. Und hier sind wir auch dem Geheimnis dieser Löcher ganz nah: Der Milch zugesetzte Bakterien sind es, welche die Fettbestandteile des Käses während der Lagerung teilweise auffressen und dabei Kohlensäure produzieren, die sie – na ja, um nicht selbst zu platzen – eben ausstoßen, auspup...na Sie wissen schon. Durch freigesetzte Kohlensäure entstehen also die Löcher im Schweizer Käse. Und dessen historische Wurzeln liegen vor allem im lieblichen Tal der Emme, dem Emmental.

Die Weiler und Dörfer dieses in den zurückliegenden Jahrhunderten vollkommen natürlich gewachsenen Tales bilden die sehenswerte Kulisse für einen unvergesslichen Heimatfilm. Wenngleich die Berge hier im Emmental nicht wirklich hoch, die Landschaft hier auch nicht felsig ist, erinnert hier alles an Heidis berühmte Filmheimat. Oder um es auf den Punkt zu bringen: an eine längst verloren geglaubte heile Welt. An ein Stückchen friedliche, bedächtige und gerade deshalb wohl so erholsame Welt. Klingt mächtig pathetisch? Ist es auch, aber sobald Sie selbst einmal durch das Emmental gefahren sind, werden Sie mir zustimmen. Infos unter www.emmental.ch.

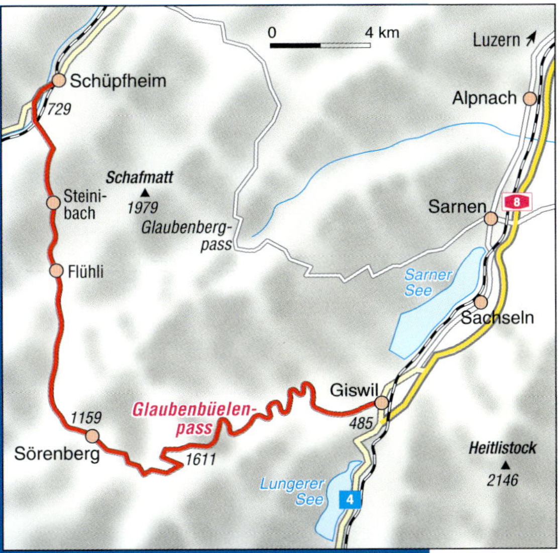

HÖHENPROFIL

Höhenmeter bergauf	928 m
Höhenmeter bergab	1.151 m
Maximale Steigung	15,0 %
Durchschnittliche Steigung	4,2 %
Maximales Gefälle	14,3 %
Durchschnittliches Gefälle	7,1 %

(berechnet mit Motorrad Tourenplaner 2008)

Heile Welt ganz für uns: Rund um den Pass liegen herrlich einsame Strecken.

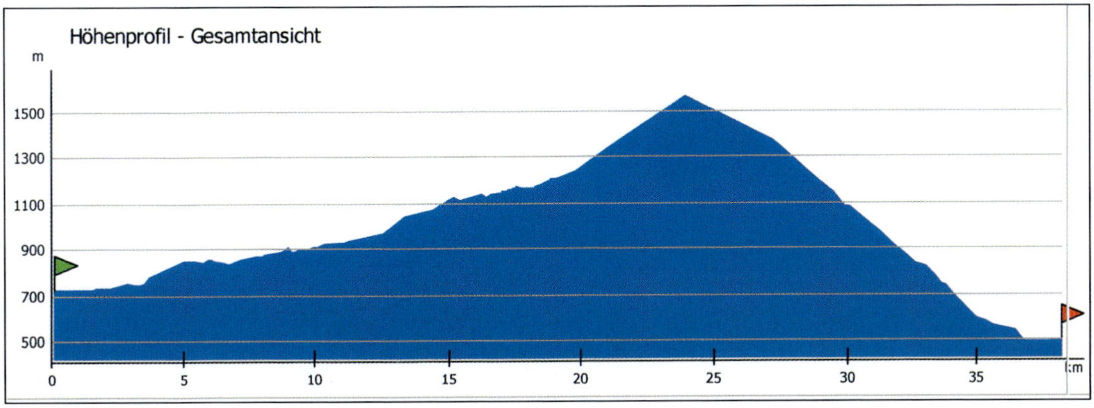

77 Alpenpässe in der Schweiz
OBERALPPASS

IM ÜBERBLICK

Name	Oberalppass
Land	Schweiz
Region	Uri und Graubünden
Höchster Punkt	2.046 m
Basisorte	Andermatt und Disentis
Anzahl der Kehren	24
Streckenlänge	32 km
Schwierigkeitsgrad	leicht
Straßenverhältnisse	gut ausgebaut, in den Ortschaften „Laserpistolen-Alarm"
Mautpflicht	keine
Wintersperre	Dezember bis Mitte Mai
Kombinierbar mit	Nr. 70, 79, 80, 81, 83

Der Oberalppass verbindet die Schweizer Kantone Uri und Graubünden miteinander und stellt eine der wichtigsten Verbindungsstrecken in dieser Region dar. Demzufolge ist auch das Verkehrsaufkommen nicht unerheblich. Auf der gesamten Strecke häufen sich die Kehren im Grunde in zwei Abschnitten, der Rest der Passstraße verläuft vergleichsweise harmlos durch allerdings sehenswerte Landschaften und Bergdörfer und bietet genügend Möglichkeiten für weit schweifende Ausblicke.

Gleich hinter den letzten Häusern Andermatts geht es los, die Kurvenhatz beginnt. Das erste Serpentinen-Paket gilt es auf ordentlich ausgebauter Piste zu bewältigen. Zur körperlichen Erholung verläuft die Straße anschließend mehr oder weniger geradeaus und als Kantonstraße 19 hinauf zum Oberalpsee, an dessen Ostrand die Passhöhe liegt. Die Passhöhe selbst lädt mit einigen Einkehrmöglichkeiten zum Boxenstopp ein, dies umso mehr als man von den Sonnenterrassen direkten Blick auf die in einer weiten Kurve schwingende Passstraße hat und so eine bequeme „Konkurrenz- und Schräglagenanalyse" bei Kaffee und Kuchen oder herzhaftem Essen machen kann. Nicht zuletzt deshalb ist die Passhöhe des Oberalppasses ein äußerst beliebter Bikertreff.

Anschließend geht es frisch gestärkt weiter Richtung Osten den Pass hinunter. Das zweite Paket Serpentinen folgt gleich im Anschluss an die

SEHENSWERTES AM WEGESRAND
Eine der mit Abstand beliebtesten **Rundtouren der Schweizer Töff-Fahrer** führt direkt über den Oberalppass und beinhaltet mit St. Gotthard (Nr. 79), Lukmanier (Nr. 78), Oberalppass, Furka- (Nr. 80) und Grimsel- (Nr. 81) sowie Sustenpass (Nr. 83) immerhin sechs der namhaftesten Schweizer Pässe. Start der Runde ist zum Beispiel Andermatt, von hier aus geht es zunächst südwärts über den St. Gotthard hinunter nach Blasca, links ab hinauf zum Lukmanierpass sowie über den Oberalppass retour nach Andermatt. Von dort aus über den Furkapass zum Grimsel und über die Nordrampe des Passes hinunter ins herrliche Berner Oberland. Doch dort wird ausnahmsweise nicht lange verweilt, wartet doch in Innertkirchen rechts abbiegend bereits der Sustenpass ungeduldig auf unser Erscheinen. Von dessen Passhöhe geht es dann entspannt hinunter nach Wassen und retour nach Andermatt. Ein 270 Kilometer langer Pässe-Achter, der vor allem an schönen Wochenenden zum Standardprogramm der Schweizer Biker zählt. Dies umso mehr, als dann die meisten der in dieser Tour kombinierten Pässe fest in Bikerhand sind und unzählige Möglichkeiten für grenzüberschreitende Benzingespräche, für das nicht unwichtige „Sehen und Gesehen werden" bieten. Alle Infos und Kartenskizzen dazu finden Sie ab Seite 276.

HÖHENPROFIL

Höhenmeter bergauf	699 m
Höhenmeter bergab	1.005 m
Maximale Steigung	13,1 %
Durchschnittliche Steigung	5,3 %
Maximales Gefälle	14,5 %
Durchschnittliches Gefälle	5,3 %

(berechnet mit Motorrad Tourenplaner 2008)

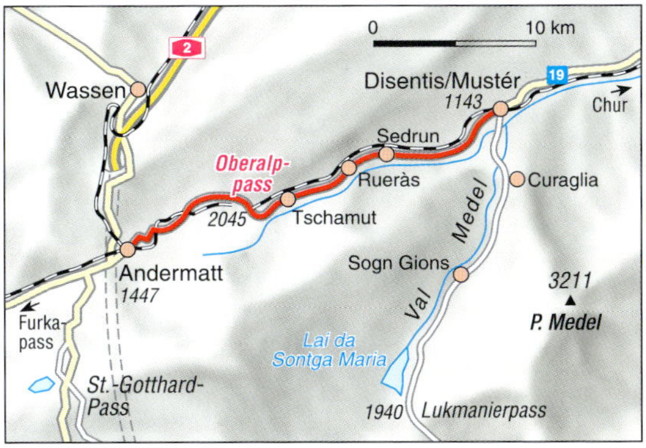

Passhöhe und erfordert einige Konzentration, nicht zuletzt aufgrund des hier herrschenden Verkehrs. Richtung Disentis streckt sich dann die gut ausgebaute Straße erneut in die Länge und büßt nahezu jegliche Möglichkeit zu echter Schräglage ein.

Applauskurven mit Einkehrmöglichkeiten (linke Seite). Der Oberalppass ist unter Schweizer Töff-Fahrern sehr beliebt (unten).

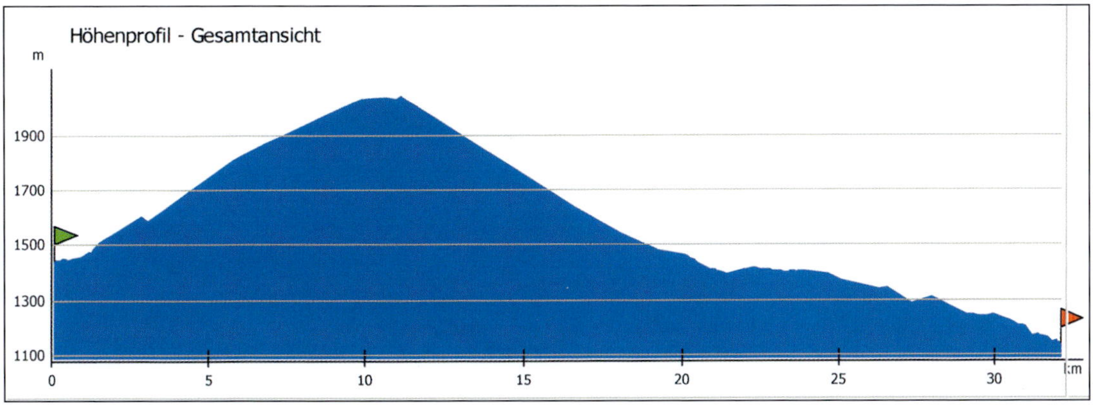

78 Alpenpässe in der Schweiz
LUKMANIERPASS – PASSO DEL LUCOMANGO

IM ÜBERBLICK

Name	Lukmanierpass – Passo del Lucomango
Land	Schweiz
Region	Graubünden und Tessin
Höchster Punkt	1.914 m
Basisorte	Disentis und Biasca
Anzahl der Kehren	14
Streckenlänge	61 km
Schwierigkeitsgrad	mittel
Straßenverhältnisse	gut bis tadellos, Kurven und Kehren gut einsehbar
Mautpflicht	keine
Wintersperre	keine
Kombinierbar mit	Nr. 77, 79, 80, 81, 83

Der Lukmanierpass ist – typisch für Schweizer Verhältnisse – recht ordentlich ausgebaut und mit 14 Kehren fahrerisch auch nicht allzu anspruchsvoll. Der Reiz des Passes liegt wieder einmal in der Landschaft, in der er „spielt", in den herrlichen Ausblicken auf das Bleniotal, das selbst ernannte „Herz des Tessins". Der Lukmanierpass stellt zudem die einzige Möglichkeit dar, die Schweizer Alpen unterhalb der Höhe von 2.000 Metern zu überqueren – und hier liegt oft die Schneefallgrenze. Seine Beliebtheit geht wohl bis auf das achte Jahrhundert zurück, als das berühmte Kloster von Disentis gegründet wurde. Im Mittelalter galt der Lukmanier als die wichtigste Nord-Süd-Verbindung der Schweiz, verlor allerdings rasch an Bedeutung durch den Ausbau von Gotthard- und Splügenpass (Nr. 79 und 71), die zwar etwas höher liegen, dafür aber in ihrer Trassenführung einen direkteren Weg gewählt hatten.

Seit Jahren schon schwelt ein Streit über die Frage der Notwendigkeit einer ganzjährigen Öffnung des Lukmaniers, zumal der Winterdienst bis zu eine Million Schweizer Franken jährlich verschlingt. Auch wenn wir oben am Lukmanier auf unserer Fahrt noch den ein oder anderen Gruß des Winters vorfinden sollten, gleich hinter der Passhöhe beginnt auf jeden Fall der Süden Europas. Schwungvoll und kurvenreich geht es hinunter ins berühmte Blenio-Tal. Einige schön gelegene Parkmöglichkeiten entlang der Straße bieten dann die Möglichkeit, überflüssige Fleece-Pullis in den Seitenkoffern zu versenken. Denn das Ziel der Lukmanier-Südrampe ist das Tessin. Ist das nicht herrlich?!

Typisch schweizerisch präsentiert sich der Lukmanier mit gut ausgebauter Piste inmitten herrlicher Landschaften.

SEHENSWERTES AM WEGESRAND

Das Gebiet des Schweizer Kantons **Tessin** war schon in prähistorischen Zeiten besiedelt, wie zahlreiche archäologische Ausgrabungen beweisen. Seine sonnenverwöhnte Lage im Herzen Europas lockte natürlich auch die Römer, welche die gesamte Region kurzerhand zu einer ihrer Kolonien erklärten. Sie brachten unter anderem den Weinanbau, hinterließen aber nicht nur mannigfaltige Spuren in Sprache und Kultur, sondern im Mittelalter als italienische Besatzer auch so manchen Verdruss. Die besondere Lage vor allem auch der Stadt Bellinzona als wichtigem Kreuzungspunkt zwischen Nord und Süd, als Schlüssel zu den Alpenpässen, machte das Tessin für viele Herrscher begehrenswert. Die Provinzen Como und Mailand regierten das Land mit harter Hand, befestigten die strategisch wichtigen Städte sowie die Straßen zum Gotthard-Pass, einem der wichtigsten Alpenpässe für den Warenverkehr. Im 16. Jahrhundert kamen dann die Schweizer, die das Territorium in sogenannte Vogteien aufteilten. Dank Napoleons Mediationsakte wurde das Tessin 1803 nicht nur endgültig zu Schweizer Territorium erklärt, sondern in der Folge auch lebenswichtige Zuflucht für zahlreiche italienische Freiheitskämpfer, was die politischen Beziehungen zum Nachbarn belastete. Heute sind die Verbindungen zu Italien unbeschwert und fließend und das Tessin ist der einzige Schweizer Kanton mit nahezu flächendeckend italienischer Amtssprache und das Flair des einstmals verhassten Nachbarn allerorten spürbar. Und das Tessin ist ein Bikerparadies par excellence. Namhafte Pässe, wie der St. Gotthard (Nr. 79) oder Lukmanier wechseln mit engen, kurvenreichen Alpentälern, deren Talschluss oft atemberaubend schön ist. Abends kann man abtauchen in das Leben in den Städten, kann entlang der Seen gemütlich Bummeln im „Côte d'Azur"-Feeling.

HÖHENPROFIL

Höhenmeter bergauf	1.029 m
Höhenmeter bergab	1.851 m
Maximale Steigung	13,2 %
Durchschnittliche Steigung	4,7 %
Maximales Gefälle	13,8 %
Durchschnittliches Gefälle	4,8 %

(berechnet mit Motorrad Tourenplaner 2008)

Töfftreff auf der Passhöhe: höchste Zeit für ein zündendes Benzingespräch.

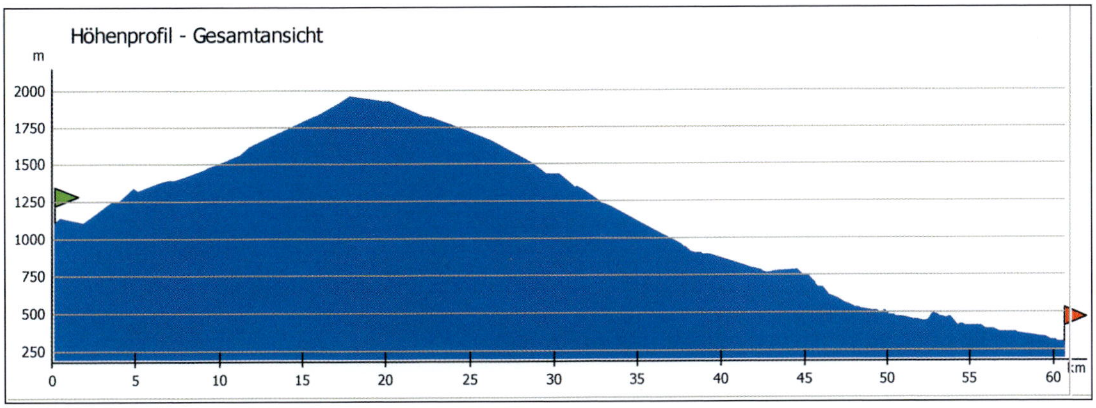

79 Alpenpässe in der Schweiz
ST.-GOTTHARD-PASS – PASSO SAN GOTTARDO

IM ÜBERBLICK

Name	St.-Gotthard-Pass – Passo San Gottardo
Land	Schweiz
Region	Uri und Tessin
Höchster Punkt	2.108 m
Basisorte	Andermatt und Airolo
Anzahl der Kehren	9 (neue Straße) bzw. 40 via „Tremola"
Streckenlänge	26 km
Schwierigkeitsgrad	mittel, auf der „Tremola" auch anspruchsvoll
Straßenverhältnisse	gut ausgebaut, die „Tremola" hat Kopfsteinpflaster
Mautpflicht	keine
Wintersperre	Mitte November bis Mai
Kombinierbar mit	Nr. 77, 78, 80, 81, 83, 84

Der St.-Gotthard-Pass war viele Jahrhunderte eine der wichtigsten Nord-Süd-Verbindungen über die Alpen. Der Pass verbindet Andermatt im Kanton Uri mit Airolo im Kanton Tessin.

Gleich hinter Andermatts Vorort Hospental zweigt die Passstraße gen Süden ab, verwöhnt unseren Gleichgewichtssinn zunächst mit einigen Kurven und Kehren, um dann im oberen Drittel in eine beinahe schnurgerade Kantonstraße überzugehen. Die Passhöhe direkt am Hospiz zieren drei Bergseen, das Denkmal General Suvorovs, der Norditalien immerhin von den Franzosen befreite und über den Gotthard heimwärts zog, sowie einige Einkehrmöglichkeiten und Andenkenläden. Auf dem großen Parkplatz treffen sich nahezu an jedem Sommertag Biker aus der umliegenden Region.

Und jetzt bitte STOPP: Bevor Sie nun gen Süden gedankenlos auf die neue Gotthard-Straße einbiegen, werfen Sie bitte einen Blick auf das vor Ihnen liegende Gelände. Dort am östlichen Felshang liegt nämlich eines der Highlights des Gotthard – die legendäre „Tremola", die historische Gotthard-Südrampe, die man auch heute noch befahren kann. Eine üble Schlaglochpiste zwar, deren Kopfsteinpflaster dafür aber unzählige Geschichten von Freud und Leid zu erzählen hätte. Wenn Steine denn reden könnten. Mein Tipp: Vergessen Sie die neue Gotthard-Straße und gönnen Sie sich mit ruhiger Gashand und korrekt eingestelltem Federbein die „Tremola" hinunter nach Airolo. Das ist wahrhaft historischer Boden!

Zeit für eine Entscheidung: Am Gotthard-Hospiz beginnt die historische „Tremola".

SEHENSWERTES AM WEGESRAND

Die **Geschichte des St.-Gotthard-Passes** gehört wohl zu den spannendsten aller hier versammelten Pässe. Sie ist im „Historischen Lexikon der Schweiz" unter www.hls-dhs-dss.ch nachzuschlagen. Hier nur ein paar Highlights vorweg: Obwohl bereits den Römern der St. Gotthard als Pass bekannt war, nutzten sie ihn nur äußerst selten. Beliebter waren zu dieser Zeit Saumpfade über den Furka- (Nr. 80) und Oberalppass (Nr. 77). Das änderte sich, als um 1220 eine erste Brücke über die unbegehbaren Schluchten des Gotthard gebaut wurde – eine bautechnische Meisterleistung. Damit begann der Aufstieg des Gotthard, der bald darauf sogar einen mit Granitplatten gepflasterten Saumweg aufwies, über den jährlich bis zu 12.000 Menschen zogen. Wenige Jahre später waren die Gotthardzölle bereits eine Haupteinnahmequelle der Habsburger Kaiser. Im Jahr 1500 wurden über 170 Tonnen Waren auf 9.000 Tieren über den Pass geschafft. Das Gotthard-Hospiz wurde ab 1685 von Kapuzinermönchen geführt, die wegen des extremen Wetters sogar die Sondergenehmigung bekamen, Schuhe zu tragen. Damals erhielt jeder Reisende, auch ein mittelloser, ein Stück Brot und Käse sowie einen Becher Wein. Auch standen einfache Nachtlager bereit. Ab 1820 beschlossen die Kantone Uri und Tessin eine erste Straße zu bauen. Im Juli 1902 fuhr erstmals ein Auto über den Gott-hard. In den Kriegen wurde der Gotthard als Festung ausgebaut, um die sich bis heute unzählige Geheimnisse ranken. Von kilometerlangen Gängen im Fels, von Bunkern, Kanonenständen, ja unterirdischen Hospitälern wird berichtet. Und so manche Luke, so manche Tür im Fels ist auch heute noch zu entdecken.

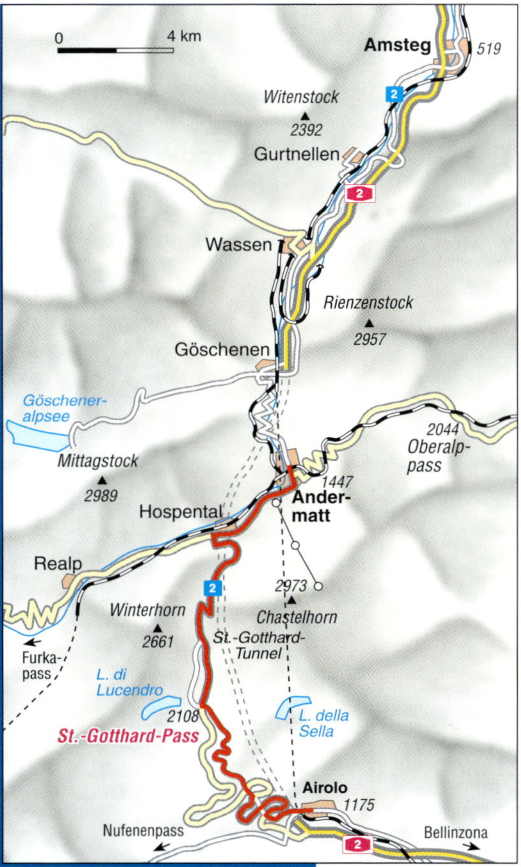

HÖHENPROFIL

Höhenmeter bergauf	686 m
Höhenmeter bergab	982 m
Maximale Steigung	11,0 %
Durchschnittliche Steigung	6,1 %
Maximales Gefälle	11,9 %
Durchschnittliches Gefälle	6,7 %

(berechnet mit Motorrad Tourenplaner 2008)

Die ab 1953 gebaute, neue Gotthardstraße verlor 1980 mit der feierlichen Eröffnung des Gotthard-Scheiteltunnels rasch an Bedeutung. Dass heute der Durchgangsverkehr durch den Gotthard-Tunnel läuft, hat die Attraktivität des Passes deutlich erhöht.

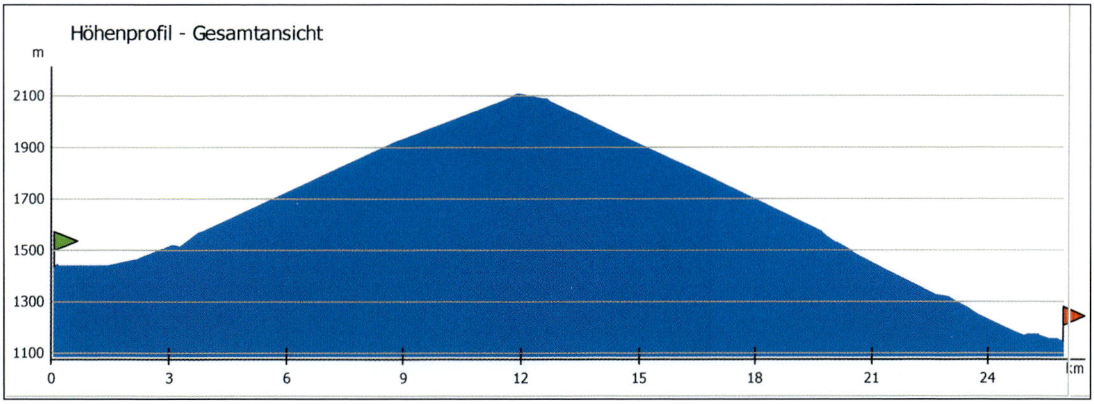

80 Alpenpässe in der Schweiz
FURKAPASS

IM ÜBERBLICK

Name	Furkapass
Land	Schweiz
Region	Uri und Wallis
Höchster Punkt	2.431 m
Basisorte	Ulrichen und Andermatt
Anzahl der Kehren	30
Streckenlänge	40 km
Schwierigkeitsgrad	mittel
Straßenverhältnisse	Westseite: gut ausgebaut und gepflegt, Ostseite mit Schäden
Mautpflicht	keine
Wintersperre	November bis Mai
Kombinierbar mit	Nr. 77, 78, 79, 81, 83, 84

Der Furkapass verbindet nicht nur die Schweizer Kantone Uri und Wallis, er war auch schon einmal einer der Schauplätze eines James-Bond-Films. 1964 wurden hier oben einige Szenen des Films „Goldfinger" mit Gert Fröbe und Sean Connery gedreht. Weitere Szenen entstanden auch im Basisort Andermatt.

Heftig streiten kann man sich darüber, ob die westliche Rampe des Passes nun im Örtchen Gletsch oder etwas bergab bereits in Ulrichen ihren Anfang nimmt. Beginnen wir in diesem Buch doch im herrlichen Walliser Dorf Ulrichen und erhöhen den Fahrspaß um einige Kurven. Die Passstraße folgt auf ihrer Westseite der ehemaligen Furka-Oberalp-Zahnradbahn, deren historische Dampfloks sich heute noch an manchen Sommertagen mit mächtig viel Ruß den Berg hinauf quälen. Achtung: Im Mittelteil der Passstrecke quert die Dampflok die Straße, was immer wieder zu spontanen Verkehrsstaus führt.

Gletsch selbst besteht aus einem alten Bahnhof und mehreren Hotels, kaum etwas erinnert noch daran, das früher viele britische Aristokraten hier Erholung und Sommerfrische suchten. Doch damals reichte der berühmte Rhônegletscher auch noch bis vor die Haustüre von Gletsch. Heutzutage ist er nahezu gänzlich verschwunden und nur im oberen Abschnitt des Passes noch in seinen traurigen Resten zu erkennen.

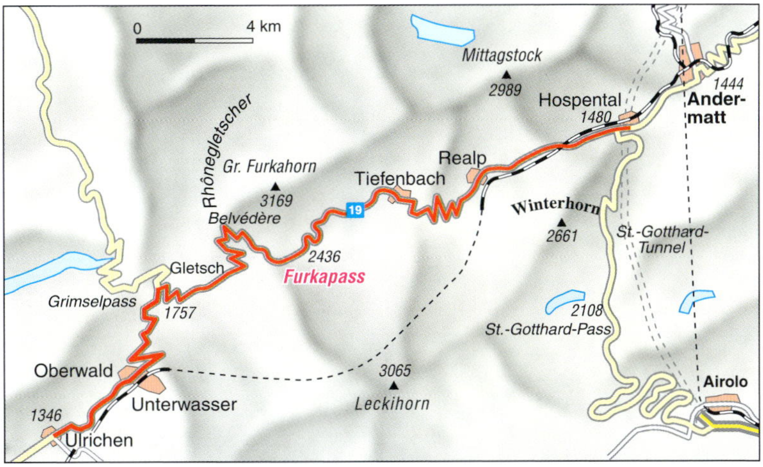

Dann aber geht es hinauf zum Furkapass. Vorbei am historischen Hotel Belvedere schraubt sich die Strecke hinauf in den Himmel. Eine der Serpentinen am Gletscher bietet die Möglichkeit, sich die Reste des berühmten Rhônegletschers einmal aus der Nähe anzusehen. Auf der ansonsten unscheinbaren Passhöhe angekommen, liegt der Kanton Uri in seiner ganzen Pracht vor dem schweifenden Blick. Nach dem Pass wird die Straße deutlich schmäler und schlaglochreicher und verlangt deshalb eine ruhige Gashand, zumal es keine vernünftige Randabsicherung gibt.

Zu einem letzten echten Kurventanz bittet die Strecke kurz vor dem Örtchen Realp, dann läuft die Piste in Andermatt gemütlich aus.

Ein echtes Erlebnis: Sowohl Furkapass, als auch Furka-Zahnradbahn sind historisch durchaus wertvoll.

HÖHENPROFIL

Höhenmeter bergauf	1.106 m
Höhenmeter bergab	945 m
Maximale Steigung	10,9 %
Durchschnittliche Steigung	4,8 %
Maximales Gefälle	7,7 %
Durchschnittliches Gefälle	5,9 %

(berechnet mit Motorrad Tourenplaner 2008)

SEHENSWERTES AM WEGESRAND

Die historische **Zahnrad-Dampfbahn auf der Furka-Bergstrecke** war bis 1981 Bestandteil der Furka-Oberalp-Bahn, die von Disentis über den Oberalp- und Furkapass bis nach Brig im Wallis fuhr. Der Bau der technisch hoch anspruchsvollen Zahnradstrecke über den Furkapass wurde 1911 begonnen und 1915 aufgrund des Ausbruchs des Ersten Weltkriegs zunächst eingestellt, nach 1924 aber wieder aufgenommen. 1925 war die feierliche Streckeneröffnung.

Auf Grund der fast siebenmonatigen Winterpause und den anschließend äußerst kostspieligen Frei- und Aufräumarbeiten kam der Betrieb rasch in finanzielle Not. Nach Fertigstellung des Furka-Basistunnels wurde er zum Winter 1981 komplett eingestellt. Den eigentlich geplanten kompletten Rückbau der Bahnstrecke konnten die Eisenbahnfreunde des Vereins „Furka Bergstrecke" sowie die 1985 gegründete „Dampfbahn Furka-Bergstrecke AG" bis heute erfolgreich verhindern. Finanziert hauptsächlich durch Spenden und den Verkauf von „Liebhaber-Aktien" wurde die Restauration der gesamten Strecke sowie einiger Dampfloks durchgeführt. 1992 wurden Teilabschnitte wieder eröffnet, 1993 und 2001 folgte die Verlängerung bis Gletsch. Die heutigen Arbeiten konzentrieren sich auf den letzten Streckenteil zwischen Gletsch und Oberwald. Man hofft, ab 2010 die gesamte ursprüngliche Strecke wieder fahren zu können. Doch bereits heute ist eine Fahrt mit der schnaubenden Dampflok hinauf zum Furkatunnel ein Erlebnis für Jung und Alt, für Groß und Klein. Infos unter www.s-f-b.info und www.furka-bergstrecke.ch.

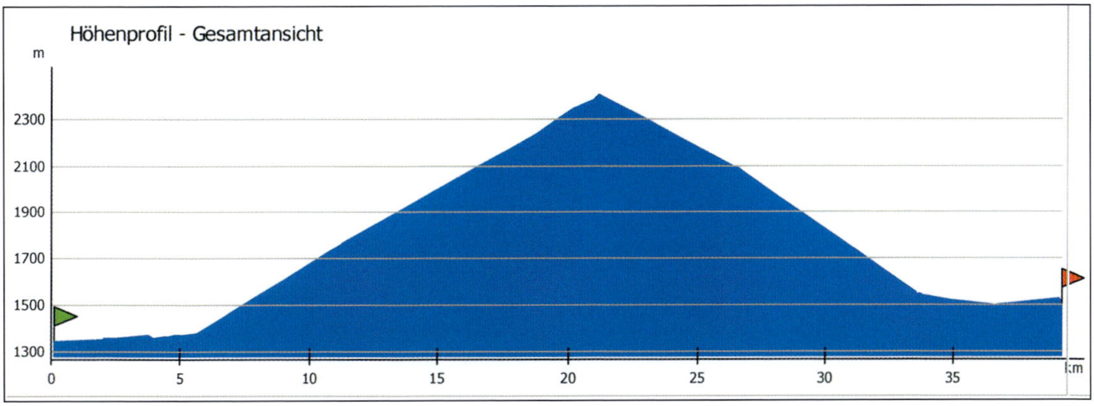

81 Alpenpässe in der Schweiz
GRIMSELPASS

IM ÜBERBLICK

Name	Grimselpass
Land	Schweiz
Region	Wallis und Berner Oberland
Höchster Punkt	2.165 m
Basisorte	Innertkirchen, Andermatt und Ulrichen
Anzahl der Kehren	30 Richtung Ulrichen, 46 via Furka Richtung Andermatt
Streckenlänge	16 km Richtung Andermatt
Schwierigkeitsgrad	mittel
Straßenverhältnisse	bundesstraßenähnlich, erlaubt Kurvenhatz am Limit
Mautpflicht	keine
Wintersperre	November bis Mai
Kombinierbar mit	Nr. 77, 78, 79, 80 83, 84

Wichtiger Bestandteil der Schweizer Top Ten: der Grimselpass im Berner Oberland.

Der Grimselpass zählt natürlich zu den Top Ten der Schweizer Alpenpässe speziell auch für Motorradfahrer und gehört ohne Zweifel in jedes Roadbook. Dies umso mehr, als er fahrerisch und landschaftlich ein echter Genuss ist und sich zudem mit einigen anderen namhaften Pässen kombinieren lässt. Die Passhöhe liegt auf 2.165 Metern direkt auf der europäischen Wasserscheide Nordsee-Mittelmeer. Rundherum verteilen sich insgesamt vier Stauseen, von denen jedoch nur drei von der Passstraße aus einsehbar sind. Eine kleine Besonderheit des Grimselpasses ist auch das Hospiz, dass sich hier nicht auf der Passhöhe, sondern ein deutliches Stück unterhalb an der Nordrampe befindet.

Kurz hinter Innertkirchen im Berner Oberland beginnt die Passstraße mäßig steil und gut ausgebaut ansteigend. Erst hinter dem Bergdorf Guttannen startet ganz allmählich der Kurventanz, hier liegen die ersten Kehren mit deutlichen Steigungen und einige Tunnels durch lawinengefährdete Abschnitte. Oberhalb der Baumgrenze erfasst unser weit schweifende Blick alsbald die ersten herrlich gelegenen Stauseen, die für die Naturstrom-Erzeugung in dieser Region eine wichtige Rolle spielen. Direkt am riesigen Grimselsee liegt besagtes Hospiz und lädt zu einer Verschnaufpause. Wer die Geselligkeit liebt, sollte allerdings noch die letzten Meter bis zur Passhöhe absolvieren, hier befindet sich der ultimative Bikertreff des Passes, hier kann man rund um einen kleinen Bergsee und mehrere Gasthöfe mit Sonnenterrassen grenzenlose Benzingespräche führen und neueste Technik bestaunen.

Mein Tipp: Mit genügend Zeit lassen Sie doch den Tourentag oben auf dem Grimselpass in einem der Gasthöfe mit ihren gemütlichen Fremdenzimmern ausklingen. Sowohl der Sonnenunter-, als auch -aufgang oben auf dem Pass mit weitem Blick auf die gewaltigen Wasserspeicher ist ein Gedicht.

Auf der Südseite schwingt die Grimselpassstraße in sieben gleichmäßigen Serpentinen hinunter nach Gletsch und bietet dort die Alternative Wallis – Blinker rechts – oder Furkapass (Nr. 80) – Blinker links.

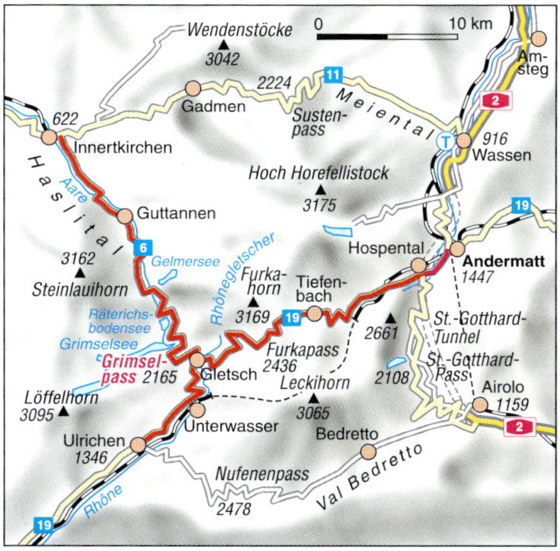

Pflichttermin am Grimselpass: Der Töfftreff „Alpenrösli" lädt zu grenzenlosen Benzingesprächen.

HÖHENPROFIL

Höhenmeter bergauf	1.550 m
Höhenmeter bergab	831 m
Maximale Steigung	15,0 %
Durchschnittliche Steigung	5,9 %
Maximales Gefälle	6,9 %
Durchschnittliches Gefälle	5,0 %

(berechnet mit Motorrad Tourenplaner 2008)

SEHENSWERTES AM WEGESRAND

Bereits 1397 stand unterhalb des Passes das **Grimsel-Hospiz**, eine Unterkunft für Säumer, Viehhirten und Wanderer. Fast 500 Jahre existierte es in einzigartiger Lage irgendwie so vor sich hin, bis Mitte des 19. Jahrhunderts ein gewisser Peter Zybach das Anwesen übernahm und es zu einem der besten Hotels der Schweiz ausbaute. Allerdings nur kurze Zeit, denn 1852 wurde sein Pachtvertrag in Hinblick auf den beginnenden Kraftwerks- und Staudammbau nicht mehr verlängert. Stinksauer soll er eines Nachts sein Haus angezündet haben, wurde allerdings rasch verdächtigt und schließlich der Brandstiftung überführt sowie verurteilt.

Heutzutage beherbergt das restaurierte und imposante Grimsel-Hospiz erneut ein Hotel mit berühmtem Weinkeller und ist nicht nur an heißen Sommertagen ein beliebter Bikertreff abseits des Auspuffdröhnens auf der Passhöhe. Wem es irgendwann oben auf der Passhöhe zu laut werden sollte, dem empfehle ich den Einkehrschwung ins Grimsel-Hospiz inmitten historischer und hoch authentischer Umgebung. Und wenn dazu dann die Abendsonne die umliegenden Berge und den gewaltigen Grimselsee-Speicher vergoldet, dann sind das Eindrücke, die wohl für immer in Erinnerung bleiben – auch ohne Fotoapparat.

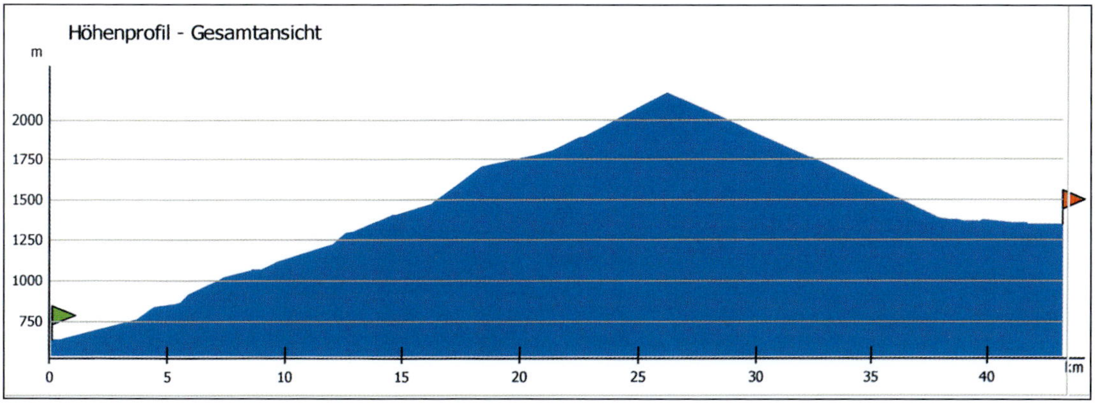

82 Alpenpässe in der Schweiz
JAUNPASS

IM ÜBERBLICK

Name	Jaunpass
Land	Schweiz
Region	Berner Oberland
Höchster Punkt	1.509 m
Basisorte	Charmey und Oberwil
Anzahl der Kehren	11
Streckenlänge	34 km
Schwierigkeitsgrad	leicht
Straßenverhältnisse	gut, abschnittsweise vorbildlich, schöne Rastplätze
Mautpflicht	keine
Wintersperre	keine (bei starkem Schneefall kurzfristige Sperrung möglich)

Der Jaunpass verbindet das Freiburger Land östlich des Genfer Sees mit dem Berner Oberland. Nach dem Deutsch-Französischen Krieg 1870-1871 sollten die militärisch wichtigen Städte Thun und Bulle miteinander verbunden werden. Dazu wurde der Bau einer Militärstraße beschlossen – eben jener heutigen Passstraße über den Jaunpass. 1878 wurde sie fertiggestellt, im Laufe der letzten Jahrzehnte immer wieder ausgebaut und erneuert. Die Strecke führt heutzutage durch ein kleines Wintersportzentrum entlang der Passhöhe.

Der Pass bildet zudem die deutsch-französische Sprachgrenze innerhalb der Schweiz. In französischer Version heißt der Pass deshalb auch „Col de Bellegarde", eine Bezeichnung, die allerdings kaum verwendet wird. Die Straße beginnt in Charmey und führt auf landschaftlich schöner Strecke schnurstracks nach Jaun, der einzigen Gemeinde des Greyerzerlandes, in der noch sozusagen enklavenhaft Deutsch gesprochen wird. Nach dem eher unscheinbaren Örtchen steigt die ordentlich ausgebaute Straße dann zügig zur Passhöhe an, auf der ein paar Hotels sowie Gasthäuser zur Einkehr laden. Echte Kurvenhatz inmitten der herrlichen Landschaften des Berner Oberlandes werden wir bis dahin sehnlichst vermissen, doch keine Sorge, die bietet uns die Ostrampe des Passes hinunter nach Oberwil. Schwungvoll geht es durch schräglagenreiche Rechts-Links-Kombinationen auf gut ausgebauter Piste bergab. Mein Tipp: Einige schöne Park- und Rastplätze entlang der Strecke laden zum Verweilen ein. Nützen Sie dieses Angebot und genießen Sie die immer wieder schönen Ausblicke auf die Berner Alpen.

Fahrerisch und landschaftlich ist der Jaunpass ein hübscher, allerdings unter Bikern eher unbekannter Genuss, den wir uns zum Beispiel bei einer ausführlichen Reise durch das wunderschöne Berner Oberland unbedingt gönnen sollten. Zudem lässt er sich herrlich mit den umliegenden Kurvenparadiesen des Berner Oberlandes kombinieren.

Glänzende Aussichten: Der Jaunpass entführt uns in eine prächtige Almlandschaft im Süden des Berner Oberlandes.

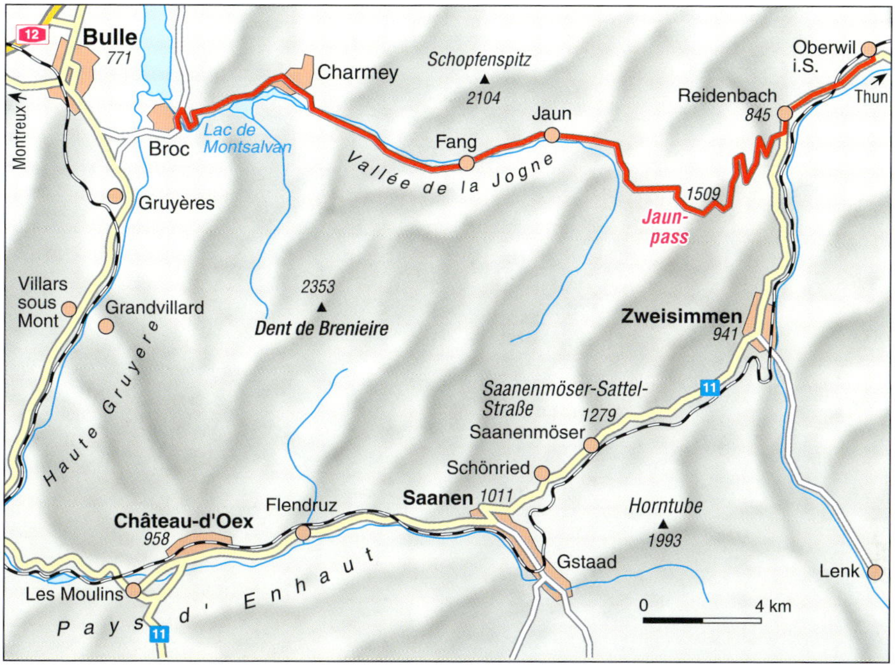

HÖHENPROFIL

Höhenmeter bergauf	842 m
Höhenmeter bergab	884 m
Maximale Steigung	10,0 %
Durchschnittliche Steigung	5,1 %
Maximales Gefälle	10,3 %
Durchschnittliches Gefälle	5,3 %

(berechnet mit Motorrad Tourenplaner 2008)

SEHENSWERTES AM WEGESRAND

Einen gänzlich anderen Genuss bietet die **Alpkäserei auf dem Jaunpass**. Produziert von den unzähligen Kühen auf den saftigen Alpweiden mit ihrer bunten Blumenpracht und mehr als reichhaltigen Alpenflora, wird aus schmackhafter Milch ein unverkennbarer Käse hergestellt und direkt im angrenzenden Laden verkauft.

Wer einmal live miterleben möchte, wie Käse entsteht, kann dies natürlich direkt in der Käserei. Die Bauern rund um den Jaunpass haben sich vor Jahren schon zu einer Genossenschaft zusammengeschlossen mit dem Ziel, ihre Milch dort zu verwerten und zu vermarkten, wo sie entsteht – nämlich inmitten des Gebietes um den Jaunpass. Gut 170.000 Liter Milch werden von den Jauner Kühen in einem Sommer produziert und bei der Käserei angeliefert. Gut 3.000 Liter Milch kann man dort pro Tag mit modernster Technik und immer noch ordentlich Handarbeit zu 25–30 Alpkäsen von je zehn Kilo Gewicht „verkäsen".

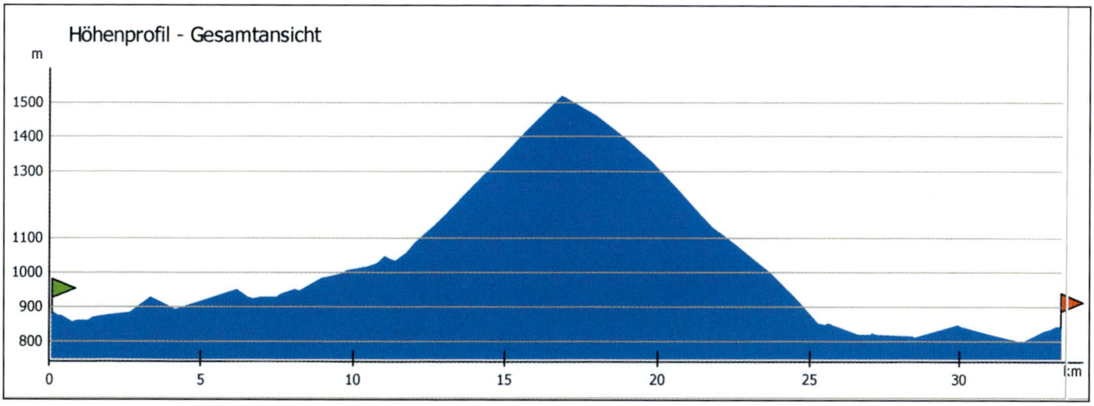

DIFFEUR

Herrliches Alpengärtlein: Das Berner Oberland gehört zu den schönsten Landschaften der Schweiz.

83 Alpenpässe in der Schweiz
SUSTENPASS

IM ÜBERBLICK

Name	Sustenpass
Land	Schweiz
Region	Kantone Uri und Bern
Höchster Punkt	2.224 m
Basisorte	Innertkirchen und Wassen
Anzahl der Kehren	23
Streckenlänge	45 km
Schwierigkeitsgrad	leicht bis mittel
Straßenverhältnisse	gut ausgebaut, im Frühling wenige Frostschäden
Mautpflicht	keine
Wintersperre	November bis Mitte Juni
Kombinierbar mit	Nr. 77, 78, 79, 80, 81, 84

Vielleicht der schönste Pass der Alpen? Der Sustenpass kann jeden Motorradfahrer zum Schwärmen bringen.

„Kühn in der Anlage, erbaut nach neuesten Erfahrungen der Fachleute und betreut vom Gedanken des Heimat- und Naturschutzes, möge die Sustenstraße vermehrte Freude an den Alpen und ihrer Blumen- und Tierwelt vermitteln ...", hieß es mit einem deutlichen Hauch von Schwulst anlässlich der Einweihung der Passstraße 1945. Und gleichwohl seitdem über 60 Jahre vergangen sind, ist da immer noch ein großes Quäntchen Aktualität in dieser Beschreibung. Ja, für manche ist der Sustenpass sogar die schönste Alpenstraße überhaupt. Deshalb sollten Sie sich auch hier unbedingt eine eigene Meinung bilden und den Susten mindestens einmal in des Wortes kühnster Bedeutung „erfahren".

Er verbindet die beiden Schweizer Kantone Uri und Bern miteinander. Die Passstraße beginnt im Westen in Innertkirchen am Fuße der Grimselpassstraße und biegt von dieser gen Osten ab. Gleich auf den ersten Kilometern bergan kann man bereits nachvollziehen, warum so mancher Motorradfahrer diese Strecke als die schönste der Alpen betrachtet. Vorbei an unzähligen „Biker willkommen"-Schildern geht es durch das hübsche Gadmental, durch kleine Orte wie Nessental und Gadmen auf gut ausgebauter Piste voran. Erst kurz vor der Passhöhe passieren wir die Baumgrenze und können den Blick ausgiebig schweifen lassen. Da hier dann auch das echte Kehrenparadies des Sustenpasses beginnt, sollten wir uns für einen lohnenden Rundumblick eine der zahlreichen Parkbuchten aussuchen. Sicher ist sicher.

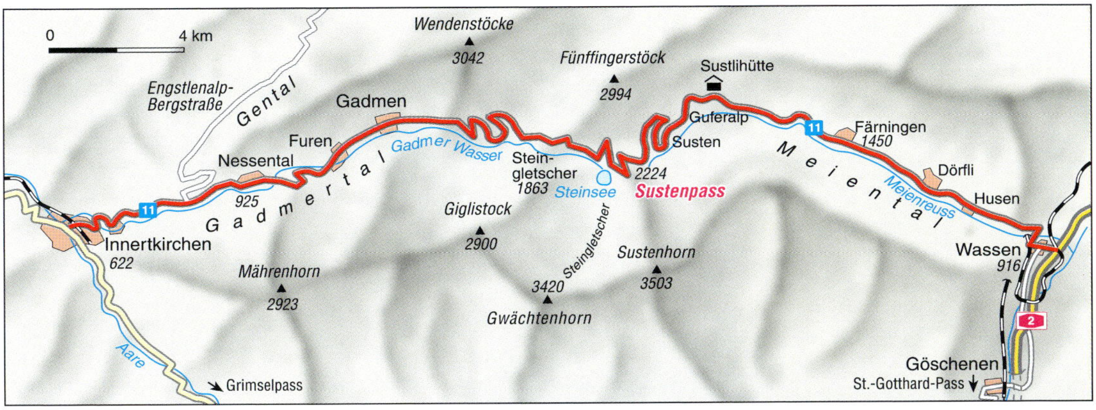

Die Passhöhe selbst dominieren der Anblick des Steingletschers und ein Berggasthaus mit ehemaligem Hospiz, auf dessen geräumigem Parkplatz auch der Bikertreff des Passes zu finden ist. Die eigentliche Scheitelhöhe des Passes liegt allerdings im Dunklen, nämlich im angrenzenden, mehrere hundert Meter langen Gipfeltunnel Richtung Ostseite des Passes. Von dort aus geht es in einer viel zu kurzen Kehrenhatz hinunter nach Meien und weiter nach Wassen.

HÖHENPROFIL

Höhenmeter bergauf	1.644 m
Höhenmeter bergab	1.337 m
Maximale Steigung	13,3 %
Durchschnittliche Steigung	6,4 %
Maximales Gefälle	10,4 %
Durchschnittliches Gefälle	7,1 %

(berechnet mit Motorrad Tourenplaner 2008)

SEHENSWERTES AM WEGESRAND

Gleich im Westen am Fuße des Sustenpasses liegt das **Berner Oberland**, das gemütlich pochende Herz der Schweiz. Es vereint auf einer überschaubaren Fläche die Vorzüge von Wasser und Fels, von weiten Gipfeln und engen Tälern – mit einem Wort, von Bikerspass pur der allerdings auch anspruchsvollen Art. Es waren auch hier wohl wieder einmal reisefreudige Engländer, die den Zauber des Oberlandes entdeckten und in Büchern und Zeitungsartikeln erstmals darüber berichteten. 1776 veröffentlichte William Coxe seine Reiseführer über die Schweiz und schwärmte in höchsten Tönen von der Schönheit des Berner Oberlandes. Seine Erzählungen lösten die erste Besucherwelle aus. Künstler, Philosophen, Politiker, Gelehrte und natürlich die damalige „Haute Volé" trafen sich in den hügeligen Weiten und grandiosen Alpenpanoramen zur Erholung, Entschlackung und Inspiration. Goethe schlief in Ermangelung von Pensionen ganz einfach in Pfarrhäusern und für Napoleons Frau Josephine wurde eigens das erste Schiff des Thuner Sees gebaut, da sie gerne schippern gehen wollte. Und mit dem Bau der Eisenbahnverbindung von Bern nach Thun 1859 nahm die Zahl der Gäste stetig zu. Heutzutage lebt man im Berner Oberland gut und gerne vom Tourismus, der zu einem der wichtigsten Wirtschaftszweige geworden ist.
Mein Tipp: Suchen Sie sich rund um den herrlich gelegenen Thuner See für ein paar Tage oder eine Woche eine hübsche Unterkunft und erkunden Sie dieses kleine, aber feine Paradies im Herzen der Schweiz ausgiebig auf zwei Rädern. Es lohnt sich. Versprochen!

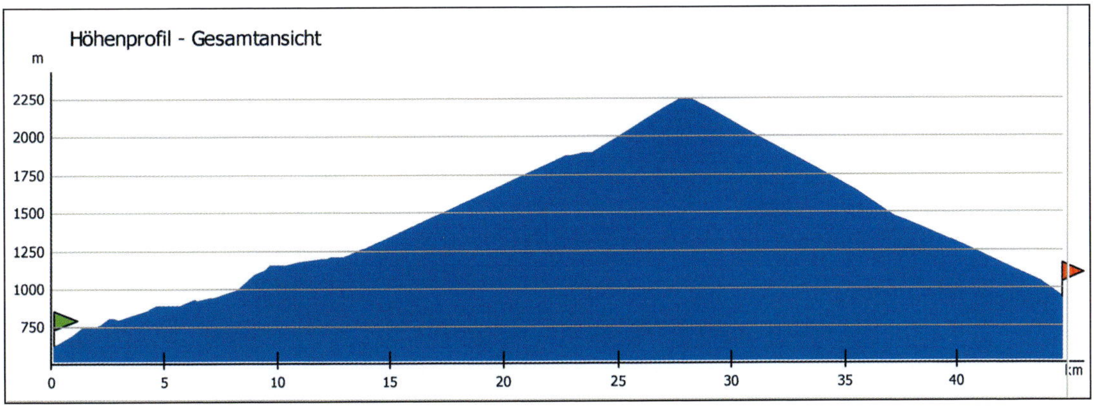

84 *Alpenpässe in der Schweiz*
NUFENENPASS – PASSO DELLA NOVENA

IM ÜBERBLICK

Name	Nufenenpass – Passo della Novena
Land	Schweiz
Region	Wallis und Tessin
Höchster Punkt	2.478 m
Basisorte	Ulrichen und Airolo
Anzahl der Kehren	22
Streckenlänge	36 km
Schwierigkeitsgrad	mittel
Straßenverhältnisse	gut, Richtung Süden werden die Schäden zahlreicher
Mautpflicht	keine
Wintersperre	November bis Mitte Juni
Kombinierbar mit	Nr. 77, 78, 79, 81, 83

Er ist der höchste – zumindest in der Schweiz. Kein inner-Schweizer Pass ist höher als der Nufenen und damit ist dieser Pass auf jeden Fall Pflicht und das nicht nur für Schweizer Biker. Der Nufenen ist zudem eine jener Passstrecken, die auf ihrer gesamten Länge ohne Ausnahme das grüne Band besonderer landschaftlicher Schönheit tragen. Die Ausblicke auf die Berner Alpen sind grandios. Deshalb mein Tipp gleich hier vorneweg: Genießen Sie den Nufenen ausgiebig und planen Sie ihn keinesfalls bei Zeitdruck ein.

Der Nufenenpass verbindet das Wallis mit dem Tessin, seine Straße wurde erst 1964 gebaut und zählt damit zu den jüngsten Strecken über die Schweizer Alpen. Sie folgt, wie so oft, einem jahrhundertealten Saumpfad. Bedingt durch seine Höhe rechnen Sie bitte auch im Sommer immer damit, oben auf der Passhöhe einen weißen Gruß des Winters vorzufinden.

Die Westrampe beginnt in Ulrichen sogleich mit einer Portion Schräglage, bevor die Straße nahezu geradeaus einer weiten Schlucht bergan folgt. Erst im oberen Viertel der Rampe können wir erneut ordentlich Schräglage zelebrieren und in einem wahren Kurventanz hinauf auf hochalpine Höhen schwingen. Aufgepasst: Hier sind wir in Murmeltierland. Mit schrillen Pfiffen warnen sich die moppeligen Gefährten untereinander, zeigen allerdings ansonsten wenig Bedenken, kreuz und quer über die Straße zu huschen.

Höher geht's nimmer – zumindest nicht in der Schweiz: Die Nufenen-Passhöhe liegt immerhin auf fast 2.500 Metern.

Die Passhöhe halten ein Gasthaus sowie ein Andenkenladen besetzt, ein kleiner See lädt zu einer ausgiebigen Rast inmitten des prächtigen Alpenpanoramas – wenn der Wettergott den Blick auf all die Schönheit freigibt. Klimatisch wechselhaft und äußerst wolkenreich gestaltet sich allerdings oftmals das Wetter auf dem Nufenen – nicht nur für Fotografen ein Minuspunkt.

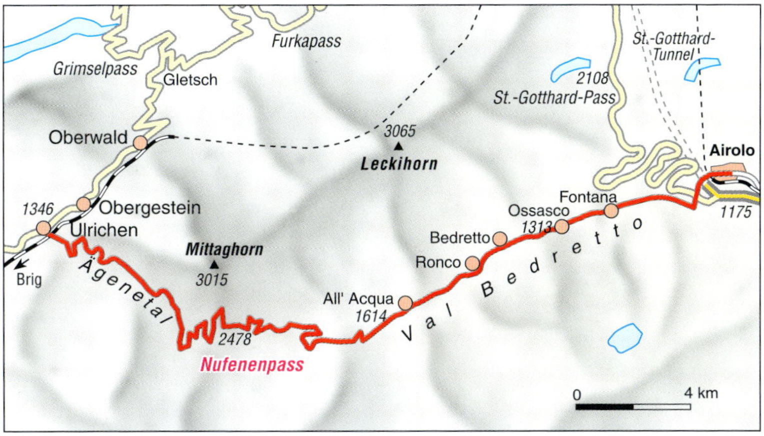

Von der Passhöhe schwingen wir in weiten Kurven und vielen Serpentinen auf mäßig guter Strecke hinunter nach Airolo. Da die Piste an vielen Stellen unsere ganze Aufmerksamkeit erfordert, sollten wir nahe Airolo auf jeden Fall eine der Parkbuchten ansteuern, um unseren Blick in Ruhe schweifen lassen zu können. Es lohnt sich einmal mehr. Herrlich bunte Almwiesen und urzeitlich ausgeformte Felskulissen liegen rechts und links des Weges.

HÖHENPROFIL

Höhenmeter bergauf	1.168 m
Höhenmeter bergab	1.321 m
Maximale Steigung	9,3 %
Durchschnittliche Steigung	7,7 %
Maximales Gefälle	9,5 %
Durchschnittliches Gefälle	6,3 %

(berechnet mit Motorrad Tourenplaner 2008)

SEHENSWERTES AM WEGESRAND

Das mächtige Rhônetal, verlaufend von Nordost nach Südwest, kombiniert mit einer Hand voll lieblicher Seitentäler – das ist das **Wallis** am westlichen Ende des Nufenenpasses.

Es ist leicht zu übersehen, vor allem, wenn man sich auf dem Weg in die italienischen oder französischen Alpen befindet. Zudem zählt das Wallis als drittgrößter Kanton trotzdem zu den am dünnsten besiedelten Regionen des Landes.

Landschaftlich reicht die Bandbreite von lebensfeindlichen Viertausendern im ewigen Eis über liebliche, verträumte Täler bis zur sonnenverwöhnten Ebene sogar mit ausgezeichneten Weinlagen. Großstädte sucht man im Wallis vergebens, selbst die Hauptstadt Sion mit ihren gut 30.000 Einwohnern ist immer noch vergleichsweise ländlich. Aber das Wallis ist nicht nur ein Paradies für Wanderer, auch wir Motorradfahrer kommen hier voll und ganz auf unsere Kosten. Liebliche Talstraßen führen uns sanft geschwungen hinein in die Berge und enden im Gewirr der Felsen als kehrenreiche Hoch- oder sogar Panoramastraßen. Nicht nur für bikende Statistiker würzen rechts und links des Lenkers einige namhafte Pässe unseren Kurvenschwung.

Das Ganze inmitten prächtiger Landschaften und so mancher mediterranen Brise. Das Wallis ist geradezu ideal für den Genussbiker in uns. Infos unter www.valais.ch.

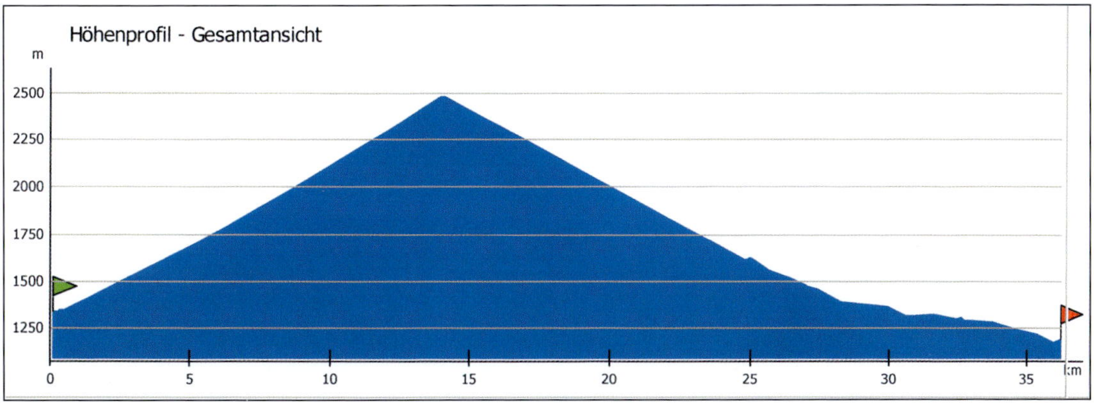

85 Alpenpässe in der Schweiz
SIMPLONPASS

IM ÜBERBLICK

Name	Simplonpass
Land	Schweiz
Region	Wallis und Piemont
Höchster Punkt	2.005 m
Basisorte	Brig im Wallis und Domodossola in Norditalien
Anzahl der Kehren	8
Streckenlänge	64 km
Schwierigkeitsgrad	leicht
Straßenverhältnisse	gut ausgebaut, auf der Ganterbrücke gibt es kräftigen Seitenwind
Mautpflicht	keine
Wintersperre	keine
Kombinierbar mit	Nr. 79, 80, 81, 84, 86

Der Simplonpass gleicht fahrerisch beinahe einer Schnellstraße und bietet nur wenig echtes Schräglagenfeeling, dennoch gehört der wichtige Alpenübergang zweifelsohne in diese Sammlung. Er verbindet das Rhônetal im Schweizer Kanton Wallis mit dem Val d'Ossola in Norditalien. Nicht nur die ansässigen Händler und Kaufleute des Mittelalters erkannten die Bedeutung des Passes, kein Geringerer als Napoleon ließ von 1801–1805 eine befestigte Passstraße bauen, um den Übergang für den Transport seiner Artillerie nutzbar zu machen. Seit diesen Tagen war der Simplon mit Postkutschen befahrbar. 1801 wurde auf Napoleons Befehl auch der Bau des Simplon-Hospizes begonnen, doch es sollten satte 30 Jahre vergehen, bis es vollendet wurde.

In der Schweizer Nationalstraßen-Planung wurde die Bedeutung des Simplon erneut berücksichtigt und in den 70er- und 80er-Jahren des vergangenen Jahrhunderts durch zahlreiche Brücken und Lawinengalerien der Pass wintersicher ausgebaut. Heute gilt er als der am Besten ausgebaute Alpenübergang der Schweiz.

Auf der Passhöhe in 2.000 Metern hat man eine traumhafte Aussicht auf die umliegenden Gipfel- und Gletscherwelten der Berner Alpen. Woran Sie diese Passhöhe erkennen, fragen Sie: Nun, an jenem überdimensiona-

SEHENSWERTES AM WEGESRAND

Kaspar Jodok von Stockalper ließ im 17. Jahrhundert eine Straße über den Simplon bauen, um den Handel mit Italien zu erleichtern. In Gondo schürfte er nach Gold, im Ganter nach wertvollem Eisenerz. Und mit dem begehrten Salzmonopol besaß er den Schlüssel zu uneingeschränkter Macht, die allerdings auch mehr und mehr Feinde auf den Plan rief. Er wurde entthront, seine Güter beschlagnahmt und Jodok selbst verbannt. Kein Geringerer als Napoleon Bonaparte erkannte ebenfalls die Bedeutung des Passes und ließ 1801 die „Kaiserstraße" bauen. Über 5.000 Arbeiter schufteten vier Jahre lang für dieses Projekt.

Und dort, wo sich heute die schrumpfenden Eisfelder des Simplon erstrecken, soll der Sage nach früher ein verborgener **Goldbrunnen** gerieselt haben. Einige Männer aus den umliegenden Tälern suchten mithilfe einer Wünschelrute den Gold speienden Quell und wahrlich, sie entdeckten ihn. Doch kaum hatten sie damit begonnen, den Brunnen freizulegen, da erhob sich ein furchtbares Getöse in den umliegenden Felsen. Hals über Kopf ließen sie alles stehen und liegen und stürzten erschreckt davon. All ihre späteren Versuche, die im Stich gelassenen Geräte und damit auch den Goldbrunnen wieder aufzuspüren, blieben bis heute vergeblich.

Falls Sie einen modernen Feldstecher oder gar Wanderstiefel dabei haben, suchen Sie doch entlang der Strecke in den unwirtlichen Felsenlandschaften nach dem legendären Goldbrunnen vom St. Gotthard. Vielleicht haben Sie ja Glück!

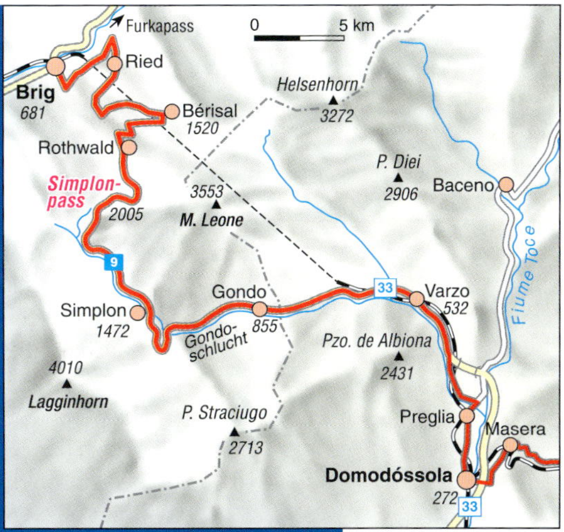

Von Adlern bewacht und von Murmeltieren unterhöhlt: Die Landschaft um den Simplon bietet viel Abwechslung.

HÖHENPROFIL

Höhenmeter bergauf	1.658 m
Höhenmeter bergab	2.062 m
Maximale Steigung	14,8 %
Durchschnittliche Steigung	5,5 %
Maximales Gefälle	10,7 %
Durchschnittliches Gefälle	6,2 %

(berechnet mit Motorrad Tourenplaner 2008)

len Fotomodell, dass sich dort seit über 60 Jahren in Form eines acht Meter hohen Granitadlers im Sonnenschein räkelt. Der Adler gilt als Symbol der Wachsamkeit und wurde von der Gebirgsbrigade 11 als Erinnerung für ihre Wacht am Simplon während der Grenzbesetzung 1939–1945 ausgewählt. Zur Finanzierung des „Simplonwächters" musste jeder Soldat einen Tagessold abgeben.

Heute ist der Adler auf dem Simplon das tausendfach fotografierte Wahrzeichen der gesamten Region. Da haben die netten Einkehrmöglichkeiten zu Füßen des Adlers oftmals zu unrecht das Nachsehen.

Finanziert vom Tagessold: der berühmte Simplon-Adler.

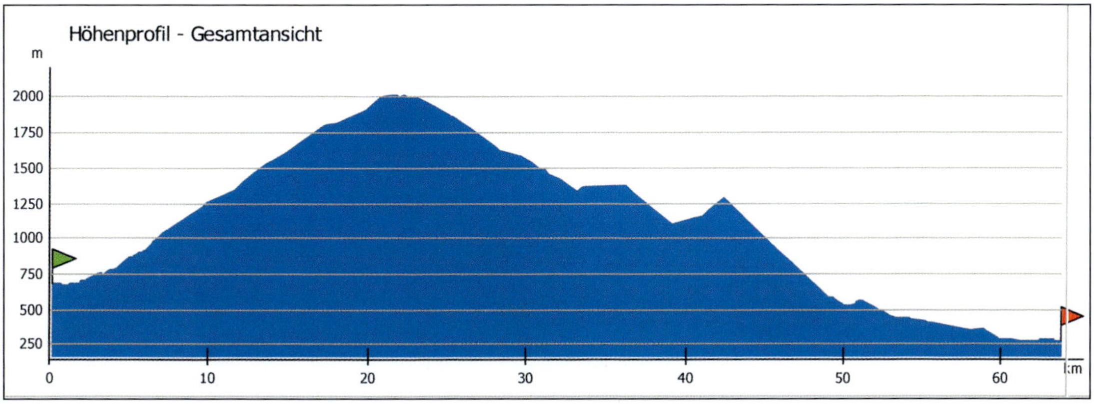

86 Alpenpässe in der Schweiz
ANNIVIERS- UND ZINAL-HOCHSTRASSE

IM ÜBERBLICK

Name	Anniviers- und Zinal-Hochstraße
Land	Schweiz
Region	Wallis
Höchster Punkt	2.250 m
Basisorte	Sierre im Wallis
Anzahl der Kehren	33 bis zum Lac de Moiry, 18 bis Zinal
Streckenlänge	50 km (Sackgasse)
Schwierigkeitsgrad	leicht bis mittel
Straßenverhältnisse	gut ausgebaut, in den Dörfern „Laserpistolen-Alarm"
Mautpflicht	keine
Wintersperre	keine
Kombinierbar mit	Nr. 85, 87, 88

SEHENSWERTES AM WEGESRAND

Mein genereller Tipp für das Wallis: Nehmen Sie sich mindestens eine Woche Zeit für dieses herrliche Fleckchen Schweizer Alpenwelt. Und dann sollten Sie unbedingt auch einen Tagesausflug in das zweigeteilte Tal **Val d'Herens/Val d'Hérémence** südlich von Sion einplanen. Wenn Sie mögen inklusive einer ausgiebigen Wanderung. Nicht nur der Talschluss des Val d'Hérémence mit seinem zu Fuß oder via Seilbahn erreichbaren, riesigen Speichersee Lac de Dix, auch Arolla am Ende des Val d'Herens bieten herrliche Möglichkeiten, zu Fuß weit in die Gletscherwelten der Walliser Alpen vorzudringen. Das Ganze sogar gänzlich ohne hochalpine Fähigkeiten und Ausrüstungen – und ein wenig Bewegung abseits des Mopedsattels soll ja auch richtig gesund sein.

Für den Kurvenschwung noch ein Hinweis: Beide Täler verbindet eine selbst an Sommertagen nur mäßig verkehrs-, dafür herrlich kurvenreiche Piste, die uns sowohl auf dem Hin-, als auch Rückweg zusätzlichen Fahrgenuss beschert. Noch mehr Infos finden sich im Internet unter www.herens-vacances.ch.

Fragt man nach den Highlights des Wallis, ertönen rasch die Namen Saas-Tal nach Saas-Fee und Mattertal zum Matterhorn. Doch dies sind Strecken, die uns Bikern kaum echten Genuss bescheren, da sie allesamt viel zu weit von den autofreien Highlights entfernt bereits enden und nur über Busse und Touristen-Bahnen zu erreichen sind. Die meiner Meinung nach fahrerisch und damit für uns Biker schönste Sackgasse des Wallis beginnt gleich südlich der Stadt Sierre im oberen Wallis. Dort zweigt die panoramareiche Serpentinenpiste in Richtung Val d'Anniviers und Zinal ab, zwei Täler, die zu den schönsten zählen, die ich in all den Jahren im Sattel entdecken durfte.

Der Genuss beginnt mit dem bezaubernden Val d'Anniviers. Dessen Straße schlängelt sich zielstrebig gen Süden, mitten hinein in die Walliser Alpen. Aus horizontfüllenden Weinbergen geht es bis weit hinauf in den ewigen Schnee. Typische Walliser Häuser, verkleidet mit wärmespeicherndem, künstlich gedunkeltem Holz, liegen rechts und links des Lenkers, geben den Ausblicken bis in die Unendlichkeit die nötige Bodenhaftung.

Bitte nicht hupen: Die Erdpyramiden von Euseigne bröseln bereits heftigst.

„Das Tal, das irgendwo zwischen Himmel und Erde hängt", soll Rainer Maria Rilke es genannt haben, trefflicher ist es auf jeden Fall kaum zu beschreiben. In Vissoie scheiden sich die Wege talaufwärts, rechts geht es über Grimentz hinauf zum Lac de Moiry, einem Speichersee auf 2.250 Metern Höhe. Als Paradies vor allem für Wanderer lockt der See aber auch uns Biker zu einem ausgiebigen Boxenstopp vor prächtigem Alpenpanorama. Mein Tipp: Unbedingt anschauen!

Zurück in Vissoie vergessen Sie aber dann auf keinen Fall den Abstecher rechts weiter gen Süden in den anderen Zipfel des Val d'Anniviers zur Zinal-Hochtalstraße. Bis auf gut 1.700 Meter Höhe geht es äußerst kurvenreich dahin. Dann, am Kiesbett des Navisence, ist auch für Enduros Schluss. Zumindest für die mit Gepäck und voller Beladung. Allen anderen sei an dieser Stelle gesagt, dass ein Ausflug ins Geröll einen saftigen Strafzettel der Schweizer Polizei nach sich ziehen könnte – wenn sie es denn mitbekommt …

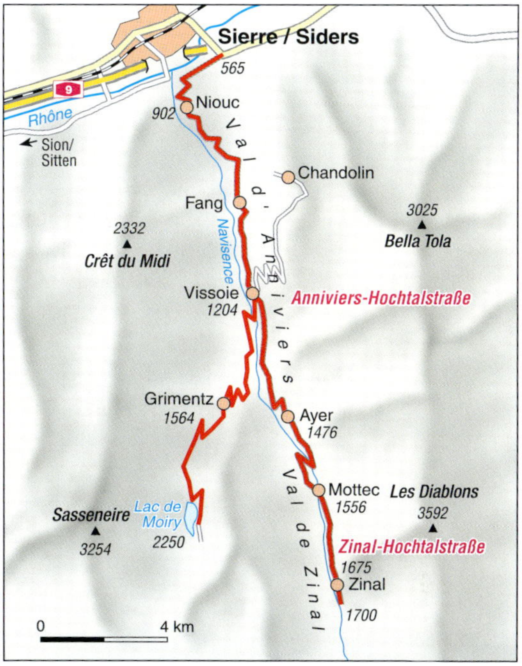

Das Dach der Welt: der Lac de Moiry auf 2.250 Metern.

HÖHENPROFIL

Höhenmeter bergauf	2.553 m
Höhenmeter bergab	749 m
Maximale Steigung	13,4 %
Durchschnittliche Steigung	5,7 %
Maximales Gefälle	14,6 %
Durchschnittliches Gefälle	5,4 %

(berechnet mit Motorrad Tourenplaner 2008)

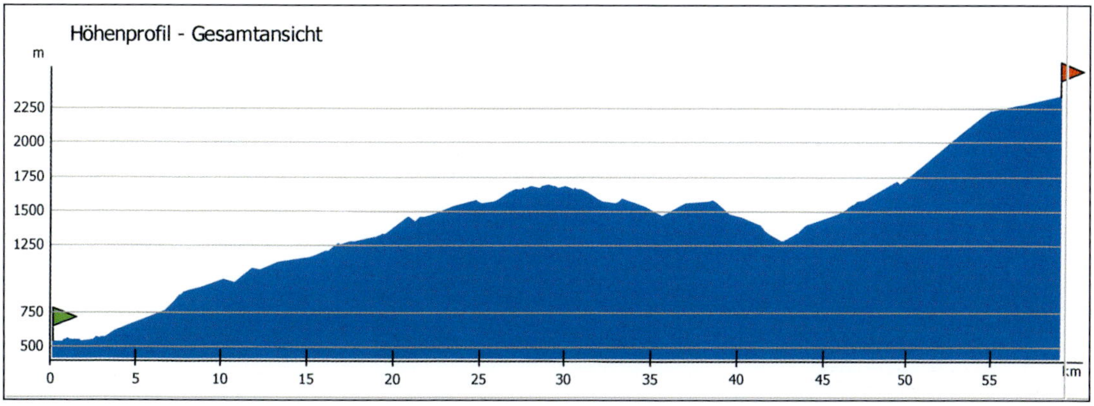

87 *Alpenpässe in der Schweiz*

GROSSER ST.-BERNHARD-PASS – COLLE DEL GRAN SAN BERNARDO

IM ÜBERBLICK

Name	Großer St.-Bernhard-Pass – Colle del Gran San Bernardo
Land	Schweiz und Italien
Region	Wallis und Aosta
Höchster Punkt	2.469 m
Basisorte	Martigny und Aosta
Anzahl der Kehren	38, mit Abstecher über Champex-Lac 67
Streckenlänge	94 km
Schwierigkeitsgrad	mittel
Straßenverhältnisse	gut ausgebaut, via Col de Champex viele Schlaglöcher
Mautpflicht	keine
Wintersperre	November bis Mitte Juni
Kombinierbar mit	Nr. 86, 88, 90

Eines gleich vorweg: Sobald Sie eine Ihrer Reisen auch nur in die Nähe dieses Passes führen sollte – schlagen Sie zu, erfahren Sie ihn. Es ist ein unvergessliches Erlebnis.

Der Große Sankt-Bernhard-Pass verbindet das Rhônetal im Wallis mit dem Aostatal und der Region Piemont in Italien. Schon zu Zeiten der Römer war er einer der wichtigsten Alpenübergänge, doch erst Anfang des 20. Jahrhunderts wurde eine Fahrstraße gebaut, die allerdings nur wenige Sommermonate lang passierbar war. Erst durch die Fertigstellung des sechs Kilometer langen Scheiteltunnels 1964 ist der Pass – mit Ausnahme jener Scheitelhöhe – ganzjährig befahrbar. Auf unserer Reise über den Großen St.-Bernhard werden wir den Tunnel aber tunlichst meiden.

Bereits um 1050 wurde auf dem Pass von Bernhard von Aosta ein Hospiz gegründet, das ihm seinen Namen gab. Viele berühmte Persönlichkeiten nutzten den Pass auf ihren Reisen nach Rom. So zum Beispiel Karl der Große, Heinrich IV., Friedrich I. und Heinrich VI.. Vollends berühmt wurde er, als Napoleon Bonaparte im Mai 1800 mit 40.000 Mann und unzähligen Geschützen über den Pass nach Italien zog. In Bourg-St.-Pierre im Mittel-

SEHENSWERTES AM WEGESRAND

Sie kennen seine Bilder ganz bestimmt. Die mit dem braun-weißen Hund mit dem berühmten Schnapsfässchen um den Hals. Bekannt, ja legendär wurde die Bernhardiner-Rasse vor allem durch ihren unfehlbaren Ortssinn, die gute Nase sowie ihre Wetterfestigkeit und Ausdauer. Prädestiniert für die Nutzung als Lawinenhund soll allein der Stammvater aller Bernhardiner, Lawinenhund Barry, weit über 40 Menschenleben gerettet haben. Doch all das war einmal. Heutzutage ist der **Bernhardiner** aufgrund seiner Neuzüchtung für die Lawinenrettung schlichtweg zu schwer und zu behäbig geworden. Heute gilt er als der ideale Familienhund und ist dementsprechend gefragt. Bis zu fünf Jahre müssen Sie auf einen echten Bernhardiner vom Großen St. Bernhard warten, die legendäre Bernhardinerzucht der Augustinermönche können Sie aber gegen einen geringen Obolus sofort besichtigen. Erwarten Sie aber bitte kein Kuscheltier-Paradies. Die Hundezucht ist durchaus kommerziell aus- und eingerichtet. Weitere Infos auch unter www.barryswiss.ch.

teil der Nordrampe gibt es bis heute ein „Café Napoléon", in dem der große, kleine Franzose damals angeblich gefrühstückt haben soll. Gerne zeigt man im Café mit einer gehörigen Portion Ehrfurcht jenen Lehnstuhl, in dem der legendäre Feldherr saß.

Bevor wir uns allerdings die schnellstraßengleiche Nordrampe in Form der Kantonstraße 21 oder E27 zum Aufstieg aussuchen, sollten Sie zunächst einen Blick auf die Karte werfen und von Les Valettes aus rechts abzweigend die Piste Richtung Champex-Lac und den kleinen Col de Champex wählen. Es ist ein wahres Kurvenparadies. In Orsieres treffen wir dann wieder auf die E27.

Auf der vollkommen überbauten Passhöhe liegt das berühmte Hospiz sowie die wohl berühmteste Bernhardinerzucht der Welt. Nach den Gebäuden öffnet sich der Blick auf einen herrlich frischen Bergsee sowie – ganz in der Ferne – die Grenzstation nach Italien.

Unbedingt erfahrenswert: Der Aufstieg zum Großen St. Bernhard von Martigny aus.

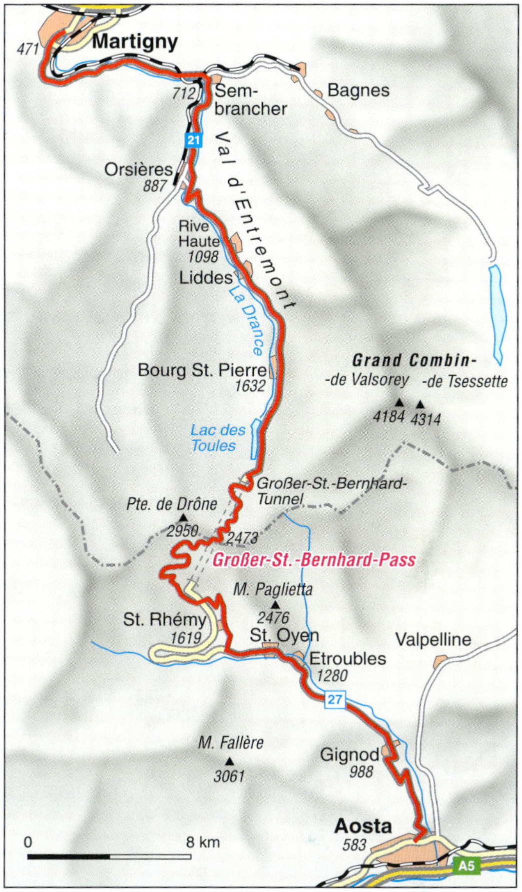

HÖHENPROFIL

Höhenmeter bergauf	2.945 m
Höhenmeter bergab	2.841 m
Maximale Steigung	14,1 %
Durchschnittliche Steigung	6,5 %
Maximales Gefälle	13,4 %
Durchschnittliches Gefälle	5,8 %

(berechnet mit Motorrad Tourenplaner 2008)

Auf ordentlicher Piste geht es anschließend hinunter in das angrenzende Aostatal, nach gut 15 Kilometern erreichen wir die Baumgrenze und queren zahlreiche kleine italienische Bergdörfer, in denen das Leben wohl noch niemals übermäßig brummte.

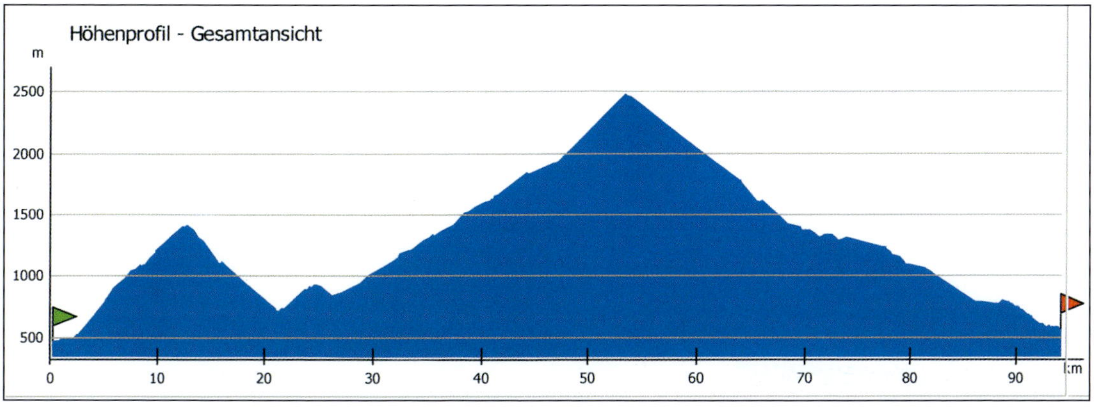

88 Alpenpässe in der Schweiz
COL DE LA FORCLAZ

IM ÜBERBLICK

Name	Col de la Forclaz
Land	Schweiz und Frankreich
Region	Wallis und Savoyer Alpen
Höchster Punkt	1.527 m
Basisorte	Martigny und Chamonix Mont Blanc
Anzahl der Kehren	11
Streckenlänge	43 km
Schwierigkeitsgrad	leicht bis mittel
Straßenverhältnisse	die Strecke hinunter nach Chamonix ist schlaglochreich
Mautpflicht	keine
Wintersperre	keine
Kombinierbar mit	Nr. 87

Der Col de la Forclaz verbindet das westliche Wallis mit den Savoyer Alpen in Norditalien und stellt eine wichtige Verkehrsverbindung zwischen dem Genfer See, dem Rhônetal und Chamonix dar.

Die Schokoladenseite des Col de la Forclaz ist zweifelsohne seine Ostrampe, vom hübschen Walliser Städtchen Martigny kommend führt sie zunächst durch horizontweite Weinberge einige Höhenmeter bergan. Gute zehn Prozent Steigung und eine gut ausgebaute Straße gestatten immer wieder weit schweifende Blicke über all die landschaftliche Pracht. Mehrere Parkbuchten entlang der Strecke erlauben auch den gefahrlosen, ausgiebigen Rundumblick. Vor allem im Herbst zur Weinlese wuselt es in den oftmals steilen Hängen vor Menschen und kleinen Traktoren. Dann präsentiert sich das Land von seiner wohl farbenfrohesten Seite.

Nach gut sieben Kilometern verlassen wir die Weinberge und tauchen ein in dichten, schattigen Wald, der uns bis unter die Passhöhe begleitet. Diese prägen ein paar Häuser, eine Imbissbude sowie ein Gasthof mit einigen Zimmern. Das Ganze eher Marke „unspektakulär". Doch das wird sich Richtung Chamonix noch ändern – versprochen!

Auf der Südwestrampe wird die Straße deutlich schlechter, und es gilt zudem einen unbeleuchteten Tunnel mit ruhiger Gashand zu überstehen. Vorbei an zwei kleinen Berg- und Grenzdörfern geht es hinunter an die Grenze zwischen Frankreich und der Schweiz.

Bevor uns anschließend das französische Bergsport-Paradies Chamonix begrüßen darf, können wir mit dem Col des Montets noch einen kleinen,

Nicht nur zur Weinlese ein Gedicht: die Ostrampe des Forclaz hoch über Martigny.

SEHENSWERTES AM WEGESRAND

Durchschnittlich elf Jahre sollen die Wasser der Rhône benötigen, um einmal von Ost nach West durch den **Genfer See** zu fließen. Hauptsächlich sie sind es, die den 580 km² großen See nördlich von Martigny, übrigens der größte der Schweiz, speisen. Neben Frankreich, dem knapp 40 Prozent des Genfer Sees gehören, teilen sich drei Schweizer Kantone, Genf, Wallis und mehrheitlich das Waadt, den Rest. Eben jenes Waadt stellt auch landschaftlich wie kulturell den wohl größten Kontrast zu den Finanzzentren Genf und Lausanne oder gar den Hochburgen europäischer High Society Vevey und Montreux dar. Gerade diese auf engstem Raum vorzufindende Mixtur beinhaltet aber auch den ganz besonderen Reiz der Region. Von Montreux' Uferpromenade aus genügt ein Dreh am Gasgriff und man befindet sich in einer ganz anderen Welt.
Natürlich haben wir weite Strecken vor allem des Nordufers des Genfer Sees kaum jemals für uns allein. Doch vor allem an den Wochenenden trifft sich hier auch der Schweizer Töff-Fahrer sehr gerne mit Seinesgleichen. Das Waadtland im Norden des Sees hingegen zählt zu den eher ruhigen Regionen der Schweiz, hier kann man gemütliches Motorrad-Touren exzessiv betreiben. Zu entdecken gibt es in den Dörfern und Städten auch abseits des Mopedsattels so manches.

HÖHENPROFIL

Höhenmeter bergauf	1.471 m
Höhenmeter bergab	903 m
Maximale Steigung	11,8 %
Durchschnittliche Steigung	5,8 %
Maximales Gefälle	14,7 %
Durchschnittliches Gefälle	5,1 %

(berechnet mit Motorrad Tourenplaner 2008)

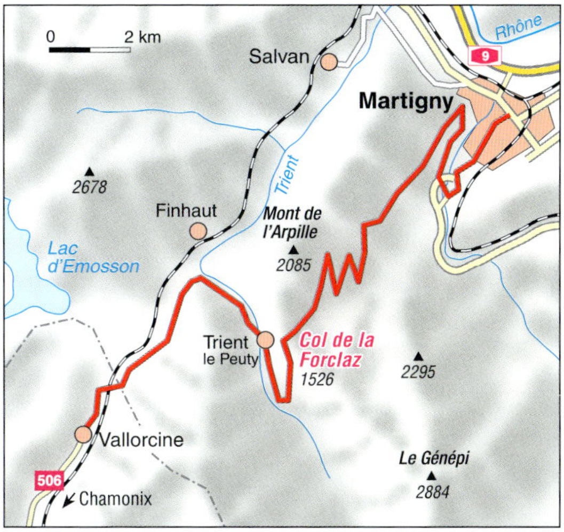

auf 1.461 Meter liegenden Zwischen-Pass mitnehmen, der uns auf landschaftlich und fahrerisch abwechslungsreicher Strecke präsentiert wird. Dann aber beginnt der Rummel von Chamonix, den Sie sich – auch wenn Sie eher auf die Ruhe und Abgeschiedenheit der Bergwelt stehen – dennoch einmal kurz gönnen sollten. Mein Tipp: Suchen Sie sich in einem der zahlreichen Cafés ein aussichtsreiches Plätzchen und genießen Sie bei einem entspannten „Café au lait" das bunte Treiben des Ortes. Es ist echt interessant und wohl niemals langweilig.

Und anschließend liegen ja sowieso die schönsten Pässe der französischen Seealpen direkt vor unseren Reifen. In den nächsten Kapiteln geht es los. Also tief durchatmen, dann tauchen wir ab zum Kehrentanz in die Seealpen.

Ab hier beginnt das Abenteuer „Seealpen"!

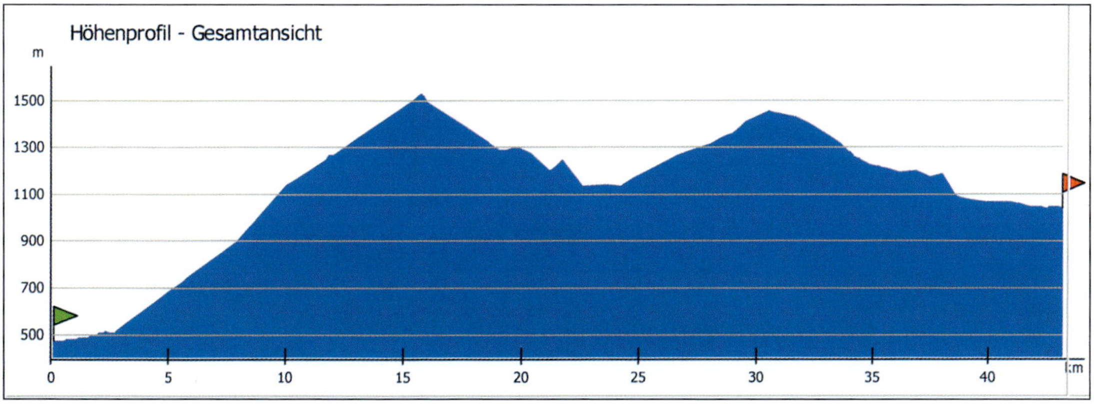

Alpenpässe in Frankreich

89 Alpenpässe in Frankreich
COL DE LA CROIX DE FER

IM ÜBERBLICK

Name	Col de la Croix de Fer
Land	Frankreich
Region	Rhône-Alpes / Seealpen
Höchster Punkt	2.068 m
Basisorte	Allemond bzw. St. Etienne de Cuines und St. Jean de Maurienne
Anzahl der Kehren	26 bzw. inklusive Col du Glandon 28 Kehren
Streckenlänge	58 km von Allemond bzw. 50 km von St. Etienne de Cuines
Schwierigkeitsgrad	leicht bis mittel
Straßenverhältnisse	gut ausgebaut, schlaglochfrei, auf der Ostseite enge Kehren
Mautpflicht	keine
Wintersperre	Mitte November bis Mai
Kombinierbar mit	Nr. 91, 93, 94, 96

SEHENSWERTES AM WEGESRAND

Der im Osten angrenzende **Parc National La Vanoise** wurde 1963 gegründet, war damit der erste französische Nationalpark und ist heute der wohl beliebteste unter allen. Seine innere, streng reglementierte Zone ist eine Hochgebirgsregion mit gut 500 km² Fläche, die allein über 100 Dreitausender umfasst. Die wunderschöne Berglandschaft mit ihren Tälern und klaren Seen bietet auch im Sommer vielfältige Freizeitmöglichkeiten und lockt mit ihren Regionen frei von Durchgangsstraßen, Skiliften und -pisten viele Besucher. Noch vor 100 Jahren lebten Bären, Wölfe, Luchse und Bartgeier im Park, heute kann man hier Murmeltiere, Steinböcke, Gämsen, Füchse und Marder beobachten. Der letzte Bär wurde 1921 gesehen. Ein ideales Terrain für entspannende Unternehmungen abseits des Motorradsattels. Weitere Infos finden sich unter www.vanoise.com.

Der Col de la Croix de Fer liegt in der Region Rhône-Alpes im französischen Département Savoie und verbindet Allemond bzw. St. Etienne de Cuines mit St. Jean de Maurienne im Flusstal der Maurienne. Meistens wird der Pass in Verbindung mit dem nahe liegenden Col du Glandon (Nr. 93) befahren und erwähnt. Ich habe ihn bisher zwei Mal aus Richtung St. Etienne nach St. Jean fahrend „erobert" und kann diese Richtung wärmstens empfehlen.

Am Ostufer des Lac du Verney in Allemond beginnt der Aufstieg zum Col de la Croix de Fer. Einige Kehren und viele Kurven führen uns auf landschaftlich schöner Strecke ganz allmählich bergan. Der Lac de Grand Maison, ein künstlicher Stausee, bietet bald darauf einige schöne Möglichkeiten, auf aussichtsreichen Plätzen zu pausieren. Der Staudamm ist ein sogenannter „Felsschüttdamm", eine sehr natürliche Art der Wasseraufstauung. Das dazu benötigte Schüttmaterial wurde aus umliegenden Steinbrüchen geholt, die Talsperre selbst wurde erst 1988 in Betrieb genommen. Der Staudamm gilt als der höchste Felsschüttdamm Europas.

Wenige Kilometer nördlich zweigt sodann die Straße zum Col du Glandon (Nr. 93) ab, einem Pass, den wir uns auch bereits mit einem kurzen Abstecher in diese Runde einverleiben könnten. Gen Osten führt die Passstraße des Croix de Fer nun zügig auf dessen Passhöhe. Ein eisernes Kreuz

Fester Bestandteil der Tour de France: Der Aufstieg zum Col de la Croix de Fer.

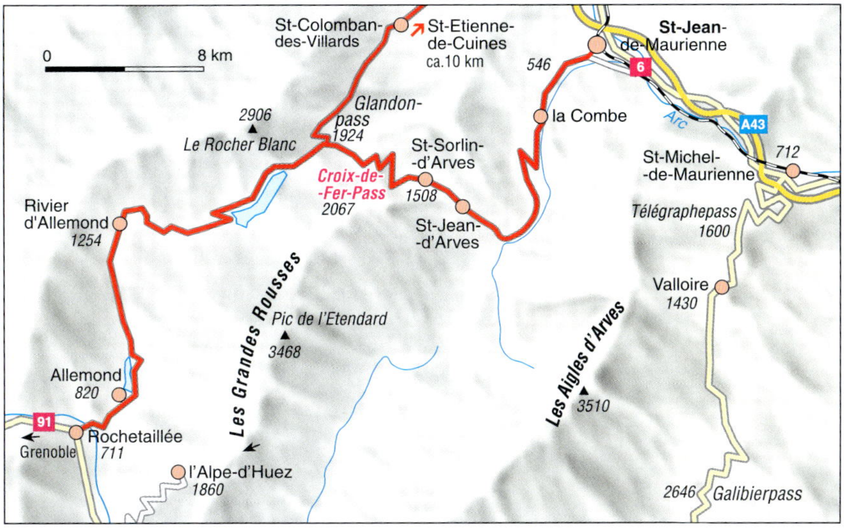

markiert weithin sichtbar den Scheitelpunkt des Passes und bietet, umgeben von wirklich herrlichen Almwiesen, ebenfalls ein schönes Pausenplätzchen. Im kleinen Gasthof nahe des Kreuzes treffen sich die Biker der Region, vor allem auch bei seltenem Schlechtwetter zu einer Aufwärmrunde. Bei Sonnenschein düst aber so mancher französische Motorradfahrer einfach über die Passhöhe weiter Richtung St. Paul, was der schönen, durchaus alpinen Landschaft, in der wir uns befinden, aber ganz und gar nicht gerecht wird. Der Col de la Croix de Fer ist zudem einer der häufigsten Pässe der legendären Tour de France, die ihn schon 1947 erstmals in ihren Tourenverlauf integrierte.

Die Ostrampe beginnt mit einem echt feinen Kurvenpotpourri, das leider viel zu rasch in eine landschaftlich schöne Strecke durch typisch französische Bergdörfer übergeht. Die allerdings sind wahrlich Grund genug, einen Gang herunter und auf gemütliches Genusstouren umzuschalten.

Vorangegangene Doppelseite: Aufstieg zum Gipfel: Der Col de l'Iseran ist der König aller französischen Alpenpässe.

HÖHENPROFIL

Höhenmeter bergauf	1.490 m
Höhenmeter bergab	1.777 m
Maximale Steigung	11,1 %
Durchschnittliche Steigung	5,0 %
Maximales Gefälle	14,1 %
Durchschnittliches Gefälle	6,3 %

(berechnet mit Motorrad Tourenplaner 2008)

Hübsche heile Welt: winzige Weiler entlang der Passstraße.

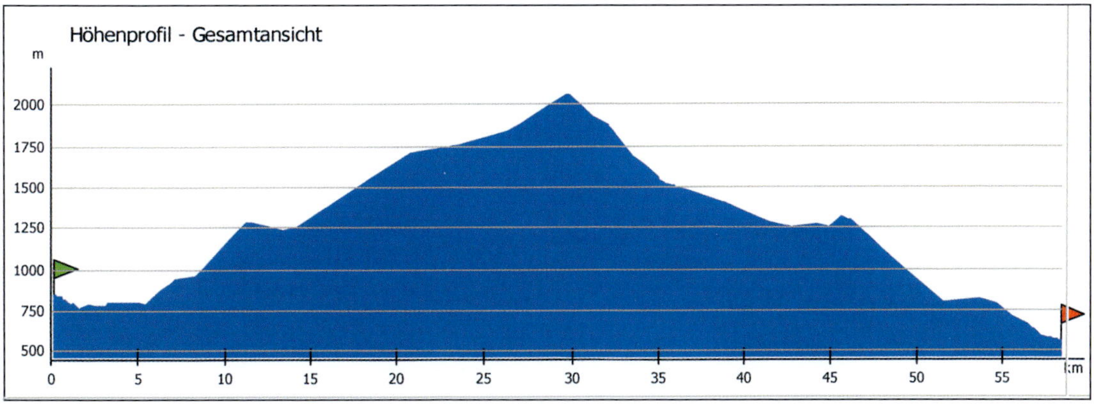

90 Alpenpässe in der Frankreich

COL DU PETIT SAINT-BERNARD – COLLE DEL PICCOLO SAN BERNARDO

IM ÜBERBLICK

Name	Col du Petit Saint-Bernard - Colle del Piccolo San Bernardo
Land	Frankreich und Italien
Region	Aosta und Isère
Höchster Punkt	2.188 m
Basisorte	Pre'Saint Didier und Bourg Saint Maurice
Anzahl der Kehren	48
Streckenlänge	48 km
Schwierigkeitsgrad	mittel bis anspruchsvoll
Straßenverhältnisse	Nordrampe: schlechter Belag. Nach der Passhöhe: Schlaglöcher
Mautpflicht	keine
Wintersperre	November bis Mai
Kombinierbar mit	Nr. 87, 92

Vom Zahn der Zeit mächtig gezeichnet: die Passhütten am Kleinen St. Bernhard.

Wie auf dem Großen St.-Bernhard-Pass errichtete auch auf dem Col du Petit Saint-Bernard der offensichtlich wanderlustige Adelssprössling Bernhard von Aosta ein Hospiz und gab dem Pass damit für alle Zeiten seinen Namen. Direkt auf der Passhöhe verläuft übrigens die Grenze zwischen Italien und Frankreich. 1940 war der Pass stark umkämpftes Gebiet, allein auf italienischer Seite sollen über 600 Menschen den Tod gefunden haben.

Heute verbindet die Passstraße des Kleinen St. Bernhard das vollkommen friedliche italienische Aostatal mit der französischen Region Savoyen. Die Nordrampe beginnt im Grunde gleich hinter den letzten Häusern von Pre'Saint Didier und stimmt uns umgehend ein auf das, was vor uns liegt. Acht Spitzkehren mit sehr engen Radien lassen unseren Gleichgewichtssinn sogleich heftig schunkeln und verlangen volle Konzentration. Während der weitere Verlauf der Strecke durch das obere Aostatal dann zunächst mit recht gerader Streckenführung und einigen Tunnels ein wenig Zeit für Entspannung suggeriert, lädt die Passstraße kurz hinter dem hübschen Bergdorf La Thuile erneut zum Kurventanz hinauf auf den Pass.

Oberhalb der Baumgrenze gestatten einige Parkbuchten einen herrlichen Rückblick auf das soeben verlassene Aostatal. Die Passhöhe selbst dominieren einige verlassene und vom Zahn der Zeit bereits mächtig ramponierte Grenzgebäude sowie ein kleines Gasthaus, dass sich mit den wenigen Touristen, die hier vorbeikommen, immer noch eine Existenzgrundlage bewahren konnte. Das gesamte Szenario liegt auf einem weiten,

SEHENSWERTES AM WEGESRAND

Das **Valle d'Aosta** oder Aostatal ist nicht nur eine autonome Region in Italien, die idyllische Bergregion zwischen Mont Blanc und Monte Rosa besitzt aufgrund ihrer landschaftlichen Vielfalt und Einzigartigkeit auch bekannte Nationalparks, wie den Gran-Paradiso-Nationalpark. Zwar hat sich das touristisch „voll ausgestattete" Gebiet vornehmlich dem weißen Sport verschrieben, doch auch im Sommer bietet das Aostatal dem Motorradfahrer alle Annehmlichkeiten, die man sich nach einem Tag im Sattel wünscht. Auch die landschaftliche Vielfalt lässt sich in den kurzen Sommermonaten genießen.
Auf jeden Fall einen ausführlichen Besuch Wert ist Aosta, die Landeshauptstadt der Region mit 35.000 Einwohnern. Schon die Römer hatten die strategisch wichtige Position erkannt und hier eine Siedlung errichtet. Spuren davon finden sich heute noch in Form einiger Baudenkmäler. Sehenswert ist der nahezu intakte historische Ortskern mit seiner Fußgängerzone, mit Geschäften, Bars und Restaurants und diesem unverwechselbaren Flair einer italienischen Provinzstadt. 82 Schlösser und Burgen verteilen sich auf gut 80 Kilometern im Aostatal, erbaut zwischen dem 12. und 18. Jahrhundert. Sie sind das auch heute noch sichtbare Zeichen der Geschichte und Bedeutung dieser Region, in der es viel zu sehen und zu erleben gibt. Weitere Infos findet man unter www.aostatal.com.

HÖHENPROFIL

Höhenmeter bergauf	1.286 m
Höhenmeter bergab	1.456 m
Maximale Steigung	8,8 %
Durchschnittliche Steigung	5,6 %
Maximales Gefälle	15,0 %
Durchschnittliches Gefälle	6,3 %

(berechnet mit Motorrad Tourenplaner 2008)

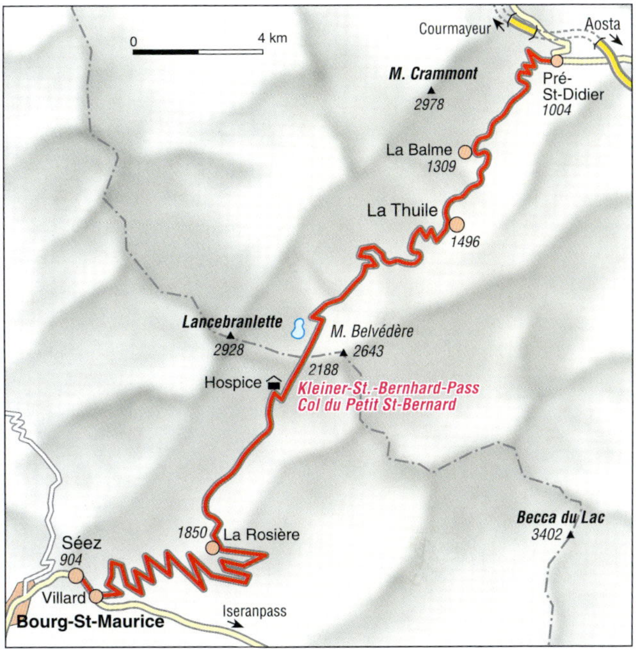

geschichtsträchtigen Hochplateau. Genießen Sie die Ausblicke und die hier heute meistens herrschende Ruhe.

Durch einige Häuserruinen senkt sich die Passstraße dann gen Süden hinab nach Frankreich, hinab in das Skiressort La Rosière. Der Straßenzustand ist mäßig und man hat den Eindruck, dass sich nie jemand um die zahlreichen Schlaglöcher und Winterschäden kümmern würde. Erst hinter La Rosière wird die Piste deutlich besser und pendelt in einem letzten herzhaften Kurventanz hinab nach Bourg Saint Maurice, einem sehenswerten französischen Bergdorf.

So kalt: Auf dem Pass weht oftmals ein eisiger Wind.

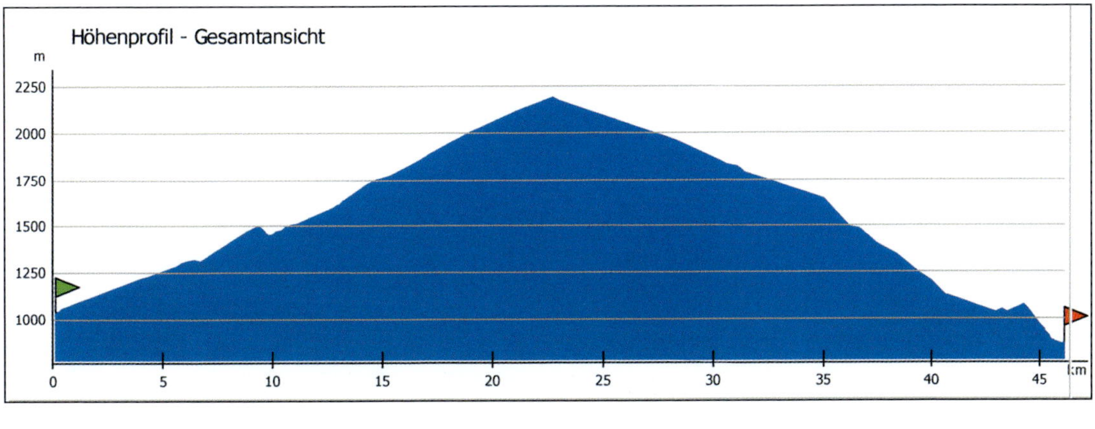

91 *Alpenpässe in Frankreich*
COL DU GALIBIER

IM ÜBERBLICK

Name	Col du Galibier
Land	Frankreich
Region	Hautes-Alpes/Seealpen
Höchster Punkt	2.642 m
Basisorte	Valloire und Mont de Lans bzw. Briancon
Anzahl der Kehren	34 nach Mont de Lans bzw. 26 nach Briancon
Streckenlänge	54 km nach Mont de Lans bzw. 56 km nach Briancon
Schwierigkeitsgrad	mittel bis anspruchsvoll
Straßenverhältnisse	einfach betoniert, bei Nässe rutschig, Kehren gut zu fahren
Mautpflicht	keine
Wintersperre	November bis Mitte Juni
Kombinierbar mit	Nr. 89, 93, 94, 96

Er ist seit 1911 fester und wohl einer der gefürchtetsten Bestandteile der legendären „Tour de France", er ist mit seiner Höhe von satten 2.642 Metern immerhin der fünfthöchste Straßenpass der Alpen und er ist fahrerisch wie landschaftlich eine echte Wucht. Und dazu bietet er Kombinationsmöglichkeiten mit vielen namhaften Pässen der Seealpen – doch bevor ich nun komplett ins Schwärmen gerate, hier noch rasch die Fakten:

Beginnen wir zu Füßen des Col du Galibier im Bergdorf Valloire. Bis dahin haben wir bereits den bildhübschen Col du Télégraphe (Nr. 96) erobert und gönnen uns vielleicht gerade eine kleine Verschnaufpause mit einem leckeren „Café au lait". Denn gleich hinter Valloire geht es zur Sache, der Kurventanz beginnt. Von den wenigen Häusern des Weilers Bonnenuit sollten wir uns keinesfalls ablenken lassen, denn die Straße hinauf auf den Pass verlangt volle Konzentration. In unzähligen, zum Teil sehr engen Kehren schrauben wir uns auf mäßig ordentlicher Piste hinauf in den Himmel. Kein Baum, kein Strauch behindert den Rundumblick auf die Gipfel der französischen Seealpen. Nutzen Sie dazu doch die ab und zu auftauchenden, motorradgeeigneten Parkbuchten am Wegesrand.

Die Passhöhe mit großem Parkplatz wird im Sommer leider immer wieder von Wohnmobilisten stunden- oder gar tagelang mit Beschlag belegt, dennoch sollte ein Plätzchen für das Bike am Straßenrand zu finden sein. Denn der Ausblick von hier oben ist in alle Himmelsrichtungen ein wahrer Genuss. Nach Norden blickt man auf die Grandes Rousses, nach Osten auf

SEHENSWERTES AM WEGESRAND

Nicht nur der Col du Galibier ist einer der berüchtigsten Streckenabschnitte der „Tour de France", das im Westen liegende **Alpe d'Huez** ist die wohl gefürchtetste, weil schwerste Bergetappe, die sich Radfahrer vorstellen können. Und außerhalb der Tour-Zeit ist die Strecke hinauf in den legendären Wintersportort auch für Motorradfahrer ein schöner und fahrerisch durchaus anspruchsvoller Abstecher.
Direkt hinter den letzten Häusern von Le Bourg-d'Oisans geht es los: 21 Kehren erwarten uns zur Kurvenhatz. Wegen der Schwere des Anstiegs – zumindest für Rennradler – trennte sich auf dieser Bergetappe immer schon die Spreu vom Weizen, hier konnten die ganz Großen der Tour ihren berechtigten Anspruch auf den Titel unter Beweis stellen. Ein Etappensieg in Alpe d'Huez besitzt eine ganz besondere Bedeutung und hält den Mythos lebendig. Die Namen aller Etappensieger sind übrigens in den 21 Kehren mit kleinen Tafeln verewigt. Erst in den letzten Jahren – nachdem es mehr Alpe d'Huez-Sieger als Kehren gab – begann man nolens volens damit, alle Kehren doppelt auszuzeichnen. Die Länge des Anstiegs beträgt übrigens gut 16 Kilometer und man überwindet dabei satte 1.100 Höhenmeter, die durchschnittliche Steigung liegt bei 8,5, die größte allerdings bei 12 Prozent – für geübte Motorradfahrer dennoch mehr Genuss als Arbeit.

die imposanten Felslandschaften der Rochers de la Grande Puré und ganz fern am Horizont ist sogar der Mont Blanc, der höchste Berg der Alpen, zu erkennen. Im Süden ragen die Felsen der Alpes-Dauphine aus einem schier unüberschaubaren Gipfelmeer.

Die Südseite des Col du Galibier führt uns dann schnurstracks in vielen Kurven und im Grunde ohne großen Höhenverlust auf den Col du Lautaret (Nr. 94) und eigentlich erst von dort aus hinab in die Täler der Seealpen. Neben der Nordrampe sind vor allem auch die Kombiniermöglichkeiten des Galibier ein Highlight. Mehr dazu im Anhang.

HÖHENPROFIL

Höhenmeter bergauf	1.489 m
Höhenmeter bergab	1.647 m
Maximale Steigung	11,1 %
Durchschnittliche Steigung	6,4 %
Maximales Gefälle	12,3 %
Durchschnittliches Gefälle	5,4 %

(berechnet mit Motorrad Tourenplaner 2008)

Pflichttermin in den Seealpen: Der Col du Galibier gehört unbedingt in Bikers Lebens-Roadbook.

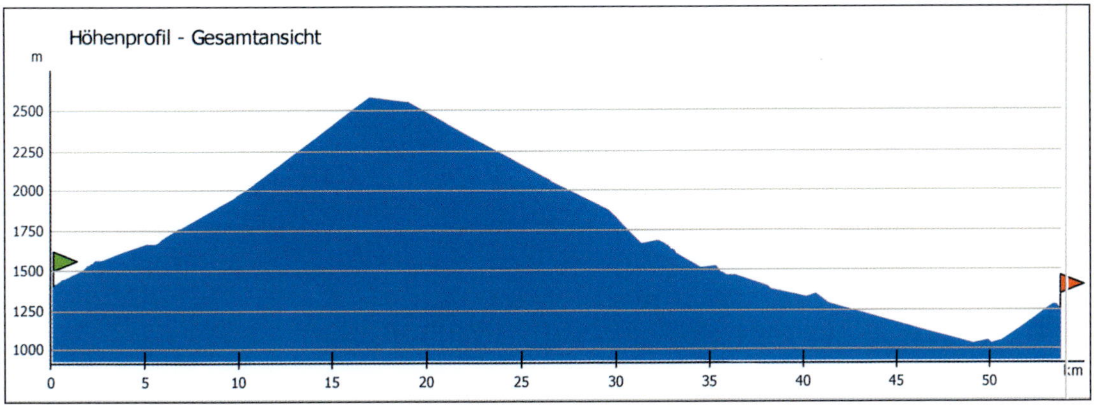

92 Alpenpässe in Frankreich
COL DE L'ISERAN

IM ÜBERBLICK

Name	Col de l'Iseran
Land	Frankreich
Region	Savoie und Hautes-Alpes/Seealpen
Höchster Punkt	2.770 m
Basisorte	Seez und Lanslevillard
Anzahl der Kehren	28
Streckenlänge	74 km
Schwierigkeitsgrad	mittel
Straßenverhältnisse	im oberen Drittel schlecht, Südrampe aber gut
Mautpflicht	keine
Wintersperre	November bis Juni
Kombinierbar mit	Nr. 96

Er ist der ungekrönte König aller Alpenpässe, er ist der höchste befahrbare Gebirgspass der Alpen und lange habe ich überlegt, ob es nicht richtig wäre, dieses Buch der schönsten Alpenpässe mit ihm, dem Col de l'Iseran, als Nummer 100 in einem Paukenschlag enden zu lassen. Dass meine letztendlich gewählte Nummer 100 einen Genuss der ganz anderen Art darstellt, soviel sei schon einmal verraten. Doch zurück zum Col de l'Iseran. Er und der Col de la Bonette (Nr. 97) streiten sich ja bekanntlich schon seit Urzeiten um das Prädikat des höchsten aller Alpenpässe. Dass es der Iseran ist, liegt an der Tatsache, dass der Bonette eigentlich nur 2.715 Meter hoch ist, seine mit 2.802 Metern höchste Stelle erreicht man nur durch eine Schleife, einen Abstecher von der Strecke, die aber keinen Pass im eigentlichen Sinne darstellt.

Der Col de l'Iseran ist zentraler Bestandteil der legendären „Route des Grandes Alpes", sein Basisort im Norden ist Seez zu Füßen des Wintersport-Paradieses von Val-d'Isère, durch das sich die Passstraße schlängelt und allmählich dann an Höhe gewinnt.

Mit atemberaubenden Ausblicken auf das Isère-Tal geht es in anspruchsvollen Kehren hinauf zur Passhöhe. Klimatisch bedingt liegt diese viele Tage im Jahr in Wolken gehüllt, ja selbst im Hochsommer muss man im Zuge von Schlechtwetterfronten auf dem Col de l'Iseran immer wieder mit einem überraschenden und knöchelhohen Gruß des Winters rechnen. Das und die Streckenführung machen die Passfahrt zu einem durchaus anspruchsvollen Unterfangen.

Ein eisiger Wind pfeift um die Ecken der kleinen Kirche auf dem Hochplateau des Iseran, das Hospiz habe ich auf keiner meiner bisher vier Touren über den Pass jemals offen vorgefunden, die Chance auf einen heißen Kaffee oder ein windgeschütztes Plätzchen tendieren deshalb laut meiner Erfahrung gegen Null. Doch hat man den Pass erst einmal überschritten, lockt umgehend die Wärme des Südens, die unsere angefrosteten Extremitäten spätestens im hübschen Bergdorf Bonneval-sur-Arc mit bunten

Seltener Sonnenschein: Die Passhöhe des Iseran einmal so vorzufinden, bedeutet unendlich Glück zu haben.

SEHENSWERTES AM WEGESRAND

Der Alpenhauptkamm zieht sich von den norditalienischen Dolomiten über Österreich und die Schweiz in weitem Bogen durch den Südosten Frankreichs und erhebt sich zwischen Genfer See, Grenoble und Turin zu einem sozusagen abschließenden landschaftlichen Highlight. In den französischen Seealpen wechselt hochalpines Gelände innerhalb weniger Kilometer mit engen Schluchten und weiten, fruchtbaren Tälern. Und die legendäre **„Route des Grandes Alpes"** verbindet die Höhepunkte dieser Region miteinander. 1910 hatte der Touring Club de France die Idee zu dieser vielleicht schönsten Hochalpen-Panoramastraße Europas, zwei Jahre später wurde mit dem Bau begonnen, 1937 war die feierliche Eröffnung. Heute führt sie – nahezu durchgängig beschildert – über verschiedene Department- und Nationalstraßen von Thonon-les-Bains am Südufer des Genfer Sees gute 700 Kilometer nach Menton bei Nizza. 16.000 Höhenmeter sind auf dieser Strecke zu bewältigen, von 16 Pässen liegen immerhin sechs über 2.000 Meter. Durchgängig befahrbar ist sie in der Regel zwischen Juni und Mitte Oktober. Danach schließen vor allem die hoch gelegenen Pässe. Weitere Infos unter www.routedesgrandesalpes.com.

HÖHENPROFIL

Höhenmeter bergauf	2.120 m
Höhenmeter bergab	1.526 m
Maximale Steigung	14,9 %
Durchschnittliche Steigung	5,1 %
Maximales Gefälle	12,7 %
Durchschnittliches Gefälle	4,8 %

(berechnet mit Motorrad Tourenplaner 2008)

Blumen, einem milden Lüftchen und einer satten Portion Sonnenschein auftaut. In weiten Kurven geht es auf landschaftlich schöner Strecke bergab, in Lanslevillard heißt es den Blinker links setzen, um dem „kleinen" Col de Mont Cenis am gleichnamigen See unsere Aufwartung zu machen. Der herrlich gelegene See ist zudem ein hübsches Pausenplätzchen, bevor wir uns in den Trubel von Susa stürzen.

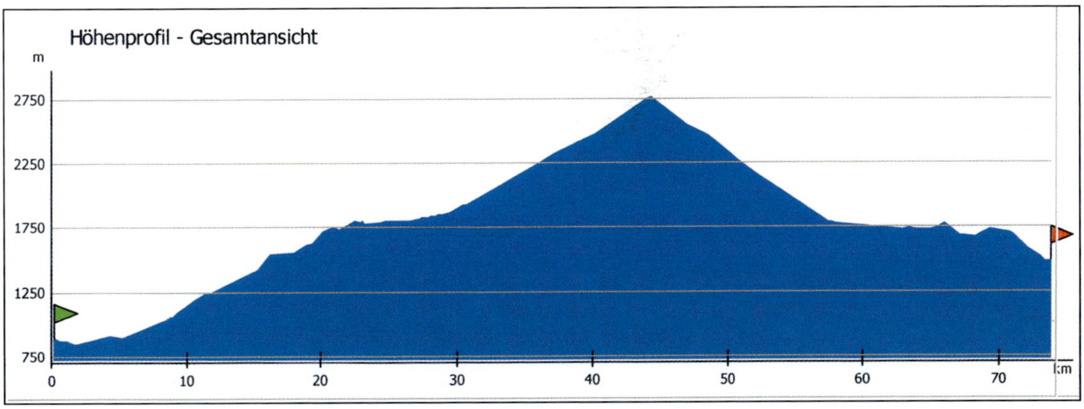

93 Alpenpässe in Frankreich
COL DU GLANDON

IM ÜBERBLICK

Name	Col du Glandon
Land	Frankreich
Region	Rhônes-Alpes / Seealpen
Höchster Punkt	1.924 m
Basisorte	St. Etienne de Cuines und Allemond
Anzahl der Kehren	22
Streckenlänge	45 km
Schwierigkeitsgrad	mittel
Straßenverhältnisse	vor allem im oberen Drittel oft übersäht mit Rollsplitt
Mautpflicht	keine
Wintersperre	November bis Mai
Kombinierbar mit	Nr. 89, 91, 94, 96

Der Col du Glandon wurde bereits 1898 eingeweiht, allerdings erst 1912 wurde er straßenmäßig mit dem nahe liegenden und etwas höheren Col de la Croix de Fer (Nr. 89) verbunden und lässt sich seitdem perfekt mit diesem kombinieren.

Nahezu die gesamte Strecke trägt das grüne Band besonderer landschaftlicher Schönheit und bereits nach wenigen Kilometern wissen wir auch warum. Mit gemütlichen zehn Prozent Steigung und genüsslich kurvenreich geht es von St. Etienne de Cuines aus Richtung Süden. Die Straße ist ordentlich asphaltiert, nur im oberen Bereich wegen der in Frankreich so beliebten Bitumen-Rollsplitt-Flickerei vor allem im Frühling mit Vorsicht zu befahren.

Hinter St. Colomban des Villards gewinnt die Straße dann rasch an Höhe und steigt in unwirtlichere Bergregionen auf. Kurve reiht sich rasch an Kurve, unterhalb der Passhöhe steigern dann sogar einige Kehren die Attraktivität der Strecke noch mehr.

Oben angekommen können wir den Blick schier unendlich schweifen lassen, kein Baum, kein Strauch, ja nicht einmal ein Berggasthof lenken von der Schönheit der imposanten Bergwelt ab, die uns umgibt. Unmittelbar unterhalb der Passhöhe zweigt dann der Weg zum Col de la Croix de Fer

SEHENSWERTES AM WEGESRAND

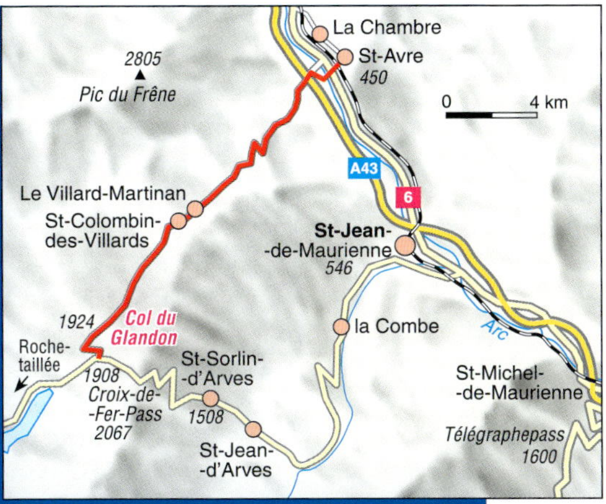

Man mag in Bezug auf die Schönheit französischer Großstädte durchaus geteilter Meinung sein, so auch über das nahe liegende **Grenoble.** Dennoch ist die Hauptstadt des französischen Départements Isère mit ihrer markanten Lage im Zweiflüssetal von Isère und Drac auf jeden Fall eine Stippvisite wert. Grenoble ist mit gut 150.000 Einwohnern die größte Hochgebirgsstadt der Alpen, in direkter Nachbarschaft liegen bereits viele hochalpine Dreitausender.

Schon in römischen Aufzeichnungen wird der Ort 43 v. Chr. erwähnt, wenige Zeit später wurde er mit einer Stadtmauer befestigt. 377 n. Chr. wird die Stadt „Gratianopolis" genannt, im 14. Jahrhundert in Greynoble umbenannt. Nach der Französischen Revolution war die Bezeichnung „noble" allerdings nicht unbedingt opportun und so nannte man sich kurzerhand eine Zeit lang „Grelibre". Erst Napoléon gab der Stadt den ursprünglichen Namen zurück. Immerhin seit dem 4. Jahrhundert ist Grenoble Bischofssitz und trägt seit 1242 ununterbrochen das Stadtrecht. Grenobles berühmte Universität, die der gesamten Stadt heute ein recht jugendlich-studentisches Flair verleiht, wurde schon im Jahre 1339 gegründet.

Prallvoll an Geschichte und Geschichten hat die Stadt dem heutigen Besucher vor allem in ihrem historischen Zentrum viel Sehenswertes zu bieten. Grenoble besitzt ein reiches Erbe an historischer Bausubstanz, eine Vielzahl an Museen, darunter auch, als eine der bedeutendsten Gemäldesammlungen Frankreichs, sowie schöne Garten- und Parkanlagen, die zum Relaxen einladen. Alle Infos und Buchungsmöglichkeiten findet man unter www.ville-grenoble.fr.

Ein Kleiner, aber Feiner im Konzert der Großen: Der Col du Glandon (linke Seite). Und im Westen erwartet uns das hübsche Grenoble (Bild oben).

Vorangegangene Doppelseite: Hochalpines Gelände: Die Gipfelregionen der Seealpen sind eine lebensfeindliche Welt.

HÖHENPROFIL

Höhenmeter bergauf	1.586 m
Höhenmeter bergab	1.157 m
Maximale Steigung	10,7 %
Durchschnittliche Steigung	7,3 %
Maximales Gefälle	13,2 %
Durchschnittliches Gefälle	5,0 %

(berechnet mit Motorrad Tourenplaner 2008)

(Nr. 89) ab, den ich aber bereits an anderer Stelle in diesem Buch gewürdigt habe. Unser weiterer Weg führt uns kurven- und aussichtsreich hinunter zum Lac de Grand Maison, einem imposanten Stausee, und weiter bergab ins Tal nach Allemond mit seinem See Lac du Verney, eingerahmt von steilen Felswänden. In Allemond bieten sich einige Gasthöfe und Cafés für einen Boxenstopp geradezu an.

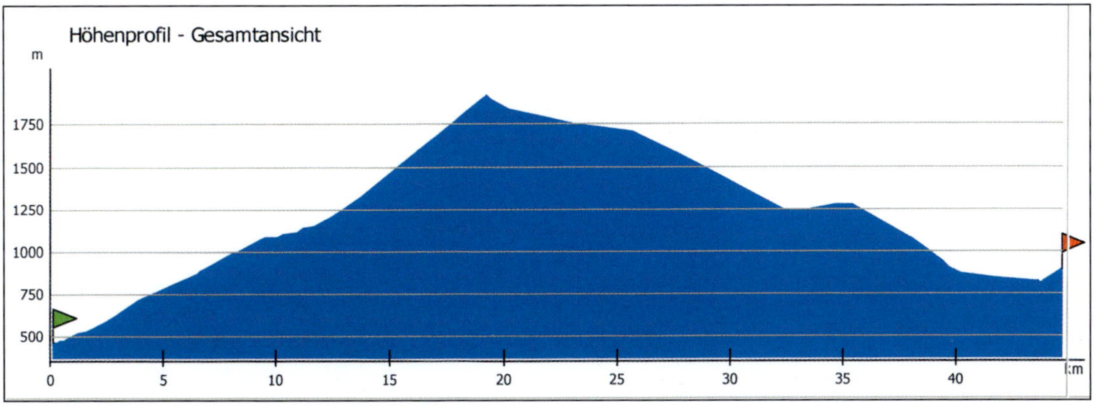

94 Alpenpässe in Frankreich
COL DU LAUTARET

IM ÜBERBLICK

Name	Col du Lautaret
Land	Frankreich
Region	Hautes-Alpes / Seealpen
Höchster Punkt	2.058 m
Basisorte	Mont de Lans und Briancon
Anzahl der Kehren	14
Streckenlänge	56 km
Schwierigkeitsgrad	leicht bis mittel
Straßenverhältnisse	ordentlich bis gut, stellenweise Bitumen und Rollsplitt
Mautpflicht	keine
Wintersperre	keine
Kombinierbar mit	Nr. 89, 91, 93, 96

Den Col du Lautaret nur als südlichen Auslauf des Col du Galibier (Nr. 91) zu betrachten, wäre sicherlich falsch und täte dem fahrerischen Genuss, den dieser Pass bietet, wahrlich Unrecht. Vor allem seine Westrampe ab Mont de Lans bietet im Vergleich zur Ostrampe hinunter nach Briancon deutlich mehr Kurvenspaß.

Immer der französischen Route National 91 (kurz: RN91) Richtung Osten folgend schwingen wir aus Mont de Lans auf landschaftlich reizvoller Strecke hinaus zum Lac du Chambon, einem Speichersee mit gut 600.000 Kubikmeter leckerem Alpentrinkwasser, an dessen Uferlinie einige schöne Pausenplätze liegen. Am Nordrand des „Parc National des Ecrins" begeistern uns anschließend rasch die ersten Kehren der RN91, die wir aufgrund ihrer verbindungstechnischen Bedeutung allerdings an vielen Tagen im Jahr mit Berufs- und Lieferverkehr teilen müssen. Die Chance, das Kurvenparadies nahezu für sich allein zu haben, besteht wohl nur an einem frühen Sonntagmorgen. Hinter den letzten Häusern von Villar d'Arene steigt die Passstraße dann endgültig bergan und führt uns zügig auf über 2.000 Meter.

Auch die Passhöhe des Col du Lautaret wird beinahe jedes Jahr von der Tour de France überschritten, gilt aber nicht als eigenständig zu wertende Bergetappe. Einige Gasthöfe mit Einkehr- und Übernachtungsmöglichkeiten sowie der obligatorische Souveniershop laden zum Herumstöbern und

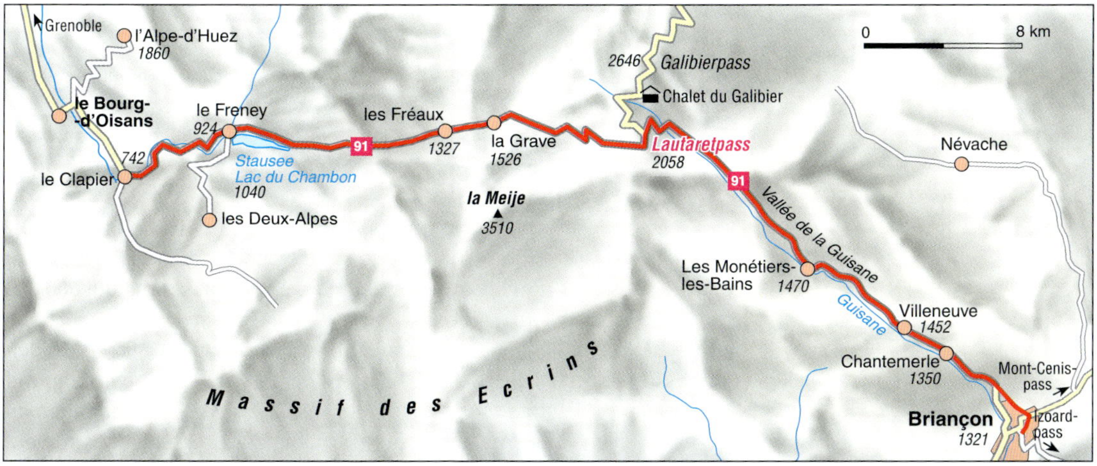

Pausieren ein, bevor wir uns dann entscheiden müssen: Nördlich geht es in die hochalpinen Kurvenparadiese rund um den Col du Galibier (Nr. 91), östlich führt die Strecke weiter nach Briancon und der legendären „Route des Grandes Alpes". Eine schwere Entscheidung – ich gebe es zu.

Hat viel Sehenswertes zu bieten: Pausenplätzchen am Col du Lautaret kurz vor der Scheitelhöhe.

HÖHENPROFIL

Höhenmeter bergauf	1.190 m
Höhenmeter bergab	1.223 m
Maximale Steigung	14,3 %
Durchschnittliche Steigung	4,8 %
Maximales Gefälle	11,5 %
Durchschnittliches Gefälle	3,9 %

(berechnet mit Motorrad Tourenplaner 2008)

SEHENSWERTES AM WEGESRAND

An strategisch äußerst wichtiger Stelle wurde das ehemalige Militärlager **Briancon** nach einem Großbrand 1692 von Frankreichs berühmtesten Festungsbaumeister Vauban wieder aufgebaut und mit einem meterdicken, doppelten Verteidigungsring gesichert. Neben einer Zitadelle wurden auch mehrere kleine Festungen gebaut – ein Verteidigungssystem, das nicht nur 1815 einem Angriff der Österreicher, sondern sogar bis 1940 noch italienischen Eroberungsversuchen widerstand.

Doch nicht nur diese architektonischen Zeitzeugen machen Europas dritthöchst gelegene Stadt am Rande der Durance-Schlucht heutzutage so sehenswert. Die von gut erhaltenen, haushohen Mauern umgebene, winzige Altstadt mit ihren kaum lenkerbreiten Gassen ist viel bequemer zu Fuß, denn mit dem Bike zu erkunden. Parken Sie das Motorrad lieber entlang der Stadtmauer auf einem der zahlreichen Plätze und schlendern Sie gemütlich durch die historischen Gassen, atmen Sie französische Geschichte in vollen Zügen. Zahlreiche Cafés und Kneipen laden vor allem am Abend zum Verweilen ein.

Briancon ist zudem berühmt für sein außergewöhnliches Klima. Dank ihrer geografischen Lage wird die Stadt an 300 Tagen im Jahr mit mehr als sechs Stunden Sonnenschein pro Tag verwöhnt. Nicht umsonst ist die Stadt ein anerkannter Kurort für Atemwegserkrankungen wie Asthma. Weitere Infos unter www.ot-briancon.fr.

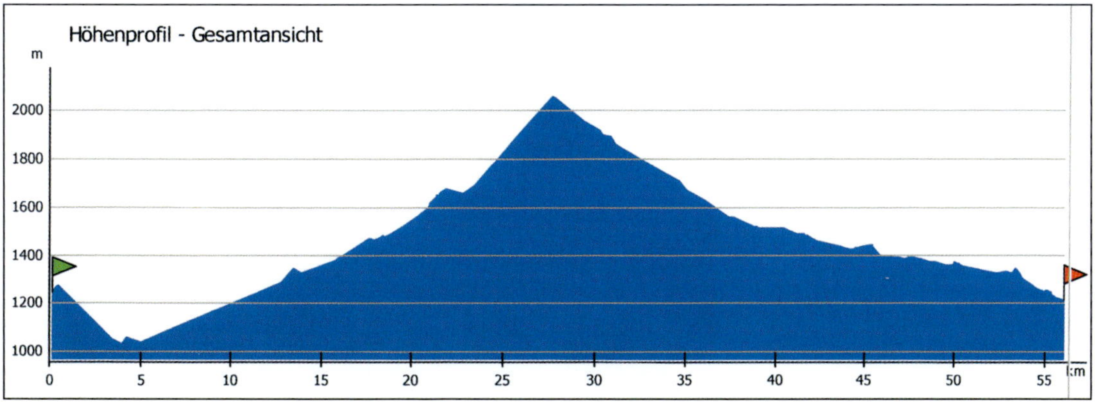

95 Alpenpässe in Frankreich
COL DE VARS

IM ÜBERBLICK

Name	Col de Vars
Land	Frankreich
Region	Hautes-Alpes und Haute-Provence
Höchster Punkt	2.111 m
Basisorte	Guillestre und Barcelonette
Anzahl der Kehren	23
Streckenlänge	50 km
Schwierigkeitsgrad	leicht bis mittel
Straßenverhältnisse	ordentlicher Asphalt, auf der Passhöhe: kreuzendes Vieh!
Mautpflicht	keine
Wintersperre	keine
Kombinierbar mit	Nr. 97, 99

Auch der Col de Vars liegt auf der legendären „Route des Grandes Alpes", und auch der Col de Vars ist inzwischen fester Bestandteil der „Tour de France". Und ein Blick auf die Landkarte rund um den Col de Vars zeigt einmal mehr, wie reich gesegnet die französischen Seealpen mit Pässen sind. Ja im Grunde wäre es durchaus gerechtfertigt, über die Pässe der Seealpen ein eigenes Buch zu schreiben.

Doch zurück zum Col de Vars: Er ist eine wichtige Verbindung zwischen den Seealpen und der Haute-Provence, er verbindet das Herz der Alpen mit deren südlichen Ausläufern, mit dem Col de la Bonette (Nr. 97) oder auch dem Col de la Cayolle (Nr. 99). Direkt am Südrand von Guillestre folgen wir der Beschilderung D902 Richtung Süden. Bei gut acht Prozent Steigung beginnen wir umgehend in herrlichen Rechts-Links-Kombinationen zu schwelgen, die so manches Mal sogar zu echten Spitzkehren ausarten. Diesen Genuss kann bei entsprechend ruhiger Gashand auch der stellenweise nur mäßige Straßenbelag nicht schmälern. Rasch gewinnen wir an Höhe bevor die D902 in ein weites Hochtal mündet, dessen Nord-Süd-Verlauf wir einfach weiter folgen.

Der kleine Wintersportort Vars wird vermutlich auch auf Ihrer Tour müde der nächsten Saison entgegendösen, eine Möglichkeit für einen koffeinhaltigen Boxenstopp habe ich bislang kein einziges Mal gefunden. Gut einen Kilometer vor der Passhöhe liegt linker Hand die hübsche „Refuge Napoléon", ein kleines Berggasthaus an einem malerischen Bergsee. Hier lohnt ein Einkehrschwung, da die letzten Meter bis zur Passhöhe mit

Highlight zu Füßen des Passes: der Lac de Serre-Ponçon mit seiner „Kirchen-Insel".

SEHENSWERTES AM WEGESRAND

Gap, die Alpenstadt des Jahres 2002, und der gewaltige Trinkwasserspeicher **Lac de Serre-Ponçon** sind die touristischen Highlights am Fuß des Col de Vars. Der Lac de Serre-Ponçon, errichtet von 1955 bis 1961, staut den Fluss Durance zum größten künstlichen See Frankreichs auf. Vor seiner Flutung mussten nahezu 2.000 Menschen umgesiedelt werden. Heutzutage bedeckt der 20 Kilometer lange und bis zu 120 Meter tiefe Stausee eine Fläche von gut 30 Quadratkilometern, seine Wasserreserven dienen vor allem der Stromerzeugung. Ganz nebenbei dient er der Bewässerung und Trinkwasserversorgung der Region um **Gap**. Vorbei an diesem gewaltigen Trinkwasserspeicher mit seinem herzzerreißend einsam mitten im See dümpelnden Kirchlein geht es schwungvoll aus den Bergen hinunter nach Gap, jenes höchst quirlige Provinzstädtchen römischen Ursprungs. Zwar hat der Ort im Lauf seiner wechselvollen Geschichte viel an Substanz verloren, bietet dem Besucher mit seiner historischen Altstadt aber dennoch viel Sehens- und Erforschenswertes für einen niemals langweiligen Aufenthalt. Sehenswert in Gap sind auch die Wochenmärkte mit ihrem typisch französischen Ambiente. Mitten in der historischen Altstadt präsentieren sie sich bunt, laut und an allen Ecken und Enden herrlich duftend in der elektrisierenden Atmosphäre feilschender und debattierender Menschen. Infos über Gap unter www.ville-gap.fr.

HÖHENPROFIL

Höhenmeter bergauf	1.253 m
Höhenmeter bergab	1.125 m
Maximale Steigung	12,9 %
Durchschnittliche Steigung	5,6 %
Maximales Gefälle	11,0 %
Durchschnittliches Gefälle	4,1 %

(berechnet mit Motorrad Tourenplaner 2008)

einem lockeren Dreh am Gasgriff zu schaffen sind. Zudem sind die Einkehrmöglichkeiten oben am Pass sehr beschränkt und waren auf meinen Besuchen stets geschlossen.

Die Südrampe des Col de Vars ergeht sich umgehend in herrlicher Kurven- und Kehrenhatz, bei der wir mit einem wachsamen Auge auf den mittelprächtigen Straßenbelag dem Bike dennoch einmal wieder „die Zügel lang" geben können. Durch Weiler und winzige, typisch französische Bergdörfer schwingen wir im Grunde direkt in die Sonne der Provence.

Der Col de Vars: unscheinbar, aber empfehlenswert.

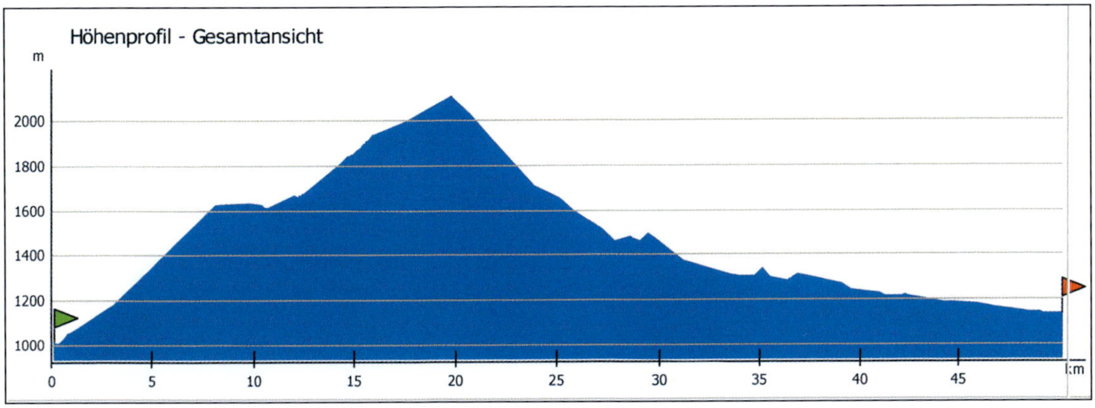

96 Alpenpässe in Frankreich
COL DU TÉLÉGRAPHE

IM ÜBERBLICK

Name	Col du Télégraphe
Land	Frankreich
Region	Haute-Savoie
Höchster Punkt	1.566 m
Basisorte	St. Michel de Maurienne und Valloire
Anzahl der Kehren	18
Streckenlänge	18 km
Schwierigkeitsgrad	leicht
Straßenverhältnisse	guter Untergrund, gut ausgebaut, ohne Flickschusterei
Mautpflicht	keine
Wintersperre	keine
Kombinierbar mit	Nr. 89, 91, 93, 94

Den Col du Télégraphe jemals aus dem Schatten seines großen Bruders, des Col du Galibier (Nr. 91) herauszubekommen, das wird auch mir mit diesem Buch wohl nicht gelingen. Dabei hätte es der Pass durchaus verdient, so wie in dieser Sammlung, als eigenständiges Highlight erwähnt zu werden. Denn, nicht so sehr fahrerisch, dafür in höchstem Maße landschaftlich hält der Col du Télégraphe mehr Abwechslung parat, als sein großer, berühmter Bruder.

Der Col du Télégraphe liegt mitten im französischen Département Haute-Savoie, seine gut ausgebaute Straße stellt die Hauptverbindung des Ferienortes Valloire mit dem Arc-Tal dar und wird deshalb auch von örtlichem Lieferverkehr frequentiert. Namensgebend für den Pass war das nahe liegende Fort du Télégraphe aus dem 19. Jahrhundert, das damals in ein landesweites Netz mit sogenannten „Flügeltelegraphen" eingebunden war. Diese rein optische Nachrichtenübermittlung hat sich allerdings nicht lange bewährt, heutzutage zieren unzählige Hightech-Antennen die für die Öffentlichkeit nicht zugänglichen historischen Gemäuer.

Der Col du Télégraphe ist ebenso ein Pass der „Route des Grandes Alpes" wie auch der „Tour de France". Die Schwere der Kombination aus Col du Télégraphe und Col du Galibier macht diese Etappe der „Tour de France" jedes Mal zu einer der gefürchtetsten, nicht selten siegentscheidenden „Königsetappen".

Leicht zu unterschätzen: der Col du Télégraphe in seiner ganzen Pracht.

SEHENSWERTES AM WEGESRAND

Bei einheimischen Motorradfahrern äußerst beliebt ist eine **pässereiche Rundtour** ausgehend von St. Jean de Maurienne, die zunächst Richtung Südwesten führend den außerhalb der Region völlig unbekannten Col du Mollard (1.698 Meter) erobert, sodann via D926 die Pässe Croix de Fer (Nr. 89) und Glandon (Nr. 93) erklimmt und schließlich weiter über Allemond und die N91 wieder in Richtung Osten einschwenkt. Bei Le Bourg d'Oissan wird der Abstecher nach Alpe d'Huez eingeplant, bevor es erneut über die N91 und den Col du Lautaret (Nr. 94) hinauf zum Galibier (Nr. 91) geht. Den Abschluss bildet dann der Col du Télégraphe hinunter und retour nach St. Jean de Maurienne. Ausführliche Details dazu sowie eine Kartenskizze finden sich im Anhang des Buches.
Der Rest des Bikertages dient dann dazu, den Gleichgewichtssinn wieder zu beruhigen.

Uns Bikern beschert der Col du Télégraphe unbeschwerte Kurvenhatz auf gut ausgebauter Piste, die auch einen satten Schluck aus dem mitgeführten Drehmoment-Reservoir gestattet. Die Kurven und Spitzkehren sind in ordentlichem Zustand und können bei trockenem Wetter forsch gefahren werden. Oben auf der Passhöhe heißt es unbedingt einmal kurz in die Eisen zu steigen und den Seitenständer für einen Boxenstopp auszuklappen. Ein kleines Gasthaus lädt zur Stärkung, doch viel mehr noch lohnt der Blick hinab in das Arc-Tal und auf unseren Ausgangsort St. Michel de Maurienne.

Von der Passhöhe geht es dann in Serpentinen und Kurven einige hundert Höhenmeter hinab ins Tal und weiter zum Bergdorf Valloire, dem Ausgangspunkt der Galibier-Passstraße.

Farbenspiel: Berghütte am Col du Télégraphe.

HÖHENPROFIL

Höhenmeter bergauf	844 m
Höhenmeter bergab	146 m
Maximale Steigung	8,2 %
Durchschnittliche Steigung	6,8 %
Maximales Gefälle	10,9 %
Durchschnittliches Gefälle	2,9 %

(berechnet mit Motorrad Tourenplaner 2008)

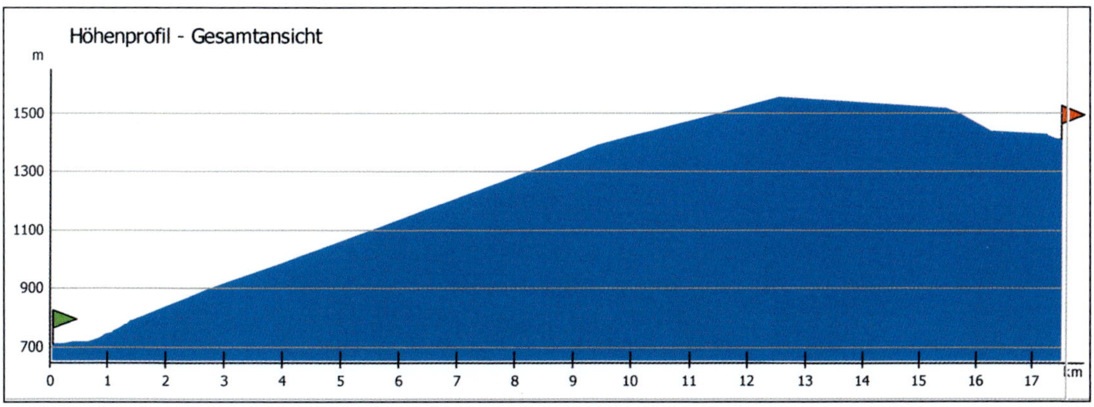

97 Alpenpässe in Frankreich
COL DE LA BONETTE MIT RESTEFOND

IM ÜBERBLICK

Name	Col de la Bonette mit Restefond
Land	Frankreich
Region	Haute-Provence
Höchster Punkt	2.715 m bzw. 2.802 m
Basisorte	Jausiers und St. Etienne de Tinee
Anzahl der Kehren	48
Streckenlänge	49 km
Schwierigkeitsgrad	mittel bis anspruchsvoll
Straßenverhältnisse	perfekt geteerte aber auch vernachlässigte Abschnitte
Mautpflicht	keine
Wintersperre	Mitte Oktober bis Mai
Kombinierbar mit	Nr. 95, 98, 99

SEHENSWERTES AM WEGESRAND

Der **Parc National du Mercantour** wurde 1979 als sogenannter „Zwei-Zonen-Park" gegründet: Um eine streng reglementierte und unbewohnte Kernzone von gut 70.000 Hektar zieht sich eine äußere Zone von ca. 150.000 Hektar, die ebenfalls unter Schutz, aber nicht so strenger Reglementierung steht. Der heutige Nationalpark besitzt eine reiche Flora mit weit über 2.000 Arten sowie eine weitgehend unberührte Tierwelt. Besondere Bedeutung besitzt der Knapp-Dreitausender Mont Bego im Osten, der von Hirten als heiliger Berg verehrt wurde. In verschiedenen Tälern rund um den Monte Bego wurden Felszeichnungen aus der Bronzezeit gefunden und machten den Nationalpark über Nacht berühmt. Steinböcke und Mufflons lassen sich mit dem Feldstecher gut beobachten. Auch einige Wildkatzen soll es wieder geben, deren natürliche Scheu allerdings eine Beobachtung erschwert.

Auf geht's: Eröffnen wir in diesem Kapitel die wohl ewige Diskussion, ob der Col de la Bonette nun der höchste befahrbare Alpenpass ist, oder doch der Col de l'Iseran (Nr. 92). Dabei bringt bereits ein Blick in eine hochauflösende Detailkarte die Entscheidung: Der Col de la Bonette ist mit ein 2.715 Metern ganze 55 Höhenmeter niedriger, als der Col de l'Iseran! Nur die Panoramaauffahrt „Cime de la Bonette" führt zum Aussichtspunkt auf 2.800 Metern, sie ist aber fairerweise nicht als Teil der Passstraße zu betrachten. Der Col de la Bonette mit seinem vorgelagerten Col de Restefond (2.678 Meter) gehört interessanterweise nicht zur Hauptstrecke der „Route des Grandes Alpes", die einige Kilometer westlich über den Col de Cayolle (Nr. 99) verläuft. Nur eine Alternativstrecke empfiehlt den Bonette, doch davon sollten wir uns keinesfalls abhalten lassen, diesen legendären Pass unserem Lebens-Roadbook hinzuzufügen.

In Jausiers beginnt die abschnittsweise anspruchsvolle Auffahrt. Kurvenreich windet sich die gut ausgebaute Straße durch winzige Weiler rechts und links des Lenkers in eine immer alpinere Landschaft. Bereits deutlich über 2.000 Höhenmeter liegen die Reste ehemaliger Militärkasernen des Col de Restefond. Dessen Scheitelpunkt auf 2.678 Metern ist gleichzeitig das Tor zum „Parc National du Mercantour". Hochalpin ist die inzwischen karge Felslandschaft Richtung Col de la Bonette. Und hier heißt es aufpassen: Das Passieren der unmittelbaren Scheitelhöhe führt direkt wieder hinab in das Tal. Die optionale – und unbedingt zu empfehlende! – Strecke zum Aussichtspunkt „Cime de la Bonette" zweigt hingegen auf der

Dem Bikerhimmel so nah wie nie: am Scheitelpunkt der „Cime de la Bonette"-Runde.

Passhöhe rechts ab und führt in einer Schleife zum höchsten Punkt, der in den Alpen auf asphaltierter Straße zu befahren ist. Falls Ihnen das noch nicht genug sein sollte, lockt ein kleiner Fußmarsch von gut 50 Höhenmetern auf die Bergkuppe auf 2.850 Metern. Der Ausblick auf die Gipfelwelten des Nationalparks Mercantour ist mehr als nur eindrucksvoll.

Die Südseite des Col de la Bonette führt nochmals durch eine Geisterstadt, ein verfallenes Militärlager, in dem Napoleons Soldaten unter geradezu unmenschlichen Bedingungen überwintern mussten. Als „Route Imperiale", als kaiserliche Straße hatte Napoleon III., der Neffe des berühmten kleinen Franzosen, den Weg von Nizza nach Barcelonette über den Col de la Bonette klassifiziert. Dementsprechend musste er militärisch gesichert werden.

Für uns geht es nun nur noch bergab und falls Sie in St. Etienne de Tinee nicht rechtzeitig bremsen, pendeln Sie über kurz oder lang an der Côte d'Azur aus. Aber das ist ja auch kein schlechtes Reiseziel.

HÖHENPROFIL

Höhenmeter bergauf	1.586 m
Höhenmeter bergab	1.634 m
Maximale Steigung	11,9 %
Durchschnittliche Steigung	7,0 %
Maximales Gefälle	13,1 %
Durchschnittliches Gefälle	6,3 %

(berechnet mit Motorrad Tourenplaner 2008)

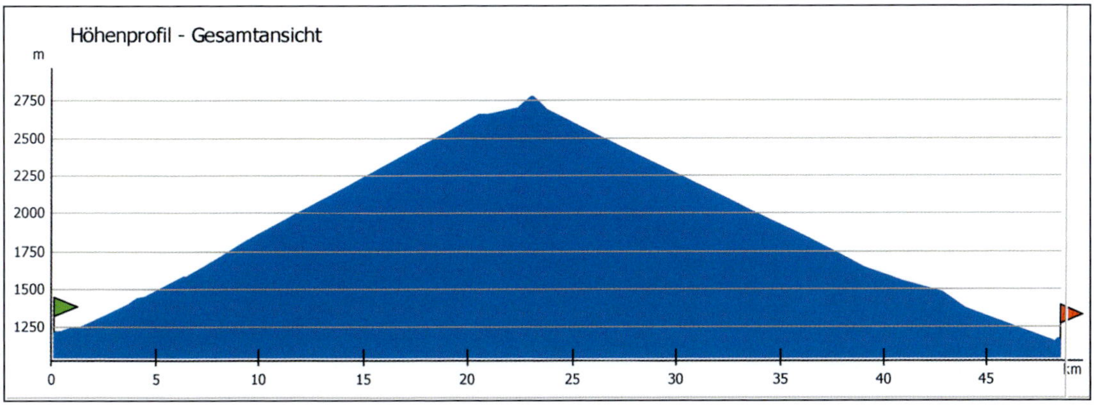

98 *Alpenpässe in Frankreich*
COL DE TENDE – COLLE DI TENDA

IM ÜBERBLICK

Name	Col de Tende – Colle di Tenda
Land	Frankreich und Italien
Region	Seealpen und Ligurische Alpen
Höchster Punkt	1.871 m
Basisorte	Limone Piemonte und Tende
Anzahl der Kehren	70
Streckenlänge	30 km
Schwierigkeitsgrad	mittel bis sehr anspruchsvoll
Straßenverhältnisse	Südrampe nie ohne ein Kiesbett-taugliches Bike befahren
Mautpflicht	keine
Wintersperre	November bis Mai
Kombinierbar mit	Nr. 97, 99

SEHENSWERTES AM WEGESRAND

Auf der Passhöhe des Col de Tende beginnt der Wunschtraum eines jeden echten Hard-Enduristen, hier liegt der westliche Einstieg zur legendären **„Ligurischen Grenzkammstraße"**, einer gut 70 Kilometer langen ehemaligen Militärstraße entlang der französisch-italienischen Grenze. Diese auch unter Mountainbikern beliebte Route führt über atemberaubend eng an die Berge „geflanschte" Single-Track-Roads zu den umliegenden Grenzkamm-Pässen zwischen Italien und Frankreich und bietet ein einmaliges Offroad-Erlebnis. Das gesamte, weit verzweigte Netz der ehemaligen Militärstraßen ist heutzutage mit Enduros befahrbar und stellt auf vielen Abschnitten hohe Ansprüche an Bikers Können. Dafür wird der Fahrer mit echtem Abenteuer belohnt. Aufgrund der touristischen Attraktivität dieser historischen Strecke wurde in den letzten Jahren damit begonnen, einige der stark beschädigten Abschnitte zu „entschärfen". Viele Infos dazu auch unter www.gs-enduro.de in der Rubrik „Pässe Seealpen".

Mein gesamtes Buch beinhaltet bis zu dieser Stelle Pässe, die nahezu mit jeder Art von Motorrad bezwungen werden können. Doch das ändert sich mit Pass Nr. 98 dramatisch. Der Col de Tende ist – fährt man ihn so wie hier beschrieben in seiner gesamten Pracht – der südlichste aller großen Alpenpässe, den Sie tunlichst weder als Harley-Owner, noch als Chopper oder gar Rennsemmler fahren sollten. Warum? Nun, weil die komplette, den atemberaubenden Teil des Passes darstellende Südrampe mit ihren 48 (!) Spitzkehren bis heute nur als Schotterpiste existiert.

Alle Enduristen werden an dieser Stelle allerdings begeistert weiterlesen. Beginnen wir das Vergnügen mit ein paar Fakten zum Pass. Der Col de Tende trennt die französischen Seealpen von den Ligurischen Alpen Italiens. Die bereits von Napoleon ausgebaute Strecke verbindet Turin mit der Côte d'Azur. Die Nordrampe ist ausgehend von Limone Piemonte mit ihren 22 Kehren vergleichsweise harmlos, verlangt aber eine sichere Hand im Umgang mit dem Bike sowie einige Passerfahrung. Wichtig ist auch, hinter dem Weiler Panice Soprana den richtigen Abzweig von der schnurstracks in den drei Kilometer langen Scheiteltunnel führenden SR20 zu finden. Denn den Tunnel wollen wir ja nun wahrlich nicht benutzen.

Suchen Sie einfach rechter Hand nach dem Wegweiser auf die „Strada Vecchia del Colle di Tenda", die alte Passstraße, und schon beginnt der Kurventanz bergan. Bis hierher noch auf akzeptablem Asphalt.

Rund um die an sich unspektakuläre Passhöhe liegen verfallene Militärstationen und Befestigungen aus dem 19. Jahrhundert und verbreiten

einen satten Hauch von Grusel. Größte Anlage ist wohl das Fort Central etwas über der Passhöhe. Sagen erzählen davon, dass sogar der große Feldherr Hannibal mitsamt seinem Heer und den obligatorischen Elefanten schon den Col de Tende benutzt haben soll. Bevor wir uns nun der Südrampe widmen, sollten wir eine Verschnaufpause einlegen und uns erfrischen. Denn das eigentliche Abenteuer beginnt erst jetzt. Vor uns liegen 48 atemberaubend in den Berg gefräste Spitzkehren auf losem Schotter, auf Spurrillen und ausgewaschener Kiespiste ohne Randsicherung, ohne Leitplanken, dafür garniert mit grandiosen Ausblicken auf die französischen Seealpen. Und ganz in der Ferne blitzt an schönen Tagen bereits die Côte d'Azur und winkt mit Entspannung pur. Die brauchen wir auch, nachdem wir den Col de Tende in des Wortes kühnster Bedeutung „bezwungen" haben. Und denken Sie daran: Nicht nur unser Körper braucht eine satte Portion Erholung. Auch das Bike sollte einer ausgiebigen Zustandsanalyse unterzogen werden.

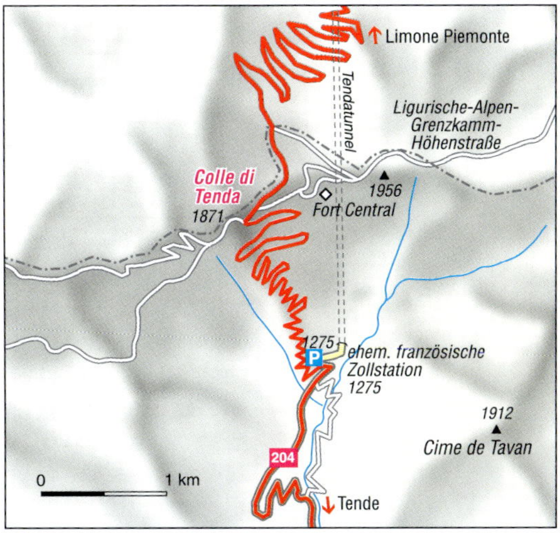

HÖHENPROFIL

Höhenmeter bergauf	874 m
Höhenmeter bergab	1.036 m
Maximale Steigung	11,7 %
Durchschnittliche Steigung	6,4 %
Maximales Gefälle	9,5 %
Durchschnittliches Gefälle	6,3 %

(berechnet mit Motorrad Tourenplaner 2008)

Offroader-Paradies: der Col de Tende als Einstieg in die legendäre „Grenzkammstraße".

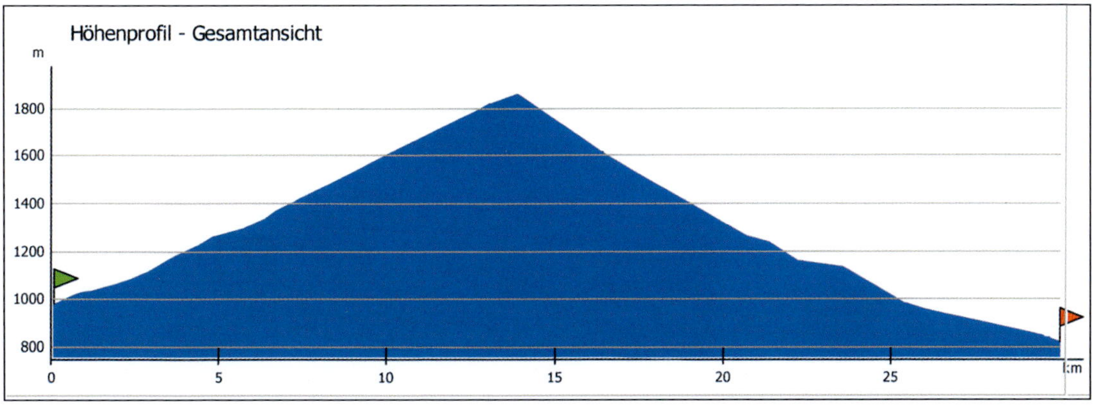

99 Alpenpässe in Frankreich
COL DE LA CAYOLLE

IM ÜBERBLICK

Name	Col de la Cayolle
Land	Frankreich
Region	Seealpen
Höchster Punkt	2.327 m
Basisorte	Barcelonette und Guillaumes
Anzahl der Kehren	32
Streckenlänge	62 km
Schwierigkeitsgrad	mittel
Straßenverhältnisse	mittelprächtig, vor allem nach Regen starke Verschmutzung
Mautpflicht	keine
Wintersperre	Dezember bis April
Kombinierbar mit	Nr. 91, 97, 98

Der Col de la Cayolle verbindet Barcelonette und Guillaumes, zwei der zentralen Städte der französischen Seealpen, miteinander und liegt ebenso wie die parallel verlaufenden Nord-Süd-Verbindungen über den Col de Restefond und Col de la Bonette (Nr. 97) im „Parc National du Mercantour". Zudem liegt der Col de la Cayolle auf der Hauptroute der „Route des Grandes Alpes".

Die Strecke ist meiner Meinung nach in Nord-Süd-Richtung sowohl fahrerisch, als auch in puncto sich bietender Ausblicke schöner als die Gegenrichtung. Bevor wir uns dem Pass selbst widmen, bietet das hübsche Bergstädtchen Barcelonette mit seinen Cafés und Kneipen einige sehenswerte Möglichkeiten zu einem kurzen oder auch ausgiebigen Boxenstopp. Über die D902 folgen wir danach einfach den Beschilderungen Richtung Pass in Richtung Süden.

Nach dem Weiler Uvernet-Fours schwingen wir in die Gorges du Bachelard, der wir auf recht schmaler Piste mit Ausweichstellen folgen. In Bayasse wendet sich die Straße dann endgültig gen Süden und der Aufstieg zum Pass beginnt. Lärchenwälder und weite Hochalmen bilden ein abwechslungsreiches Ambiente. Die Passhöhe selbst zieren eine schlichte Steintafel sowie herrliche Ausblicke gen Süden auf das Tal des Flüsschens Var und unseren weiteren Weg. Eine Möglichkeit zum ausgiebigen Einkehrschwung bietet sich erst einige Höhenmeter tiefer.

Bereits die ersten Meter der Südrampe beglücken uns mit echtem Spitzkehren-Vergnügen, bevor die nun immer breiter werdende Landstraße ge-

Schöner von Nord nach Süd statt umgekehrt: der Col de la Cayolle hat zwei Gesichter.

SEHENSWERTES AM WEGESRAND

Auch der Col de Cayolle lässt sich in einem **„hochalpinen Achter"** mit insgesamt sechs umliegenden Alpenpässen zu einer Rundtour kombinieren, die fahrerisch und landschaftlich alles zu bieten hat, was sich der Alpenbiker wünscht. Beginnend in Barcelonette folgen wir zunächst der D908 Richtung Südwesten zum ausgeschilderten Col d'Allos und weiter über das Örtchen Allos nach Colmars les Alpes. Dort geht es links ab auf die D2 zum Col des Champs und via D902 hinauf zum Col de Cayolle und retour nach Barcelonette. Hier wenden wir uns auf der D900 gen Osten und erobern via Jausiers die ausgeschilderten Highlights Col de Restefond und Col du Galibier. Weiter auf der D2205 Richtung Süden schwingend wenden wir uns in St. Sauveur sur Tinée westwärts und erfahren die Pässe Col de la Couillole und Col de Valberg, bevor unsere Runde bei Guillaumes abschließend nochmals auf die D902 einmündet und hinauf zum Cayolle sowie nach Barcelonette, unserem Ausgangspunkt, führt. 280 Kilometer, gut 8.000 Höhenmeter bergauf und -ab sowie sechs Pässe bereichern danach unser Roadbook.

mütlich durch einige hübsch gelegene Bergdörfer Richtung Guillaumes auspendelt. Vor allem im Frühling und nach ausgiebigen Regenfällen ist die Straße mit zahllosen auch in Kurven stark anschwellenden Rinnsalen aus den umliegenden Bergen bedeckt, deren Durchfahren ein wenig Aufmerksamkeit und eine ruhige Gashand erfordern. Die Gefahr von Aquaplaning gerade in Schräglage kann mit gedrosselter Geschwindigkeit leicht minimiert werden. Guillaumes am Südende des Passes bietet zahlreiche Einkehrmöglichkeiten für den kleinen und auch großen Hunger zwischendurch.

HÖHENPROFIL

Höhenmeter bergauf	1.189 m
Höhenmeter bergab	1.536 m
Maximale Steigung	8,3 %
Durchschnittliche Steigung	4,1 %
Maximales Gefälle	10,0 %
Durchschnittliches Gefälle	4,7 %

(berechnet mit Motorrad Tourenplaner 2008)

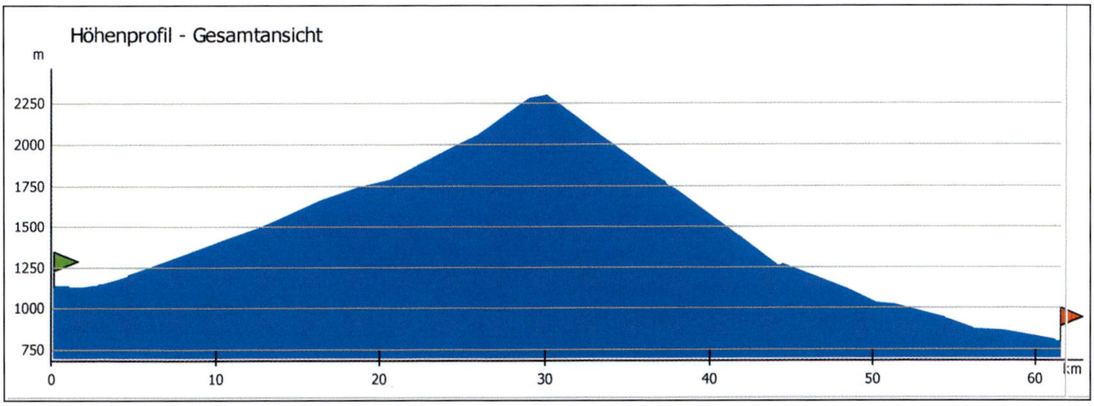

100 Alpenpässe in Frankreich
GRAND CANYON DU VERDON

IM ÜBERBLICK

Name	Grand Canyon du Verdon
Land	Frankreich
Region	Provence
Höchster Punkt	1.237 m
Basisorte	Comps-sur-Artuby und Moustiers Saint Marie
Anzahl der Kehren	97
Streckenlänge	194 km
Schwierigkeitsgrad	mittel
Straßenverhältnisse	teils perfekt geteert, teils mit Bitumen, teils Schlagloch-Pisten
Mautpflicht	keine
Wintersperre	keine

Wir sind am Ende unserer Reise über die 100 schönsten Alpenpässe. *„Wie denn – jetzt schon?"*, werden Sie hoffentlich anmerken. Doch bevor ich Sie nun in den prächtigen und kurvenreichen Alltag entlasse, möchte ich mein sechstes Buch mit einem echten fahrerischen Hochgenuss und zugleich grandiosem Paukenschlag der Natur beschließen. Die knapp 200 Kilometer lange Runde über die Panoramastraße des südfranzösischen Grand Canyon du Verdon und den angrenzenden Lac de St.-Croix zählt zu den Höhepunkten einer jeden Tourenplanung. Denn hier erwartet uns ein landschaftliches Kleinod, das seinem großen amerikanischen Namensvetter in nichts nachstehen dürfte. Es ist nur alles etwas überschaubarer und deshalb prädestiniert für ein tagesfüllendes Schräglagenprogramm.

Die Panoramastraße um den Grand Canyon du Verdon führt in spektakulären Kehren und durch pechschwarze, unbeleuchtete Tunnels einmal um die gewaltige Schlucht, die der Fluss Verdon im Laufe von sechs Millionen Jahren gegraben hat. Mein Tipp: Starten Sie mit einem leckeren, leichten französischen Frühstück im hübschen Comps-sur-Artuby in diesen erinnerungswürdigen Tourentag. Dann geht es schnurstracks Richtung Westen zum ausgeschilderten Grand Canyon du Verdon. Die Panoramastraße wurde in den 50er-Jahren des letzten Jahrhunderts erbaut, deshalb bitte aufgepasst: Vor allem im Frühling wird der ramponierte Straßenbelag in typisch französischer Sparmanier mit großflächigen Bitumen-Rollsplitt-Flickaktionen repariert – so mancher Fluch von mir über dieses Flickwerk klingt bis heute in den Büschen am Wegesrand.

Doch die Ausblicke über die Kupplungshand in das tief eingeschnittene Tal des Verdon entschädigen uns für alle Ungemach. Nach einigen Kilometern erreichen wir an den „Balcons de la Mescla" die spektakulärste und landschaftlich reizvollste Stelle der Schlucht. Von Süden kommend mündet der Fluss Artuby in den Verdon und sorgt mit seinen Wassern für neuen Schwung beim alten Herrn. 21 Kilometer lang und bis zu 700 Meter tief gilt der Grand Canyon du Verdon als die spektakulärste aller französischen Schluchten.

Die als „Rive gauche" ausgeschilderte Straße folgt der Verdon-Schlucht sozusagen auf Tuchfühlung entlang der südlichen Abrisskante hinunter zum Lac de St.-Croix. Den See im Uhrzeigersinn umrundend lädt uns alsbald das hübsche Bergdorf Moustiers Sainte-Marie zu einem kleinen Rundgang durch ein buntes, abwechslungsreiches Dorfbild ein. Das nördliche Ufer der Panoramastraße um den Grand Canyon du Verdon erwartet uns mit wilden, zerklüfteten Landschaften. Kurz vor dem Örtchen La-Palud-sur-Verdon lockt ein uraltes Schild „Corniche des Cretes" – mein Tipp: Unbedingt abbiegen! Es folgt ein 25 Kilometer langer, mit helmgroßen Schlaglöchern durchsetzter Weg, der in

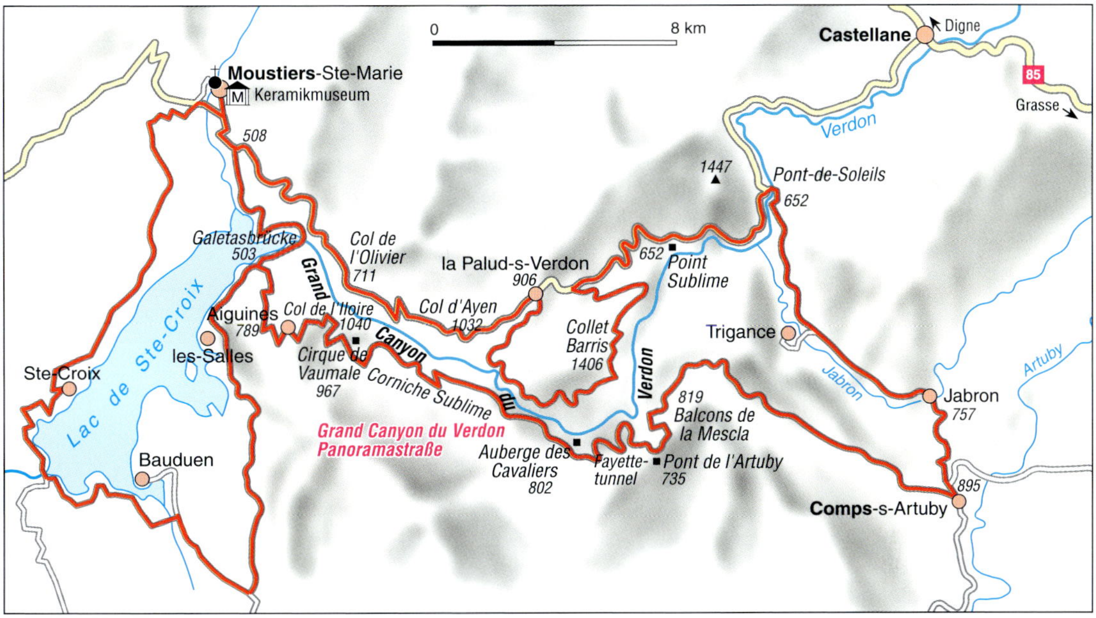

kehrenreichem Auf und Ab den Felswänden des Canyons folgt. Teilweise spektakulär ausgesetzt geht es immer wieder bis auf Zentimeter an die Abbruchkanten heran und erlaubt schwindelfreien Menschen lange und tiefe Einblicke in die ansonsten nur Alpinisten zugängliche Schlucht.

Apropos Klettern: Auf dem Weg der Corniche des Cretes liegt auch die im Sommer bewirtschaftete Schutzhütte Chalet Maline, von der aus man in anstrengenden 5-6 Stunden über steile Eisenleitern, Felsentreppen und durch die engen Tunnels des „Sentier Martel" bis auf den Grund der Schlucht gelangen kann. Für uns endet im sehenswerten Bergdorf Castellane diese Tour, wenn Sie mögen, können Sie aber anschließend noch ausgiebig im kurvenreichen Hinterland der Haute-Provence zum Pistenräubern gehen.

HÖHENPROFIL

Höhenmeter bergauf	2.602 m
Höhenmeter bergab	2.583 m
Maximale Steigung	11,2 %
Durchschnittliche Steigung	2,3 %
Maximales Gefälle	11,3 %
Durchschnittliches Gefälle	3,2 %

(berechnet mit Motorrad Tourenplaner 2008)

Abschluss-Genuss: noch mehr herrliche Rundtouren finden Sie ab Seite 266.

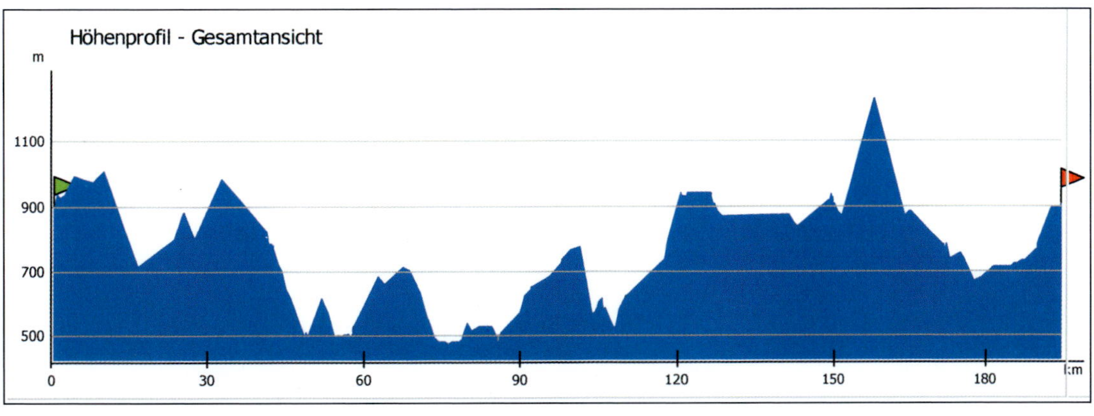

Im Überblick

Biker willkommen: Alle Pässe dieses Buches sind auch ausgewiesene Motorradreviere.

Alphabetische Liste der Pässe

PASS	LAND	REGION	HÖHE	LÄNGE	SPERRE	NR.
Achenpass	Deutschland	Oberbayern	941	42 km	keine	3
Albulapass	Schweiz	Oberengadin	2.315	31 km	Nov - Mai	67
Anniviers-/Zinal-Hochtalstraße	Schweiz	Wallis	2.250	50 km	keine	86
Arlbergpass	Österreich	Vorarlberg	1.793	18 km	keine	36
Berninapass	Schweiz	Oberengadin	2.330	58 km	keine	66
Brandnertal	Österreich	Vorarlberg	1.565	18 km	keine	35
Brennerpass	Österreich/Italien	Tirol und Südtirol	1.371	56 km	keine	25
Col de la Bonette mit Restefond	Frankreich	Haute-Provence	2.715	49 km	Okt - Mai	97
Col de la Cayolle	Frankreich	Seealpen	2.327	62 km	Dez - Apr	99
Col de la Croix de Fer	Frankreich	Rhône-Alpes/Seealpen	2.068	58 km	Nov - Mai	89
Col de la Forclaz	Schweiz/Frankreich	Wallis und Savoyer Alpen	1.527	43 km	keine	88
Col de l'Iseran	Frankreich	Savoie/Hautes-Alpes/Seealpen	2.770	74 km	Nov - Jun	92
Col de Tende	Frankreich/Italien	Seealpen und Ligurische Alpen	1.871	30 km	Nov - Mai	98
Col de Vars	Frankreich	Hautes-Alpes/Haute-Provence	2.111	50 km	keine	95
Col du Galibier	Frankreich	Hautes-Alpes/Seealpen	2.642	54 km	Nov - Jun	91
Col du Glandon	Frankreich	Rhône-Alpes/Seealpen	1.924	45 km	Nov - Mai	93
Col du Lautaret	Frankreich	Hautes-Alpes/Seealpen	2.058	56 km	keine	94
Col du Petit Saint Bernard	Frankreich/Italien	Aosta/Isère	2.188	48 km	Nov - Mai	90
Col du Télégraphe	Frankreich	Haute-Savoie	1.566	18 km	keine	96
Dientner- und Filzensattel	Österreich	Salzburger Land	1.357	40 km	keine	22
Faschinajoch	Österreich	Vorarlberg	1.495	11 km	keine	34
Felbertauernpass	Österreich	Salzburg/Osttirol	1.632	65 km	keine	18
Fernpass	Österreich	Tirol	1.212	21 km	keine	30
Flattnitzer Höhe	Österreich	Kärnten	1.430	31 km	keine	13
Flexenpass	Österreich	Vorarlberg	1.773	20 km	keine	33
Flüelapass	Schweiz	Engadin	2.363	27 km	Dez - Apr	68
Forcola di Livigno	Italien	Lombardei	2.315	50 km	Dez - Mai	60
Furkapass	Schweiz	Uri/Wallis	2.431	40 km	Nov - Mai	80
Gerlitzen Alpenstraße	Österreich	Kärnten	1.765	14 km	keine	14
Gerlospass	Österreich	Tiroler Oberpinzgau/Salzburger Land	1.630	38 km	keine	23
Glaubenbüelenpass	Schweiz	Luzern	1.611	39 km	Nov - Apr	76
Grand Canyon du Verdon	Frankreich	Provence	1.237	194 km	keine	100
Grimselpass	Schweiz	Wallis/Berner Oberland	2.165	16 km	Nov - Mai	81
Grödner Joch	Italien	Dolomiten	2.137	21 km	keine	42
Großer St.-Bernhard-Pass	Schweiz/Italien	Wallis/Aosta	2.469	94 km	Nov - Jun	87
Großglockner Hochalpenstraße	Österreich	Salzburger Land/Kärnten/Osttirol	2.571	87 km	Nov - Apr	17
Hahntennjoch	Österreich	Tirol	1.894	31 km	Dez - Mai	29
Hochrindl-Almenstraße	Österreich	Kärnten	1.600	16 km	keine	12
Hochtannbergpass	Österreich	Vorarlberg/Bregenzer Wald	1.676	34 km	keine	32
Jaufenpass	Italien	Südtirol	2.099	39 km	keine	39
Jaunpass	Schweiz	Berner Oberland	1.509	34 km	keine	82
Julierpass	Schweiz	Engadin	2.284	43 km	keine	69
Katschberg-Pass	Österreich	südl. Salzburger Land/Kärnten	1.641	12 km	keine	7
Kaunertaler Gletscherstraße	Österreich	Tirol	2.750	26 km	keine	31
Klausenpass	Schweiz	Uri/Glarus	1.952	48 km	Nov - Mai	75
Kühtaisattel	Österreich	Tirol	2.017	42 km	keine	26
Loiblpass	Österreich/Slowenien	Kärnten/Oberkrain	1.368	23 km	keine	15
Lukmanierpass	Schweiz	Graubünden/Tessin	1.914	61 km	keine	78
Malojapass	Schweiz	Engadin	1.815	33 km	keine	70
Malta-Hochalmstraße	Österreich	Kärnten	1.902	29 km	Nov - Mai	8

PASS	LAND	REGION	HÖHE	LÄNGE	SPERRE	NR.
Nassfeldpass	Österreich/Italien	Kärnten/Udine	1.532	25 km	Nov - Apr	19
Nockalmstraße	Österreich	Kärnten	2.042	35 km	Nov - Apr	10
Nufenenpass	Schweiz	Wallis/Tessin	2.478	36 km	Nov - Jun	84
Oberalppass	Schweiz	Uri/Graubünden	2.046	32 km	Dez - Mai	77
Oberjochpass	Deutschland	Allgäu	1.150	20 km	keine	2
Ofenpass	Schweiz	Unterengadin	2.149	36 km	keine	64
Ötztaler Gletscherstraße	Österreich	Tirol	2.811	16 km	keine	27
Pass Thurn	Österreich	Tirol/Salzburger Land	1.273	28 km	keine	21
Passo Aprica	Italien	Lombardei	1.175	31 km	keine	58
Passo Campo Carlo Magno	Italien	Trentino	1.682	47 km	keine	55
Passo Manghen	Italien	Südtirol/Trentino	2.047	40 km	keine	53
Passo del Tonale	Italien	Trentino	1.883	57 km	keine	56
Mendelpass	Italien	Südtirol/Trentino	1.363	23 km	keine	63
Gampenjoch	Italien	Südtirol/Trentino	1.518	32 km	keine	62
Passo di Campolongo	Italien	Dolomiten	1.875	10 km	keine	46
Karerpass	Italien	Dolomiten	1.745	17 km	keine	50
Passo di Falzarego	Italien	Dolomiten	2.117	29 km	keine	44
Passo di Fedaia	Italien	Dolomiten	2.056	26 km	keine	48
Passo di Gavia	Italien	Lombardei	2.618	44 km	Nov - Jun	57
Passo di Giau	Italien	Dolomiten	2.230	28 km	Okt - Apr	45
Passo di Lavazé	Italien	Südtirol/Trentino	1.808	23 km	keine	52
Nigerpass	Italien	Dolomiten	1.690	19 km	keine	51
Passo di Rolle	Italien	Trentino	1.989	43 km	keine	54
Stilfser Joch	Italien	Lombardei/Südtirol	2.758	54 km	Dez - Juni	59
Passo di Valparola	Italien	Dolomiten	2.192	30 km	keine	43
Passo di Foscagno	Italien	Lombardei	2.291	39 km	keine	61
Passo Pordoi	Italien	Dolomiten	2.239	22 km	keine	49
Sellajoch	Italien	Dolomiten	2.213	23 km	keine	47
Penser Joch	Italien	Südtirol	2.215	46 km	Nov - Mai	40
Plöckenpass	Österreich/Italien	Osttirol und Friaul	1.410	29 km	keine	20
Pragelpass	Schweiz	Schwyz/Glarus	1.550	48 km	Nov - Mai	74
Radstädter Tauernpass	Österreich	Salzburger Land	1.739	39 km	keine	6
Reschenpass	Österreich/Italien	Tirol/Vinschgau/Südtirol	1.504	40 km	keine	38
Riedbergpass	Deutschland	Allgäu	1.420	30 km	keine	1
Rossfeld-Höhenringstraße	Deutschland	Berchtesgadener Land	1.540	26 km	keine	5
Passo del San Bernardino	Schweiz	Graubünden	2.066	62 km	Nov - Jun	72
Schwägalp und Chräzerenpass	Schweiz	Appenzell	1.370	25 km	keine	73
Silvretta Hochalpenstraße	Österreich	Vorarlberg/Tirol	2.036	26 km	Nov - Mai	37
Simplonpass	Schweiz	Wallis/Piemont	2.005	64 km	keine	85
Splügenpass	Schweiz/Italien	Graubünden/Lombardei	2.118	40 km	Nov - Mai	71
St.-Gotthard-Pass	Schweiz	Uri/Tessin	2.108	26 km	Nov - Mai	79
Staller Sattel	Österreich/Italien	Osttirol/Pustertal	2.052	39 km	Nov - Mai	41
Sudelfeld mit Tatzelwurm	Deutschland	Oberbayern	1.097	34 km	keine	4
Sustenpass	Schweiz	Uri/Bern	2.224	45 km	Nov - Jun	83
Timmelsjoch	Österreich/Italien	Tirol/Südtirol	2.509	49 km	Okt - Jun	28
Turracher Höhenstraße	Österreich	Kärnten/Steiermark	1.763	36 km	keine	9
Umbrailpass	Schweiz/Italien	Engadin/Lombardei/Südtirol	2.503	42 km	Nov - Mai	65
Villacher Alpenstraße	Österreich	Kärnten	1.732	18 km	Dez - Apr	11
Wurzenpass	Österreich	Kärnten	1.073	23 km	keine	16
Zillertaler Höhenstraße	Österreich	Zillertal/Tirol	2.013	48 km	keine	24

STRECKENCHARAKTER ALLER PÄSSE

1. Riedbergpass

Weitgehend einwandfrei asphaltierte Strecke mit nur wenigen, größtenteils sorgfältig reparierten Frostschäden, im Scheitelbereich des Passes und an den Einmündungen von Feldwegen ist mit Verschmutzungen vor allem durch Waldarbeiten zu rechnen

Perfektes Trainingsgebiet: der Oberjochpass.

2. Oberjochpass

Einwandfrei asphaltierte, nahezu neuwertige Straße mit nur wenigen Bitumen-Reparaturen, die auch aufgrund ihrer Lage und Streckenführung nur selten durch landwirtschaftlichen Verkehr verschmutzt wird. Einige der engen Kehren sind nicht weithin einsehbar, teilweise starkes Verkehrsaufkommen.

3. Achenpass

Von Westen kommend gut ausgebaute, kurvenreiche Straße, vom Tegernsee kommend mit einigen Geschwindigkeitsbeschränkungen, aber auch guten Überholmöglichkeiten, die Südrampe ist bundesstraßenähnlich ausgebaut mit 70 km/h-Zonen, in denen häufiger kontrolliert wird.

4. Sudelfeld mit Tatzelwurm

Westrampe ab Bayrischzell gut ausgebaut, lang gezogenes Ortsgebiet mit 50 km/h-Limit, in dem gerne kontrolliert wird, im oberen Bereich extrem viele Bitumen-Flickereien sowie häufige Geschwindigkeitskontrollen, gen Osten schlängelt sich die immer schmaler werdende Straße durch einige Ortschaften mit 30 km/h-Zonen.

5. Rossfeld-Höhenringstraße

Gut ausgebaute Panoramastraße, die im unteren Bereich auch mal durch landwirtschaftlichen Verkehr verschmutzt wird, im oberen Bereich wenige, sorgfältig reparierte Frostschäden sowie im Frühling noch Rollsplitt-Reste der Winterstreuung, dafür aber entlang der Strecke auch herrlich gelegene Aussichtsparkplätze.

6. Radstädter Tauernpass

Gut ausgebaute Strecke, die ein mehr als zügiges Vorankommen erlaubt, die Südrampe beinahe schon bundesstraßenähnlich. Die Nordrampe führt etwas kurvenreicher durch felsige Schluchten, beide Strecken sind in einwandfreiem bis gutem Zustand: Im Frühling ist mit Rollsplitt-Resten zu rechnen.

7. Katschbergpass

Gut ausgebaute, ordentlich asphaltierte und leicht zu befahrende Passstraße, deren Steigungen auch für Fahranfänger problemlos zu

Kurvenparadies an der Rossfeld-Höhenringstraße (Berchtesgadener Land).

bewältigen sind. Aufgrund der ganzjährigen Befahrbarkeit ist im oberen Abschnitt im Frühjahr vermehrt mit Rollsplitt-Verschmutzungen zu rechnen.

8. Malta-Hochalmstraße

Anfänglich gut ausgebaute, kurvenreiche Strecke, die mit zunehmender Höhe deutlich schmaler wird und wenige Winterschäden aufweist. Im Mittelstück ist eine Einbahnstrecke mit aufkommensabhängiger Ampelregelung, die Wartezeiten bis zu 20 Minuten produzieren kann. Die letzten Kilometer zur Kölnbreinhütte sind Kiespiste, nachts ist die Straße gesperrt.

9. Turacher Höhenstraße

Bundesstraßenähnlich ausgebaute Strecke in ordentlichem bis gutem Zustand, die eine schöne Kurvenhatz erlaubt. Gut einsehbare Kurven und Kehren, kaum Frostschäden und wenig Verschmutzung durch landwirtschaftlichen Verkehr. Im Scheitelpunkt Geschwindigkeits-Beschränkung auf 50 km/h wegen weitläufigem, nicht immer erkennbarem Ortsgebiet.

10. Nockalmstraße

Gut bis sehr gut ausgebaute Strecke mit ordentlich Grip sowie gut einsehbaren Kurven und Kehren. Zahlreiche herrlich gelegene Parkplätze mit Kiesbett, einige bei Nässe rutschige Gittersperren für das frei laufende Vieh, ansonsten keinerlei fahrerische Beeinträchtigungen.

11. Villacher Alpenstraße

Tadellos ausgebaute Panoramastraße mit weiten, im oberen Bereich gut einsehbaren Kurven und Kehren, im unteren Bereich durch Wälder führend. Rechts und links des Lenkers Almwirtschaft mit frei laufendem Vieh und dadurch bedingten Beeinträchtigungen/Verschmutzungen. Zahlreiche Panorama- und Themenparkplätze mit Kiesbett.

12. Hochrindl Almenstraße

Ordentlich ausgebaute, kurvenreiche Straße mit allerdings einigen Frost- und Winterschäden im oberen Abschnitt, mit Rollsplitt entlang der Strecke sowie über die Straße führenden Skipisten-Viadukten. Die Stichstraßen zu den einzelnen Siedlungen und Unterkünften im Scheitelbereich sind in mehrheitlich schlechtem Zustand und sehr schlaglochreich.

Lust auf ein wenig Offroad? Die Malta-Hochalmstraße zur Kölnbrein-Hütte.

13. Flattnitzer Höhe

Bundesstraßenähnlich ausgebaute Strecke mit weitgezogenen Kurven und gut einsehbaren Kehren, im unteren Bereich durch blickdichten Wald führend. Guter bis tadelloser Straßenbelag, aufgrund Winter-Skibetriebs ist allerdings vor allem im Frühling mit erheblich Rollsplittaufkommen entlang der gesamten Strecke zu rechnen.

Historischer Boden: die letzten Höhenmeter hinauf zur Edelweiß-Spitze am Großglockner.

14. Gerlitzen Alpenstraße

Im unteren Bereich führen ordentlich asphaltierte Zubringer kurvenreich durch diverse Häusergruppen und 30 km/h-Zonen, im mittleren und oberen Segment wird die Strecke zunehmend schmaler, die Kehren sind oftmals kaum einsehbar und reich an Frostschäden. Zahlreiche Waldwege kreuzen und verschmutzen die Strecke bei kräftigem Regen zusätzlich.

15. Loiblpass

Nordrampe zunächst gut ausgebaut, entlang der Tscheppaschlucht wird die Straße deutlich schmaler und kurvenreicher, führt durch felsiges Gelände und Almen. Die Südrampe ist gut ausgebaut und asphaltiert, die Kurven sind weit gezogen und übersichtlich, eventuelle Frostschäden werden augenscheinlich zügig repariert.

Einsame Piste: der Weg zum Loiblpass.

16. Wurzenpass

Die Nordrampe enthält einige Steigungen sowie enge Kehren, die es mit ruhiger Hand zu fahren gilt. Der Straßenbelag ist durchweg ordentlich, unsere Ideallinie störende Fahrbahnschäden sehr selten. Gen Süden schwingt die Passstraße in weiten, fahrerisch einfachen Bögen hinab ins Tal.

17. Großglockner Hochalpenstraße

Die Panoramastraße ist durchweg in gutem bis sehr guten Fahrbahnzustand, nur im Abstecher zur Edelweißspitze treffen wir auf extrem holpriges Kopfsteinpflaster, das auch in den Kurven mit erheblichen Frostschäden durchsetzt ist. Dafür ist es historischer Boden – denn genauso wurde die gesamte Straße einstmals erbaut.

18. Felbertauernpass

Sowohl die Nord-, als auch Südrampe sind bundesstraßenartig ausgebaut und erlauben durchweg zügiges Vorankommen – wenn man denn will. Der gut fünf Kilometer lange Scheiteltunnel ist mit vergleichsweise moderner Sicherheit ausgestattet, gut ausgeleuchtet und lässt sich fahrerisch nicht umgehen.

19. Nassfeldpass

Während die österreichische Seite auf gut ausgebauter Piste rasch an Höhe gewinnt, braucht es auf der Strecke hinunter nach Pontebba wegen zahlreicher Bodenwellen, Spurrillen und Winterschäden eine ruhige Gashand und nahezu volle Aufmerksamkeit. Durch den Skibetrieb ist die Strecke im Frühjahr zunächst übersäht mit Rollsplitt.

20. Plöckenpass

Die Nordseite erlaubt auf gut ausgebauter Straße eine schöne Kurvenhatz, die Südseite verlangt gleich nach der Passhöhe unsere volle Aufmerksamkeit. Ein streckenweise eher mittelmäßiger Straßenzustand sowie einige spärlich oder gar nicht beleuchtete Tunnels drosseln das Reisetempo erheblich. Dafür ist die Südrampe herrlich kurvenreich.

21. Pass Thurn

Sowohl die Nord-, als auch Südseite des Passes erlauben mit ordentlichem Grip auf gutem Straßenbelag genüssliche Schräglagen und ausgiebige Kurvenhatz. Auf der Südrampe zudem gepaart mit wunderschön gelegenen Aussichtsplätzen inklusive Pausenbänkchen, an denen man das Bike ruhig für ein paar Rundumblicke abstellen kann.

22. Dientner- und Filzensattel

Gut ausgebaute Passstraße mit weiten Kurvenradien durch die herrliche Landschaft. Nur die Sackgasse hinauf zum Arthurhaus verlangt deutlich mehr Aufmerksamkeit, da sie durch bewirtschaftetes Almgebiet mit oftmals frei laufendem Vieh führt. Und Kühe nächtigen bzw. pausieren gerne auf angenehm warmem Straßenbelag – also bitte Obacht in Kurven.

23. Gerlospass

Die Nordrampe steigt rasch und in engen, teilweise uneinsehbaren Kehren durchaus anspruchsvoll bergan, die Mautstraße über das Plateau ist in gutem Zustand. Die alte, nördlich verlaufende Gerlosstraße als Umgehung der Mautstrecke hingegen ist nur mit ordentlich Bodenfreiheit und guten Stoßdämpfern zu befahren, sie ist auf weiter Strecke in schlechtem Zustand.

24. Zillertaler Höhenstraße

Alle Auffahrten zur Höhenstraße sind Wohnstraßen in gutem Zustand, aber mit entsprechendem Verkehr. Die Höhenstraße selbst ist in ordentlichem Zustand, zeigt stellenweise aber deutliche Frostschäden. Achtung: Im Frühling können die Zufahrtsschranken für die Landwirtschaft zwar offen sein, ob die gesamte Strecke aber bereits freigegeben ist, sollte bei den Anliegern erfragt werden.

25. Brennerpass

Die alte Brennerstraße ist Pflicht auf dem Weg hinauf zum Pass. Sie ist im unteren Bereich kurvenreich mit oftmals uneinsehbaren Abschnitten. Der Straßenbelag ist in ordentlichem Zustand, volle Aufmerksamkeit verlangen die zahlreichen Radler entlang der Strecke. Die Südrampe ist in gutem Zustand, rund um den Ort Colle Isarco kommen gerne Radarpistolen zum Einsatz.

26. Kühtaisattel

Auf gut ausgebauter Landstraße geht es durch eine wunderschöne Landschaft. Der Straßenbelag ist in ordentlichem Zustand, Winterschäden werden zügig und professionell ausgebessert. Das weidende Vieh ist in der Regel eingezäunt und nicht auf der Ideallinie anzutreffen.

Wintermärchen auf der Zillertaler Höhenstraße.

27. Ötztaler Gletscherstraße

Auf gut ausgebauter Straße geht es zügig bergan, die gesamte Strecke ist für ein im Winter immenses Verkehrsaufkommen gebaut. Das erlaubt uns im Sommer eine schöne Kurvenhatz. Im Gletscherbereich führt die Strecke durch Geröllfelder, die ab und an auch auf die Ideallinie „kalben". Der Straßentunnel ist unbeleuchtet und verlangt einige Aufmerksamkeit.

Man sieht sich! Am Hahntennjoch garantiert…

28. Timmelsjoch

Auf tadelloser Strecke geht es durch das Ötztal bergan, rund um die belebten Ortschaften werden gerne auch Geschwindigkeitskontrollen durchgeführt. Die Kurven sind weit gefasst und einsehbar, ab der Mautstelle ist die Strecke bis zum Scheitelpunkt gut ausgebaut. Auf italienischer Seite wechselt der Belag des Öfteren von gut bis übel, Winterschäden werden nur zögerlich beseitigt.

29. Hahntennjoch

Insgesamt gut ausgebaut und in ordentlichem Straßenzustand präsentiert sich das Hahntennjoch dem Biker. Die gesamte Strecke erlaubt herrliche Kurvenhatz und ausgiebiges Schräglagenvergnügen, nur im Frühjahr ist an Straßenrändern und in Kurven mit Rollsplitt-Resten sowie Verschmutzungen durch die Almwirtschaft zu rechnen.

30. Fernpass

So ausgebaut und stetig instand gesetzt sich die Passstraße auch dem Biker präsentiert, aufgrund des erheblichen Verkehrsaufkommens, dass sich tagein, tagaus, über diesen an sich hübschen Pass quält, ist volle Konzentration nötig. Auf der Südrampe sind streckenweise ausgiebige Längsfräsungen zu finden, denen so mancher Mopedreifen gerne folgen möchten.

31. Kaunertaler Gletscherstraße

Auch die gesamte Strecke hinauf zum Kaunertaler Gletscher ist für winterlichen Hochbetrieb ausgelegt und demzufolge in gutem, auskömmlich breitem Zustand. Die Kehren sind gut einsehbar, im oberen Drittel geht das Gelände in eine Felswüste über, vor der auch immer wieder Ableger sowie Rollsplitt auf der Straße landen. Die Straße endet auf einem riesigen Kiesparkplatz.

32. Hochtannbergpass

Beide Rampen des Passes sind gut ausgebaut und in ebensolchem Zustand, so dass wir uns einen satten Schluck aus dem Drehmoment-Reservoir gönnen können. Achtung in den Ortschaften: Hier lauern vor allem an Sommerwochenenden Geschwindigkeitskontrolleure mit Laserpistolen – also lieber im Limit fahren. Die Landschaft belohnt uns dafür.

Fahrerisch und landschaftlich ein Genuss: die Südrampe vom Timmelsjoch.

33. Flexenpass

Das gefährliche Moment an diesem Pass sind die Streckenzustände in den zum Teil historischen Lawinengalerien sowie dem Tunnel. Hier treffen wir auf schlaglochreichen, gedankenlos geflickten Straßenbelag, den es mit ruhiger Gashand zu meistern gilt. Der Rest der Passstraße ist in ordentlichem Zustand, der es uns erlaubt, den Blick auch während der Fahrt schweifen zu lassen.

34. Faschinajoch

Das Faschinajoch macht auf beiden Rampen einen gepflegten Eindruck, der Straßenbelag ist in gutem Zustand, Winterschäden werden zügig ausgebessert. Gewaltige und düstere Lawinengalerien bremsen die mögliche Kurvenhatz ein wenig herunter, bescheren dem Fahrspaß insgesamt aber wenig Einschränkungen.

35. Brandnertal

Die Talstraße führt zunächst durch landwirtschaftliches Gelände, das Weidevieh ist aber eingezäunt und nicht auf der Ideallinie anzutreffen. Im oberen Drittel begeistern einige allerdings schwer einsehbare Kehren, der fahrbare Talschluss endet auf einem großen Parkplatz. Nach starkem Regen ist mit Fahrbahnverschmutzungen sowie Aquaplaning durch Sturzbäche zu rechnen.

36. Arlbergpass

Der gute Ausbauzustand der Passstraße stammt aus den Zeiten, als der Arlbergtunnel noch nicht existierte. Da heute das Verkehrsaufkommen auf der Straße deutlich geringer ist, ist der Pass sehr zügig und beschwingt, ja problemlos befahrbar.
Achtung nur in den Ortschaften: Auch hier lauern vor allem im Sommer gerne Laserpistolen.

37. Silvretta Hochalpenstraße

Auf gut ausgebauter, ordentlich asphaltierter Straße erklimmen wir von beiden Seiten die Höhe. Nur die Streckenführung selbst mit einigen engen Kehren verlangt Konzentration und eine deutliche Portion Erfahrung. Die Passhöhe umgibt ein riesiger Parkplatz, entlang der gesamten Strecke finden sich aber noch viel schönere Pausenplätzchen.

Gemeinsam statt einsam: Die Alpen sind des Bikers Lieblings-Terrain.

38. Reschenpass

Die Nordrampe gleicht fahrerisch einer Autobahn, die Südrampe vermittelt mit ihren weiten Kurven einen ersten Eindruck dessen, was da an Paradiesen auf uns wartet. Der Straßenzustand ist gut und erlaubt auch ein rasches Vorankommen. Achtung: Die Polizei kontrolliert hier gerne nicht nur mit Laserpistole, sondern auch die Einhaltung der zahlreichen Überholverbote.

39. Jaufenpass

So mittelmäßig der Straßenzustand des gesamten Passes auch ist, so überwältigend sind die Ausblicke. Zahlreiche üble Schlagloch-Pisten wurden 2007 zwar ordentlich repariert, doch vor allem auf der Strecke hinunter ins Passeier Tal sollten wir intensiv „Straße lesen". Einige Pausenplätze mit Bänken laden rechts und links des Lenkers zur stressfreien Rast.

40. Penser Joch

Die Nordrampe des Penser Jochs führt auf schmaler, zum Teil schlecht geflickter Piste durch dichten Wald, der sich erst kurz vor der Passhöhe öffnet. Südlich des Passes werden die Straßenverhältnisse deutlich besser, auf gut ausgebauter, kurvenreicher Strecke geht es gen Süden.

Stilles Idyll: Weiler am Südende des Staller Sattels.

41. Staller Sattel

Auf gut ausgebauter Straße geht es kurvenreich aus dem Defereggental hinauf zum Staller Sattel. Dort regelt eine Ampel den folgenden Einspurverkehr hinunter ins Pustertal. Jeweils von 0–15 Minuten nach einer vollen Stunde geht es talabwärts, von 30–45 Minuten aus dem Tal bergan. Die kurvenreiche Rampe zeigt wenige Frostschäden und Längsfräsungen, ist aber ansonsten in gutem Zustand.

42. Grödner Joch

Kurven- und kehrenreich im Osten, auf herrlich aussichtsreicher Kammlage verlaufend im Westen ist das Grödner Joch reich an Sinneseindrücken. Die gut ausgebaute, auf weiten Strecken griffige Straße lässt uns viel Freiraum, diese Eindrücke bereits während der Fahrt zu genießen. Das Joch beherrschen große, asphaltierte Parkplätze.

43. Passo di Valparola

Wer die weißen Elefanten auf die in weiten Teilen perfekt geteerte Passstraße gesprayt hat, ist wohl nicht mehr nachvollziehbar. Sowohl Nord-, als auch Südrampe des Valparola sind in ausgezeichnetem, ja beinahe schon vorbildlichem Zustand und erlauben satte Kurvenhatz als Vorspiel zum Falzarego.

44. Passo di Falzarego

Als eines der Highlights der „Großen Dolomitenstraße" geltend, ist der Fahrbahnzustand des Falzarego auf nahezu der gesamten Strecke gut bis sogar tadellos. Die Schwierigkeit des Passes liegt eher in den zum Teil engen Kehren und anschließenden Steigungen, die eine sichere Hand im Umgang mit dem Bike erfordern.

45. Passo di Giau

Eigentlich gehört der Giau dem Almvieh, das sich auch dementsprechend eigensinnig oftmals mitten in die Kurven legt. Die präsentieren sich zusammen mit dem Rest der Passstraße in einwandfreiem Zustand, Winterschäden werden ganz offensichtlich zügig und professionell ausgebessert. Herausfordernd sind vor allem die zahlreichen Kehren und ihre Steigungen.

46. Passo di Campolongo

Er dient auch dem Lieferverkehr von Corvara nach Arabba und ist demzufolge gut ausgebaut mit tadellosem Straßenbelag. Zahlreiche Pausenplätzchen am Wegesrand laden zur Rast, die Nordrampe von Corvara wie auch die Südwestrampe hinunter nach Arabba begeistern mit perfekt geteerten Kurven und herrlichen Ausblicken.

47. Sellajoch

Die Gefahren des Sellajochs sind eindeutig die oftmals überforderten Wohnmobil-, sowie die rücksichtslos agierenden Reisebusfahrer. Hier heißt es auf der Hut zu sein und als der Klügere zu handeln. Der Straßenzustand ist gut, Schäden werden professionell und rasch ausgebessert, die gesamte Strecke ist – ausgenommen die Passhöhe – auskömmlich breit angelegt.

48. Passo di Fedaia

Aus Canazei kommend wird die Strecke rasch kurvenreich und schmal und bietet kaum eine Möglichkeit, lähmenden Bus- oder Pkw-Verkehr zu überholen. Dafür laden zahlreiche Pausenplätze entlang des Weges mit Bänken und herrlichen Ausblicken. Jenseits des Passes fällt die ordentliche Piste recht steil und kurvenreich bergab, bevor sie in weiten Almwiesen genüsslich auspendelt.

49. Passo Pordoi

Zwei Dinge machen den Pordoi fahrerisch durchaus anspruchsvoll: Die große Zahl der oftmals engen Kehren und die Beliebtheit des Passes bei allen Arten von Ausflüglern. Wir müssen ihn mit Pkws, Wohnmobilisten und Bussen teilen. Der Straßenbelag ist durchweg ordentlich bis gut, die Parkbuchten und Rastplätze sind in der Regel nicht asphaltiert.

50. Karerpass

Gut ausgebaut führt die Karerpassstraße hinauf in die Berge. Der Straßenbelag ist gut, Winterschäden werden zügig repariert, gefährliche Längsfräsungen sind inzwischen ausgebessert worden. Entlang des gesamten Weges liegen schöne Rastplätze.

51. Nigerpass

Beide Seiten des Nigerpasses sind gut ausgebaut und führen auf kurvenreicher, gut asphaltierter Straße hinauf in die Berge. Vor allem im Frühling ist mit Einschränkungen wegen massiver Rollsplitt-Ablagerungen zu rechnen, das Weidevieh im Sommer ist in der Regel eingezäunt und stellt keine Behinderung dar. Das Verkehrsaufkommen hält sich in angenehmen Grenzen.

52. Passo di Lavazé

Gleichwohl der Pass auch als Durchgangsstraße für den Lieferverkehr genutzt wird, hält sich das Verkehrsaufkommen in Grenzen. Die Straße ist auf beiden Seiten des Passes gut ausgebaut und in einwandfreiem Zustand. In den Dörfern entlang der Strecke sollte das Geschwindigkeits-Limit beachtet werden, da hier öfters Kontrollen mittels Radarpistole erfolgen.

53. Passo Manghen

Von Norden mündet die auskömmlich breite Straße in eine schmale, schlaglochreiche Strecke, die sich in uneinsehbaren Kehren hinauf zur Passhöhe windet. Vorsicht vor dem einheimischen Gegenverkehr, der selten mit Motorradfahrern rechnet. Auch die Passhöhe, sowie die Südrampe sind in teilweise schlechtem Straßenzustand, Schlaglöcher werden wenig professionell repariert.

54. Passo di Rolle

Die Rolle-Passstraße ist auf weiter Strecke gut ausgebaut sowie in gutem Belagzustand. Viele der Kurven und Kehren sind gut einsehbar, wenngleich sie nicht zuletzt aufgrund ihrer Steigungen einige Erfahrung im Passfahren voraussetzen. Die Schwierigkeit des Rollepasses besteht sicherlich darin, den richtigen „Takt" für die zahlreichen Kurven und Kehren zu finden.

55. Passo Campo Carlo Magno

Nahezu die gesamte Nordrampe führt kurvenreich durch dichten Wald und bietet trotz ihres guten Straßenzustandes kaum Möglichkeiten zu gefahrlosen Überholmanövern. Der Pass ist überbaut mit Hotels und netten Einkehrmöglichkeiten, gen Süden fällt die gut ausgebaute Straße in weiten Bögen hinab nach Madonna di Campiglio. Ab dort nimmt das Verkehrsaufkommen deutlich ab.

Freie Sicht: Am Passo Oclini liegt uns erneut die Welt zu Füßen.

56. Passo del Tonale

Die Strecke ist bundesstraßenähnlich ausgebaut und demzufolge eigentlich problemlos zu befahren. Unschön kann an Wochentagen nur das Verkehrsaufkommen sein, da der Pass eine wichtige Verbindung darstellt. Zahlreiche Passagen für gefahrlose Überholmöglichkeiten erlauben dennoch ein zügiges Vorankommen – sofern das überhaupt gewollt ist.

Sehr anspruchsvoll: der Anstieg zum Hochplateau des Passo di Gavia.

57. Passo di Gavia

Der Gaviapass ist durchweg anspruchsvolles Bikerterrain. Im Norden ist es hauptsächlich der teilweise mit üblen Winterschäden verunstaltete Asphalt, der volle Aufmerksamkeit verlangt. Im Süden ist es vor allem die im Mittelteil kaum lenkerbreite Piste – KEINE Einbahnregelung! – die stellenweise sogar für zwei entgegenkommende Bikes atemberaubend schmal ist.

58. Passo Aprica

Er ist fahrerisch wohl die einzige „Autobahn" unter unseren 100 Pässen und erlaubt flottes Kurvenhuschen auf nahezu der gesamten Strecke. Rund um die überbaute Passhöhe ist immer wieder mit Geschwindigkeitskontrollen sowie Beeinträchtigungen / Sperrungen durch ausufernde Wochenmärkte zu rechnen.

59. Stilfser Joch

Das Stilfser Joch verlangt sichere Beherrschung des Bikes plus satte Passerfahrung! Die Südwestrampe schlängelt sich durch unbeleuchtete, teilweise enge Tunnels, in denen Gegenverkehr zum Risiko werden kann. Die Nordrampe hinunter ins Vinschgau zählt aufgrund ihres üblen Zustandes und der sehr engen Kehren zu äußerst anspruchsvollem Terrain, auf dem völlig überforderte Pkw-Lenker immer wieder jede Ideallinie blockieren.

60. Forcola di Livigno

Gut ausgebaut und ebenso asphaltiert zieht sich die Nordrampe durch breite Lawinengalerien hinauf zum Pass und erlaubt ein flottes Reisetempo. Die Südrampe ist deutlich kurvenreicher, gut ausgebaut und in den Bergdörfern verwinkelt. Hier heißt es runter vom Gas, da oftmals Radarpistolen lauern. Die Alternative nach St. Moritz ist bundesstraßenähnlich ausgebaut.

61. Passo di Foscagno

Fahrerisch beeinträchtigt den Foscagnopass morgens und abends vor allem der Liefer- und Berufsverkehr von und nach Livigno. Ansonsten hat man die gut ausgebaute und gesicherte Strecke nahezu für sich und kann ordentlich Kurven schrubben. Vorsicht an der

Wer richtig hoch hinaus will, ist in den Alpen goldrichtig.

Lohnt immer einen Abstecher: das Gampenjoch ganz früh am Morgen.

Grenzstation auf der Passhöhe: Das Überholen einer eventuellen Autoschlange wird nicht gerne gesehen.

62. Gampenjoch

Beide Seiten des Gampenjochs sind gut ausgebaut und in gutem Zustand. Ein unbeleuchteter Felstunnel auf der Nordseite ist auch bei Gegenverkehr gefahrlos zu durchfahren. Vor allem Liefer- und Berufsverkehr akzeptieren allerdings morgens und abends kein Motorradbummeln, hier versucht so mancher Kleinlaster gerne, an unserem Nummernschild anzudocken.

63. Mendelpass

Die Westrampe ist gut ausgebaut und problemlos befahrbar, die Ostrampe deutlich kurviger und schräglagenreicher, aber in ebenso ordentlichem Straßenzustand. Die Passhöhe dominieren zahlreiche Einkehrmöglichkeiten, hier lauern aber aufgrund der Beliebtheit des Passes unter Bikern des Öfteren auch Laserpistolen. Also lieber das Limit von 50 km/h beachten.

64. Ofenpass

Den Ofenpass können wir wegen seines nahezu perfekten Straßenzustandes bei Bedarf auf beiden Seiten „am Limit fahrend" erobern. Dieses Limit beträgt in der Schweiz übrigens gerade einmal 80 km/h auf Landstraßen, Überschreitungen ziehen drakonische Strafen nach sich. Zahlreiche Pausenplätze entlang der Strecke erlauben auch ausgiebiges Genusstouren.

65. Umbrailpass

So gut ausgebaut und perfekt geteert der Umbrailpass von Norden kommend auch beginnt, bereits sein Mittelstück mit Kies und Feinsand verlangt volle Konzentration und ordentliche Bereifung. Ausgewaschene, tief eingerillte Kurven treiben den Blutdruck in die Höhe. Erst unterhalb der Passhöhe geht es auf Asphalt weiter entweder zum Stilfser Joch oder hinunter nach Bormio.

66. Berninapass

Von Westen her autobahnähnlich ausgebaut geht es hinauf zum Hospiz. Die eigentliche Passhöhe liegt etwa 300 Meter weiter auf einem großen Kiesparkplatz. Die Südostrampe ist ebenso gut ausgebaut, aber deutlich kurven- und abwechslungsreicher. Einige recht schmale Ortspassagen verlangen etwas Rücksichtnahme und die Einhaltung von Geschwindigkeitslimits, teilweise 30 km/h.

67. Albulapass

Historischen Saumpfaden und der Landschaft folgend, auskömmlich breit, kurven- und kehrenreich präsentieren sich uns beide Rampen des Passes. Die gut einsehbaren und zum Teil breiten Kehren verlangen einige Aufmerksamkeit und erste Erfahrungen mit

So ist es am Schönsten: Die Passstraße gehört uns Bikern allein.

Pässen. Der Gegenverkehr ist mäßig, so dass wir uns auf die prächtige Landschaft konzentrieren können.

68. Flüelapass

Im Westen hui – im Osten pfui. Ganz so platt will ich den Flüela zwar nicht kategorisieren, dennoch ist die Westrampe in besserem Zustand als ihr östliches Pendant. Dort reihen sich viele Schlaglöcher aneinander und zwingen uns oft, die Ideallinie zu verlassen. Auch Rollsplittfelder und massiver Steinschlag verlangen höchste Aufmerksamkeit.

Im Kurvenparadies der Alpen juckt die Gashand chronisch.

69. Julierpass

Im Westen vergleichsweise leicht, im Osten mittel bis anspruchsvoll ergibt in Summe die fahrerische Bewertung des Julier. Gut ausgebaut und asphaltiert geht es von Westen hinauf zur Passhöhe inmitten felsigem Terrain (Achtung: Steinschlag!). Über enge, gut einsehbare Kehren und Kurven schwingt die Strecke im Osten hinunter nach Silvaplana.

70. Malojapass

Die Nordrampe ist im Grunde keine Passstraße, schlängelt sie sich doch nahezu ohne Höhendifferenz von den Silvaplana-Seen zum Pass. Die Südrampe ist perfekt ausgebaut und instand gehalten, kurven- und kehrenreich bietet sie ideales Trainingsgelände für die hohe Kunst des Pässefahrens. Genüsslich pendelt die Straße dann in den Bergeller Almwiesen aus.

71. Splügenpass

Die Schwierigkeit des Splügenpasses liegt nicht in seinem, übrigens guten, Straßenzustand. Sie liegt in der Kombination aus engen, zum Teil kaum einsehbaren Kehren und deutlichen Steigungen, die Erfahrung voraussetzen. So anspruchsvoll die Nordseite ist, so erholsam schwingen wir auf der kurvenreichen Südrampe hinab ins Tal. Achtung: In den Bergdörfern lauern auch Laserpistolen!

72. Passo del San Bernardino

Der Nordanstieg auf kurvenreicher, ordentlich asphaltierter Serpentinenstrecke verlangt einen sicheren Umgang mit dem Bike und Passerfahrung. Die Südseite schwingt auf ordentlichem Fahrbahnbelag kurvenreich zu Tal, in den düsteren, oftmals unbeleuchteten Tunnels ist bei Gegenverkehr Vorsicht angesagt – mein Tipp: Lieber einmal kurz hupen und sich ankündigen.

73. Schwägalp und Chräzerenpass

Die Chräzeren-Passstraße verlangt wegen ihres guten Ausbauzustands kaum Aufmerksamkeit, so dass wir uns ganz auf die Landschaft und die schönen Kurven konzentrieren können. Der Sackgassen-Abzweig zur Schwägalp ist deutlich schlaglochreicher und zum Teil übersät mit Rollsplitt sowie den duftenden Grüßen der hier frei lebenden Rindviecher.

74. Pragelpass

Von einer auskömmlich breiten Talstraße mausert sich der Pragelpass rasch zu einem schmalen Sträßchen reich an Frostschäden, Steinschlag und helmtiefen Schlaglöchern, die nicht immer zügig repariert werden. Der Weg Richtung Westen hinunter ins Muotatal ist schmal, kurvenreich, nach Regentagen zum Teil erheblich verschmutzt, der Verlauf schlecht einsehbar.

75. Klausenpass

Gut ausgebaut und ordentlich gepflegt präsentiert sich uns die Westseite des Passes, erst im oberen Drittel liegen einige Frostschäden auf der Ideallinie. Gen Osten wechselt der Straßenzustand zwischen akzeptabel und fürchterlich, wobei man allerdings in letzter Zeit die schlimmsten Stellen zu reparieren begann.

76. Glaubenbüelenpass

Erfahrene Biker können hier auf gut ausgebauter Straße mit flottem Tempo Kurvenräubern, Anfänger können auf dem Glaubenbüelenpass prächtig und unbeschwert üben. Dabei unterscheiden sich beide Anfahrten in ihrem Kurvencharakter deutlich und haben es verdient, in beide Richtung erfahren zu werden.

77. Oberalppass

Eine gut ausgebaute Straße in weitgehend tadellosem Zustand, in den Ortschaften ab und zu „Laserpistolen-Alarm" und dazu einige fahrerisch herrliche Spitzkehren-Pakete – der Oberalppass eignet sich perfekt als Trainingsgelände für die hohe Schule des Pässefahrens. Oben am Pass kann man bei frischer Buttermilch täglich grenzenlose Benzingespräche führen.

78. Lukmanierpass

Die ganzjährige Freihaltung des Lukmanier gaukelt uns bereits im Frühling dessen Befahrbarkeit auch für Motorräder vor. Aber Obacht: In den Lawinengalerien und Tunnels kann noch so manche Eisplatte lauern. Der Zustand der Passstraße ist ansonsten gut bis tadellos, die Kurven und Kehren weitestgehend einsehbar und mit sicherer Gashand problemlos zu fahren.

79. St.-Gotthard-Pass

Dieser Pass bietet für beide Fraktionen etwas: Die Anfänger-Fraktion kann auf gut ausgebauter Hauptstrecke den berühmten Pass erfahren, die „Profi"-Fraktion kann auf der südlich des Hospizes anschließenden legendären „Tremola" mit üblem Kopfsteinpflaster, helmtiefen Schlaglöchern und atemberaubenden Kehren testen, wie weit es mit der eigenen Kunst bestellt ist.

Atemberaubende Trassenführung: Der Klausenpass bietet fahrerisch die gesamte Palette an Herausforderungen.

80. Furkapass

Im Westen gut ausgebaut und gepflegt präsentiert sich die Passstraße als herrliches Schräglagen-Terrain. Die Kehren sind gut einsehbar, die rutschigen Gleise der historischen Furka-Bahn kreuzen nur einmal die Straße. Die Ostseite ist etwas reicher an Frostschäden und verlangt mehr Aufmerksamkeit, ohne allerdings je gefährlich zu werden.

Auffahrt zum Grimselpass: ordentliche Schräglage bitte!

81. Grimselpass

Bundesstraßenähnlich ausgebaut im Norden und ein gepflegtes Kurvenparadies im Süden – der Grimselpass macht viel Freude. Von Innertkirchen kommend erlaubt die Straße eine Kurvenhatz am Limit (80 km/h), die Passhöhe gleicht einem perfekt betonierten Bikertreff und gen Osten schließt sich ein kleines Kehrenparadies an, das wohl jedem Biker viel zu rasch zu Ende geht.

82. Jaunpass

Der Straßenzustand des gesamten Passes ist gut, abschnittsweise sogar vorbildlich gepflegt, so dass wir uns voll und ganz auf die Schönheiten rechts und links des Lenkers konzentrieren können. Die Westseite ist kurvenarm, die Ostseite beschert uns einige Möglichkeiten zu intensiver Schräglage. Verschnaufen können wir auf schönen Rastplätzen entlang des Weges.

83. Sustenpass

Den Susten sollten Sie von West nach Ost in Angriff nehmen – dann haben Sie dessen ordentlich asphaltiertes Kehrenparadies stets bergaufwärts vor sich. Die Passstraße ist auf beiden Seiten gut ausgebaut und zeigt im Frühling nur wenige, meistens zügig reparierte Frostschäden. Der Scheiteltunnel ist spärlich bis gar nicht beleuchtet und verlangt volle Konzentration.

84. Nufenenpass

Er ist der höchste und gleichzeitig jüngste Schweizer Alpenpass und bietet ordentlich Schräglagenvergnügen auf beiden Rampen. Der Straßenzustand auf der Nordseite ist gut und ohne gravierende Winterschäden, gen Süden Richtung Italien werden die Schäden deutlich zahlreicher und verlangen eine ruhige Gashand.

85. Simplonpass

„Der Simplon ist ja eine Autobahn" sagen viele Biker über diesen berühmten Pass. Und es ist schon wahr, die gut ausgebaute Piste lässt uns bequem voll am Limit agieren. Nur auf der gewaltigen Ganterbrücke kurz hinter Brig ist mit kräftigem Seitenwind zu rechnen. Dafür sind die zahlreichen Tunnels und breiten Lawinengalerien vollkommen gefahrlos zu durchfahren.

Alles Glück der Erde: Kaiserwetter und Alpenpässe sind eine wahrlich unschlagbare Kombination.

86. Anniviers- & Zinal-Hochstraße

Die Strecken nach Zinal und zum Lac de Moiry entsprechen gut ausgebauten, kurvenreichen Landstraßen, auf denen auch ein flottes Vorankommen unproblematisch ist. In den Dörfern herrscht allerdings des Öfteren „Laserpistolen-Alarm". Entlang des Lac de Moiry führt eine einfache Betonplattenpiste, am Talschluss bei Zinal endet die Straße in Kiespisten.

87. Großer St.-Bernhard-Pass

Die Haupttrasse von Martigny hinauf zum Pass gleicht einer gut ausgebauten Bundesstraße, erst im oberen Viertel wird sie deutlich kurvenreicher. Der empfohlene Exkurs über den Col de Champex führt über eine schlaglochreiche Landstraße, lohnt sich aber dennoch. Die Südseite des Passes führt in weiten Kehren auf gutem Asphalt hinunter ins Tal.

88. Col de la Forclaz

Von Osten geht es in weiten, perfekt asphaltierten Schwüngen durch die Weinberge von Martigny, bevor wir in lichten Bergwald eintauchen. Die Passhöhe dominiert ein großer Parkplatz, die anschließende Strecke hinunter nach Chamonix ist deutlich schlagloch- und schadensreicher und führt zudem durch unbeleuchtete Tunnels. Hier heißt es ein Auge auf den Gegenverkehr richten.

89. Col de la Croix de Fer

Die gut ausgebaute und weitestgehend schlaglochfreie Passstraße besitzt – wie die meisten Pässe in Frankreich – zwar keinerlei nennenswerte Randabsicherung, aufgrund ihrer weiten, gut einsehbaren Kurven aber auch wenig Gefahrenpotenzial. Erst auf der Ostseite summieren sich einige enge Kehren zu echtem Kurvenvergnügen der ebenfalls problemlosen Art.

90. Col de Petit Saint-Bernard

Den anspruchsvollen Charakter des „Kleinen Bernhard" kennzeichnen die zum Teil engen, schwer einsehbaren Kehren der Nordrampe auf mitunter schlechtem Straßenbelag. Nach der historisch stimmungsvollen Passhöhe geht es dann allerdings weiter mit Schlaglöchern und Frostschäden nahezu stets auf der Ideallinie, die unsere Reisegeschwindigkeit immer wieder drosseln.

Launische Natur: Wintereinbruch am Galibier – mitten im August!

91. Col du Galibier

Der Galibier ist anspruchsvolles Gelände, seine größtenteils einfach betonierte Piste ohne Randabsicherungen ist durch aufgemalte Werbebanner der „Tour de France" verschmiert, die bei Nässe sehr rutschig sind. Die Kehren sind gut zu fahren, die Trassenführung ist übersichtlich. Im Süden schließen sich einige Kurven ohne echten Höhenverlust an, bevor es zum Lautaret geht.

92. Col de l'Iseran

Rechnen Sie aufgrund seiner Höhe mit plötzlichen Wetterumschwüngen, mit Schnee und Eis auch an Sommertagen und einem im oberen Drittel witterungsbedingt schlechten Straßenzustand. Die Kehren sind anspruchsvoll eng und aufsteigend, das weite Gipfelplateau sturmumbraust und erst die Südrampe verwöhnt uns mit problemloser Kurvenhatz auf auskömmlich guter Piste.

93. Col du Glandon

Auch hier sehr beliebt sind kostengünstige Bitumen-Rollsplitt-Flickaktionen im Frühjahr, mit denen Winterschäden für kurze Zeit ausgebessert werden. Deshalb ist die Passstraße vor allem im oberen Drittel oftmals übersät mit Rollsplitt – höchste Vorsicht ist geboten. Richtung Allemond und hinab in die Täler bessern sich die Straßenverhältnisse rasch und nachhaltig.

94. Col du Lautaret

Auch als Durchgangsstraße benutzt, ist der Zustand des Lautaret als ordentlich bis sogar gut zu benoten, wenngleich auch hier stellenweise mit Bitumen und Rollsplitt provisorisch geflickschustert wird. Die Ostrampe fällt gemütlich kurvend auf gut ausgebauter Piste und ohne fahrerische Schwierigkeiten hinab nach Briancon.

95. Col de Vars

Zwei durchaus fordernde Spitzkehren-Pakete kennzeichnen die beiden Seiten des Col de Vars, gleich hinter den Basisorten geht es auf ordentlichem Asphalt ab in die Schräglage. Davon „erholen" können wir uns im weiteren Verlauf des Passes, der als fahrerisch leicht einzustufen ist. Die Passhöhe ist freies Almgebiet, auf dem auch Kühe auf der Ideallinie „pausieren" können.

Wenn alles passt: der Weg hinauf zum Col du Glandon (unten) sowie zum Galibier (rechte Seite).

96. Col du Télégraphe

Wer zügige Kurvenhatz auf gutem Untergrund bevorzugt, wird am Col du Télégraphe bestens bedient. Die Nordrampe ist gut ausgebaut und ohne Flickschustereien problemlos befahrbar. Die Südrampe schwingt in weiten Kehren nur wenige Höhenmeter hinab nach Valoire, bevor es anschließend hinauf zum anspruchsvollen Galibier geht.

97. Col de la Bonette

Er bietet neben perfekt geteerten ebenso viele vernachlässigte Abschnitte. Ohne Randabsicherung fällt das Gelände über die Gashand senkrecht ab. Der Abstecher zum „Cime de la Bonette" ist gut geteert, parken sollte man das Bike nur an Ausweichstellen, da hier auch so manch überforderter Wohnmobilist herumeiert.

98. Col de Tende

Der Tende-Pass ist das Enduro-Highlight dieses Buches! Fahren Sie die Südrampe nur mit einem offroad-tauglichen Bike. Choppern und Reisedampfern empfehle ich die gut ausgebaute Nordrampe bis zur Passhöhe und auf gleicher Piste retour. Enduristen sollten für die Südrampe über gute Bereifung plus belastbarem Federbein verfügen.

99. Col de la Cayolle

Das überschaubare Gefahrenpotenzial der Nordseite liegt in der schmalen Straßenführung hinauf zum Pass. Erst die kehrenreiche Südseite des Cayolle verlangt Konzentration. Die Straßenverhältnisse sind mittelprächtig, vor allem nach Regenfällen ist mit erheblichen Verschmutzungen durch Bodenerosion zu rechnen.

100. Grand Canyon du Verdon

Auf dieser abschließenden Runde können Sie nochmals alle Straßenzustände dieses Buches erleben. Von perfekt geteert über Bitumen-Rollsplitt-Flickaktionen bis zu üblen Schlagloch-Pisten reicht die Bandbreite der Straßenzustände. Doch das Sightseeing-Potenzial drosselt wahrscheinlich auch Ihr Reisetempo auf gefahrlose 50–60 Sachen. Sie werden es dennoch genießen.

Ausgewählte Rundtouren

KÄRNTNER ACHTER MIT ZUGABE

IM ÜBERBLICK

Name	Kärntner Achter mit Zugabe
Land	Österreich
Region	Kärnten
Höchster Punkt	2.042 m
Basisort	Ebene Reichenau
Streckenlänge	220 km bzw. mit Abstecher Maltatal 290 km
Schwierigkeitsgrad	leicht bis mittel
Mautpflicht	ja (Nockalm und Maltatal)
Wintersperre	ja, Nockalm und Maltatal (November bis April bzw. Mai)

Vorangegangene Doppelseite: Von Schräglage zu Schräglage: Viele Alpenpässe lassen sich herrlich miteinander kombinieren.

Kärnten ist eines der schönsten Motorradparadiese Österreichs, wenngleich man es der landschaftlich eher zum Baden einladenden Region rund um Millstätter, Ossiacher und Wörthersee kaum ansehen mag. Doch spätestens nach diesem „Kärntner Achter" werden auch Sie hier einen Tankrucksack voller Tourenpläne deponieren, um diese Region zu einem Ihrer bevorzugten Tourengebiete zu erklären.

Beginnen wir diese Runde frühmorgens in dem beschaulichen Örtchen mit dem merkwürdigen Namen Ebene Reichenau im Norden des Ossiacher Sees. Doch Halt – bevor wir uns jetzt von den großen Wegweisern zur Nockalmstraße (Nr. 10) auf den zunächst falschen Weg locken lassen, wenden wir uns erst einmal Richtung Osten. Über die L65 geht es hinauf zur Hochrindl Almenstraße (Nr.12) sowie gleich anschließend kurvenreich bergab nach Deutsch Griffen. Hinter dem Ort treffen wir auf die B93, der wir ein kurzes Stück nach Osten folgen, bald aber Richtung Kleinglödnitz nach Norden abzweigen. Wir folgen den Wegweisern zur Flattnitzer Höhe (Nr. 13) und weiter gen Norden zu der landschaftlich schönen, waldreichen Strecke nach Stadl an der Mur. Hier zweigen wir links ab auf die B97, die uns zügig nach Predlitz und dem Abzweig in Richtung Turracher Höhe führt. Auf kurvenreicher Piste geht es hinauf zur Turracher Höhe (Nr. 9) mit ihren herrlich gelegenen Einkehrmöglichkeiten. Gönnen wir uns doch eine kurze Pause, bevor wir anschließend auf gut ausgebauter Strecke erneut hinunter Richtung Ebene Reichenau fahren.

Jetzt endlich – inzwischen wahrlich perfekt aufgewärmt für alpinen Kurventanz – folgen wir der Beschilderung zur Nockalmstraße (Nr. 10) und genießen auf dieser ausgiebigste Kurvenhatz. Einige Berghütten laden auch hier zum Einkehrschwung in netter Gesellschaft von Bikern und Wanderern. Bei Innerkrems am nördlichen Ende der Nockalmstraße zweigen wir rechts ab auf die L267 nach Gruben und St. Margarethen im Lungau. Im Nachbarort St. Michael im Lungau gönnen wir uns sogleich den nächsten Pass dieses Buches und folgen den Wegweisern zum Katschberg (Nr. 7) nach Süden. Am Ende der Katschberg-Südrampe heißt es dann eine Ent-

Nur eines der zahlreichen Highlights in Kärnten ist die Nockalmstraße inmitten der Nockberge.

scheidung treffen: Reicht der restliche Tourentag noch für einen prächtigen Sackgassen-Abstecher, dann wählen wir im Ort Gmünd den Abzweig Richtung Westen und folgen der Beschilderung zur Malta-Hochalmstraße (Nr. 8). Dort oben auf immerhin 1.900 Höhenmetern können wir in zahlreichen Einkehrmöglichkeiten diesen Tourentag bei einem prächtigen Sonnenuntergang genüsslich ausklingen lassen.

Reicht der Rest des Tages nicht mehr für diesen Abstecher, folgen wir bereits in Kremsbrücke der Beschilderung Richtung Innerkrems, die uns zurück auf die Nockalmstraße führt. Deren Kurvenparadies können wir auf den letzten Kilometern retour nach Ebene Reichenau aus vollen Zügen genießen und gleichzeitig die gelöste Tageskarte wahrlich perfekt ausnützen. Im Basisort endet unser Tourentag in echter Kärntner Gastlichkeit, die wir uns nach beinahe 14.000 Höhenmetern bergauf und -ab auch verdient haben.

HÖHENPROFIL

Höhenmeter insgesamt	13.920 m
Maximale Steigung	14,9 %
Durchschnittliche Steigung	4,9 %
Maximales Gefälle	14,9 %
Durchschnittliches Gefälle	4,6 %

(berechnet mit Motorrad Tourenplaner 2008)

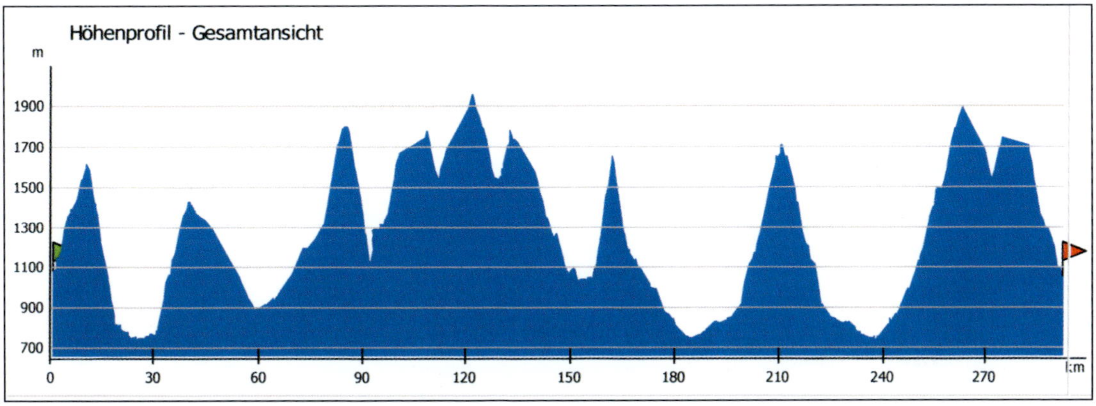

SILVRETTA & MORE

IM ÜBERBLICK

Name	Silvretta & More
Land	Österreich
Region	Vorarlberg
Höchster Punkt	2.036 m
Basisort	Bludenz
Streckenlänge	240 km
Schwierigkeitsgrad	leicht bis mittel
Mautpflicht	ja (Silvretta Hochalpenstraße)
Wintersperre	Silvretta Hochalpenstraße von November bis Mai

Dieser 240 lange Kilometer Rundkurs kombiniert die zum Teil immer noch eher unbekannten Highlights Vorarlbergs zu einer abwechslungsreichen Tour, die neben hochalpinen Elementen auch das Thema „Sightseeing" nicht vernachlässigt. Beginnen wir diese Tour mit einem ausgiebigen Einkehrschwung, einem ersten oder auch zweiten Frühstück im hübschen Städtchen Bludenz, vielleicht sogar mit einer Anreise am Vorabend und ausführlicher Erkundung nicht nur der sehenswerten Fußgängerzone. Dann aber geht es hinaus in die Landschaft des herrlichen Bregenzerwaldes. Über Thüringen und Thüringerberg folgen wir der sogenannten Faschinastraße zum Örtchen Sonntag – ein prächtiger Ortsname, nicht wahr? – und weiter nach Nordosten zum ersten Pass dieses Tages, dem Faschinajoch (Nr. 34), auch einem beliebten Bikertreff der Region. Im angrenzenden Örtchen Damüls wenden wir uns sodann Richtung Osten nach Au im Bregenzerwald und folgen auf der L200 der Beschilderung nach Warth, überqueren dabei den Hochtannbergpass (Nr. 32) und genießen die prächtige Bergbauernlandschaft rechts und links des Lenkers.

Vor allem an Wochenenden werden wir auf dieser Strecke auch ausgiebige Gelegenheit zu gemeinsamer Kurvenhatz sowie Benzingesprächen haben. Über das Bergsport-Paradies Lech erreichen wir den Flexenpass (Nr. 33) und bald darauf über den naheliegenden Arlbergpass (Nr. 36) das sehenswerte Sankt Anton am Arlberg. Der historische Ortskern von Landeck am Ostrand unserer Rundtour bietet sich zum Beispiel als mittäglicher Boxenstopp geradezu an, bevor wir uns sodann frisch gestärkt

Der Flexenpass ist die ideale Aufwärmrunde für diese hochalpine Silvretta-Tour.

auf den Weg hinauf zur Silvretta Hochalpenstraße (Nr. 37) begeben. Über Kappl und Galtür erreichen wir recht zügig die Ostrampe der Panoramastraße, die uns auf gut ausgebauter Strecke hinauf auf 2.000 Höhenmeter trägt. Zwar mag der ein oder andere von uns auf der Ostrampe der Silvretta Hochalpenstraße echtes Schräglagen-Feeling vermissen, doch keine Bange: Die Westrampe wird unseren Gleichgewichtssinn bald schon vollauf beschäftigen.

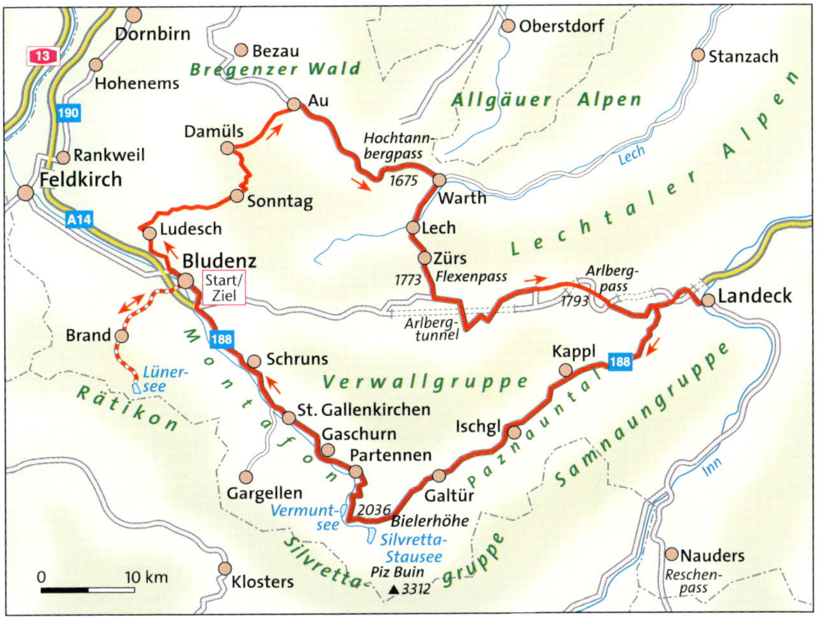

Doch zunächst einmal heißt es am Scheitelpunkt der Strecke, direkt am Ufer des grandiosen Silvretta-Stausees innezuhalten, den Seitenständer auszuklappen und die Landschaft sowie das bunte Treiben auf dem großen Parkplatz zu genießen. Zahlreiche Einkehrmöglichkeiten locken dazu mit duftenden Leckereien und deftiger Vorarlberger Küche.

Wie versprochen geht es anschließend auf kurvenreicher Straße hinab nach St. Gallenkirch und weiter nach Schruns, wo wir den Wegweisern Richtung Bludenz folgen. Haben Sie jetzt vielleicht noch Lust auf einen landschaftlich und fahrerisch reizvollen Abstecher, einen Feierabend-Absacker sozusagen? Dann folgen Sie in Bludenz unbedingt den Wegweisern hinauf nach Brand im Brandnertal (Nr. 35) und lassen Sie ganz spontan am Ende der Talstraße oder oben am Ufer des Lüner Sees diesen Tag ausklingen. Es lohnt sich!

HÖHENPROFIL

Höhenmeter insgesamt	10.596 m
Maximale Steigung	14,5 %
Durchschnittliche Steigung	4,6 %
Maximales Gefälle	14,3 %
Durchschnittliches Gefälle	4,4 %

(berechnet mit Motorrad Tourenplaner 2008)

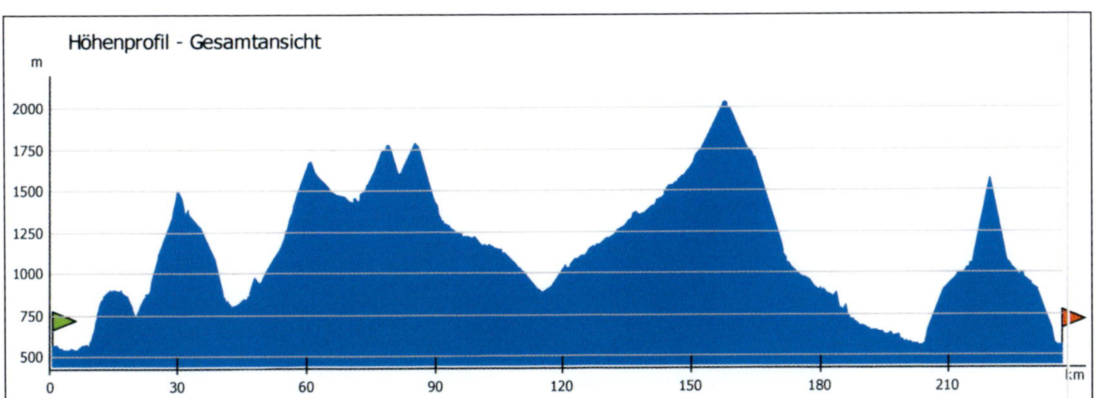

HOHE TAUERN INTENSIV

IM ÜBERBLICK

Name	Hohe Tauern intensiv
Land	Österreich
Region	Tirol
Höchster Punkt	2.571 m
Basisort	Kitzbühel
Streckenlänge	280 km + Abstecher
Schwierigkeitsgrad	leicht bis mittel
Mautpflicht	ja, Felbertauern und Großglockner (Kombi-Tickets!)
Wintersperre	ja, Großglockner Hochalpenstraße (November – April)

Die Großglockner Hochalpenstraße (Nr. 17) zählt sicherlich zu den bekanntesten Motorradstrecken Österreichs, ja ich möchte sogar behaupten, zu den berühmtesten Strecken der der gesamten Alpen. Doch auch dieses Pflichtprogramm eines jeden Bikerlebens kann durch einen Rundkurs um einige landschaftliche, wie natürlich auch fahrerische Höhepunkte erweitert werden. Sehen Sie selbst – oder besser noch: Erfahren Sie es selbst.

Wir beginnen im mondänen, aber nicht minder sehenswerten Kitzbühel ganz früh am Morgen und schwingen Richtung Süden aus dem Ort hinaus. Pass Thurn (Nr. 21) mit seiner bundesstraßenähnlichen Nordrampe dient uns als leichte Aufwärmrunde, bereits die Südrampe des Passes bietet einige Möglichkeiten zu ausgiebiger Schräglage. In Mittersill im idyllischen Tal der Salzach folgen wir anschließend der Beschilderung „Felbertauernstraße" (Nr. 18) immer weiter Richtung Süden und erfreuen uns an ausgiebiger Kurvenhatz auf gut ausgebauter Strecke. Der Felbertauerntunnel verschluckt uns alsbald auf einer Länge von gut fünf Kilometern und entlässt uns kurz vor der Mautstelle ins pralle Tageslicht. Gleich hinter der Mautstelle bei Matrei empfehle ich bei ausreichend Zeit im Tankrucksack einen langen Blick ins bildhübsche Virgental rechter Hand zu werfen. Eine auch heute noch richtig heile Bergbauernwelt empfängt den tourenden Entdecker.

Dann geht es auf weiterhin gut ausgebauter B108 ganz allmählich hinab Richtung Lienz. In Huben stehen zwei weitere lohnende Abstecher zur Wahl: Rechter Hand geht es ins herrliche Defereggental und bei Bedarf

Wahrlich perfekt für ein tagesfüllendes Programm: die Großglockner Hochalpenstraße bei Heiligenblut.

auch weiter zum Staller Sattel (Nr. 41) sowie hinunter nach Italien. Links geht es hinauf zur Kalser Großglocknerstraße, einer prächtigen, im oberen Drittel mautpflichtigen Sackgasse, die uns von Süden an den höchsten Berg Österreichs heranführt. Aber Achtung: Beide Abstecher erhöhen das Tagespensum auf gut 450 Kilometer. Falls Sie diese Tour bis hierher also eher gemütlich angegangen sind und heute noch nach „Kitz“ retour wollen, sollten Sie sich diese Abstecher für einen anderen Besuch aufheben. Denn es gibt wohl keinen größeren Frevel, als die sogleich anschließende Großglockner Hochalpenstraße unter Zeitdruck zu befahren!

Im quirligen Lienz mit seinen zahlreichen Einkehrmöglichkeiten inmitten der hübschen Altstadt folgen wir der Beschilderung zur Großglockner Hochalpenstraße, deren Südrampe uns über Großkirchheim ins legendäre Bergdorf Heiligenblut führt. Auf den weiteren 80 Kilometern genießen wir exzessiven, ja legendären Kurvenspaß im Land der Hohen Tauern rund um den imposanten Großglockner und seinem stetig schrumpfenden Gletscher namens „Pasterze“. Alle Details dazu finden Sie im Kapitel Nr. 17.

In Zell am See pendeln wir abends genüsslich aus und folgen der B311 nach Saalfelden am Steinernen Meer sowie der anschließenden B164 über Hochfilzen und das sehenswerte St. Johann in Tirol zurück nach Kitzbühel, unserem Ausgangspunkt.

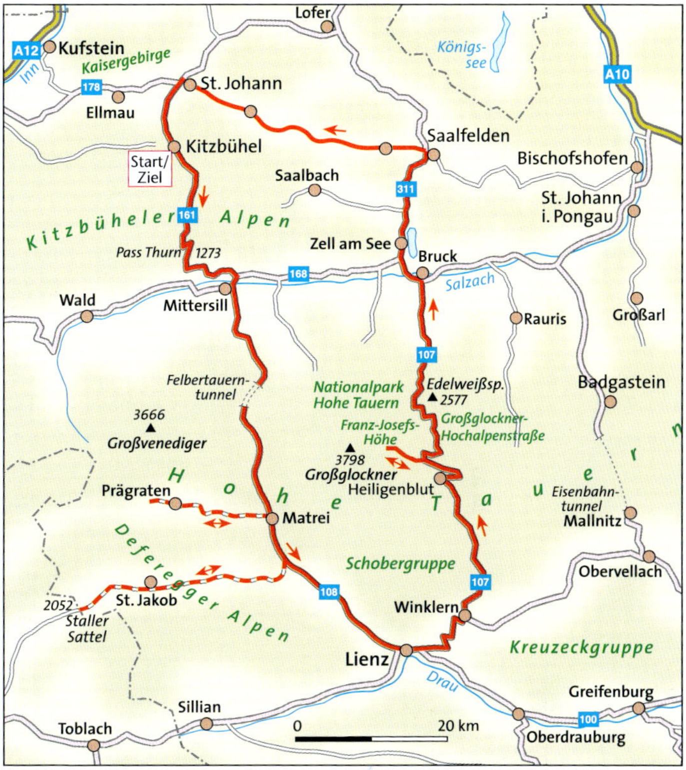

HÖHENPROFIL

Höhenmeter insgesamt	10.854 m
Maximale Steigung	15,0 %
Durchschnittliche Steigung	4,2 %
Maximales Gefälle	13,5 %
Durchschnittliches Gefälle	3,8 %

(berechnet mit Motorrad Tourenplaner 2008)

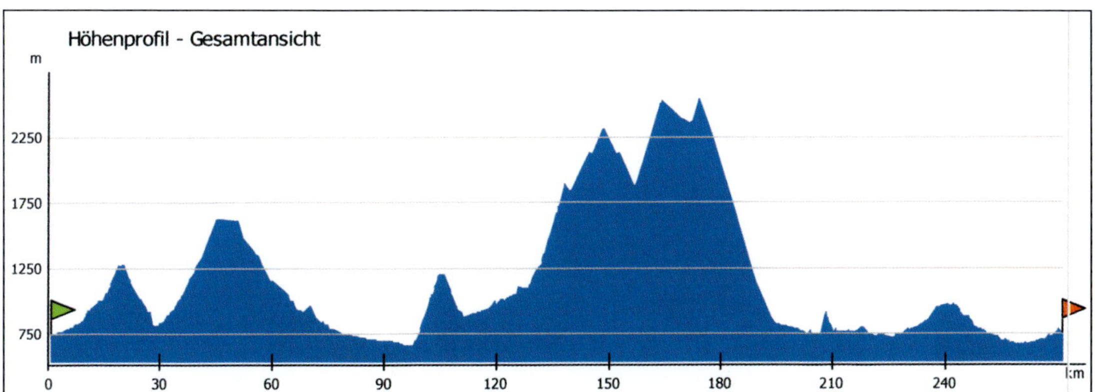

DER SELLA-ACHTER

IM ÜBERBLICK

Name	Der Sella-Achter
Land	Italien
Region	Dolomiten
Höchster Punkt	2.240 m
Basisort	Corvara in Badia
Streckenlänge	110 km bzw. 170 km
Schwierigkeitsgrad	mittel bis anspruchs-voll
Mautpflicht	keine
Wintersperre	keine

Dieser Achter ist unter norditalienischen Motorradfahrern berühmt und beliebt, ja ich glaube sogar Pflichtprogramm, denn er bietet jedem Biker vor allem an Sommerwochenenden unendlich viele Möglichkeiten, sich mit dem zum Teil atemberaubenden Fahrstil der unzähligen, traditionell feuerroten Ducatisti zu messen. Einziges Manko: die Horden an Wohnmobilfahrern, die zur Ferienzeit im August die Passstraßen verstopfen.

Nur auf den ersten Blick mögen 110 Kilometer als harmlos erscheinen, doch alle in dieser Rundtour versammelten Pässe fordern Mensch und Material. Starten wir deshalb gut ausgeruht im hübschen Dolomiten-Bergdorf Corvara und wärmen uns auf dem Weg zum Passo di Campolongo (Nr. 46) gen Süden erst einmal ein wenig auf. Die gut ausgebaute Straße beschert uns umgehend waschechtes Schräglagen-Feeling kombiniert mit herrlichen Ausblicken auf das, was uns heute an Tourenvergnügen noch erwartet. Im Skiressort Arabba wenden wir uns nach Westen und erobern sogleich die erste echte Herausforderung dieses Tourentages, den Passo Pordoi (Nr. 49), ein echtes Spitzkehrenparadies der Dolomiten. Nach dessen sehr kurvenreicher Westseite wählen wir die SS242 hinauf zum Passo Sella, dem berühmten Sellajoch (Nr. 47).

Haben Sie jetzt Lust auf einen Boxenstopp? Kein Problem, oben am Joch bieten bewirtschaftete Hütten neben Andenken und Nippes auch Deftiges und Leckeres für das leibliche Wohl. Denn nur frisch gestärkt sollten wir uns dem weiteren Tourenverlauf widmen. Kurz vor Selva di Val Gardena schickt uns die Beschilderung nach Osten hinauf zum Grödnerjoch, dem Passo Gardena (Nr. 42), der uns anschließend retour nach Corvara führt. Noch einmal gönnen wir uns den im Vergleich zur großen Dolomi-

Unbedingt anhalten: Am Falzarego gibt es im Sommer ganztags Italo-Bikerfeeling plus Unterhaltung pur.

tenpässe harmlos erscheinenden Passo di Campolongo, bevor wir diesmal im Süden nicht nach Arabba, sondern Richtung Osten konsequent der Beschilderung zum Passo di Falzarego (Nr. 44) folgen. In prächtigen Rechts-Links-Kombinationen erklimmen wir den berühmtesten Bikertreff der Dolomiten, klappen oben angekommen unbedingt den Seitenständer für das obligatorische Viertelstündchen „Sehen und Gesehen werden" aus und pendeln via Passo di Valparola (Nr. 43) und das hübsche Örtchen La Villa abends zurück nach Corvara.

Ein 60 Kilometer-Exkurs des Sella-Achters führt übrigens vom Passo di Falzarego aus zunächst Richtung Cortina d'Ampezzo und über den fahrerisch durchaus anspruchsvollen Passo di Giau (Nr. 45) hinab nach Caprile. Von dort geht es dann gen Norden nochmals zur Rampe des Passo di Falzarego. Aber Achtung: Der Passo di Giau hat in der Regel von Oktober bis April Wintersperre.

HÖHENPROFIL

Höhenmeter insgesamt	5.960 m
Maximale Steigung	12,7 %
Durchschnittliche Steigung	5,7 %
Maximales Gefälle	12,6 %
Durchschnittliches Gefälle	5,9 %

(berechnet mit Motorrad Tourenplaner 2008)

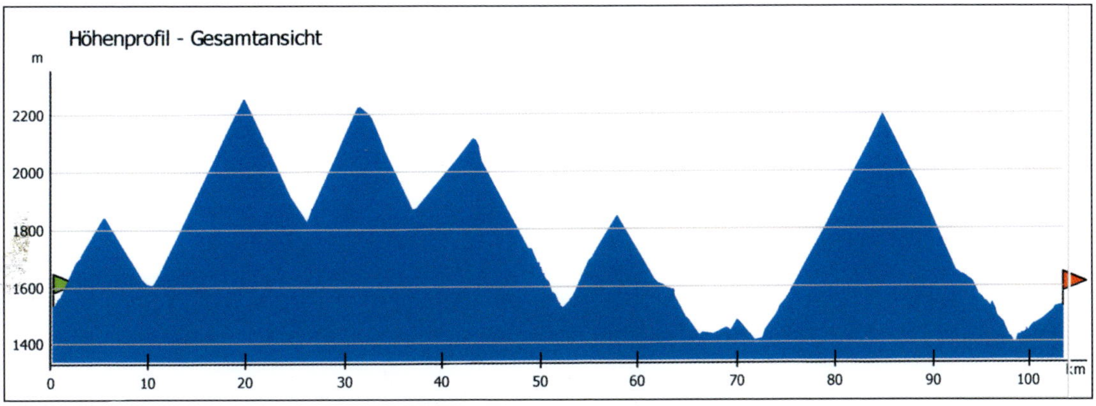

DIE SCHWEIZ VON OBEN

IM ÜBERBLICK

Name	Die Schweiz von oben
Land	Schweiz
Region	Berner Oberland und Wallis
Höchster Punkt	2.480 m
Basisort	Andermatt
Streckenlänge	280 km
Schwierigkeitsgrad	mittel bis anspruchsvoll
Mautpflicht	keine
Wintersperre	ja, alle Pässe (November bis Mai/Juni)

Diese Runde ist meine absolute Traumtour bei jedem Besuch im wunderschönen Berner Oberland oder auch des Wallis. Es ist eine tagesfüllende Runde zu den berühmtesten Pässen der Schweiz – das Ganze vor allem an Sommerwochenenden in Gemeinschaft mit Hunderten begeisterter Schweizer Töff-Fahrer. Wahrlich ein Erlebnis, das in Erinnerung bleiben wird. Das einzige Manko dieser Runde will ich aber auch nicht verschweigen: Die langen Wintersperren der Pässe – uns bleiben im Grunde nur vier stets viel zu kurze Sommermonate für diesen absoluten Tourengenuss.

In Andermatt starten wir gen Westen zunächst zur Eroberung des Furkapasses (Nr. 80). Auf dessen Westseite geht es auf gut ausgebauter Serpentinenstrecke hinunter nach Gletsch, dem Hauptbahnhof der historischen Furka-Bahn. Am westlichen Ortsrand lockt uns bereits der Grimselpass (Nr. 81) mit seinen herrlichen Kehren, doch geben Sie dieser Verlockung bitte noch nicht gleich nach. Erst einmal wenden wir uns Richtung Wallis, folgen den Wegweisern nach Ulrichen und zweigen dort im Ort links ab hinauf zum Nufenenpass (Nr. 84). Dieser Pass stellt gleichzeitig den höchsten Punkt unserer Rundtour und die fahrerisch größte Herausforderung dar. Zumindest, wenn Sie in puncto Gotthard sogleich die neue Passstraße wählen.

Legendär: Bereits der russische General Suvorov zog über den Gotthard-Pass – allerdings ohne Moped.

Tadellos in Schuss: die Furkapass-Westrampe oberhalb von Gletsch.

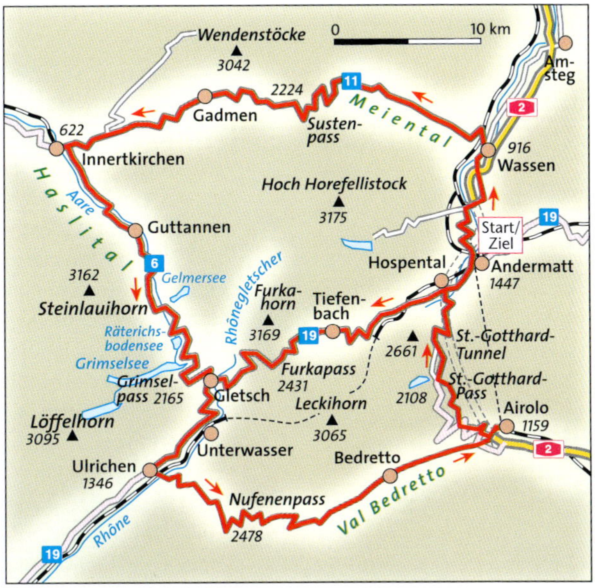

Kurvenreich geht es von der Nufenen-Passhöhe hinab nach Airolo, hier wenden wir uns bereits perfekt eingestimmt dem St.-Gotthard-Pass (Nr. 79) zu. Mein Tipp: Beherrschen Sie Ihr Bike aus dem berühmten Effeff und besitzen Sie genügend Passerfahrung – dann wählen Sie unbedingt das legendäre Kopfsteinpflaster der „Tremola" hinauf zur Passhöhe. Mögen Sie es hingegen lieber gemütlich auf gut ausgebauter Piste? Dann wählen Sie die deutlich einfachere, neue Passstraße.

Noch einmal durchqueren wir anschließend Andermatt und widmen uns am nördlichen Ortsausgang auf der Kantonstraße 2 nun dem Sustenpass (Nr. 83). Dessen Ostrampe zweigt im Örtchen Wassen links ab und beschert uns umgehend herrliche Rechts-Links-Kombinationen mit satter Schräglage. In Innertkirchen am Ostufer des Brienzersees endet der Kurventanz des Sustenpasses. Doch es gibt keinen Grund zu trauern, liegt das abschließende Highlight dieser Tour ja sogleich direkt vor unserem Windshield: der Grimselpass (Nr. 81), den wir auf gut ausgebauter Straße durch eine mehr als prächtige Bergwelt erfahren können. Und falls Sie nach dieser herrlichen Schweizer Kurvenhatz vollkommen zu Recht erschöpft sein sollten, empfehle ich, ein Quartier im legendären Grimselhospiz unterhalb der Passhöhe zu wählen.

Andernfalls üben Sie auf jeden Fall den perfekten Einkehrschwung im Gasthof „Alpenrösli" direkt in der Applauskurve der Grimsel-Passhöhe gleich gegenüber der zur Schau gestellten Murmeltier-Familie und gönnen Sie sich danach noch die höchst schräglagenreiche Fahrt über den Furkapass retour nach Andermatt. Spätestens jetzt wird Ihr Gleichgewichtssinn vor Begeisterung zu schunkeln beginnen. Garantiert!

HÖHENPROFIL

Höhenmeter insgesamt	17.300 m
Maximale Steigung	14,2 %
Durchschnittliche Steigung	7,1 %
Maximales Gefälle	14,0 %
Durchschnittliches Gefälle	6,2 %

(berechnet mit Motorrad Tourenplaner 2008)

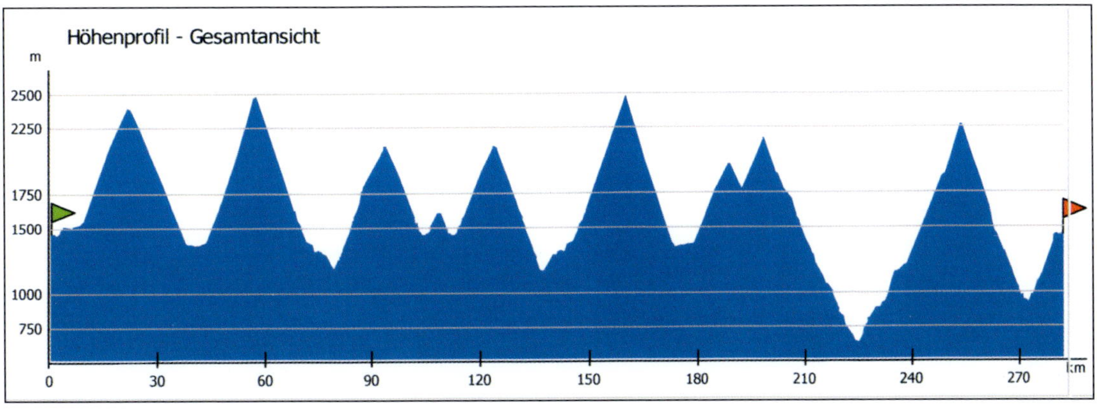

SEEALPEN INTENSIV

IM ÜBERBLICK

Name	Seealpen intensiv
Land	Frankreich
Region	Seealpen
Höchster Punkt	2.642 m
Basisort	St-Jean-de-Maurienne
Streckenlänge	210 km
Schwierigkeitsgrad	mittel
Mautpflicht	keine
Wintersperre	ja (November bis Mai, Galibier bis Juni)

Über 12.000 Höhenmeter gilt es auf dieser Runde durch die französischen Seealpen zu bewältigen – bergauf und bergab mit sicherer Gashand. Gehen Sie hierzu und wie immer in den Bergen möglichst ausgeruht ans Werk, indem Sie sich zum Beispiel im hübschen Basisort einquartieren. Von dort aus führt uns sodann frühmorgens das schmale Landsträßchen D110 erst einmal über La Come des Moulins hinauf zum Col du Mollard auf 1.640 Metern, einem Pass, der aus Platzgründen in diesem Buch leider kein eigenes Kapitel bekommen konnte. Anschließend fahren wir weiter über eine prächtige Serpentinenstrecke zum Col de la Croix de Fer (Nr. 89).

Derart perfekt auf diesen Tourentag eingestimmt geht es sodann nach einem obligatorischen Blitzbesuch auf den naheliegenden Col du Glandon (Nr. 93) hinab an den Lac de Grand Maison und weiter nach Allemond, einem netten Bergdorf, in dem sich auch einige Cafés für einen koffeinhaltigen Boxenstopp empfehlen. Von Allemond aus folgen wir der D44B nach Villard Reculas. Diese winzige Piste ist etwas schwer zu lokalisieren, sie führt aber als einzige Straße direkt nach Süden Richtung Alpe d'Huez. Ein kurzer Abstecher in den berühmten Wintersportort lohnt auch mit wenig Zeit im Tankrucksack, dies umso mehr, als uns anschließend 21 Kehren zurück auf unsere noch nicht einmal zur Hälfte gefahrenen Runde führen.

Via N91 schwingen wir gen Osten entlang des Lac du Chambon, immer den Wegweisern zum Col du Lautaret (Nr. 94) folgend. Zwar wird uns diese typisch französische Bundesstraße selten ganz allein gehören, dennoch lohnt es sich, gemütlich im Verkehr mitzuschwimmen und die Ausblicke auf die Seealpen zu genießen. Und in den winzigen Nestern entlang

Erlebenswerter Abstecher: Das historische Festungsstädtchen Briancon hat viele Geschichten parat.

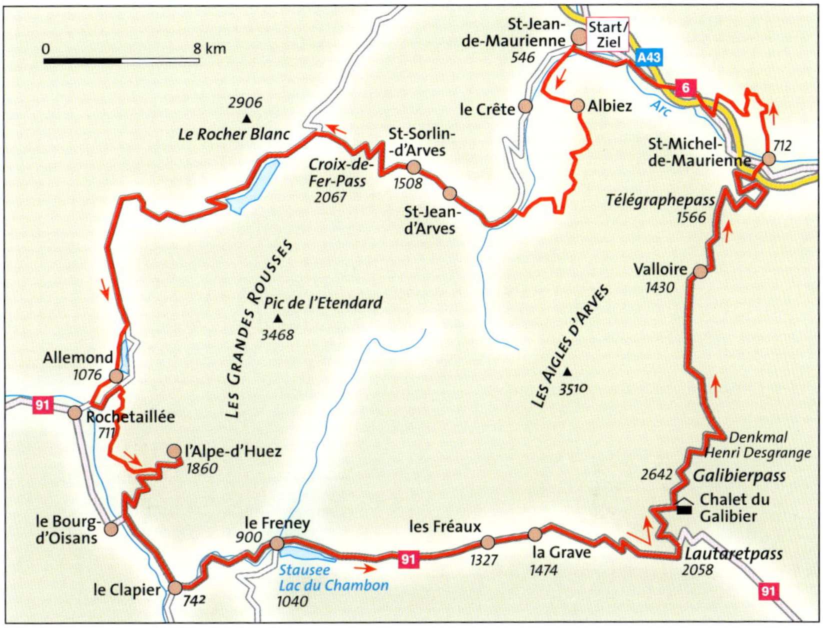

des Weges gibt es auch so manch sehenswertes Stillleben zu entdecken.

Gleich hinter Villar d'Arene erreicht unsere Straße die Passhöhe des Col du Lautaret. Dort verlassen wir die N91 und zweigen Richtung Norden ab. Umgehend reduziert sich der Verkehr und die Bergstraße verwöhnt uns mit herrlichen Kurvenintervallen hinauf zum Col du Galibier (Nr. 91), dem höchsten Punkt dieser Rundtour. Sowohl die Süd-, als auch Nordrampe bescheren uns ausgiebiges Schräglagenvergnügen, dem wir uns mit gebotener Aufmerksamkeit und Konzentration hingeben sollten. Über Bonnenuit erreichen wir anschließend das Städtchen Valloire für eine mögliche Verschnaufpause, bevor es auf fahrerisch vergleichsweise erholsamer Rampe hinauf zum letzten Pass dieses Tages geht – dem Col du Télégraphe. Vor allem dessen nördliche Serpentinenstrecke begeistert wohl jeden Biker. Im Basisort St-Jean-de-Maurienne heißt es aufpassen, denn als weiteren Weg Richtung Westen sollten wir uns zum Abschluss noch die winzige D82 über Villarbernon und Villarzembrun gönnen, zwei unscheinbaren Vororten, deren verbindende Dorfstraße fahrerisch aber durchaus anspruchsvoll ist. Ihre unerwartet hohe Anzahl von Kurven ist ein echter Genuss. Auf der deutlich verkehrsreicheren N6 schwingen wir am Abend retour nach St-Jean-de-Maurienne.

HÖHENPROFIL

Höhenmeter insgesamt	12.034 m
Maximale Steigung	13,6 %
Durchschnittliche Steigung	5,6 %
Maximales Gefälle	14,6 %
Durchschnittliches Gefälle	6,2 %

(berechnet mit Motorrad Tourenplaner 2008)

Nachfolgende Doppelseite: Viel Platz für Spontanität: Die Osttiroler Täler sind etwas für den tourenden Entdecker in uns.

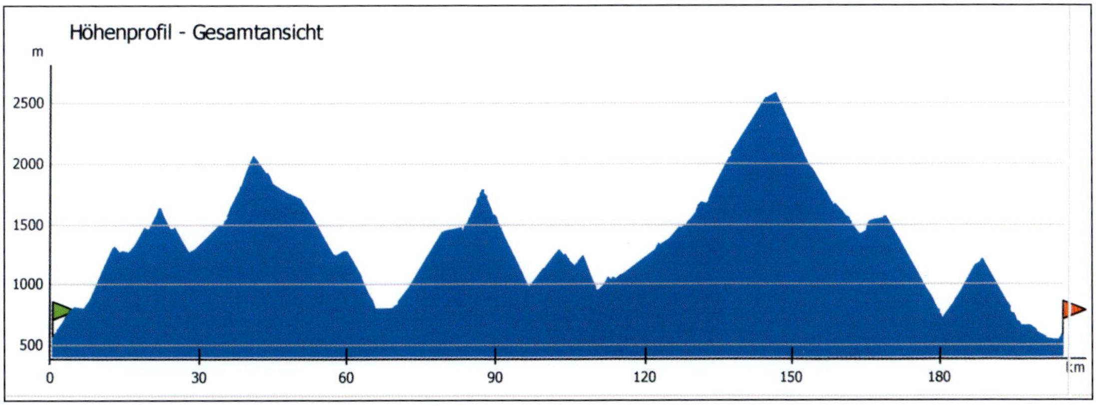

Anhang

Register

Produktmanagement: Claudia Hohdorf
Schlusskorrektur: Janina Glatzeder
Satz/Layout: Werner Poll
Repro: Cromika s.a.s.
Umschlaggestaltung:
Artesmedia unter Verwendung eines Fotos der Großglockner Hochalpenstraßen AG
Kartografie: Achim Norweg
Herstellung: Thomas Fischer
Printed in Italy by Printer Trento

Alle Angaben dieses Werkes wurden vom Autor sorgfältig recherchiert und auf den aktuellen Stand gebracht sowie vom Verlag geprüft. Für die Richtigkeit der Angaben kann jedoch keine Haftung übernommen werden. Für Hinweise und Anregungen sind wir jederzeit dankbar.

Bitte richten Sie diese an:
Bruckmann Verlag GmbH
Postfach 40 02 09
80702 München
E-Mail: lektorat@verlagshaus.de

Bildnachweis:
Alle Bilder Heinz E. Studt außer Seite 68, 142, 143, 240, 241: Ulf Böhringer.
Seite 2/3: Welch ein Ausblick: Der Scheitelpunkt der Ötztaler Gletscherstraße.

Die Deutsche Nationalbibliothek verzeichnet diese Publikation in der Deutschen Nationalbibliografie; detaillierte bibliografische Daten sind im Internet über http://dnb.d-nb.de abrufbar.

Aktualisierte Neuauflage

ISBN 978-3-7654-4770-9

Das Paradies
für Motorradtouren
Rudolf Geser
Mit dem
Motorrad
durch die Alpen
40 Traumrouten
im gesamten
Alpenraum
BRUCKMANN
ISBN 978-3-7654-4393-0
Das komplette Programm unter
www.bruckmann.de
BRUCKMANN

IN SCHRÄGLAGE DURCH DIE LANDE

ISBN 978-3-7654-5357-1

ISBN 978-3-7654-5492-9

ISBN 978-3-7654-5296-3

Die schönsten Motorradrouten: Frankreich
ISBN 978-3-7654-4437-1

Motorrad Alpenbuch
ISBN 978-3-7654-4618-4

Die schönsten Motorradrouten: Pyrenäen
ISBN 978-3-7654-44792-1

Die schönsten Motorradrouten: Norwegen
ISBN 978-3-7654-4592-7

Die schönsten Motorradrouten: Süddeutschland
ISBN 978-3-7654-4438-8

Die schönsten Motorradrouten: Spanien
ISBN 978-3-7654-4352-7

Die schönsten Motorradrouten: Süditalien
ISBN 978-3-7654-4265-0

Die schönsten Motorradtouren: Tschechien
ISBN 978-3-7654-4424-1

Das komplette Programm unter
www.bruckmann.de

BRUCKMANN